TOWARD EXCELLENCE

卓越教育 主编

走向卓越

中小学教师专业发展理论读本

（第三卷）

济南出版社

图书在版编目（CIP）数据

走向卓越：中小学教师专业发展理论读本（全6卷）/
卓越教育主编 . — 济南：济南出版社，2016.7
　　ISBN 978-7-5488-2232-5

Ⅰ.①走…　Ⅱ.①卓…　Ⅲ.①中小学－师资培养－
研究　Ⅳ.① G635.12

中国版本图书馆 CIP 数据核字（2016）第 179282 号

出版发行	济南出版社	
地　　址	济南市二环南路 1 号（250002）	
印　　刷	山东省东营市新华印刷厂	
版　　次	2016 年 7 月第 1 版	
印　　次	2016 年 8 月第 1 次印刷	
开　　本	710 mm × 1 000 mm　1/16	
总 印 张	174.75	
总 字 数	3 050 千	
印　　数	1-10000 套	
总 定 价	598.00 元（全6卷）	

（济南版图书，如有印装错误，可随时调换）

目　录

专题八　教育人类学概论

专题九　教育伦理学概论

专题七

教育哲学概论

第一章 什么是教育哲学

第一节 哲学的近代发展

哲学的观念如同人类的其他一切观念一样，是不断变化的。自古以来，人类对哲学的认识发生过数次巨大的转变，从原始的智慧之学到古代的本体论，从古代的本体论到中世纪的经院哲学，从中世纪的经院哲学到 17 世纪以后的认识论。塑造现代社会生活的哲学基础就是 17 世纪后的以主客二分为特征的认识论哲学。这种哲学到了 20 世纪又发生了"语言学的转向""现象学的转向""解释学的转向""存在主义的转向""后现代哲学的转向"等。到 20 世纪末，哲学的观念已经远不同于 20 世纪之前的哲学观念，在许多方面确实发生了堪称"革命性的变革"，概括起来，它们包括以下几个重要方面。

一、从"大写的哲学"到"小写的哲学"

"大写的哲学"与"小写的哲学"是美国当代哲学家罗蒂（R. Rorty）研究当代哲学变革时所用的两个概念。"大写的哲学"是指从柏拉图主义开始直到 20 世纪的西方哲学传统，实证主义和分析哲学也属于这种哲学。其基本特征包括：哲学是一切文化之王，是时代精神的精华；哲学家是一切知识分子之王；哲学活动的目的是"发现"绝对的大写的"真理""善"或社会生活的最终原则，从而"揭示"隐藏在各种现象下面的"本质"；哲学是"科学的科学"，是一切知识的母体或根本。"小写的哲学"与之相反，是对"大写的哲学"的反动，是罗蒂所主张的新的哲学。其基本特征包括：哲学不再是"文化之王"，从"文化之王"的宝座上跌入到"知识公民"的行列中；哲学知识在知识家族中不享有任何特权，同样需要接受质疑；哲学家也不再荣膺知识分子的桂冠，固守那些所谓永恒的问题，他们只不过是兴趣广泛的知识分子；哲学活动的目的不再是"发现""揭示"什么永恒的、普遍的、支配一切的大写的"真理"或"本质"，而是一种在一定的种族、语言、文化和政治背景上发生的一种普通的智力活动，哲学活动所获得的知识是相对的而不是绝对的。作为"小写的哲学"，罗蒂这样来描述哲学活动："在这里，没有人，或者至少没有知识分子会相信，在我们的内心深处有一个标准可以告诉我们是否与实在接触，我们什么时候与（大写的）真理相接触。在这个文化中，无论是牧师，还是物理学家，或是诗人，还是政党都不会被认为比别人更'理性'、更'科学'、更'深刻'。没有哪个文化的特定部分可以挑出来，作为样板来说明（或特别不能作为样板来说明）文化的其他部分所期望的条件。认为在好的牧师或好的物理学家遵循的现行的学科内的标准以外，还有他们也同样遵循的其他的、跨学科的、超文化的和非历史的标准，那是完全没有意义的。在这样一个文化中，仍然有英雄崇拜……这只是对那些非常善于做各种不同事情的、特别出众的男女的羡慕。这样的人不是那些知道一个（大写的）奥秘的人，已经达到了大写真理的人，而不过是善于成为人的人。"

二、从"贵族的哲学"到"平民的哲学"

在"大写的哲学"观念支配下，人们普遍认为哲学是"贵族的事业"，与普通的百姓无关。这主要体现在以下几个方面：第一，哲学作为"文化之王"是在教育和学习的最高阶段才需要学习和研究的。就像柏拉图在《理想国》中所阐述和安排的那样，普通的百姓连基础教育的权利都不能得到满足，哪里谈得上学习和研究哲学呢？第二，哲学不同于实用的知识，不是为了满足世俗的需要，而是形而上的知识，是为了满足理智沉思的需要。普通的百姓只有世俗的需要而没有理智沉思的需要，因此哲学不是为他们存在的。第三，哲学的学习和研究需要与众不同的非凡智力和专心。这些品质也是普通人所不具备的，只有贵族或绅士们才有可能具备哲学学习的内在条件。波普尔（K. Popper）把这种哲学的品质称为"哲学的自大狂"。他非常尖锐地指出，从柏拉图以来，"自大狂"已经成为哲学家当中最流行的职业病，他希望人们用"理智的谦虚"来代替"理智的傲慢"。他还指出，所有的男人和女人都是哲学家，因为他们好歹都要对生与死表示一种态度。专业哲学家们把哲学圈于学科标准之内是非常危险和有害的，甚至会导致哲学精神的枯竭。雅斯贝尔斯（K. Jaspers）也认为，哲学与每个人有关，一个人只要依然保持为人，哲学就是他必然面临的一件事，就连小孩和精神病患者都是有哲学思考的，甚至那些声称厌恶哲学而对哲学采取逃避态度的人，本身也在实践一种哲学。无论如何，人类需要哲学，哲学与每一位人类成员同在。

三、从"认识的哲学"到"存在的哲学"

"认识的哲学"指以认识为主题的哲学，"存在的哲学"指以存在为主题的哲学。17世纪以后20世纪之前的哲学把自己的主题设定为认识论问题，总的目的是要研究主体如何超越自身臻达客体，以完成对世界的认识。在这种认识下，人的存在被简化为认识的主体，甚至被当成认识的工具；世界被看成与人的存在无关的纯粹的客体。这样在认识问题上就构成韦伯（M. Weber）所说的"工具理性"与"价值理性"的冲突。人类的认识越进步，人对世界了解得越多，人的存在本身就越被遗忘，越从世界中抽出，成为孤零零的存在，从而人对自己了解得就越少。19世纪末20世纪上半叶，资本主义发展中的种种问题越来越使人们认识到人的存在被认识遮蔽的严酷现实。在这种情况下，存在主义哲学应运而生。哲学家克尔凯郭尔（S. A. Kierkegaard）、萨特（J. P. Sartre）、海德格尔（M. Heidegger）、雅斯贝尔斯等人将注意力从认识问题转移到人的存在问题上，并提出"存在先于本质"的口号。此后，20世纪哲学领域中真理问题逐渐让位于存在问题，或者说，哲学家们开始在存在的视域中研究真理问题。真理不再是神秘客体的显现，它只不过是人存在的一种明证。

存在哲学的主要特征包括：第一，从对象上说，哲学的对象是整个存在，与作为人的人密切相连；而科学总是与特定的对象相关联。第二，从知识性质上说，哲学追求一种"内在的确定性"，是一个人整个的存在所参与的；科学则追求一种"外在的确定性"（如客观性、科学性等）。第三，从知识的增长来说，科学知识是"向前进展的"，而哲学知识则没有这个特征。第四，作为一种思想过程而言，哲学就意味着永无休止地追寻，以领悟人的现实境况中的那个实在。第五，哲学根植于缺乏交流的危难中，根植于对真实交流的追寻中，根植于充满善意的争辩中。第六，威胁哲学的力量包括宗教、集权和世俗的功利主义。存在主义之后，哲学应当关注存在成为哲学界的共识。

四、从"规范的哲学"到"解放的哲学"

"规范的哲学"是以提供和维护人们认识及行动基本规范为目的的哲学，"解放的哲学"是主张把人从原初认识和行为的依据中解放出来，使他们免于陈规陋习的束缚，能够自我反省，不断以新眼光来考量存在和存在方式的哲学。"规范的哲学"是一种具有暴力倾向的哲学，它把人们的精神作为自己施暴的对象，把哲学的教条凌驾于人们的生活之上，自诩为芸芸众生的生活提供合理性基础。它排斥异己，压抑异己，追求同一性和共性，并因此处于不断的哲学冲突之中。"解放的哲学"是一种具有亲和性质的哲学，它信任每个人自己的理智和判断，不把自己看成是先知，不强迫他人接受自己的观点。它把自己看成是哲学超市中的一员，任何人都可以根据自己的哲学偏好来进行选择。或是把自己看成是一架梯子，任何人都可以沿着它登上个人思想的高峰。"解放的哲学"鼓励多样、尊重差异、开发歧见、提倡对话和交流。这种哲学诚如当代思想家福科在《哲学的生命》演说中所说："我们从往往认为是真理的东西中分离出来，追寻其他的规则，这就是哲学。把思维的框架移位或变形，改变既定的价值形态，用其他的方式去思维，做别的事情，把自己变成自己不是的那种东西，这也是哲学。""可以理解，有人会悲悼目前的真空，在理念的世界中继续追求一种专制。但是另一些人，一旦在他们的生命中发现了一种新的音调，一种新的观看方式，一种新的行为方式，我相信这些人不会哀叹这个世界是一个谬误，不会哀叹历史上充满了无足轻重的人，不会喝令别人住嘴以便使自己的声音被别人听见。"

五、从"抽象的哲学"到"具体的哲学"

"抽象的哲学"既是普通人也是 20 世纪之前的哲学家们关于哲学的臆想。它包括三层意思：第一层指哲学的知识是抽象的知识，是借助于一些基本的概念和范畴而表达的知识；第二层指哲学的研究方法是抽象的演绎方法，是运用基本概念和范畴，从大量的现实问题中抽出一般性的、根本性的形而上学问题进行研究；第三层指哲学的学习是抽象的学习，只有掌握了哲学的基本概念和范畴才能理解哲学，只有抽象思维能力强的人才适宜于学习哲学。学习哲学的目的也就是提高人的抽象或理论思维能力，而与现实生活无关。因此，哲学的学习不能与满足于饮食男女需要的知识学习相提并论。这种保持抽象姿态的哲学与哲学的"自大狂"和"自恋癖"密不可分，也与哲学的认识论目的和规范目的密不可分。这种哲学满足于顾影自怜，将自己关在象牙塔中，让人敬而远之。20 世纪以来，哲学家们对这种抽象的哲学进行了深刻的反省和批判，其中以尼采的批判最为深刻和一针见血。尼采把这种哲学的抽象称为哲学的"偏执"和"疯狂"。他把这种哲学生活所依赖的理性、所追求的真理以及所谈论的存在分别称为"冰冷的理性""苍白的真理""空洞的存在"。总之，在尼采看来，传统的西方哲学切断了哲学与生活和存在的联系，是没有生命、没有色彩、没有生机的行将腐朽的东西。

"具体的哲学"指抽象哲学的反面，也是当代哲学家们的追求。当代的哲学家不同于他们的前辈，不再忙于用普遍性概念、范畴去构建令人生畏的知识体系，而是将哲学的触角伸向存在、伸向生活、伸向最具体最现实的问题，就连人的"身体"这一传统哲学所不齿的主题也成为当代哲学研究的对象。哲学的语言不再是普遍意义上的语言；理性不再是放之四海而皆准的标准；知识见解也不再是先知的语言，而是卷入到政治斗争的旋涡中；具体的事物或事件在哲学思考中不再被舍弃，而是被集中地关注；哲学的思考与学习也不再是某些特殊人群的事情，而是人人必需、必要和可能的。哲学走入生活，哲学家贴近大众，哲学书成为畅销书，这是一种全新的哲学观。

由于 20 世纪以来哲学的上述转向，人们越来越放弃"哲学是时代精神的精华"这个 19 世纪的哲学信念。波普尔就说："我不把哲学看成是一种时代精神的表现。时代精神是黑格尔的观念，它经受不住批评。在哲学中有时尚，正像在科学中一样。但是一个真正探索真理的人不会去追随时尚，他不但不相信时尚，甚至会反抗时尚。"波普尔认为，哲学的任务就是对广泛影响人类生活的常识和理论进行批判性考察与反思，以不断地重建幸福生活。西方的哲学在经历了一个自高自大、体系化、抽象化、贵族化和规范化的时代之后，终于又回到了人类哲学精神的源头——对生存智慧的永无止境地追寻。有的学者把这种转向称为"现代哲学"向"后现代哲学"的转向。也正是到了这一步，中西哲学才有可能对话和交流，因为中国传统哲学孜孜以求的不是对本体命运的揭示，而是对存在命运的把握。新儒家正是以人生为题解读现代西方文化的危机，弘扬儒家传统文化的精神，以图在中西交流、对话、融合的基础上重建中华文化。

第二节　教育哲学概念辨析

回顾 20 世纪中外教育哲学的历史可以明显发现，刚刚过去的 20 世纪的教育哲学定义基本上是建立在现代哲学基础上的，都打上了十分明显的现代哲学的烙印。哪怕是分析教育哲学的定义，从其理论预设上看，也可以归入到现代哲学中去。随着哲学的转向，21 世纪的教育哲学应有新的面貌。

一、21 世纪教育哲学的新发展

第一，从定义上来说，20 世纪的教育哲学把自己看成是从"哲学的高度"来研究教育基本问题、基本假设、基本概念与命题，为教育理论和实践提供一般的指导原则或方法论基础。这种教育哲学是以"高级教育知识"的获得为根本目的的。21世纪的教育哲学则应体现新的哲学精神，把自己看成是从"哲学的角度"帮助教育者对困扰自己的任何教育问题进行理论"批判"与"反思"，其目的不是为了获得"高级的教育知识"，也不是为了实验教育哲学家们的某些理论观点，而是为了唤醒并促使教育者更好地理解与他们密切相关的教育生活，使之不断获得认识、了解和重建教育生活的意识、知识、能力与信念。21世纪教育哲学要从"以教育知识为核心"转变为"以教育实践或教育生活为核心"，转变为一种"实践哲学"或"生活哲学"。这种教育哲学的最终目的是要真正地提升人们的教育智慧，而不仅仅是增加人们的教育知识。教育知识的增加仅能帮助教育者从外部来认识教育，教育智慧的提升则可以帮助人们从内部来体会教育。前者可以帮助教育者为业，后者则可以帮助教育者为生。

　　第二，从研究对象上来说，20世纪的教育哲学研究"教育一般问题"或"教育根本问题"，把它们与"教育具体问题"或"教育特殊问题"相区别。这种把"一般"与"特殊""根本"与"具体"对立起来，并尊崇"一般""根本"，贬低"特殊""具体"的思维方式，正是柏拉图时代的西方"现代哲学"观的产物。把教育哲学的研究对象定位在"教育一般问题"或"教育根本问题"上，必然导致教育哲学研究的抽象化、玄学化，远离复杂多样的教育具体问题，其结果是教育哲学极易变成真正的只研究"大问题"的"经院哲学"。不仅如此，实际上在研究活动中，教育哲学家们也很少能对"教育一般问题"与"教育特殊问题"、"教育根本问题"与"教育具体问题"做清晰的区分。比如，"教育目的问题"在一些教育哲学家来看，是个名副其实的"大问题"，可是研究这个问题如果像分析教育哲学家那样只进行概念的分析，而不触及任何现实教育生活中国家的、个体的和其他社会集团的利益要求，研究就不会取得有意义的成果。而如果把上述不同利益主体的要求作为分析的对象，就难免"具体"之嫌。总之，人们多数情况下从这样的教育哲学中只能得到空洞的说教，而很难得到改造现实生活的力量。21世纪的教育哲学研究所有的教育问题，可以以任何一个真实、具体的教育问题为起点。正是这些具体的每日困扰着教育者们的教育问题才是教育哲学研究的对象。在研究的过程中，教育哲学家们会不断地审视这些问题，甚至改变提问它们的形式，把它们与其他问题相关联，但绝不会远离这些问题去找寻一些"根本的问题"或"一般问题"。因为实际的教育生活中，根本就没有什么"教育一般问题"或"教育根本问题"，有的只是各种具体的教育问题的纠缠，彼此之间可能存在各种关系，唯一不存在的就是彼此之间的等级关系。

第三，从学科性质上来看，20世纪的教育哲学被认为具有"思辨性""规范性""概括性""综合性""交叉性"或"边缘性"等特征。这些特征大都体现了"现代哲学"的特征。让我们来逐个分析这些特征，揭示它们与"现代哲学"观之间的内在联系。

"现代哲学"认为自己是理智的事业，是借助于基本概念和范畴而不是借助于具体材料和事实展开的思想活动，最终是要借助概念和范畴之间关系的思辨来反映或把握世界的基本关系。"现代教育哲学"把自己看成是"思辨"的事业，也就是要通过哲学基本概念（如"本体""存在""知识""道德""美"等）和教育的基本概念（如"教育""教学""课程"等）之间关系的思辨，来揭示教育的"一般规律"。这种"思辨的教育哲学"与"思辨哲学"一样能够并且致力于建立逻辑严密的知识体系，但却很难透过概念的帷幕触及真正的教育生活。

"规范性"体现了"现代""规范哲学"的特征。20世纪不少的中外教育哲学家都把提供教育一般目的和原则、指导教育科学和教育实践作为自己的治学目的，甚至有的教育哲学家干脆把教育哲学称为"价值哲学"。这种"规范的教育哲学"所提的具体规范与其各自的哲学立场有关系。不同哲学立场的教育哲学提供的教育规范是很不相同的。不同的规范之间往往相互冲突，把教育实践工作者弄得眼花缭乱、头晕目眩。这样不仅起不到"规范"的作用，反而有害于教育实践，这正是分析教育哲学所抨击的问题。教育哲学的规范性还预设了教育规范所秉持的价值观的普遍性，否则教育规范就失去了"推销的借口"。自然，这种预设在价值多元的时代是不可能被接受的。

至于把"概括性"和"综合性"作为教育哲学的特征，则更是"现代哲学"观的直接产物。现代哲学在科学知识具备了自己独特的方法论独立出去后，还把自己看成是"科学的科学"，看成是对各门具体科学的"概括"和"总结"，并自诩为各门具体科学提供方法论指导。这是哲学"自大狂"在"哲学"与"科学"关系上的一种典型体现。正是由于 17 世纪以后的"现代哲学"把自己标榜为"科学的科学",才使自己远离了真正的哲学问题——"存在"问题,而使自己在科学迅速发展的状态下威信扫地,一蹶不振。越来越清楚的是,哲学的对象与科学的对象不是也不会是"整体"与"部分"、"普遍"与"特殊"的关系。在一定意义上,它们研究的对象根本就不是一类问题。因此,把哲学看成是各门具体科学的概括和总结,不仅没有揭示哲学的特质,反而遮蔽了哲学的特质。在教育哲学与教育科学的关系上,也是这样。教育哲学扎根于教育生活的困惑,绝不是在各门教育科学知识基础上"总结"或"概括"来的。如果教育哲学对问题的论述局限于对各门教育科学知识的"概括"和"总结",那么这种"教育哲学"充其量也就是"教育原理",而不会是教育哲学。当前国内教育哲学被指责与"教育原理"不分伯仲,一个主要原因恐怕就在这里。

最后再看看"交叉性"与"边缘性"。这两个特征是描写教育哲学与哲学及教育科学间关系的,其意是说教育哲学是"哲学"与"教育科学"的交叉学科或边缘学科。这种看法与"现代哲学"观密不可分。如果视哲学为各门科学知识的"概括"和"总结",那么教育哲学岂不就是从哲学的角度对教育科学知识进行的"概括"和"总结"吗?岂不就是"哲学"与"教育科学"的交叉吗?其研究的问题领域岂不就是在"哲学"和"教育科学"的边缘吗?但问题是当代哲学已经告诉我们,科学知识并不是哲学的起点,哲学的起点是生活,是活生生的充满渴望和矛盾的现实生活。因此,"教育科学"的知识也不是教育哲学的起点。教育哲学是从哲学的角度对现实教育问题进行的理论批判与反思,对教育知识的批判与反思(注意不是"概括"和"总结"),也是对前者的深化或拓展。因此,说教育哲学是"哲学"与"教育科学"的交叉学科是不恰当的,说它是两个学科的"边缘学科"也模糊得很。难道教育哲学研究的问题不是教育理论和实践中的"核心"问题吗?甚至不是哲学中的"核心"问题吗?

二、未来教育哲学研究的新要求

从新的后现代哲学立场来看,当前和未来教育哲学的研究似乎更应该强调以下几点：

1. 教育哲学的实践性

这是教育哲学首要的特征。在内涵上，教育哲学的实践性主要不是指教育哲学为教育实践服务，因为这一点是显而易见的。即使看起来最远离教育实践的分析教育哲学，其最终旨意也在为教育实践服务，只不过其方式不是提供现成的教育原则，而是澄清教育概念的混乱。教育哲学的实践性主要是指教育哲学在其性质上是一门"实践哲学"。在西方两千多年的哲学传统中，以抽象思辨为特征的"形而上学"和以精确有效为特征的"科学"都得到了巨大的发展，但是，实践哲学的传统却没能得到同样的发扬光大。不过，马克思主义则突破了西方哲学的这一传统，在 19 世纪中叶提出系统的"实践唯物主义"学说，把哲学的使命从"解释"实践转变为"改变"实践。哲学不再思考一些抽象的问题，为知识而知识，而是思考一些现实的问题，为行为和社会的改变而探求知识。沉寂了两千多年的实践哲学从此在 20 世纪的哲学舞台上重新登场，备受尊敬。以尼采、萨特、德里达、福科、利奥塔等为代表的一批后现代哲学家所做的重要工作之一就是对形而上学哲学传统的解构和对实践哲学传统的重构。教育哲学就是与政治哲学、艺术哲学、科学哲学、法律哲学等一样的实践哲学。

应该强调的是，教育哲学的"实践性"应得到广泛的理解，即不能简单地把这里的"实践"理解为"教育实践"。除此以外，教育哲学所关注的实践还包括集团的"社会实践"与个体的"生活实践"。因为就目标来说，教育是一种手段，一种个体生活和社会发展的手段。但就过程来说，教育首先是一种生活，是个体生活和社会生活的一部分，受到个体生活和社会生活样式的制约，同时又塑造着未来的个体生活和社会生活。因此，教育哲学要想真正地理解教育生活，反思教育生活，就必须把自己的视野从教育领域扩大到个体生活和社会生活领域，探究它们之间复杂的相互关系。只有这样，教育哲学才能澄清教育实践中涉及教育和人的一切价值，对生活及其全部目标、对已在人类生活中成熟的一切文化形式及文化系统进行普遍批判，指导教育的价值选择和人类对生活方式的选择，从而使教育实践和人的生活方式趋向于完善。教育哲学这样做的时候，不仅仅是出于对教育真理真诚的渴望，而且也是对教育现实和人类的生活负起一种积极的责任。

严格说来，只有认同教育哲学的实践性，才能正确地解决教育哲学与哲学的关系，不至于使教育哲学成为哲学的"附庸"——哲学上讨论什么，教育哲学就讨论什么。这个问题在西方国家比在我国严重得多，这是因为西方国家的教育哲学大都是作为哲学的一个分支而不是教育学的一个分支而存在的。因此，他们对教育哲学的研究很容易导致对一般哲学或哲学分支的依附。这种研究的结论往往非常抽象，很难对教育实践产生实质性影响。坚持教育哲学的实践性，有助于从教育实践、人生实践和社会实践的现实关系入手，积极主动地运用丰富的哲学知识对彼此之间的关系做实质性的探究，从而扩展教育者的理论视野，重构他们的认识框架，使教育生活呈现出新意义，臻致新境界。

2. 教育哲学的反思性

教育哲学的反思性是教育哲学研究过程中最关键的特征。教育哲学的反思性有两层内涵：一是指教育哲学的研究不是价值中立的研究，也不追求价值的中立，而是把研究者自身和研究问题所涉及的一些人的价值立场作为研究活动的一个重要条件，对外部教育问题的分析始终伴随着对这一内部重要条件的分析；二是指教育哲学的知识不是一种操作性、描述性知识，而是一种体现着研究者价值立场的"反思性知识"。这三种知识的区别在于：操作性知识可以直接改变人们的行为表现；描述性知识可以直接增加人们对事物的认识；反思性知识既不能直接指导人们的实际行为，也不能直接增加人们对具体事物的认识，其作用在于唤醒人们被程式化的生活所麻木了的意识，使之重新审视自己的认识框架和行为模式，为新生活的设计提供思想前提。这种知识发生效用的前提是人们的自我反思。如果缺乏这种自我反思，教育哲学的理论对于教育者和教育实践就不会起到积极的作用。

作为实践哲学，教育哲学的研究不同于教育科学的研究。教育科学的研究是建立在"主—客"二分的认识论基础上的，把研究的主体和研究的对象机械、绝对对立起来，研究的目的就是获得"价值中立"的关于"客体"的知识，从而为教育决策提供知识基础，间接地为教育实践服务。在教育科学的研究中，思维的方向始终是"外向的"，不触及研究者自身的条件、利益和生存方式。不这样做，教育科学研究成果的可靠性和权威性就会大打折扣。教育哲学的研究则超越"主—客"两分的认识论模式，把作为研究对象的教育问题和教育事件看成是由研究者主观选择和建构的，体现研究者学术兴趣和自身利益的，并由教育者参与其中的教育问题和事件。对教育问题和事件的研究，一方面要不断回溯研究者自身的立场，一方面要不断地把这些问题和事件放在一个更大的社会空间和学术背景中进行分析。也就是说，教育哲学的研究总是从"内在的"方面来看待"外在的"问题，在思维的方向上始终有一种"内在的注视"。如果说，哲学是对事物寻根究底的反思，那么教育哲学就是对教育问题寻根究底的反思，其目的是不断提高教育者对教育生活的感受力、理解力和判断力。

3. 教育哲学的批判性

教育哲学的批判性特征为以前的许多教育哲学家们所论述过。奈勒就认为，教育哲学就像普通哲学一样，具有"批判的"特征。不过，他没有具体解释"何为批判性"或"何种批判性"。

要准确地理解教育哲学的批判性，需要对"批判"一词进行澄清。在日常生活中，人们只要一听到"批判"，心理上就感到恐慌。这是因为在 20 世纪 60 年代中叶到 70 年代末，"批判"一词被严重地意识形态化和政治化了。在当时，"被批判"就意味着在政治上"被打倒""被清除""被视为异己"。20 世纪 80 年代以后，"批判"一词的意识形态和政治色彩逐渐消退，但直到目前并没有回复到它本来的含义。在思想领域，人们对"批判"也存在着可怕的误解。不少人把"批判"与"继承"连用，这样就把"批判"诠释为"否定""舍弃""扬弃"或"抛弃"，因此，需要对"批判"的源流进行考察。在汉语中，"批判"的原意是"解读原文，发表意见，辩明源流，做出评价"。在英文里，"批判的（critical）"一词起源于拉丁文"criticus"，意思是"能够识别""能够区分""能够讨论"及"能够判断"。因此，从中外"批判"一词的词源来看，其基本含义就是"解读"或"识别"、"讨论"或"批注"、"评价"或"判断"。实质上，"批判"的过程是一种学习的过程，是一种使学习对象意义显现的过程，同时也是一种使批判者自身价值立场和认识框架呈现的过程。"批判"的活动涉及思想者的双向交流和对话，这是"批判"一词最初的也是最基本的含义。20 世纪 60 年代以来，我国思想和学术史上的用法可以说是在两个方面对"批判"一词的基本含义进行了"改造"：第一，把"批判"作为政治语汇，而不是学术语汇；第二，忽视了"批判"作为一种思想历程的含义，只突出"批判"作为一种评价手段的内涵。这就造成了当时"批判"满天飞，现在人们不愿再"批判"的现象，思想由此而变得僵化起来，实践领域中教条主义和经验主义也开始盛行。因为缺乏了真正意义上的"批判"，学术界就缺乏了真正的学术交流和对话，实践领域中也就不能不断地更新知识基础。

根据以上对"批判"的分析，教育哲学的批判性就是指：第一，教育哲学的研究可以使教育生活中原有潜在的知识基础、价值观念显现出来，模糊的知识基础、价值观念清晰起来，零碎的知识基础和价值观念系统起来。从这个意义上说，教育哲学有助于将教育者从常识和陈规陋习中解放出来，以一种理性的眼光来看待自己工作和思想的基础。第二，教育哲学的研究可以对教育生活中原有的知识基础和价值观念进行分析，指出它们形成的历史过程和历史过程背后的现实社会力量，从而将对思想的考察深入到对社会实践的考察，解释前者构成的社会和思想条件。第三，在以上基础上，对教育生活中原有的知识基础和价值观念在现代社会生活中的适应性进行评价和判断，并根据现代社会的变迁重构教育生活的知识基础和价值观念。此外，教育哲学的批判性还包括对不同教育哲学流派观点、社会和思想基础、实践价值、发展历史等的解读，以便克服狭隘的派别之见，以教育生活为基础，将不同流派教育哲学的研究成果融合起来，开辟教育哲学思考和发展的新空间。在这个过程中，教育哲学家必须克服简单地在理论或政治倾向上对某一流派"贴标签"的倾向，放弃门户之见，真正地吸取他们的教育哲学智慧。由于各自的哲学基础不同，教育哲学的发展急需一种建立在批判基础上的交流、对话和宽容精神。也只有这种精神，才能保证教育哲学的批判性真正地得以实现和发挥作用。

4. 教育哲学的价值性

教育哲学的价值性是指：任何教育哲学的活动不是像分析哲学家所宣称的那样是"价值无涉"或"价值中立"的，而总是在一定的价值基础或原则的指导下进行的。教育哲学的知识也总是体现并追求着一定的价值理想。那种宣称教育哲学是寻求普遍有效的教育基本规律或基本原则的说法是自欺欺人的。事实上，教育哲学的知识总是落入到一定的价值谱系中去，这些先于教育哲学活动而存在的社会价值谱系总是规范着教育哲学的研究。教育哲学家在研究教育哲学、阐述自己对某个问题的见解时，必须对自己的价值立场或生活历史做某种形式的交代，以便读者或听众可以对他的价值背景和知识形式之间的关系有更深入的理解，免于受到"知识普遍性"的诱惑与欺骗，并培植起自主的批判能力。

教育哲学的价值性源于后现代哲学关于"知识"与"利益""权力"之间关系的研究。现代哲学倾向于知识是人类"镜式"地反映外在事物的结果，是一种纯粹的认识结果，与人类的价值偏好或利益欲求无关。严肃的知识生产必须清除有可能影响到知识纯粹性的价值或利益动机。这种观点或知识诉求在20世纪一些具有后现代思想的哲学家那里受到了前所未有的批判，尼采、福科、布尔迪厄等都对该问题进行了深刻的论述，其中以法国思想家福科的批判最为有力。福科从精神病学、医学、惩罚与犯罪学、人文学科的缘起、各种惩戒性机构的形成以及主体的诞生等各个角度，深刻论述了现代知识形式与现代权力的密切联结，指出现代权力形式已经由庞大的总体性的权力分散为一些微观的、不连续的权力，但仍然起到统治的效果。这种新的权力是通过知识的生产、传播和控制来实现的。他因此创造了一个新的概念——"知识／权力"，其含义是意味深长的。沃勒斯坦（I. Wallerstein）明确地阐述了其深奥的意义。他说："现今的学术知识生产，已深深地和各种社会权力、利益体制相互交融。"就连极力为"现代性"辩护的德国哲学家哈贝马斯（J. Habermas）也明确指出："彻底的认识论批判只有作为社会理论才是可能的。"他反对实证主义试图把知识与兴趣割裂开来的做法，认为兴趣是人类认识不可缺少的条件。兴趣先于认识，指导认识，是认识的基础。同时，兴趣也只有借助于认识的力量才能实现。他具体地把人类的兴趣划分为"技术的兴趣""实践的兴趣""解放的兴趣"，并把它们依次作为"自然科学""精神科学"和"批判的社会科学"的动力和基础。这些见解深刻地说明了人类在知识问题认识上的巨大进步。因此，教育哲学的研究和教育哲学的知识自然也会有它自己的权力诉求和兴趣基础。教育哲学家们也必须为自己的观点做价值的辩护。

第二章　人生与教育

第一节　人的存在与教育

　　教育的对象是"人"，不管他们是青少年还是成人，是男人还是女人，是汉民族还是其他民族，总之都是"人"。在年龄、性别、知识水平、道德社会化程度等生理和社会属性方面，他们彼此之间会有不同程度的差别，但是他们作为人的存在是没有差别的。在这方面，卢梭要求把儿童当作儿童对待的观点是应该加以检讨的。因为儿童不仅是一个"儿童"，而且还确实是一个"人"；儿童的活动不仅是"儿童"的活动，而且还是"人"的活动。看不到"儿童"与"成人"之间的差别是错误的，但是看不到"儿童"与"成人"之间作为"人"而存在的共同性也是不对的。对教师而言，只了解"学生"或"儿童"是不够的，还必须了解"人"；对教育学者而言，更应是这样。遗憾的是，这种关于人的存在的知识在普通的教育学或教育哲学中很少看到。其结果是：教师们与教育学家们只知道学生或儿童有着特殊的心理活动和发展需要，却不知道学生这个"人"。须知，理解儿童"作为人的存在"是深入理解他们"作为儿童的存在"的一个思想前提。

一、人作为人的存在特征

（一）存在的绝对性

无论是作为个体的人还是作为总体的人，人首先存在，才能思考存在，也才能筹划如何存在。存在先于生活，先于生活的意义。存在具有绝对的价值，也是一切价值的基础、依据和目标，这是人存在的绝对性基本含义。在这个意义上，任何人、任何理由都不能剥夺人存在的权利。"生存权"是一种基本人权，是应该得到全世界人民尊重的基本人权，也是人道主义的最低原则。全人类应该共同反对旨在威胁和消灭自己及他人存在的一切自杀、暴力和战争行为，将其判定为最不人道的事情。正是由于这种存在的绝对性，所以每个人在正常的心态下，都有强烈地维护自己的存在或安全的动机或本能。这种自卫性的动机或本能也是人生最根本的动力之一。

（二）存在的意向性

人作为人的存在，不同于动物的存在。在人类目前意识所能达到的范围内，动物的存在是一种机体的活着，最多只活在自己的"感受性"里。而人的存在首先是作为一种"意向性的存在"，其存在的方式和意义是受意识指引的，而不是受感觉指引的。意向性是人作为人的存在，从可能不断走向现实并开创未来的前提条件。失去了意向性，人不仅失去了历史，也失去了真正意义上的未来，失去了生命的连续性，活在一个个毫无意义、不可理喻的瞬间。人对人的理解，包括对其自身的理解，都是通过对意向性的理解来达到对存在本身的认识的。从这个意义上说，意向性是人类的本性，是不可剥夺的天赋人权。而意向性的基础是"意志自由"。只有意志自由的人才有真正的意向性，也才能成为一个真正意义上的人。从这个角度来说，"灌输""洗脑"是不人道的，是违背人性的，是"精神上的屠杀"。因为非常明显的是，"灌输""洗脑"针对的是人的自由意志，是要使其对象丧失自由意志，不加分析和批判地接受与遵循"灌输者"和"洗脑者"的意图。

（三）存在的文化性

人是作为文化的存在而存在的。人之所以为人，被当作人一样来尊重，并不是因为他具有人的外表，而是因为他具有人的内心和外在行为表现，而这些东西都是文化的产物。不了解人所处的文化，就不了解人的存在本身。我们之所以被别人当作人一样来尊重，一定是因为我们身上的文化还可以被对方接受和理解。了解他人，就是理解他的文化。人与人之间的交往是一个跨文化的过程。我们的言谈举止、喜怒哀乐无不打上文化的烙印。对人和人的生活进行文化的说明，有助于深入地理解人的思想和言行。

（四）存在的时间性

人作为人的存在是一种时间性的存在，而不是一种空间性的存在。与时间性比较起来，人存在的空间性只是一种附带的属性，人的时间性才是第一位的。人是存在于时间之中的，是不断呈现和实现的。人的存在是历史性的，是不断向未来筹划的，而且在本质上是自我筹划的。外在的任何力量都不能造就人，只有人自己才能造就自己。我们先是希望自己成为什么样的人，然后就真的成为什么样的人。我们必须反对在人的生成问题上的各种各样的决定论和宿命论的观点。作为时间性的存在，人的存在又是有限的存在。存在的有限性是人生意义的基础，认识不到存在的有限性，就不能很好地深思存在的意义。

（五）存在的语言性

人作为人的存在还是一种语言的或话语的存在，因为，无论意向、意识和文化都表现为一种语言的形式。离开了语言，我们既不能认识自己，也不能理解别人。我们关于自身和世界的哪怕最简单的感觉也是由语言参与其中完成的。语言不单是交流的工具，也是我们的家，是我们的栖息之地。"失语"就等于让我们踏上流浪的路程，改变我们的话语就改变了我们自己。"语言的暴力"是人道主义的灾难之一。语言的暴力和暴力的语言一样都是非人道的。在这个大众媒体极其发达的时代，"媒体帝国主义"所推行的正是语言的暴力。一些人凭借政治上、经济上或智力上的优势，把自己的声音广为传播，而使大多数人的声音归于沉寂。让人说话，建立一个人人可以发言的社会制度，是民主社会的基石。

（六）存在的独特性

世界上没有两片相同的树叶，也没有两个相同的人。这不仅是在人的身体特征上，更是在人的精神特征和个体行为习惯上。精神特征的独特性主要是认识背景的独特性和认识结果的独特性。个体行为习惯上的独特性主要表现在人们在面临同一种刺激所做出的反应的方式和强度不同，人存在的独特性也给他的生活世界涂上了个性的色彩。每一个人的生活世界都是独特的，不同的事物和事件在各人的生活世界中被解释为不同的意义。人的独特性和其生活世界的独特性是不可丧失、不可让渡的，否则，人就被他人或社会力量异化了。

二、人作为人的存在问题

上述人作为人存在的特点决定了人的一生之中所必须面对的下列"存在问题"。这里所说的"存在问题"区别于"生存问题"，后者一般只涉及具体的存在方式，而前者则关系到存在本身的意义、价值和根据。从逻辑上说，存在问题是人生的根本问题，生存问题是人生的枝节问题，是建立在根本问题的解决或假定解决的基础上的。因此，教育应该不断地引导和帮助人们思考存在问题，而不仅仅是教授给他们一些生存的知识和技能。

（一）死亡的问题

作为绝对的存在，人在本性上都是趋生避死、乐生畏死、贪生怕死的。作为时间的存在，尽管人在自己的天年之中可以随意筹划自己的生活，但人总有一死，最后的死亡是对人存在绝对性的决定性毁灭，这是人生的大悲剧。正如布洛赫（M. Bloch）所说："死亡把一切咬碎。……没有哪一种失望可以同死亡的消极前景相比，在实现目标前，没有哪一种背叛可以与死亡的背叛相提并论。"死亡给人们带来了恐惧，即使勇敢者也不例外。为了逃避死的恐惧，人们采取各种办法：避免谈论，避免回忆，假装与自己无关，祭祀，把死亡解释为偶然事件，把死亡美化，杜撰"轮回说"或"复活说"，然而这一切面对必然的死亡都无济于事。人们终究要独自面对，独自承受，独自经验，无法逃脱。

但死亡也并没有那么可怕，死亡对于人生来说不是无意义的，而是有意义的，不仅意味着毁灭，更意味着创造。"假如没有死，任何东西都失去真正的分量，我们的一切行为永远是极不现实的。……只有死才创造了无可挽回的严肃性和毫不留情的'永不重复'！换句话说，死亡创造了责任，正因为如此，也创造了人的尊严。"波普尔也认为："有些人认为生命没有价值，因为它会完结。他们没有看到也许可以提出相反的论点：如果生命不会完结，生命就会没有价值；在一定程度上，正是每时每刻都有失去生命的危险，才促使我们深刻地认识到生命的价值。"事实上，生者只有在面对死亡的时候，只有在与亡者对话的时候，才能获得一种存在意义上的宁静与超越，才能获得生活的内在勇气和智慧。

（二）奴役的问题

作为意向性的存在，反抗奴役、追求内在和外在的自由是人的本性。自由对于人是非常重要的，可以说，一部人类的斗争史就是追求自由的历史，一部人类的文明史也就是自由不断实现和扩展的历史。就个人而言，自由是一种非常重要的思想资源，自由的状态是我们创造性地思考的状态。没有自由，个体就不会有新的见解，人类就不会有知识的进步，从而也就不会有新的明天。然而，正如启蒙思想家卢梭所说："人生来是自由的，但无时不在枷锁之中。"这句话可以改写成："人本性是追求自由的，但无时不在枷锁之中。"人在自己的一生中所遭受的钳制和奴役是多方面的，以至于单凭个人经验就可以断定自由是一种多么奢侈的价值要求。俄国存在主义哲学家别尔嘉耶夫深入地研究了人的奴役与自由的关系，提出了人所遭受的多种奴役形式，如"自然的奴役""社会的奴役""文明的奴役""自我的奴役"等等。"自然的奴役"是指受自然的客体化、异己性和决定性的奴役。"社会的奴役"是指人受社会的客体化和社会关系的外化的奴役。"社会一旦被视为拥有比人的个体人格更高的位置，人也就被贬成了奴隶。"社会的"有机论"是社会客体化的幻想。"文明的奴役"是指人感受到自身被文明的碎片挤压，人被置于一种特殊工具的统治下。"自我的奴役"是指人把自身向外抛出，异化了自身，其根源是"奴役的社会""自我中心主义""动物式的本能"等。英国哲学家罗素怀着极大的热情歌颂人的自由，呼请人们捍卫自由，同时指出威胁人的自由的五种社会因素：法律制裁、经济惩罚、证据歪曲、不合理的教育、宣传工作。因此，人生要想获取自由，就必须为之奋斗，必须废除各种奴役的形式，改革不合理的社会制度，突破自我的束缚。

（三）有限的问题

作为时间性的存在，人的存在是有限的存在。不仅人的生命是有限的，而且由此导致了人的发展空间和发展能力也是有限的。有限的生命在经验的世界中往往给人们以渺小、卑微和可怜的感觉，这是任何一个有着反思能力的人所共有的感受。这种感受尽管不像对于死亡的感受那样从根本上毁灭生命的希望，但是也每时每刻地动摇着人们生活的信心和勇气。超越这种有限性，从而达到一种无限的境界，是人近乎本能的渴望，这种渴望本身反映了人作为一种时间性存在所具有的内在矛盾。这种内在矛盾不仅存在于个体的身上，而且存在于人类的群体无意识之中。就个体而言，中国古代士大夫"青史留名"的追求和西方基督徒对永恒天国的向往，无不体现了个体试图通过自己的努力达到对生命有限性超越的渴望；就人类而言，对外部世界无止境的开掘和对内部世界的持续理解，其终极目的恐怕也就是要克服存在的有限性带来的不确定性以及由此而来的生存焦虑，从而将一个有限的存在锚在一个无限的背景上。从深层的心理需要上说，宗教以及与之相关的各种献身行为恐怕都是为了帮助人们认识此时此刻生命的有限性，并帮助人们从内在方面或外在方面超越这种有限性，以臻达某种形式上的无限境界。对"无限""永恒""圆满"等的追寻，永远是有限的人生不可遏制的冲动。但是，颇具悲剧色彩的是，我们作为时间性的存在，永远也无法去真正地以我们能够理解的方式臻达无限、永恒和普遍的境界。人，永远生活在有限和无限的夹缝之中。

（四）孤独的问题

作为独特性的存在，人总是孤独地以自己的方式活在这个世界上。这个世界对于某一个人来说，可能给予他很多很多东西，但是唯一不能给他的就是"又一个"他自己。当代的克隆技术最多也只能给予一个人生理上的"又一个"他自己，而不能给予一个人精神上的"又一个"他自己。所以，人，生命，就是唯一，就是孤独，它从我们出生的时候就伴随着，一直跟随我们到老，由孤独所引起的无助感、寂寞感和恐惧感时常爬上心头。为了走出这种唯一和孤独，为了克服这种无助感、寂寞感和恐惧感，人必须向别人开放，必须借助于自己的文化性和语言性与他人交往，从而获得亲密感、归属感和安全感。然而，这种交往并不必然是愉快的过程，并不一定能达到目的。语言的障碍、文化的隔阂以及利益的冲突总是使得一个又一个的"聚会"不欢而散，不仅如此，热闹的"聚会"之后，是更加难以承受的孤独。

（五）自我认同的问题

作为绝对性、独特性和时间性的存在，人总是以一种非常夸张的方式来看待自我，伸张自我的权力，追求自我的实现；作为一种意向性的存在，人总是在反复地提出一个问题——"我是谁？"或"我是什么？"；作为一种语言性和文化性的存在，人又总是很难将自己与他人区分开来，"我"存在于"我们"之中，"他"存在于"他们"之中，以至于不理解"我们"就不能理解"我"，不理解"他们"就不理解"他"。如此一来，作为价值和意义中心的自我究竟存在不存在，能不能清晰地辨别，"我"能否在意识中给自己清晰地画一幅肖像，这样的问题毫无疑问地存在于我们内心的最深处；我们每一个人也都经常地处于由这些问题所引发的自我认同危机之中。

上述人作为人的存在问题在不同人的不同年龄段都会以不同形式表现出来。所有的人都应该高度重视这些存在问题对于生活的影响，它们不仅会使我们的生活变得一团糟，而且在一些极端的情况下会使我们丧失掉存在的意义体验，甚至走上疯狂或自杀的道路。日常生活中，每个人也都会基于个人经验对这些问题进行或多或少的思考，但是这种思考是很不够的，也不能完全帮助我们摆脱上述问题的困扰。只有当我们对这些存在的问题进行系统和深入地思考后，我们才能活得清醒、坚定、富有热情、充满朝气。

三、人的存在问题与教育

时下最时髦的一句教育口号是"教育'以人为本'"，而人作为人的存在却具有上述的一些问题，因此，教育也必然是与上述存在问题相伴随的，上述存在问题也必然会影响到教育，表现在学校教育生活的方方面面。教育家和教育学家不能不知道这一点，也不能假装看不到这一点。然而，遗憾的是，在现代的教育实践和教育学研究中，由于种种复杂的原因，绝大多数的教育家和教育学家确实在这方面存在着视角的盲区。他们只认识到人的生存问题及其对个体和社会所构成的威胁，看不到人作为人的存在问题及其对个体和社会所构成的威胁。所以，现代的教育归根到底就是生存的教育，而不是存在的教育。这种生存的教育给予了人们以生存的意识和能力，却没有给予人们以生存的理由和根据；给予了人们对于自己和人类文明一种盲目的乐观，却没有给予人们一颗清醒的头脑。其结果是，在现代教育的作用下，现代人拥有了比以往任何时候都更强大的生存能力，但是却越来越对生存的必要性产生怀疑。这种怀疑使得现代人的生活充满了无聊、空虚、寂寞和无意义感，从根本上威胁到人生的幸福与人类文明的进步。因此，"以人为本"的教育不能只考虑作为"工具的人"，也应该考虑作为"目的的人"；不能只考虑如何提高人的生存能力，也应该考虑如何增加人的存在的意义。今日的教育，应该比以往任何时候都关注人的存在问题。

教育要关注人的存在问题，首先，就应该改变教育的对象观。教育的对象观包括两方面的认识：一是教育的对象是什么，二是如何认识教育的对象。关于前一个问题，答案也许并不难找。在终身教育的理念提出来之前，人们认为教育的对象就是儿童或青少年学生；在终身教育的理念提出来之后，人们认识到所有的人都有可能成为教育的对象，有关教育对象范围的认识扩展了。但是，关于后一个问题，却很不容易回答。从教育史上看，人类有关"作为教育对象的儿童"的认识有一个变化过程：在古代，人们认为作为教育对象的儿童就是"作为成人雏形的儿童"或"小大人"，否认儿童有着独特的心理活动和发展规律；在现代，由于受儿童中心主义和心理主义的影响，人们认为作为教育对象的儿童就是"作为儿童的儿童"，强调整个教育工作要遵循儿童身心发展特点和规律；在后现代，一切教育者不仅要意识到"作为儿童的儿童"，而且要意识到"作为人类的儿童"。这就是说，"儿童"和"我们"同样既分享着人类的尊严，又遭遇着人作为人的存在问题。因此，教育儿童或其他所有人，就不仅意味着要帮助他们提高生存能力，而且要帮助他们提高存在的智慧；教育者不能仅以功利的眼光来看待教育的对象，还应该以存在的眼光来打量教育的对象。

教育要关注人的存在问题，其次，必须重构教师的自我意识。毫无疑问，无论什么时候，教师在教育过程中的作用都是不能代替的。而教师在教育过程中发挥什么样的作用以及如何发挥作用，一方面取决于教师的学生观，另一方面取决于教师的自我意识。所谓教师的自我意识，就是教师如何看待自我。教育要关注人的存在问题，教师本人必须要撕破"教师"这个"面具"，回到他本来的和丰富的人性状态，树立"作为人类的教师"的新意识。

再次，必须在更新教育对象观和教师自我意识的基础上重构师生关系。受制于现代的教育对象观和教师的自我意识，现代的师生关系基本上是一种功能性的关系，即为了满足某种外在的个体或社会的功能性目的而建立起来的社会关系。在这种关系中，教师和学生不是以完整的人的存在方式出现的，而是以各自所扮演的教师和学生的角色面貌出现的，教师和学生真实的自我深深地掩藏在这种角色互动的表面之下，彼此之间缺乏一种本源性的真诚和信任，也根本不把对方作为存在意义上的"人"来看待。评价这种师生关系质量的唯一标准就是辅助完成预期社会或个体发展功能的多少或大小。这种师生关系导致整个教育生活过于注重"才"的培养和选拔，而忽略"人"或"人性"的尊重和教化。在今天这样一个极端功利主义的时代，指望在短时期内彻底改变这种师生关系几乎是不可能的。而且，这种师生关系也并非一无是处，它能够广泛地存在的现实本身就说明了它仍有其合理之处。但是，我们必须看到，这种师生关系的合理性是有限的，即主要局限于生存的层次，而不能达到存在的层次。为了更好地关注日益严峻的青少年一代作为人的存在问题，师生关系有必要从功能性关系深入到存在性关系。在这个关系层次上，师生之间需要的是真诚的交流、深刻的反省和积极的对话。也正是在这种存在性关系中，学生的存在问题才能显现出来并从教师的存在经验中获得启迪。

再其次，应该引导青少年学生用一种严肃的态度来看待人的存在问题，防止他们将这些问题看成是似有非有或可以置换的问题，启发他们去体验和讨论日常生活中的这些问题，最终培育他们存在的智慧。

最后，应该将存在问题的讨论与青少年学生存在经验的自我反思结合在一起，而不是单纯地讲解一些存在的现象或知识。

如上所述，存在问题不是一种外在于人生的问题，而是一种内在于人生的问题，所以，存在问题的讨论必须诉诸讨论者本人的存在经验。这正是我们当前的教育所缺乏的。实事求是地说，当前我们的教育中也涉及上述的那些存在问题。但是，教育者和学习者都基本上将那些问题当成是一种外在的问题来看待，而非把它们看成是与自己的存在有密切关系的内在问题来对待，因此，个体的存在经验基本上是不参与整个教学过程的。

第二节 人的形象与教育

一般而言，教育的对象是"人"，教育的目的是培养"新人"，教育的过程是在"人与人之间"展开的。因此，教育的理论工作者和实际工作者都必须对人和人的关系问题进行或深或浅的思考。作为这种思考的一个结果就是在思想者的意识中形成各种关于人的观念性知识，这些观念性知识又勾勒出或明或暗的，或完整或破碎的"人的形象"。在一定意义上说，教育理论工作者的全部教育理论体系都是建立在某种"人的形象"基础上的，教育实际工作者的全部教育艺术也是以此为根基的。因此，任何教育改革的深化以及教育知识的创新都可以从对历史上或现实中教育知识中所蕴含的"人的形象"的反思与重塑开始。

一、教育知识传统中人的形象

（一）"宗教人"的形象

"宗教人"（homo riligiosus）的形象是教育知识传统中最古老的人的形象。这种人的形象支配了迄今为止的教育学史的绝大部分时间，对教育知识的发展和教育实践具有比较深远和广泛的影响。

"宗教人"形象经过了不同的历史阶段，不同的宗教所设计的人的形象也有所不同。《旧约圣经》中对人的形象进行了如下描绘：第一，人是神的摹本。

"神说：'我们要照着我们的形象，按照我们的样式造人，使他们管理海里的鱼、空中的鸟、地上的牲畜和全地，并地上所爬的一切昆虫。'"第二，人贵有灵性。"耶和华神用地上的尘土造人，将生气吹在他鼻子里，他就成了有灵的活人，名叫亚当。"第三，人有原罪。人类的始祖夏娃和亚当受蛇的诱惑偷吃了伊甸园中"善恶之树"上的果子，为此，"耶和华神……对女人说：'我必多多增加你怀胎的苦楚，你生产儿女必多受苦楚。你必恋慕你丈夫，你丈夫必管辖你。'又对亚当说：'你既听从妻子的话，吃了我吩咐你不可吃的那树上的果子，势必为你的缘故受咒诅。你必终身劳苦，才能从地里得吃的。'"

　　"宗教人"形象对中世纪的教育论述影响很大，使中世纪的教育知识充满着宗教气息。既然在人和上帝的关系上，人只不过是上帝的摹本，那么无论如何人是不像上帝那样完美的，教育的根本价值就在于使人生来不完善的神性得到充分发展。既然在人之中，只有人的灵魂来自上帝，而且在人死后又归于上帝，因此，教育的根本目的就是教人从心灵上认识、热爱、赞美、信仰和服从上帝。既然肉体只不过是灵魂的一个暂时的居所甚或"监狱"，那么教师对学生实施严格的禁欲和严酷的体罚就是为了"拯救"他们的灵魂，具有一种神圣的合法性。既然上帝不仅创造了人，而且创造了世间的一切事物，因此无论学习什么样的知识或科目，终极的目的就是为了领悟万事万物背后的神的精神。"宗教人"形象对人类自我意识和教育生活的支配在文艺复兴之后就渐渐减弱，但并没有消失。实际上，文艺复兴后，许多被认为是现代教育学先驱者或奠基人的思想家们仍然坚持以"宗教人"的形象作为自己教育论述的基础，如夸美纽斯、福禄培尔等人。20世纪，由于尼采的猛烈攻击和实证科学的迅速发展和巨大影响，"宗教人"的形象在教育学中进一步式微了。但是，也就在这种似乎是不可阻挡的世俗化潮流之中，有人从宗教的立场出发，强烈地批判现代人生的"无根状态"，主张教育的目的就是培养、发展与神性相统一的人性，以便使儿童成为"充分成型的和完美无缺的人"。孙志文（A. Sprenger）指出："宗教人把自己托付在上帝的手，他处世基于对人与社会洗血不掉的信心。……宗教人无时无地不向新的、创造的、美丽的、喜悦的、悲哀的、忧愁的生命开放。"以此为前提，他提出了改进现行教育的主张，认为教育根本目的是"伦理性"而"非知识性"的，而"伦理的根在宗教信仰"。

（二）"自然人"的形象

"自然人"（Tomo Naturalis）是继"宗教人"之后在教育知识领域出现的一种"新人"的形象。它萌芽于12世纪，描绘于文艺复兴时期，完成于18世纪，对我国当前的教育学研究和教育实践有着重要的影响。

12世纪的"沙特尔学派"认为人是一个"小宇宙"，这种小宇宙与外部的大宇宙一样有一种内部的和谐或规律。上帝创造了人，但上帝并不支配人；真正支配人的是人的内在的"自然"或"本性"。人的宗教本性逐渐被人的自然本性代替。"12世纪知识分子的人文主义的最终信条，无疑认为人是自然的人。"但是，此时"自然人"的形象仅仅存在于少数人文学者的头脑中，没有真正进入到教育知识及其他社会知识领域。文艺复兴时期，伴随着"自然"概念的祛魅过程，"自然人"的诸多特征得到了进一步阐明。到18世纪，"自然人"逐渐地同"宗教人"脱离了联系，成为内涵丰富的"新人"形象：第一，人的"本性"中的神秘成分被进一步剔除，人的本性被解释为"人本身所固有的内在联系和发展趋向"；第二，这种内在联系和发展趋向对于不同的人来说是共同的、普遍的，是人作为类存在的一种"类"特性；第三，这种普遍的内在联系和发展趋向可以通过观察的途径，由数学的手段加以认识，这种认识的过程及结果构成关于"人的科学"；第四，自然人在本性上是与大自然相通的，因此自然人"以自然为师"；第五，理想的社会应该是由自然人构成的社会，应该尊重、保护或教化人的自然本性。

"自然人"是16～19世纪风靡欧洲的自然主义教育思潮的重要理论基础，在蒙田（M. E. Montaigne）、卢梭、裴斯特洛齐（J. H. Pestalozzi）等人的教育学说中占有核心地位。既然人的本性不是神性，而是人自身固有的一种发展倾向，那么教育目的就不再是使人认识神、理解神并皈依神，而是帮助人"发展"自身固有的内在倾向。既然人的本性是人作为类的存在所固有的，不存在个体差异，因此，所有的人都有受教育的权利，而且所有的人只有在受到一种真正的教育之后才能成为一个人，这是不受人的出身、地位、性别和智力的高低影响的。既然人作为一个"小宇宙"具有自身的内在联系和发展倾向，那么教育要尊重和遵循人的或儿童的自然本性，而不能压抑或扭曲人的或儿童的自然本性。既然要按照儿童的自然本性来教育儿童，必然要求教育者在一开始的时候就要了解和认识儿童的自然本性。这就提出了在教育过程中研究儿童的任务，促进了近现代儿童研究的兴起和发展，并直接导致了著名的"教育心理学化"运动的出现。毫无疑问，建立在"自然人"基础上的自然主义教育思潮是现代教育理论的一种重要思想源泉。

（三）"理性人"的形象

"理性人"是现代西方文化中一个具有哲学、历史和政治意义的人的形象。它起源于古希腊的亚里士多德，在中世纪及文艺复兴时期分别与"宗教人"和"自然人"的形象交织在一起，到了18世纪后逐渐从"自然人"形象中分离出来，成为一种独立的、深刻反映当时社会转型要求的新人形象，成为当时及以后思想家们论述教育问题的理论前提。

最早揭示或赋予人理性特征的是古希腊哲学家亚里士多德，他有一个后来被无数人无数次引用过的命题，即"人是理性的动物"。在中世纪，人的理性受到嘲弄和压抑，在最好的情况下也只不过被当成理解神启的工具。文艺复兴时期，"自然人"的形象占据整个知识领域的核心，理性也只不过是"自然人"的一种属性，而且还不是最重要的。17世纪以后，即在近代科学和哲学初步形成以后，"理性人"的形象才渐渐地从"宗教人""自然人"的形象中凸显出来。笛卡儿宣称，"严格来说我只是一个在思维的东西，也就是说，一个精神，一个理智，或者一个理性"。斯宾诺莎（B. Spinoza）则提出，"狗是会叫的动物，人是理性的动物"。到了18世纪，作为理性动物的人更是得到了思想家们、政治家们、文学家们的首肯。大家在不同的知识领域提倡理性、歌颂理性，并用理性的眼光来检查和设计各种社会制度，最终希望将人类的历史和现实纳入到理性的轨道上来。正如卡西勒（E. Cassirer，通译为卡西尔）所说，"18世纪浸染着一种关于理性的统一性和不变性的信仰。理性在一切思维主题、一切民族、一切时代和一切文化中都是同样的。宗教信仰、道德格言和道德信念，理论见解和判断，是可变的，但从这种可变性中却能够抽取出一种坚实的、持久的因素，这种因素本身是永恒的，它的这种同一性和永恒性表现出理性的真正本质。"因此,18 世纪也被人们称为"理性时代"。

"理性人"的主要特征是:第一,人是有理性的,理性是人的内在的本质特性,是人的普遍"类特性";第二,理性既是区分人与动物的界限,也是区分"文明人"与"野蛮人"的界限;第三,理性是一种高级的认识能力,不同于感性和知性,后者是为了认识现象,形成感性的和经验的知识,前者是为了把握本质,形成系统的、完整的和深刻的理论知识;第四,借助于理性和理性知识,人类就能不断深化认识,把握和重建自身与世界的关系,从而获得自由;第五,理性的人无所不能,是"全知全能的上帝"的化身;第六,人的理性是先验地赋予的,但也需要最低限度的训练,否则理性会丧失。

"理性人"形象对于 18 ~ 19 世纪教育理论和实践的影响主要表现在下列几点:第一,教育必须培养和训练人的理性,这是教育的最高目标,也是教育的终极目标。因此,文艺复兴时期那种盲目地遵从自然,放纵儿童情感的教育是错误的,至于中世纪教育将信仰置于理性之上的做法则更是错误的。黑格尔认为,儿童教育的目的就是使他们具有的内在理性通过教育实现于外,从而使他们成为一个真正独立的本质,完成"精神上的诞生"。第二,教育活动必须合乎理性。如果说,文艺复兴时期教育活动的首要法则就是"遵从自然",那么 19 世纪的思想家们则认为教育活动的首要原则就是"遵从理性"。第三,教育必须树立理性和教师的权威,反对非理性和对教师的公开反抗。第四,教育强调纪律和秩序。理性代表着秩序,纪律维持着秩序。学校教育的纪律和秩序就是理性的化身。无论是赫尔巴特还是康德和黑格尔,都非常强调纪律在儿童发展中的作用,意图清除纯粹感性和自然的东西,引导儿童的精神超越自己的特殊性而臻达普遍的教化和总体的境界。

(四)"社会人"的形象

"社会人"的形象是 19 世纪中叶以来出现于教育知识之中并逐渐占据教育相关知识核心位置的人的形象。"社会人"的形象一般来说又有两种:一是"政治人"形象,二是"经济人"形象。我国传统上所强调的"道德人"也可以看成是一种特殊类型的"社会人"或"政治人"形象。

"政治人"形象最早也是由亚里士多德提出来的。他潜心研究了当时的希腊政体——"城邦政治",认为人类在其本性上,也正是一个"政治动物"。亚里士多德的原意是说,人类的个体要想生存,彼此必须结合起来。这种结合的基本形式是家庭,其次是村庄,再次就是城邦。因此,城邦是人类生活最完备的组织形式,也是确保人类能够过上优良生活的最后屏障。城邦作为一种政治实体,最终目的是为了满足人类生存和发展的需要;人作为政治动物的基本要义就是其必须在"相互依赖"中生存。亚里士多德的这一思想得到了马克思的充分肯定,他明确指出,"人是最名副其实的政治动物,不仅是一种合群的动物,而且是只有在社会中才能独立的动物"。不仅如此,马克思还指出,根本不存在"纯粹的个性",人的个性作为社会历史关系的产物总是受其所属的阶级关系所制约和决定的,因此在阶级社会中具有鲜明的阶级性。

"经济人"是现代西方管理理论中提出的一种社会人的形象,它起源于功利主义和享乐主义的伦理观,李嘉图(D. Ricardo)和泰勒(E. B. Talor)都持这种观点。这种观点认为:第一,人的一切行为都是为了最大限度地满足自己的私利,争取最大的经济利益。第二,多数人生来是懒惰的,他们尽可能逃避工作。第三,多数人没有胸怀大志,不愿负任何责任,甘心情愿受别人领导。第四,多数人的个人目标都是与组织目标相矛盾的,必须用强制、惩罚的方法,才能迫使他们为达到组织目标而努力工作。第五,多数人干活是为了满足最基本的生理和安全需要,因此只有金钱才能鼓励他们努力工作。

无论是"政治人"还是"经济人",他们都假定,人之所以为人,既不是由于上帝,也不是由于自然或理性,而是由于社会,离开了社会,人就不成其为人。因此,社会是个体的"母亲"。孔德(A. Comte)明确提出,"真正的个人是不存在的,只有人类才能存在,因为不管从哪一方面说,我们个人的一切发展,都靠着社会"。涂尔干也说:"我们身心之中最好的部分,我们活动之中最高的形式,都从社会而来。"受此影响,教育自然就被看作是"社会"或"个人"的工具;其根本目的就是促使个体的"社会化",一方面帮助个体实现其政治目标与致富愿望;另一方面满足社会文明自我约束、自我积累和自我发展的需要;教育工作的首要原则不是要适应什么自然本性或理性要求,而是要适应社会政治斗争或经济发展的要求;教师也不再是"自然的仆人"或"理性的化身"，而是构成了一个专门的职业阶层，代表着一定的生产关系和政治势力。"社会人"的形象为 19 世纪中期国家主义教育思潮的出现及国家或社会教育权的加强提出了必要的思想基础。

二、教育知识传统中人的形象的批判

上述教育知识传统中人的形象代表了不同历史时期人类的自我意识，表征了不同历史时期人类自我形象的变化，从不同的方面说明了人作为一种类的存在的多面性和复杂性："宗教人"看到了人类存在的有限性与无限性之间的矛盾，试图将孤立的、个体的人与普遍的、总体的精神联系起来，唤醒人类心中那种亘古未泯的超越性动机和终极关怀愿望，帮助人们寻找到生活的意义；"自然人"则看到了人作为类的存在的自然性与文化性之间的矛盾，强调人作为人的存在的自在、自由和自主的一面，试图将人们从种种社会的或文化的专制中解放出来，提倡按照人的本来面目生活，解决人生活的快乐和幸福问题；"理性人"则看到了人作为类的存在的有序与无序、偶然与必然、理性与非理性之间的矛盾，强调理性、秩序和必然在人的整个存在方式中的地位和作用，从而解决人作为类的存在的合法性依据问题；"社会人"则看到了人作为人的存在的理想性与现实性、共性与个性之间的关系，强调现实的、具体的和复杂的社会关系在人性构成中的决定性作用，从而回答了人作为人的存在究竟如何可能的问题。这些各种各样的人的形象为我们从多个侧面更好地理解人及人的存在方式提供了知识基础，启发我们自觉地思考建构一种教育理论和开展一种教育实践时所秉持的人性立场。

从"宗教人"经"自然人""理性人"到"社会人"的转换过程，也明显地说明了人类在自我意识方面的不断进步，这种进步性主要体现在以下两方面。首先，从方法论上说，它记录和反映了人性思考不断地从唯心主义到唯物主义、从形而上学到辩证法的过程。"宗教人"主要是一种人类自我认识能力不发达时期的主观臆测和想象的产物，"自然人"与"理性人"尽管有其一定的事实、逻辑或心理依据，比起"宗教人"来也有相当的进步，但仍然掺杂了许多类比的和思辨的成分，缺乏充分的和透彻的说服力。而且，无论是"宗教人"，还是

"自然人"和"理性人",都宣称自己的是"永恒不变的"和"普遍一致的"人性。只有"社会人"才第一次将人性的视角从天上转换到人间,第一次不再借助于丰富的想象或抽象的思辨,而是借助于现实生活的分析来说明人的形成与人的本性,从而将对人的观察和分析放入到丰富多彩的社会历史生活中去,解构了历史上永恒不变的和普遍一致的人性假设。其次,从思想内容上说,它们是一个从贫乏到丰富、由思想前提到思想结果的过程。"宗教人",就是由一则创世纪神话"给定"的,既没有说明也没有论证,更没有辩驳。"自然人"也是以一种无可争辩的断言形式出现的,但是却得到了比较系统、展开的论述。"理性人"本身是理论思辨的成果,而不是作为一个思考的大前提出现的。围绕着"理性人",许多的思想家进行了艰苦的理论工作,开展了大量的研究。"社会人"更是如此,无论是在实证主义者孔德那里,还是在马克思主义经典作家那里,对人的社会属性的论述与对生产方式、生活方式及社会形态等的论述密切结合在一起。也正是由于在人的形象方面的认识有这么一个不断进步和丰富的过程,建立于其上的教育理论也才能不断地得到系统化、深化和发展,从而不断地建构新的和更加文明的教育生活。

尽管教育知识传统中的人的形象各有其独特的视角,且从"宗教人"到"社会人"有一种历史的进步性,但是,无论是"宗教人""自然人"还是"理性人"和"社会人"都有其不可忽视的理论缺陷。"宗教人"的理论缺陷主要在于:首先,不能合理说明上帝究竟是如何创造的芸芸众生以及原罪究竟是怎样形成和代代相传的。在一个理性化的现代社会,不能合理地说明这些,所谓的"赎罪""忏悔""拯救""超越"等就毫无意义。与此相关,宗教教育的一切,从目的到方法,从空间布局到师生交往方式,都会失去其最基本的依据。其次,"宗教人"的形象还忽视了人的世俗生活需要,忽视了社会政治、经济等力量对人和教育的现实控制,具有浓厚的幻想色彩。再次,建立在"宗教人"形象基础上的教育把教育价值看成是绝对的、不容置疑的,这种教育在现实政治或宗教势力的操纵下往往打着拯救或提升人性的幌子压迫人性。如果考虑到不同民族在自己的精神生活史中形成了不同的宗教,宗教人的形象就显得更加模糊不清。

"自然人"的致命理论缺陷在于：作为个体的人本身是否具有某种"自然本性"或"固有的"内在联系和发展趋向？今天，人们一般会从两个方面对这个问题给以肯定的回答，一是从遗传学的角度，另一是从心理学的角度。从遗传学的角度，人们可以用有关基因问题的最新研究进展说明，个体在出生之前确实已经通过遗传从亲代那里接受了一些行为倾向。从心理学的角度，人们可能会举皮亚杰等人关于儿童认知发展、道德发展等的研究来说明人是有着普遍的本性的。然而，这些遗传学和心理学的回答都是不充分的：人的遗传素质与他／她的现实行为取向方面并没有直线的因果联系；皮亚杰研究结果的普遍适用性已经遭到了致命的反驳。即使人类自身存在着某种固有的发展倾向，但是教育的目的却不止于促进发展，还包括引导和规范发展。从一定意义上说，后者才是教育更加重要的方面。上述对于"自然人"的现代辩护听起来很有道理，然而，它们最多只是说明了人的发展的生物学基础和心理学基础，而不能说明人的发展的所有现实性与未来可能性，更不能解释现实生活中人的发展的全部复杂性。要求教育遵循某种意义上的"自然本性"是对的，要是要求教育跟随在"自然本性"的后面亦步亦趋是绝对错误的。这样做，就等于从根本上取消了教育。

"理性人"的理论缺陷主要表现在：不能合乎逻辑地证明"先验理性""先验范畴"或"先天图式"的存在。不错，我们作为人类的存在，总是有一定的思考能力，有一些也不知怎么就掌握的概念范畴或信息加工模式。因此，可以毫不迟疑地认为，我们作为人类的存在，确实是有理性的。但是，我们如何能够从有理性的日常经验中就推论说我们的本性就是理性呢？一个同样明显的事实是，我们作为人类的存在，不仅是有理性的，而且也是有感情、有欲望的。我们能不能从中推论说，我们的"本性"就是爱、恨或其他非理性的东西呢？理性主义者如笛卡儿和康德都认为，既然我们能够在后天的生活中接受一些概念、范畴，或形成一些图式，那么我们必有一些最最基本的和原初性的概念、范畴或图式，这些东西就是"先验的"，表征着人类的理性本质。可是，我们又如何知道在这些最最基本的和原初性的概念、范畴或图式背后，没有最最最……基本的和原初性的概念、范畴或图式呢？作为一个凡人，我们如何能够辨认"先验的"与"经验的"之间的逻辑界限呢？如果在这方面有困难，我们又能如何自信地宣称"先验理性""先验范畴"或"先天图式"的存在呢？

"社会人"的理论缺陷主要是：尽管说"离开了社会，人就不成其为人"，但是，人却并不是社会政治和经济生活的产物。这是因为：社会的政治关系和经济关系与个体人的生成之间并不存在着孔德所说的"线性决定关系"，否则，我们如何解释那些历史上冲出自己阶级或家庭牢笼的事件呢？如何解释那些"不义而富且贵，于我如浮云"的人和事呢？这就是说，一定社会的政治和经济关系对于人的生成的影响只能通过被影响者自己的主观解释来达到目的。因此，与其说人是社会政治和经济生活的产物，毋宁说人是他自己的产物，是他自己所计算的社会关系的总和。

正是由于教育知识传统中占主导地位的人的形象存在着上述理论上的缺陷，所以建立在它们基础上的教育理论和实践传统也存在着不少的问题："宗教人"教育悲观厌世、虚无缥缈，"自然人"教育软弱无力、难以实施，"理性人"教育严厉冷酷、缺乏爱心，"社会人"教育急功近利、扼杀个性。不幸的是，20世纪末和21世纪初，我国教育理论研究和实践中"人的形象"正是这样一个"十足的大杂烩"：在教育终极目的的厘定上，人文主义者往往以"宗教人"形象为基础，呼吁对人生的关怀和对人性的提升；在教育功能的预期中，现实主义者往往以"社会人"形象为基础，主张培养劳动者和接班人；在教育管理和课程建设中，理性主义者往往以"理性人"的形象为基础，强调严格纪律和科学训练；在教学过程和方法上，心理主义者往往以"自然人"形象为基础，提倡遵循儿童的身心发展规律。这种支离破碎的人的形象，只能产生支离破碎的教育理论和无所适从的教育实践，培养出在内心精神世界和外部社会关系方面同样支离破碎的人：正邪不分，良莠不辨；唯我独尊，麻木不仁；急功近利，俗不可耐。因此，我们必须重塑教育知识中人的形象，以便为新世纪的教育理论和实践提供新的人性论基础。

三、重塑教育知识中人的形象

从历史上看，单独重塑教育知识中"人的形象"是不可能的，因为它总是与广泛社会生活中人类自我意识的变革密切结合在一起，既是人类自我意识变革的一个必要组成部分，又是推动人类自我意识变革的一个重要途径。因此，重塑教育知识中"人的形象"也就意味着：深入地考察广泛社会生活领域中人类自我意识的变革，并将其应用到教育理论的建构和教育实践的变革中来。

（一）"游戏人"的形象

"游戏人"（homo ludens）的形象萌芽于18世纪，形成于20世纪初，在当前这个后工业或后现代社会正受到越来越多人们的认可和青睐，但尚未对教育知识和实践产生广泛的影响。就在18世纪"理性人"刚刚代替"自然人"成为欧洲文化中占主导地位的人的形象的同时，席勒（F. C. S. Schiller）就精辟地指出，"只有当人是完全意义上的人的时候，他才游戏；只有当人游戏时，他才完全是人"。这段话恐怕是对人的游戏本性最早和最经典的表述。在席勒这里，游戏已经不只是一种儿童的娱乐或玩耍，而是人类的自由本性和完整人格充分展现的途径与证明。在一定意义上，游戏就意味着人的诞生和人性的复归。18世纪以后，游戏就一直是欧洲思想家们所关注的文化主题，19世纪的一些教育学家，如福禄培尔也非常重视游戏在教育过程中的作用。但是，无论是当时的思想家们还是教育学家们，都没有能够明确提出"游戏人"的概念。这个概念直到20世纪初才由荷兰文化史学家赫伊津哈（J. Huizinga）正式提出。他说："一个比我们更为愉悦的时代一度不揣冒昧地命名我们这个人种为：理性的人（homo sapiens）。在时间的进程中，尤其是18世纪带着它对理性的尊崇及其天真的乐观主义来思考我们之后，我们逐渐意识到我们并不是那么有理性的；因此现代时尚倾向于把我们这个人种称为'制造的人'。尽管制造（fable）并不像理性（sapiens）那么可疑，但作为人类的一个特别命名，总不是那么确切，看起来许多动物也是制造者。无论如何，另有第三个功能对人类及动物生活都很贴切，并与理性、制造同样重要——即游戏（playing）。依我看来，紧接着以及大致处于同一水平的，即游戏的人，在我们的用语里会据有一席之地。"显然，在赫伊津哈这里，"游戏人"是作为一种新人的形象出现的，是与"理性人"与"制造人"相对而言的。

"游戏人"形象的主要特征是：第一，人人都喜爱游戏。游戏是人类的一种原始冲动，其他的一些冲动，如认识的冲动、宗教的冲动、功利的冲动等，都只不过是游戏冲动的外在表现。游戏的冲动不仅表现于人类的儿童时期，而且贯穿人的一生。第二，人人都生活在游戏之中。生活由一系列不同类型的游戏构成，活着就意味着不断参与游戏和创造新游戏。就是一些非常严肃的社会活动，如政治、经济和科学研究等，也都有着大量游戏的成分：装扮、自居、陶醉、外在的关注、规则与自由之间的适度张力等。上面所说的"宗教人""自然人""理性人""社会人"的形象也只不过是不同历史时期的人类为自己所设计的不同的游戏角色而已。第三，人人都是"游戏者"。理解人，就是理解人所参与的游戏；反过来，理解了人所参与的游戏，就理解了游戏中的人。第四，人人只有在游戏中才能"成为"和"看到"他们自己，才能避免司空见惯的"异化"危险。总之，"游戏人"的假设认为，游戏不仅是日常生活中的一类普通娱乐活动，而且是人类共有的本性，是人作为人类存在的基本方式，是人类各种文化的"母体"。

从"游戏人"的角度来看教育，似乎一切都改变了：一切严肃的都是诙谐的，一切神圣的都是日常的，一切永恒的都是瞬间的。首先，既然人人都是游戏者，人人都生活在游戏之中，那么，教育本身究其实质只不过是人类多种多样游戏活动中的一种。或者说，人们"在教育中游戏"（playing in education）、"通过教育游戏"（playing by education）、"为了教育而游戏"（playing for education）。参与教育游戏，享受教育游戏所给予的愉悦，是人类参与教育活动的另一种目的。这种目的超越任何功利的考虑，如人类的启蒙、社会的发展、个体的幸福等。其次，既然人人只有在游戏中才能"成为"和"看到"他们自己，那么，以人的培养为己任的教育就应该充分地展现其"游戏性"。

在国内，最早提出"教育的游戏性"概念的是华中师范大学的吴航博士。在此之前，人们主要是从幼儿教育的角度来研究游戏与教育的关系。她在其非常出色的博士学位论文《游戏与教育——兼论教育的游戏性》（2001）中提出，

"游戏性，即自主的精神、平等的精神以及在自由与限制之间保持适当张力的精神"。在该论文中，吴航未对"教育的游戏性"进行明确界定，只是说明"教育的游戏性则更集中地体现在具体直接的教育过程之中"。吴航提出了三点"教育过程的游戏性内容或表现"："提供并创设一个宽容、开放的社会—文化—心理环境"；"挖掘、开发具体教育过程中恰当的节奏"；"赋予师生交往以某种程度的平等精神"。我们这里所说的"教育的游戏性"不仅仅局限于教育过程方面，而是对教育总体性质的一个判断，与"教育的历史性""教育的社会性"等相对而言。使教师和同学们的整个身心经常地处于一种游戏状态：自由、自愿、自足、平等、合作、投入和忘乎所以。从一定意义上说，教学活动中游戏状态的缺乏是造成教师厌教和学生厌学的一个主要原因。游戏的精神应该渗透到教育活动的方方面面。再次，既然人人都有游戏的冲动，人人都喜爱游戏，人人都是游戏者，那么教师与学生之间的关系就是一种游戏者与游戏者之间的平等关系，双方必须共同创造一种游戏的氛围，承担游戏过程中各自的角色，理解和共同维护游戏的规则，并根据游戏双方的需要不断地重新修订这种规则。最后，既然人人都是游戏者，教育对人的培养就不仅仅止于劳动者和接班人，因为他们只不过是在特定社会历史背景中从事特定经济和政治游戏的人。教育的根本目的是要帮助人们理解其游戏本性，促使他们形成"公平游戏"（fair play）的责任意识和能力。

（二）"文化人"的形象

"文化人"（homo cultus）的形象是 19 世纪末 20 世纪初借助于大量的人类学反思形成的一种新人的形象。卡西尔的"符号人"也就是一种"文化人"。与"游戏人"的形象一样，"文化人"形象的诞生也是为了批判此前出现的各种人的形象，特别是"理性人"的形象。正如格尔兹（C. Geertz）所说："18 世纪的人类形象，是脱去文化外衣后出现在我们面前的赤裸裸的智者，而 19 世纪末 20 世纪初的人类学用穿上文化外衣出现的变形动物的形象代替了前一种人类形象。"20 世纪中后期，"文化人"也逐渐成为支配人类自我意识的一种基本假设，对于哲学、政治学、经济学、心理学和教育学等广泛的知识领域产生影响。

"文化人"形象的基本轮廓是：第一，人是文化的产物，而不是上帝的或自然的产物；不仅我们的观念、价值、感情和行为模式是文化的产物，就是我们的感觉方式、思维方式以至整个神经系统都是文化的产物。第二，人性就是文化性，"毫不隐讳地说……不存在独立于文化之外的人性。没有文化的人不会是戈尔丁（Golding）《苍蝇之王》中不得不依赖原始动物本能的聪明的野蛮人，也不是启蒙时期原始主义的自然贵族，或甚至不像古典人类学理论可能暗示的那种出于某种原因没有能够充分发挥自己才智的内秀的类人猿。没有文化的人类将是几乎没有什么有用本能的无可救药的怪物，它们只有极少可知的情感，缺乏智力，是智力上的残疾人。"第三，因为人类生存于其中的文化是多样的，因而人性也是多种多样的，长期以来人们所信以为真的人性的统一性是虚幻的；人都是文化的产物，人的一言一行都体现着他／她所生活于其中的文化，那么师生之间交往的过程就是一种跨文化交往和对话的过程，这种交往和对话的质量取决于双方对彼此文化的了解和理解程度。由此可见，比起传统教育知识中人的几种形象而言，"文化人"的形象能够引导教育理论和实际工作者理解教育活动的历史性、具体性、相对性和复杂性。

（三）"制造人"的形象

比起"游戏人"和"文化人"来说，"制造人"（Homo Faber）并非是一种"新人"形象。因为早在 18 世纪，美国近代自然科学家、著名的《独立宣言》的起草者富兰克林就提出了这个概念。19 世纪中叶，马克思再次提到这个重要的概念。他说："劳动资料的使用和创造，虽然就其萌芽状态来说，已为某几种动物所固有，但是这毕竟是人类劳动过程中独有的特征，所以富兰克林给人下的定义是制造工具的动物。"这里之所以把"制造人"作为一种"新人"形象提出来，主要是因为这个概念与"游戏人"和"文化人"的概念一样，在 20 世纪很少受到人们的关注，因此仍然不失为一种"新反感"以及人在劳动过程中"类特性"和"主体性"的丧失，主要是异化劳动的结果。所谓异化劳动，主要是指劳动的对象、产品和整个劳动过程的管理都与劳动者相分离，并且成为压迫劳动者的外在力量。异化劳动不仅造成了劳动者与劳动的对立，而且造成了人与人之间以及人与他的"类本质"之间的对立。

"制造人"形象能够给予教育理论和实际工作者的启发主要在两方面：一方

面是启迪我们重新看待手工或劳动课在教育中的地位和作用，重新思考马克思主义关于"教劳结合"的思想；另一方面则启迪我们更深入地思考为什么从古到今教育领域中普遍地存在着教师厌教和学生厌学的问题。手工课或劳动课是近代以来中小学校比较常见的一种课程类型，但却并不在课程体系中占重要地位。人们主要是想用这些课程培养青少年一代正确的劳动态度，向他们传递一些基本的制作或劳动技巧，并同时进行思想品德教育。从"制造人"或"劳动人"的假设来看，手工课或劳动课的课程目标不能仅仅局限于这些具体发展目标的达成，更重要的是要满足青少年一代的劳动或制造需要，为他们提供一个表现、反思和确证自己主体性和"类特性"的大好机会。由此，我们才能更深刻地理解马克思主义经典作家有关"教育与生产劳动相结合是促使人的全面发展的唯一方法"的命题。这是因为，所谓人的全面发展，就其实质而言，就是人的自由自觉的类本性得以充分实现的状态。因此，实现人的全面发展也就必然意味着通过劳动使得人们更好地"占有"和表现其类本性。反过来说，如果学校的一切活动都不包括制作、劳动，或者说学校的那些制造或劳动都是处于一种异化状态，那么学校中的教师与学生就会像工厂的职工一样感受到"自我牺牲""自我折磨"和"自我丧失"。

总之，比起"宗教人""自然人""理性人""社会人"来说，人更像是"游戏人""文化人""制造者"或"劳动人"。人的宗教情怀、自然性情、理性偏好、社会倾向无不可以通过"游戏""文化""制造"或"劳动"范畴而得到解释或重新解释。从"游戏人""文化人"与"制造人"的角度来看，人或人的本性是"生成的"而不是"给定的"，是"多样的"而不是"同一的"，是"异质的"而不是"均质的"，是"开放的"而不是"封闭的"，是"变化的"而不是"僵化的"。所以，在人性及建立于其上的人的形象问题上，教育理论和实际工作者必须永远持一种多样的、开放的和灵活的态度，不断地用新的眼光来打量人、思考人和培育人。

第三节　人的境界与教育

人不仅力求活着，而且力求体面地活着、有意义地活着，力求过一种高尚的生活。教育作为一种人道主义的事业，其价值不仅仅在于维持个体直接的生命活动，也在于使个体生活得更有意义、更高尚，这就与人生的境界有关。

今人多在前一层意义上理解和使用人的境界，忽视了人生的境界不仅是人力求达到的某种高度，而且也是人愿意生活于其中的一种状态。不管如何，人生的境界关涉到人的精神世界或心灵世界，而不是指人的世俗的外在的东西。位高权重、富可敌国的人未必活得有境界，人微言轻、家境贫寒的人也未必没有高尚的灵魂。遗憾的是，在日常生活中，人们常常以世俗的功名来兑换人生的境界，这是人的堕落，而不是人的提升。教育的根本目的之一应该是不断地提升人生的境界，而不是引导人们的灵魂走向堕落。

一、中国历史上的几种人生境界学说

中国历史上的儒、道、佛三家都非常重视人生的境界，从不同的角度应用不同的标准提出了自己的人生境界理论。它们彼此之间互相辉映、互相补充，构成了中国古代人生哲学的一大景观，为中国人的内心生活提供了丰富的精神资源。

（一）儒家的人生境界学说

纵观历史，无论是先秦儒家，还是汉以后的儒家，包括宋明以后及至当今的新儒家，都非常重视人性的修养和人生境界的提升。孔子明确以"道德"为标准将芸芸众生划分为小人和君子两大境界，又把君子再区分为仁人、贤人、圣人等不同的层次。其中，"圣人——以天下为一家，以中国为一人"，可谓是

人生的最高境界，很少有人能够达到。就小人和君子的区分而言，"君子周而不比，小人比而不周"，"君子怀德，小人怀土；君子怀刑，小人怀惠"，"君子喻于义，小人喻于利"，如此等等。冯友兰先生根据人对于其所做之事的"觉解"程度，将人生划分为四个境界：自然境界、功利境界、道德境界和天地境界。在他看来，如果一个人做事只是出于本能或社会的风俗习惯，没有或很少有自己的觉解，那么他的人生境界就处于自然境界；如果一个人做事是出于自己的功利要求，那么他的人生境界就是功利境界；如果一个人做事是出于服务社会，具有严格的道德意义，那么他的人生境界就是道德境界；最后，如果一个人做事符合整个宇宙的法则或人类的利益，那么他就达到了最高的人生境界——天地境界或哲学境界。冯友兰认为："这四种境界之中，自然境界、功利境界的人，是人现在就是的人；道德境界、天地境界的人，是人应该成为的人。前两者是自然的产物，后两者是精神的创造。"显然，自然境界和功利境界是人人不学而能的事，道德境界和天地境界则是必须经由刻苦的学习和实践才能达到的。比较起来，冯友兰的四境界其实与孔子境界学说没有多大的差别。从标准上看，冯友兰所说的觉解也就是一种道德期待或价值预设，与孔子所坚持的标准没有什么实质性区别；从类型划分上看，冯友兰的功利境界相当于孔子的小人境界，道德境界相当于孔子的君子境界，天地境界或哲学境界则相当于孔子的圣人境界，只是多了一个自然境界而已。而且，严格分析起来，所谓的自然境界还很难说是人生的一种境界。与其说它是人生的一种境界，不如说是人生最最原初的一种生命状态而已。

（二）道家的人生境界学说

与儒家的人生境界学说不同，道家不是要教人经世致用、成贤成圣，而是要教人"越名实而任自然"，成为"真人"或"至人"，"真人"是道家最高的人生境界。不过，从现有文献来看，作为道家创始人的老子并没有使用"真人"这一概念，他使用最多的仍然是"圣人"这一概念，只是他理解的"圣人"与儒家理解的"圣人"有了质的差别，前者强调"为而不恃，功成而不处"，"处无为之事，行不言之教"，后者则强调"为天地立心，为生民立命，为往圣继绝学，为万世开太平"。显然，老子所言的"圣人"已是一种全新意义上的人格理想了，庄子后来明确将这种人格理想称为"真人"。"何为真人？古之真人，不逆寡，不雄成，不谟士。……古之真人，其寝不梦，其觉无忧，其食不甘，其息深深。……古之真人，其状义而不朋，若不足而不承，与乎其觚而不坚也，张于其虚而不华也……忘乎其言也。"这种"真人"境界就是庄子所说的"天地与我并生，而万物与我为一"的境界，也就是老子所向往的"婴儿"境界，无知无欲，无争无执，见素抱朴，无为而为。如果说，儒家的人生境界理论是教人做"加法"（"益"）或有所担当的话，那么道家的人生境界理论就是教人做"减法"（"损"）或不断舍弃。对于处于世俗社会中的人来说，道家从人的自然性和本体性出发提出的"真人"是一种更难达到的人生境界。但是，这并非说明道家的人生境界理论没有意义。事实上，在中国人的历史生活中，道家的人生境界理论与儒家的人生境界理论一样，对于中华民族性格的塑造起到了很大的作用。

（三）佛教的人生境界学说

与儒家、道家一样，佛教也非常讲究人性的修炼和人生境界的提升，但是，在人生境界划分的标准上，佛教又与儒家和道家有所不同。如上所述，儒家以德性为标准构建人生境界理论，道家以自然性为标准描绘人生的阶梯，佛教则是以人生有没有摆脱轮回转世的痛苦为标准来论述人生境界的。佛教认为，人生的本相是痛苦，导致痛苦的根源是欲望。因此，人生要想真正地摆脱痛苦，就必须彻底去除欲望。去除欲望的正确道路就是"八正道"——正见、正思、正言、正业、正命、正精进、正念和正定。"在那株菩提树下佛陀身上所发生的事情，也同样发生在每一位坚持修炼八正道直到最后一步的佛教徒身上。正如一架照相机，以前心灵的焦距对得不好，不过现在却调整好了。……心灵安住在其真实的状态之中。"那些真正达到这种状态的人就达到了人生的最高境界——涅槃。"涅槃"是一种很难说清楚的概念，佛陀本人也拒绝给它一个正面的描述或阐释。从字源学上看，它的意思就是吹熄或熄灭。从其引申意义上看，它意味着圆寂或圆满，即造成人生痛苦的私欲都已经燃烧殆尽，一切束缚无限生命的东西统统不存在了，生命之花向无限的宇宙绽放。但是，在是否人人都可以经过上述八项修炼达到涅槃境界的问题上，不同的宗派有不同的见解。总的来说，有两种基本的立场：一种认为只有少数人能够达到这一境界，多数人是不行的；

另一种认为人人都有佛性，因此人人都可以凭借自己的努力达到这一境界。我国本土的禅宗就是持后一方面的立场。禅宗认为，"我即佛""佛即我"，"一切般若智，皆从自性出，不从外入"。因此，只要人人坚持修炼，坚定信仰，就可以达到目的。禅宗的这一主张对宋明时期的理学影响很大。程颢的《秋日》诗即反映了这种禅定境界："闲来无事不从容，睡觉东窗日已红。万物静观皆自得，四时佳兴与人同。道通天地有形外，思入风云变态中。富贵不淫贫贱乐，男儿到此是豪雄。"显然，比起儒家的圣人、道家的真人境界来，佛教的涅槃境界特别是禅宗的禅定境界是更容易达到，因而也最具有大众性的，对于中国人的日常生活影响也更深。

综上所述，中国历史上的儒、道、佛三家都强调人生境界的提升，但其根本目的有所不同：儒家强调人生境界的提升是为了让人们经天纬地、建功立业；道家强调人生境界的提升是为了让人们见天知性、返璞归真；佛教强调人生境界的提升是为了教人们破除心障、追求圆满。然而，儒、道、佛三家在人生境界学说中也有一些共同或相似的地方，如都认为人人可以不断地提升自己的生存境界，都强调主观自觉和刻苦努力在提升人生境界中的核心作用，各自的人生境界学说都与日常的人性修炼有着密切的关系等。因此，深入地研究这三种人生境界学说，对于理解中国传统文化和国民性，重构新时代的人生境界理论，无疑具有非常重要的意义。

二、西方历史上的几种人生境界学说

西方历史上各种不同的哲学或宗教派别也都在自己的人生理论中阐发了人生境界的思想。下面我们简要地介绍几种比较成型的人生境界学说，并将其与上述几种中国历史上的人生境界学说加以比较。

（一）亚里士多德的人生境界学说

古希腊哲学家亚里士多德是古代最伟大的思想家，古希腊时期最博学的人物。他不仅在自然科学和社会科学方面做出了卓越的贡献，在人文学科方面也颇有建树。他的《论灵魂》不仅仅是一部心理学的著作，而且也是一部非常重要的人生哲学著作。在该书中，亚里士多德认为，所有有生命的存在都有灵魂，而灵魂又有三个等级，从低到高依次是"植物灵魂"、"动物灵魂"和"人的灵魂"。"植物灵魂"的基本功能是"营养"和"生殖"；"动物灵魂"的基本功能除了"营养"和"生殖"外，还有"感觉""知觉"和"欲望"；"人的灵魂"不仅仅具有"植物灵魂"和"动物灵魂"的全部功能，而且还具有它们所不具备的"理性"的功能。亚里士多德认为，理性是人类的本性，理性的沉思能带给人们最大的幸福。对于人类个体而言，每一个人都同时具备这三种不同的灵魂，并且分布在身体的不同部位：植物灵魂存在于"腹部"，动物灵魂存在于"胸部"，理性灵魂存在于"头部"。因此，人生也就相应地有三种依次提高的境界：有的人生活在"腹部"的境界，具有营养和生殖的要求，整天只知道吃喝与性，除此以外就再也找不到什么有意义的事情可做；有的人生活在"胸部"的境界，具有感性认识和情感生活的需求，不仅从吃喝与性生活中寻找快乐，而且也从经验认识和情感生活中体验快乐；有的人生活在"头部"的境界，具有理性思考的冲动，善于从理性的生活形式中获得愉快、幸福和美感，从而达到最高的生命境界。他明确提出，"对于人，符合于理性的生活就是最好的和最愉快的，因为理性比其他任何的东西都更加是人。因此，这种生活也是最幸福的"。达到这种境界的人，其对于营养、生殖、感觉和情感的需要也都因理性的监督和调节而变得和谐和健康。显而易见，亚里士多德划分人性境界的标准是"理性"或"理性化的程度"，最有理性并严格按照理性来生活的人就是最有境界的人。

（二）克尔凯郭尔的人生境界学说

克尔凯郭尔是 19 世纪上半叶丹麦的一位重要思想家，存在主义哲学的先驱者之一。与笛卡儿时代以来的理性主义哲学传统不同，他明确地将个人的存在作为哲学的出发点。他认为，每一个人都有自己独特的个性，都是一个与其他所有存在物不同的独特的存在。每一个人所生活的世界也只能是他自己所体验到的世界，不同的人命定地生活在不同的世界之中。因此，谁要想理解人，就必须理解具体的、感性的和活生生的个体及其所体验的世界，而不能满足于抽象的和普遍的人性，更不能以后者来代替前者。"人们可以说，我是个体的一刹那，但我不愿意是一个体系中的一章或一节。"克尔凯郭尔认为，作为"个体的"或"孤独的"人，人在走向上帝的道路上可能经历三个阶段，也是人的三种不同的生活方式或三种不同的生活境界，彼此之间有着质的不同。他把第一阶段称为"审美阶段"，其典型生活方式为莫扎特歌剧《唐·璜》中的唐·璜的生活方式，其主要特点是生活完全为感觉、冲动、欲望和情绪所支配，生命整天沉溺于感性的享乐甚至是粗野的肉欲之中。处于这种境界的个体生活堕落、道德败坏、行为卑鄙，但他自己有时却并不这么认为，甚至会将这种没落的生活方式称作浪漫、自由或个性解放。第二阶段是"伦理阶段"，其典型的生活方式就是苏格拉底的生活方式，其主要特征就是：个体的生活不再为感觉、冲动、欲望和情绪所支配，而是为理性所支配，愿意并能够切实遵守社会的伦理道德规范。在一些特殊情况下，如苏格拉底最后审判的情景中，个体甚至愿意为遵守某种社会的伦理道德规范做出自己的牺牲。第三阶段即"信仰阶段"，其典型的生活方式就是《圣经》人物阿伯拉罕的生活方式，其主要的特点就是个体全部的生活为信仰所支配。如果在个体的生活中出现了伦理要求与宗教信仰的矛盾，那么个体一般会听从宗教信仰的吩咐和召唤而冲破伦理道德的束缚。克尔凯郭尔认为，人生的这三个阶段或境界是一个从低级到高级的上升过程，其中宗教境界是最高境界，人只有在宗教境界中才能展现和体验真正的存在，才能够充分地实现自我。因此，人生境界的高低主要取决于个体与上帝之间关系的密切程度；人生道路总的来说就是不断地经由"感性"和"德性"走向"神性"的道路。但是，克尔凯郭尔同时认为，只有少数人才能达到最高的境界。

（三）尼采的人生境界学说

尼采是 19 世纪后半叶欧洲和人类最伟大的哲学家和思想家之一，是人类思想史上唯一一个"用榔头著述"的人。每一次阅读他的著作，总有心潮澎湃和激动不已的体验。他对于西方传统哲学、文化、伦理、教育乃至德意志民族性格的深刻批判具有普遍的人类学意义。然而遗憾的是，这些意义至今或者没有为人类所充分认识，或者是受到种种利益集团的误解。正如他自己所说，"我的时代还没有到来"。

人的问题是尼采哲学的核心问题，他的著作中出现了老人、走软索者、丑角、学者、诗人、旅行者、乞丐、术士、国王、教士、慈善者等各种各样的人物形象，通过对这些人物形象的描述和分析，尼采对于形成于基督教文化背景中的人性有着深刻的观察与理解：自卑、猥琐、奴性、阴暗、虚伪、柔弱、充满稀奇古怪和不切实际的幻想。他怀着极大的悲悯来批判这种人性，认为正是这种没有任何热度和力量感的人性导致了人的堕落和蜕化，而形成这种人性的文化根源就是长期以来统治整个西方世界的基督教。尼采对基督教的批判可谓是不遗余力和入木三分。他大胆地宣称"上帝死了"，宣称"我是基督教的死敌，我不主张把那数千年的厄运加在个人的头上"。因此，人们应该抛弃历史形成的心理重负，遗忘基督教给予人们的种种禁忌、蛊惑和许诺，自信地走上一条自我超越和拯救的光明道路。

尽管人们称尼采是一个悲剧哲学家，但是他却并不是一个悲观主义者，他对人类的未来充满信心。他说："人类之伟大处，正在于它是一座桥而不是一个目的。人类之可爱处，正在于它是一个过程与一个终结。"走过这座桥或这段路，人类就可以走到一个更高因而也更踏实的存在境界。在这个过程中，人类的精神要经过三种变形：从"骆驼"到"狮子"再到"婴儿"。所谓"精神"变为"骆驼"即是变得能够坚韧负重，这第一次的变形要求人类在主观意识领域里能够放弃自卑，显露疯狂，抛弃陈见，敢于冒险，拒绝帮助，不怕污蔑。这些要求对于基督教文化背景下形成的人类的孱弱精神来说是真正的重负，但是人类要想自救和自新，其精神就必须敢于承担这些以前从未承担过的重负。当人类的精神承载着这些重负走到沙漠以后，就发生了第二次变形——变为"狮子"。"在寂寞的荒漠中，发生第二个变像：在这里，精神变成狮子，他攫取自由，使自己成为荒漠之主。他寻找他最后的主人，他要与这最后的主人以及最后之神决斗，与巨龙决战以夺取根本的胜利。"精神转变为"狮子"后，就拒绝所有的"你应该……"，而用自己全部的力气说"我要……"，从而为新的创造而赢得自由。最后，人类的精神又发生第三次变形，从"狮子"转变为"婴儿"—— 一种真正可以创造新生命和新价值同时又代表着新价值和新生命的状态。"小孩是天真与遗忘，一个新的开始，一种游戏，一个自转的轮，一个原始的动作，一个神圣的肯定。"这样，通过三次转变，人类精神终于不再受外在的奴役，成了它自己，赢得了它自己，同时也可以自由地创造它自己，讴歌它自己。

尼采称这种完成了精神三变、达到婴儿境界的人为"超人"——一种理想的人格形象和最高的人生境界。然而，人们对尼采的"超人"形象有很多误解：有的人认为他是一个统治者，有的人认为他是一个德意志种族主义者，有的人认为他是一个人类的新偶像，等等。其实，这些看法都是错误的，是望文生义和牵强附会的结果。事实上，对于超人是什么，尼采自己有着清晰的说明。"现在，我教你们什么是超人！超人是大地之意义。""现在，我教你们什么是超人，他便是这大海；你们的大轻蔑可以沉没在它的怀里。""现在我教你们什么是超人，他便是这闪电，这疯狂！"陈鼓应认为："归结地说，尼采所谓的超人，乃是敢于作一切价值转换的人，敢于打破旧的价值表，特别是基督教的价值表，并且以其丰富的生命力创造新价值的人。"毫无疑问，"超人"与政治强权、偶像崇拜或种族主义没有任何关系。实质上，"超人"就是完成了精神三变之后所诞生的新人，或者说，是在精神或价值层面上超越了原有人类的新人类。从"人"经过精神三变到"超人"，既是个体境界的提升，也是整个人类存在境界的提升。

由上述三种西方历史上人生境界学说来看，亚里士多德所说的"腹部境界"和"胸部境界"类似于克尔凯郭尔所说的"审美阶段"，其"头部境界"类似于克尔凯郭尔的"伦理阶段"，而克尔凯郭尔的"伦理阶段"和"信仰阶段"又类似于尼采的"人的境界"，至于尼采的"超人境界"则代表着一种全新的和最高的人生境界。由上述中外历史上的人生境界来看，彼此之间既存在着比较大的差别，也存在着一些类似的地方。就差别而言，不同的人生境界学说有着不同的划分标准、类型以及提升境界的方式；就类似的地方而言，都将过度的物质享受作为一种比较低级的人生境界来看待，道家、佛教以及尼采的人生境界学说都强调对现有文化价值观念的批判、超越或重构，并且都用"婴儿"来比拟最高的人格形象或人生境界。

三、人生的境界与教育

从现实情况来说，人们总是生活在各种各样的境界之中，很难要求所有的人都达到同一个境界。但是，从人们的主观愿望来说，每一个人在正常情况下都希望能够生活在高处，过一种有境界或高境界的生活。因此，教育应该将人生境界问题纳入到自己的视野之中，致力于强化人们不断地提高自己人生境界的愿望，帮助他们树立起提升人生境界的信心，并激励和引导他们不断地走向更高的人生境界，这是 21 世纪教育人道主义的一个重要任务。

（一）教育应该关注人生的境界问题

从性质上看，人生境界问题是一种人的存在问题，指与个体或人类存在境界相关的一组问题：忽略或遗忘了人存在的境界；从一种较高的境界向较低的境界堕落；从一种较低的境界走向较高境界时的受阻或灰心丧气；对什么是值得追求的人生境界发生困惑等等。无论是哪一种情况，都会影响到人们追求和实现高尚的人生境界。从问题存在的方式上看，人生境界的问题不是一组孤立的人的存在问题，而是与其他的人的存在问题有着密切的关系，如人生的人品问题、幸福问题、意义问题、自我认同问题等。所以，一旦一个人在人生境界方面出了问题，就会影响到这个人的生活方式或存在方式；一旦整个社会在人生境界方面存在着严重的问题，就会影响到这个社会的生活方式乃至文明的进步。所以，作为个体幸福和社会发展促进器的教育，特别是提倡"以人为本"的当代教育，没有任何理由不关注人生的境界问题。

历史上，许多著名的教育学家都非常关注如何通过教育来提升人生的境界问题。柏拉图在《理想国》中通过"洞穴中的囚徒"这一著名隐喻形象地说明，教育的根本目的就是促使人们的"心灵转向"，就是要通过"教育力"将人们的精神或灵魂从低处引向高处，从黑暗引向光明，从丑恶引向美好，从虚假引向真实，从意见世界引向理念世界，这个过程实际上就是一个通过教育引导人生境界不断提升的过程。《大学》里主张的"三纲领"（"明明德""亲民""止于至善"）和"八条目"（"格物""致知""诚意""正心""修身""齐家""治国""平天下"），就其根本目的而言，就是要通过教育和学习，不断地追求和实现儒家所崇尚的人生境界。夸美纽斯在《大教学论》中，也从新教的立场出发，认为教育的根本目的不是为了今世服务，而是为了来生做准备。他所谓的来生，就是基督教所说的天国境界；教育为来生做准备，也就是要为个体达到天国境界做准备。他论述的一些具体教育目的（如"知识""德性""虔信"等）和提出的一些教学法都是服务于这个根本宏旨的，实际上都是帮助人们臻达天国境界的阶梯或途径。新中国成立前的教育哲学家李石岑先生认为，教育的目的或功用就是提升人的境界，教育者只有明确了这一点，才算是真正理解了人生与教育的关系。他说："生之无限，这是我们本来的面目，也是我们不断的欲求，这是第一境界。欲达到生之无限所需的功利现象，是为第二境界。从这种功利现象更进化，把第一第二境界都忘却，使道德宗教等的威严可以独立，如像是先天作用一般，是为第三境界，这些道德宗教和第一境界的结合，是为第四境界。而这第四境界却又同时为第一境界。由此循环演进，教育功用即存于第二境界至第四境界当中。……我们的生活至此乃日益丰富，教育和人生的关系，至此才明了真切。"

　　然而，在现实的教育生活中，人生的境界问题基本上是被学生、家长甚至教育者们忽略的。主要的原因在于：第一，现代社会的功利化。由市场、工具理性和个人主义所塑造的现代社会，是一个地地道道的功利主义和消费主义社会。在这个社会中，无论是国家还是个体，津津乐道的东西并不是其境界的高低，而是其占有物质财富的多少和市场购买力的大小。贫困问题、发展问题和保持竞争优势的问题，已经完全代替了境界问题成为现代人优先考虑的问题。第二，现代教育的功利化。为了解决上述每一个国家、机构和个体所关心的优先问题，现代教育也基本上功利化了，成为满足国家和个体不断"增长"或"膨胀"的物质和社会需要的工具。人生的境界问题也基本上被排斥在国家和个体的教育视野之外。在学校中谈论人生的境界似乎已经成为一个非常奢侈或多余的话题。第三，现代教育理论的功利化。伴随着现代教育的功利化，现代教育理论的研究也功利化了，其核心的任务不是探讨如何培养人和提升人，而是探讨如何去塑造现代生产和现代生活所需的劳动力及公民素质。非常明显的是，关于劳动力的教育和公民的教育，人们做了大量的研究，积累了很多的知识；然而，关于人的教育特别是关于人生境界的提升，研究者所受到的资助、所花费的时间与精力以及所获得的知识都是非常有限的。这种情况在很大程度上降低了教育者对人生境界问题的关注程度，导致教育者对人生境界及其与教育的关系所知甚少。

因此，现在和未来的教育应该比以往任何时候都更加关注人生的境界问题。所有的教育者都应该意识到，教育不仅应该是满足个体和社会发展需要的工具，也应该是不断提升个体生命境界并通过它引导社会发展的工具。所有的教育者都应该意识到，不关注人生境界问题的社会不是一个健全的社会，不关注人生境界问题的人生也不是一个健全的人生，不关注人生境界问题的教育更不是一种健全的教育。不健全的社会、人生和教育之间存在着一种恶性循环，从根本上威胁到个体的幸福和社会文明的进步。所有的教育者都应该意识到，未来自己所肩负的重大责任就是遏制这种几百年来形成的恶性循环，在社会、个体与教育三者之间建立起一种积极的良性循环。

（二）人生境界的提升需要教育

教育应该关注人生的境界问题，同时人生境界的提升也需要教育，甚至可以说离不开教育，这是由人生境界提升过程的特点所决定的。从以上有关人生境界学说以及日常生活中的人生经验来看，人生境界的提升具有以下特点：第一，人生境界的提升是一种比较漫长的过程，不是一天两天就可以达到的，需要经过比较长的一个时期，有的甚至用了自己一生的时间来思考、探索和追求。那些历史上达到比较高的人生境界的人，也无不是从小就树立起比较远大的志向，有着比较良好的心境和坚忍不拔的意志品质。要提高整个民族和人类的生存境界，也必须从小抓起。第二，人生境界的提升是一个比较复杂和艰难的过程，否则，人人都可以轻而易举地达到比较高的人生境界，从而也就不存在人生境界问题了。与此相反，人生境界的堕落倒是不太难的事情。很多时候，我们发现，一些曾经生活得比较有境界的人，在某些特殊的社会环境下，反而丧失了境界，成为很庸俗甚至很可鄙的人。因此，一个人要想最终提升自己的人生境界，实现人生的至境追求，就必须明白根本的方向在哪，实际的困难在哪，可能的危险在哪，适宜的办法在哪，如此等等。第三，人生境界的提升是一个内在的过程，而非是一个外在的过程，是一个不断觉悟的过程，而非是一个外在灌输的过程。如果一个人不能从主观方面理解和认同一种人生境界学说，那么即使他／她知道这种人生境界学说，也不可能按照它所指示的方向来不断地提升自己的人生境界。第四，人生境界的提升是一种不断实践的过程，而不单单是一种认识过程。一个人是否达到了某一种境界，不是看他／她说得怎么样，而是看他／她是否在日常生活和生产实践中经常地、反复地和自觉地按照那种境界的要求去做了。作为一种实践的过程，人生境界的提升经常受到种种因素的干扰，在人的主观意识中充满了思想斗争。要想克服干扰，在思想斗争中取胜，个体没有对某一人生境界的深刻认识和坚定信念是根本不可能的。所有这些特征，都说明人生境界的提升离不开教育，包括个体的自我教育。教育是人生境界提升的前提条件、内在动力和基本途径。

（三）教育能为人生境界的提升做些什么

教育应该关注人生的境界问题，人生境界的提升也离不开教育，那么，教育究竟能够为人生境界的提升，能够为培养有"立体感"的新人类做些什么呢？或者说，教育，特别是学校教育，如何才能有助于人生境界的提升呢？根据上面的分析，我们提出下面一些不成熟的看法，供讨论批评。

1. 指出人生境界的问题。在现代社会，人们往往过于关注生存问题，而忽视了存在问题，或者简单地将存在问题简化为生存问题。其结果是，在生存能力、条件和状况越来越得到很大改善的今天，人们反而对存在的意义发生了疑问，这可能是"现代病"的总根源。因此，要解决作为一种精神征候出现的"现代病"，就必须向现代人和他们的子孙指出存在问题与生存问题之间根本的不同，鲜明地提出人生的存在问题。事实上，只有提出这种问题，才有思考这种问题的可能和解决问题的希望。在人生一般的存在问题上是这样，在人生境界问题上也是这样。人生的境界问题也属于这种被忽视或被简化的存在问题之一。指出人生境界问题与一般的生存问题的不同也是解决人生境界问题的逻辑起点。教育，特别是学校教育，应该肩负起这个任务，不能够仅仅局限于提高青少年一代的升学或职业竞争能力。

2. 传播人生境界的学说。人生境界问题与其他的人文问题一样，都是古已有之，并且经久弥新的问题。人类几千年的文明史，已经积累了不少有关人生境界的知识，特别是一些成体系化的人生境界学说。因此，任何一个时代任何一个人，在面对新的人生境界问题时，都应该在很好利用自己或他人经验时充分地利用这些知识资源。那些对别人或前人的人生境界学说一无所知或知之甚少的人，在解释或解决人生境界问题时必然陷入捉襟见肘或半途而废的境地，这就是我们现代人面对人生境界问题的状况。为了使现在和将来的青少年一代不再重蹈覆辙，教育有责任通过各种渠道或有计划的活动，使他们了解历史上的各种人生境界学说，对它们彼此之间的异同进行比较，对它们的时代意义进行分析，对它们的缺陷进行批判，从而形成新的具有更大解释力和更广泛指导力的人生境界学说。

3. 讨论人生境界的意义。从现实生活来看，我们这些现代人之所以忽视或简化人生境界问题，一个很主要的原因是，我们并没有认识到人生境界的意义，即"人为什么要有境界"。与此相关的一组问题是："这个时代还有谁讲境界啊？""别人都不讲境界，为什么我应该讲境界？""讲境界是不是傻？"如此等等。因此，要想真正地解决时代或个体的境界问题，就必须搞清楚人生境界的意义，显然，这是一个比较复杂的问题。这里，我们只是想指出，无论如何，教师必须引导学生来讨论这个问题，使他们意识到人生境界的提升不仅仅是利他的，而且也是利己的。更有意义的是，人生境界的提升不仅仅是有利于自己的，而且更是在创造一个新的自己，或者说，使自己的生命及其所有的活动跃升到一个新的层次。

4. 启发人生境界的反思。从历史上各种各样的生活经验来看，觉悟、内省、静观等是发现人生境界问题、明了人生境界意义的重要方法，其核心的东西就是反思。无论是人生境界问题的发现，还是人生境界问题或人生境界学说意义的理解，都离不开个体的自觉反思。没有了这种反思，人生境界的问题就成了一个"他者"的问题，而不是"我自己"的问题，一个"未来的"问题，而不是一个"当下的"问题，一个外在的问题，而不是一个内在的问题。没有了这种反思，有关人生境界的学说的"真理性"就不能得到确证和显现，甚至就会受到无情的嘲弄："'圣人'，骗谁呢？""'真人'，那不跟动物一样？""'涅槃'，可能吗？""沉思怎么会是快乐的事情？""信仰是不是很荒谬？""'超人'，好莱坞的杜撰吧！"因此，教育要想贡献于人生境界问题的解决，就必须创造条件，不断地启发青少年一代对于人生境界的自我反思，帮助他们获得真切的人生境界体验，从而产生向上提升人生境界的愿望与动力。

5. 介绍伟大人物的榜样。有了向上提升人生境界的愿望与动力，还不足以帮助我们成为一个真正有境界的人。因为，如同其他任何的愿望与动力一样，提升人生境界的愿望与动力也会由于种种的原因而丧失。因此，保持一种强烈的愿望，形成一种持久的动力，对于人生境界的提升来说是非常重要的。而能够帮助我们拥有这些的，除了伟大人物的榜样以外，没有别的什么更好的东西。对于人生而言，榜样是有力量的；对于人生境界的提升而言，榜样是必不可少的。教育应该向青少年介绍历史上那些伟大人物的榜样，帮助青少年重新解读伟大榜样们在面临人生境界问题时的内心世界，学习伟大榜样们如何能够做到不断地超越自我以提升人生境界。

6. 培植实现人生至境追求的信念。提升人生境界，实现人生至境追求，并不是易如反掌或一帆风顺的事情。这中间，会有许多的挫折、烦恼和痛苦。事实上，也并非所有的人都能实现人生的至境理想，只有那些对于人生至境有着坚定信念，并始终不渝加以追求的人，才有可能最终达到目的。因此，教育要关注每一个人的人生境界问题，就必须培植人们对于实现人生至境理想的坚定信念。事实上，无论是哪一种人生哲学，也都相信每一个人能够实现人生的至境追求。如儒家说"人皆可以为尧舜"，佛教说"众生皆有佛性"，就是尼采的心中也认为，只要人们有足够的勇气，都可以成为"超人"。

7. 以教师的境界来提升学生的境界。对于青少年人生境界的培养来说，没有什么比教师本人的人生境界更有直接的影响力了。由于师生关系的特殊性，教师的一言一行都对学生产生直接的教化作用，因此，教师的境界就会影响学生的境界，教师境界的高低就影响到学生境界的高低。从这个方面来说，想培养有境界的学生，教师自己必须首先加强自我修养，成为有境界的教师；教师教育也必须首先超越专业化的标准，将培养有境界的教师作为自己的主要目的。

人的教育是通过知识来进行的，无论这种知识是通过什么形态得以陈述和组织。离开了知识，教育就成了无源之水、无本之木。然而，人类的知识是无限多样的，有限的教育时空并不能传递无限多样的人类知识。因此，对知识的理解、选择、组织和控制，就成为课程和教育生活得以可能的重要前提。深入地理解和反思这一复杂过程及其相关因素，就成为一个时期课程改革的认识论前提，构成课程哲学的核心内容。本章着力于分析知识、人生、课程范畴之间的内在联系，以期突破传统意义上狭隘的课程理念，将课程理念纳入到认识论、人学和社会学视野下加以观察。

第三章　知识与课程

第一节　知识的价值与课程

　　探讨知识与课程的关系问题，必须首先探讨知识与人生的关系问题。这是因为，知识与课程的关系问题是缘自知识与人生的关系问题。就两者的逻辑关系而言，后者是一个前提性的问题。教育理论和实践中种种有关课程问题的辩论，最后总要归结到有关知识与人生关系问题的辩论上来。而要认识知识与人生的关系，又必须首先对"知识"的概念有一个基本的理解。

一、什么是知识

　　历史上，哲学家们对于"什么是知识"有着各种各样的回答。柏拉图将"知识"和"意见"相区分，认为"知识"是人类理性认识的结果，是人们对于事物"本质"的反映和表述，不同于人类感性认识所产生的"意见"。笛卡儿作为西方现代哲学的奠基人之一，在"知识"概念问题上，和柏拉图一样对感觉经验的可靠性持怀疑主义的态度。他举"蜂蜡"的例子来说明这一点。蜂蜡有很多感觉特性，如吃起来是甜的，闻起来有花的香味，看起来有某种颜色，有一定的大小和形状，摸起来还有一定的硬度和温度等等。但是，当把这块蜂蜡靠近火的时候，这些属性就都改变了，尽管蜂蜡还在。笛卡儿就此得出结论说，人们所感觉到的东西不是真正的蜂蜡，真正的蜂蜡是由广延性、柔韧性等性质构成，而这些性质不是由感官获得的，而是由思想获得的。在笛卡儿看来，由感官获得的知识是混乱的，是人与动物共同具有的；只有由思想获得的知识才是清晰可靠的，是人类所独有的。在笛卡儿之后，斯宾诺莎、莱布尼茨以及康德等也都强调知识构成中的逻辑成分及知识形成中的理性作用。

与上述理性主义的知识概念并肩而立的就是经验主义的知识概念。经验主义的知识概念反对任何先验的观点和范畴，认为人类所有的知识都来源于感觉经验，都是对外部世界各种联系的反映。这种观点在培根和洛克那里得到了最集中的阐述。为了获得这种新的、更加可靠的知识，培根吁请人们抛弃长期以来控制思想的四种"假象"：部落假象、洞穴假象、市场假象与剧场假象。培根认为，这些假象的存在使得人们的观念没有一种是完全反映外界事物的本质，因而都是虚妄的、扭曲的和错误的。真正的知识就是对外界事物的忠实的反映。观察和实验是获得这些知识的最可靠途径。洛克更是鲜明地提出，人的心灵如同一张白纸，没有任何先验的观念。所有的观念都是通过感觉得来的，感觉是人们获得知识的唯一通道。知识就是对两个观念之间一致性、相似性或因果性的认识。

经验主义和理性主义的知识概念在西方哲学史上对峙了较长的时间，但到了 19 世纪末和 20 世纪初，出现了新的知识概念，即实用主义的知识概念。这种知识概念既不再将知识与主体的理性联系在一起（如理性主义），也不再将知识与客体的属性联系在一起（如经验主义），而是将知识看成是一种行动的工具，因此也被称为工具主义的知识概念。詹姆斯（W. James）和杜威对此做了最明确的阐述。詹姆斯认为，"'它是有用的，因为它是真的'；或者说，'它是真的，因为它是有用的'，这两句话的意思是一样的。"显然，这种知识概念是适合在旷野里实践的，而不适合在贵族的沙龙里辩论，带有明显的实践性和能动性特征。有人将此概念看作是美国人最伟大的发现之一。

20 世纪对知识概念的看法更是丰富多彩，充满了争论。总的来说，哲学家们或者是对经验主义、理性主义或实用主义知识概念进行修正，或者是根本上抛弃经验主义、理性主义甚至是实用主义的知识概念，从另外一些新的角度来认识知识。例如，尼采猛烈批评德国文化中的理性主义知识传统，经常使用

"有缺陷的逻辑""苍白的概念""冷酷的理性"等称谓来嘲讽理性主义；曼海姆（K. Mannheim）则提出了"社会学决定的知识"概念，反对知识概念中的个人主义、绝对主义、实证主义和欧洲中心主义；福科则从知识与权力的关系入手，对知识的概念做了全新的表述，如"知识是由话语实践按照一定的规则所构成的一组要素""知识是一个人能够在话语实践中能够谈论的东西""存在着科学之外的知识，但是不存在没有特殊话语实践的知识"。这里，知识已经不是一种静止的东西，而是一种运动的东西；已经不是一种符号化的陈述，而是一系列的标准、测验、机构和行为方式；已经不是一种理性沉思的结果，而是一系列社会权力关系运作的结果。

综上所述，我们得出有关"知识"概念的下列关键特征：第一，知识是一套系统的经验。从这个意义上说，"知识"不等于"信息"，不等于"孤立的经验"，也不等于一般意义上的"经验"。任何知识都必须进行合理性辩护。第二，知识是一种被社会选择或组织化了的经验，而不是纯粹个体的精神产品。从这个意义上说，知识不等于原初状态的"个体经验"和"个体思想"，而是已经得到某种知识制度认可并被整合到整个社会知识传统中去的个体经验和个体思想。任何知识都必须进行合法性辩护。第三，知识是一种可以在主体间进行传播的经验，传播的过程既可能是显性的，如通过学校和大众媒体进行；也可能是隐性的，如通过日常生活和生产中的口耳相传和行为模仿来进行。因此，任何知识都是可以通过学习的途径获得的。第四，知识是一种可以帮助人们提高行动效率、更好达成行动目的的经验。

二、知识与人生

谈到知识与人生的关系，人们马上就会联想到培根的名言"知识就是力量"。确实，知识对于人生具有一种不言而喻的价值，是人们认识自我、社会和自然以及改造自我、社会和自然的工具。离开了知识，人类就会处于动物般的境地，就不能创造出一个又一个的文明奇观。然而，知识与人生的关系也不完全只是这种工具、目的维度上的关系，还有着其他维度上的关系。全面地理解这种知识与人生之间的关系，对于我们更好地认识知识的人生价值，理解课程与人生之间的关系，有着非常重要的意义。

（一）人类天生是乐于求知的

人类乐于求知的本性从另一方面来说也就是"恐于无知"。日常生活中，我们一般总是愿意将"无知"的判断强加于人，而不愿意承认自己是无知的。苏格拉底承认自己"一无所知"，但是他并不真的认为自己"无知"，实际上，他也确实不是一个无知的人。他之所以要提出"吾自知吾一无所知"的命题，实际上是要帮助人们检验那些模棱两可、似是而非和充满歧义的知识，从而不断地重构和发展既有的知识。老庄提倡"绝学无忧""绝圣弃智"，但他们也并不真正地反对人们获得"知识"，而只是反对人们像儒家那样为了建立功名而去学习知识，提倡"越名教而任自然"，实际上也就是要求人们保持婴儿般率真的认识兴趣。因此，可以说，世界上没有谁愿意自己真的是一个"无知者"。"无知"是一种可恶的品性，会引起人们一种莫名的害怕和恐惧心理。这是因为，"无知"同时意味着：第一，社会和历史经验的缺乏；第二，解释力的丧失；第三，交往能力的丧失。这些东西的丧失必然会使人在精神上和实践活动中极度孤立和孱弱，从根本上威胁到人的生存，将人置于非常危险的境地，从而引起人本能的恐慌。从这个意义上说，"免于无知"确实是人人都应该享有的一项基本权力，也是人道主义的一个基本原则。

既然人类天生是"乐于求知"和"恐于无知"的，那么人类对于知识和学习的厌倦一定不是由于人类自身的原因，而是由于自身以外的原因。事实上，有哪一个孩子在他们的幼年时期不是有着强烈的好奇心、求知欲和探究精神的呢？但是，到了成年以后，不难发现，也确实有相当多的一部分人失去了求知的兴趣。这里的原因比较复杂，就现代成人乃至青少年普遍的厌学情况来看，原因大概有以下几个：第一，狭隘且漫长的专业训练使得人们不能自由地追求新知；第二，不恰当的教学方式从根本上泯灭了人们的好奇心、求知欲和探究精神；第三，功利主义的学习价值观也使得人们丧失了对于知识本身的热爱，体验不到求知本身的乐趣。具有讽刺意味的是，现代的学校制度不仅不能解决这种普遍的厌学问题，而且还不断地产生着日益严重的厌学情绪。最令人悲哀的是，学生们一方面厌学，一方面出于职业或生计的考虑又不得不学。他们心灵所遭受的折磨和苦难可见一斑。

（二）人生是由知识建构的

人不仅在其本性上是乐于求知的，而且人的全部现实生活也是由知识所建构的。在现实生活中，人总是生活在一定的社会关系之中。与动物个体存在于其间的种群关系不同，人生活于其中的社会关系不是一种"自然关系"或两个客体之间的关系，而是一种主体间的关系。这种关系是通过关系双方的主观解释与接纳以后才能够建立的，否则就构不成一种休戚相关的"社会"关系，而关系双方的解释和接纳又总是以一定的知识为基础的。我们以最基本的"夫妻关系"为例，夫妻关系不是两个生理男女之间的关系，而是一种在一定的婚姻制度下所结成的社会关系。这种关系之所以能得到夫妻双方的确认与尊重，关键就在于夫妻双方都懂得和认可这个社会的婚姻制度，接纳与这个婚姻制度有关的知识体系，如相关的法律、制度、责任和义务等。夫妻关系如此，亲子关系、朋友关系、师生关系、同事关系、同志关系等等社会关系也莫不如此。事实上，知识不仅为人生所赖以可能的社会关系的建构提供智力的工具，同时也为这种社会关系的正当性提供辩护。

人们社会生活的内容是丰富多彩的。从个体的角度来说，包括学习、工作、锻炼、交往、娱乐、思考等；从社会的角度来说，有教育、生产、医疗、行政管理、商业、科研、军事、工程等。一个人之所以能够从事这些活动，或者说这些活动之所以有可能，是因为具备了相应的知识基础。没有教育的知识（不管是理论的教育知识或是民俗的教育知识），一个人就不能成为教育者，或准确地说，就不能成为一个合格的教育者；没有生产的知识（不管是来自经验还是来自培训），一个人就不能成为一个合格的生产者；没有娱乐的知识，一个人就不会唱歌跳舞、吟诗作画。所以，一个知识贫乏的人，就不会有丰富的生活；一个知识狭隘的人，就不会有健全的生活。在这个意义上，莎士比亚说："无知是上帝的诅咒，知识是我们飞向天堂的翅膀。"

不仅人们的社会关系、社会生活是由知识所建构的，就是人们的社会身份也是由知识所建构的。在国外旅行，看见许多肤色的孩子们在一起玩耍，心中就产生无限的感慨。他们之间亲密无间、相知相悦的样子说明，幼小的心灵中哪里存在什么阶级、种族、阶层、性别的偏见、歧视甚至仇恨。但是，当这些出身于不同社会地位、阶级、种族以及具有不同性别的孩子慢慢长大以后，他们所受的正规的或非正规的教育就会慢慢地使他们知道彼此之间的不同，知道自己的社会身份，知道如何根据自己的社会身份而采取行动。因此，对于一个人而言，他的社会身份不仅是一种外在的标志（肤色、性别、地位、爵位、职称、服饰、话语习惯等），更是一整套内在的知识体系。在我们这个社会中，女人是柔弱的，是因为电影、小说、诗歌、广告、教科书等文化载体中的女人都是柔弱的；但在某些原始部落里，女人却是强壮的，这是因为他们祖祖辈辈所讲述的女人都是强壮的。男人／女人、黑人／白人、贵族／平民，这些身份的区别与对立都是由特定的知识系统来最终完成的。正是由于这样，在人类教育史上的绝大部分时间里，不同阶级、阶层、种族、性别的人总是受到不同的教育，接受不同的知识。我们通常所说的教育的阶级性、等级性、宗教性以及种族歧视、性别歧视等，都是借助于知识的不同配置来进行的。

（三）知识是人类生存和发展的智力工具

生存和发展是整个人类生活的两大基本主题，它们根源于动物族群本能意义上的活着和种族的延续，同时又超越这种本能意义上的活着和种族的延续。从根源于动物族群本能意义上的活着和种族的延续方面来说，人类"必须生存"，"必须发展"，否则人类就会灭亡。人类必须像动物那样获得足以满足自己和自己的下一代生命延续所需要的物质生活资料或条件。但是，长期的物种进化过程使得人类在出生时显得特别孱弱，所谓"力不如牛，疾不如马"，因此，人类很难像动物那样应用自己的躯体的和本能的力量来适应环境，获得所需要的物质生活资料或条件。人类必须应用自己理智的力量来完成生存和发展这两个基本任务。而理智的力量说到底不过是知识的力量，这两者之间是互为表里的。没有知识，就没有理智；没有理智，人类也就根本不能站立、行走、交往和从事各种生产劳动，不能获得所需要的物质生活资料或条件。

从超越动物本能意义上的活着和种族延续方面来说，人类不仅要生存、要发展，而且要思考怎样生存、怎样发展，怎样生存或怎样发展与必须生存、必须发展是不可分的，而且要不断反思"为什么要这样或那样地生存和发展"。

每一次以知识为基础的对生存和发展方式的选择，总是有着对或错的可能，谁也不能保证我们的一次选择就会将我们引向正确的生存和发展方向。这是因为，我们现有的知识和我们在选择时所需要的知识比较起来总是不完善的。我们只能在这种不完善的知识基础上做出我们的选择，这就意味着，我们的选择永远是"可错的"，因此需要不断地纠正自己的错误和反思自己选择的依据。缺乏这种不断反思的态度、能力和精神，人类就不能灵活地调整自己生存和发展的方向，就不能积极地适应外部环境的变化，就会陷入盲目的乐观主义或绝对的悲观主义之中。而这种不断反思的态度、能力和精神也绝不可能建立在个体狭隘的和片段的经验之上，只能建立在系统化、组织化和符号化的团体经验——知识——基础之上。个体狭隘的和片段的经验只能形成我们的习惯，而不能引导我们反思自己的选择。正是依赖于知识，我们的思想才能站在我们之外的立场来审视我们自己的选择，才能不断地追问我们选择的合理性和价值意义。相反，一个无知的人，同时也必然是缺乏理性反思能力的人。

（四）知识对于人类而言是一柄双刃剑

知识就是力量；知识可以为人类带来实际的利益；知识也可以为人类带来精神的愉悦；知识对于人类，就像食物、空气和水一样不可缺少。人们因而赞美知识，歌颂知识，并劝导人们去努力地学习和探究知识。在今天这样一个所谓"知识经济"或"知识社会"的时代，知识对于人类的价值日益飙升，教育也因此成为最热门的服务产业。然而，自古以来，人们很少意识到，知识对于人类，绝非是有百利而无一害的。

知识对于人类的危害主要由于以下原因：第一，知识的不当使用。托尔斯泰说："知识是工具，而不是目的。"作为工具，知识既可以为善良的人们所使用，也可以为邪恶的人们所使用；既可以服务于正义的目的，也可以服务于非正义的目的。知识效用的这种两面性以及由此引起的辩论在人类历史上是屡见不鲜的。20世纪最有名的一次辩论大概就是40年代围绕着核科学的辩论。核科学既可以用于人类的和平事业和正义事业，也可以用于反人类的罪恶战争和恐怖活动。知识生产、传播和应用过程中的伦理问题由此凸显出来。第二，知识为某些利益集团所控制。既然知识对于人类如此重要，那么，谁控制了这种重要的资源，就等于控制了人类。而要控制这种宝贵的生存和发展资源，首先就要控制生产和传播知识的人，即知识分子和作为知识分子仆人的教师。那么，谁能够控制知识以及生产和传播知识的人呢？答案是明显的，只能是社会的统治阶级或那些握有绝对权力和大量财富的人。普通的社会大众既没有这个能力也没有这个需要，他们缺乏"知识的购买力"。这种社会的知识控制从根本上强化了历史上长期存在的社会不平等关系，恶化了普通大众的社会历史处境。第三，知识本身侵害到个体的思想自由。作为一种系统化、组织化和符号化的人类经验，知识天然地具有一种认识论意义上的"优先权"或"霸权"，对丰富的、生动的和具体的个体经验产生一种排斥和压抑作用。一旦个体的经验遭到排斥和压抑，个体就从根本上失去了自由思考的可能，因为自由的思考总是依赖于个体独特的经验作为素材的。此外，知识还通过美化自己诱导普通大众放弃自由的思考，或者将自己的游戏规则强加于思考着的人们，从根本上威胁到人们的思想自由。最终的结果是，如果没有无数个体自由的思考和思想的自由，传统的知识就不会得到批判、修正和发展，人类知识的源头活水也就干涸了。

三、人生与课程

人生与知识的复杂关系，决定了人生与课程之间的复杂关系，决定了课程价值的多样性或复杂性。

首先，由于人类在其本性上是乐于求知的，学习知识对于人类而言不仅意味着实际的用途，也意味着理智的欢乐，所以课程的目的也不能仅仅局限于给予学习者一些实用的知识，而且也要能够给予他们一种理智的欢乐——一种经过严肃认真的思考后豁然开朗的情感体验。这种理智的欢乐对于学习者的吸引力要超越任何外在的奖赏。尽管这种理智的欢乐超越任何实际的用处，但是它对于人类个体保持认识的积极性以及整个精神生活的健康来说都是必不可少的。显而易见，没有这种理智上的欢乐，课程内容的学习就会变成一种有用但无趣的活动，变成一种不求甚解的机械记忆或练习，甚至变成一种沉重的心智负担，威胁到学生的身心健康。

其次，由于人的全部现实生活都是通过知识得以建构的，因此知识与人类本体的存在有着密不可分的内在关联：不同的知识系统，塑造不同的人生；完整的知识基础，造就完整的人生；片面的知识基础必然带来片面的人生。因此，要选择哪些知识作为课程知识，首先就要对人生的知识需求进行一个类型的划分和程度的区别。否则，课程结构的改革就没有根据，就会陷入"头痛医头，脚痛医脚"的地步。不难理解，人生的知识需求是多方面的，即使是青少年学生也是如此。课程根本不可能满足人生的每一项知识需求，而只能或只应满足那些各种知识需求中"最基本的知识需求"。这里所说的"最基本的知识需求"不是以学科为标准的，而是以人的日常生活为标准的，是青少年学生作为人的存在所需要的最基本的东西。19世纪，斯宾塞根据"人的完满生活的需要"提出课程结构的设想是富有创见和启发的。此外，由于人生是由知识所建构的，所以课程与人生的关系除了"工具性关系"外，还具有一种"本体性关系"，即"通过知识而不断地改进人生"。这就是说，课程知识不仅是用于"储藏"以备未来之用的，而且也是用来改变学习者的当下人生状况的。学了科学知识，就当有科学的生活态度；学了社会知识，就当能提高自己的社会交往和实践能力；学了人文知识，就当对人的存在、价值和意义有新的认识和理解。

再次，由于知识是人类生存和发展的智力工具，所以无论什么时候，课程实践都不能弱化"知识"目标的达成。知识的目标，永远是课程实践的一个基本目标。其他的一些课程目标——态度、方法、能力等——都依赖于这一目标的完成。这是因为，所谓的"态度"维系于人们对某种事物的主观评价，而这种评价的好坏与高低一方面与评价者对评价对象的熟悉程度有关，另一方面与评价者自己所持的评价标准有关，这两者都涉及评价者所拥有的相关知识。可以说，如果某人对某种事物一无所知，就不可能产生正确的或积极的态度体验。所谓的"方法"，本身就是一种知识——程序性知识或"知道如何"的知识。所谓的"能力"标志着人们解决某些问题的熟练程度，它与人们对问题史的熟悉程度、对解决问题的各种方案的了解程度、对采用常规的或非常规的方法解决问题的可能性大小的理解程度等直接相关。能力的大小问题最终可以归结为人们在相关问题上知识的丰富性与结构的合理性问题。"一般能力"的大小最终可以归结为一般的知识素养问题，"特殊能力"的大小最终可以归结为特殊知识的背景问题。因此，对于课程实践而言，无论什么时候，扎实的知识功底、广博的知识视野、合理的知识结构和良好的知识素养，都是不可忽视的目标。

最后，由于知识对于人类而言是一柄"双刃剑"，因而，课程对于学生而言也是一把"双刃剑"。这就是说，课程知识的学习和发展价值不是绝对的，而是相对的；课程知识的学习和发展价值取决于学习者以一种什么样的态度来对待它。既然所有的知识都是被控制的，课程知识也不例外。可以说，没有知识的选择和控制，就没有课程。这种知识的选择和控制对于控制者而言，可能是有益的，但是，对于学习者而言，却未必是有益的，甚至可能是有害的。因此，学习者对于课程知识的态度，从根本上说，应该是一种理性批判的态度，而不是一种"朝圣"的态度。既然所有的知识都是"可错的"，课程知识也不是终极的真理，也是"可错的"。因此，学习者对于课程知识持一种质疑的态度也是合理的，否则，就会成为课程知识霸权的牺牲品。总之，课程知识不仅是学习者识记、理解、掌握和应用的对象，也是学习者质疑、批判、反思和修正的对象。如此，学习者才能防止成为别人进行"灌输"或"洗脑"的对象，防止作为一切知识创造之母的思想自由的窒息。

第二节　知识的性质与课程

知识的性质不是指某一类具体知识的性质，如神话知识的性质、民俗知识的性质、物理知识的性质或历史知识的性质等，而是指所有知识的一般性质，即所有具体知识超越各自认识领域、陈述形式、传播方式等的不同而共同分享的性质。一个时代或个人对知识性质的看法是构成这个时代或这个人知识观的主要部分，同时也构成了那个时代或那个人所持有的"知识标准"——用于判断一种经验陈述是否为"知识"或是否配得上"知识"的美名。

一、知识性质与课程的一般关系

(一) 知识的性质影响到课程内容的选择

众所周知，学校的教育时间和空间是有限的，有限的教育时间和空间不能也不可能传递人类社会所有类型的知识，因此必须根据一定的标准进行知识的选择。这个工作对于整个教育事业的重要性是不言而喻的，可以说，现代教育改革的核心问题之一就是选择什么样课程知识的问题，其他的许多教育问题都可以通过这个问题表现出来。而影响课程知识选择的因素很多，其中，知识的性质就是一个不可忽视的重要因素。因为知识的性质一方面可以作为一种标准来区别"知识"与"非知识"或"准知识"，为课程内容的选择提供一个最低标准，将所有的"非知识"与"准知识"等排斥在课程内容之外；另一方面，知识的性质也可以作为比较各种知识价值大小的标准而为课程内容选择最有价值的知识。例如，如果将"神圣性"看作是知识的一般属性，那么最能够作为课程知识的就是宗教知识，最有价值的课程也就是宗教课程。因此，知识性质的转变，自然会导致学校课程内容的转变，导致学校课程结构特别是核心课程的改变。

(二) 知识的性质影响到课程知识的性质

对课程知识的性质怎么看，构成了一个时代或个人课程观的一个重要内容。鉴于课程知识是从人类总体知识中根据一定的标准选择产生的，因此，对人类总体知识性质的看法就直接地影响到对课程知识性质的看法，亦即知识观决定课程观。如果一个时代或个体认为知识的根本性质是"客观性"，那么这个时代或个人也会同样地认为课程知识是一类客观性的知识；如果一个时代或个体认为知识的根本性质是"实用性"或"工具性"，那么这个时代或个体也会同样地认为课程知识是一类"实用性"或"工具性"的知识。这种根源于知识性质的课程性质就直接产生了课程编制者、实施者与学习者对待课程的态度。在当前的课程改革中，有不少的人批评教师和学生对待课程那种顶礼膜拜的态度，这是对的。但是，究其根源来说，是因为现代教育文化已经使得教师和学生对"知识"本身产生了一种顶礼膜拜的态度，认为所有的知识都是客观的，而客观的知识是得到了证明或证实的，因而是正确的。课程作为一种高级知识或精英知识，则更是凝聚了人类认识的精华，是不会有什么错误的。在这种知识观和课程观面前，教师与学生除了顶礼膜拜之外，不可能有别的选择。要想改变这种课程态度，只有首先改变教师和学生对于知识性质的看法；而要改变教师和学生对知识性质的看法，必须首先改变课程编制者对知识性质的看法。

（三）知识的性质影响到教学过程

知识的性质影响到教学过程，这一点更为明显。因为，教学过程就是一种建立在课程知识传递和掌握基础上的发展过程。在一定的时代背景下，师生双方对课程知识的性质怎么看，很自然地影响到各自的角色，影响到师生关系的互动，甚至影响到教学评价的模式。例如，如果师生双方都将课程知识的性质看成是"神圣性"，那么在教学过程中，学生的全部任务就是去阅读、记忆、背诵、复习和再现宗教知识，教师的全部任务就是去帮助学生克服阅读、记忆、背诵、复习和再现宗教知识中遇到的问题，甚至采用必要的体罚手段对付那些偷懒的学生以及有怀疑倾向的学生。教师和学生在宗教知识面前不仅没有任何独立思考和判断的机会，而且也没有这样做的必要。教学的评价也是以学生能够准确再现那些宗教知识为主。可能正是因为这样，夸美纽斯才批评中世纪的学校是儿童才智的"屠宰场"，因为在这样的学校里，学生几乎不需要运用除了记忆之外的任何理智才能。可以说，是对宗教知识性质的看法阻碍了教师和学生理智的发展，也阻碍了中世纪整个西方社会的文化发展。16世纪，路德（M. Luther）进行新教改革，对传统上绝对和僵化的神学教条进行大胆的、逐条的质疑，在近代人文主义精神的影响下，提出"因信称义"的新观点，主张个人可以自主面对上帝，理解教义。中世纪宗教教育的方法也随之开始在新教国家逐渐改变，教师和学生个人对教义的理解和阐释逐渐代替对宗教教条的机械记忆和服从，成为近代宗教教育的重要形式。

二、现代知识的性质与现代课程

从历史上看，知识的性质伴随着"知识"的概念有一个历史转变过程。这种知识性质的历史性转变在很大程度上不断地改变着一个时代的知识状况，并对一个时代的课程实践产生非常深刻的影响。在这一部分和下一部分中，我们分别概要讨论现代知识的性质、后现代知识的性质及其对现代课程和后现代课程的影响。

（一）现代知识的性质

在认识论领域，关于现代知识的性质有许多种表述，如"客观性"（objectivity）、"绝对性"（absoluteness）、"终极性"（ultimatility）、"中立性"（neutrality）、"实证性"（verifiability）、"确定性"（certainty）、"符合性"（conformity）、"普遍性"（universality）、"一致性"（coherency）等。在这些表述中，"客观性"、"普遍性"和"中立性"可能是三个基本的特性，分别从三个不同的侧面勾画了现代科学知识的形象：客观性侧重于阐述现代科学知识与认识对象及认识主体之间的关系，普遍性侧重于阐述现代科学知识在不同认识主体之间的关系，中立性则侧重于阐述现代科学知识与社会价值体系之间的关系。

1. 客观性

17 世纪以后，人们将"客观性"作为现代知识的根本属性。在这一点上，无论是经验主义者还是理性主义者都没有根本的分歧。布朗希尔（R. J. Browhill）对"客观性"的内涵作了比较全面的概括：第一，这种知识必须指称某种独立于我们自身的"实体"。第二，这种知识是可检验的。没有这种可检验性（testability），就没有任何的客观性。第三，这种知识不必局限于感觉，但必植根于感觉。感觉经验提供证据（proof）。第四，这种知识必须自圆其说，就像一幅"地图"必须有其自身的独立状态和体系。第五，这种知识具有一种"非人格性"（impersonality）和"公共可传达性"（a public communicability），以至于无论我们身处何时何地都能准确地理解它们。

布朗希尔所揭示的这些"客观性"内涵中，第一个是指"符合性"。第二个是指"可检验性"，这是一条经验主义和实证主义用来反对形而上学的主要武器。因为很多形而上学的教条只是诉诸概念的思辨，缺乏任何可判断的经验内容，因此在经验意义上是不可检验的。第三条是指"可证实性"，是对"可检验性"的进一步说明。第四条是指客观知识陈述彼此之间的"一致性"。因为事物的本质是唯一的，因此在一定条件下对事物的正确认识也只能有一种正确的陈述。客观的知识陈述彼此之间应有一种逻辑上的自适性，而不应是相互矛盾。第五条则提出了知识的"普遍性"，即真正客观的知识是不因时间、地点的变换而变化的。

19 世纪中叶以来，上述知识客观性的内涵广泛传播，渗透到社会知识生活的各个方面。确保知识客观性的一系列规则也被越来越多的人信奉，支配着绝大多数所谓文明人的知识生活，如科学研究、科学辩论、学术论文或著作的评审、学术职称的晋升、教学以及课程知识的选择等。随着体现客观性理想的科学知识在社会生活特别是社会经济生活中的作用日益明显和重大，人们对这种知识的客观性产生了一种内在的、逃脱理性批判的信仰。对这种知识客观性的广泛信仰和追求，便产生了知识问题上的"客观主义"（objectivism），要求人们在获得知识的过程中摒弃所有个人的主张、意见、偏见、经验、情感、常识等，从而确保获得客观的、实证的、精确的或确定的知识。

2. 普遍性

现代知识的"普遍性"特征对于我们每一个人来说都并不陌生。我们经常说或听人说，"科学无国界"，"真理是放之四海而皆准的"。这些话语所强调的就是客观知识的普遍性。从基本内涵上说，现代知识的普遍性是指：一种知识陈述，如果它是客观的，那么它同时就是超越各种社会和个体条件限制的，是可以得到普遍证实和接纳的。简而言之，普遍性是指"普遍的可证实性"（universal verifiability）以及建立于其上的"普遍的可接纳性"（universal acceptability）。例如，"2 + 2 = 4"或"北京是中国的首都"就是普遍性的知识陈述，因为它们并非随着一个人意识形态、价值观念、生活方式以及性别、种族等的改变而改变。与"普遍的可证实性"及"普遍的可接纳性"相关，现代知识的普遍性还指生产与辩护知识的标准是能够得到普遍认同和尊重的，因为没有这种得到普遍认同和尊重的知识标准（universal standard of knowledge），知识陈述本身的普遍可证实性和可接纳性就不可能得到保证。因此，这种共同的、普遍的知识标准应该可以看作一种知识陈述获得普遍性的前提条件。

对现代知识普遍性的信仰和追求就形成了现代知识生活中的"普遍主义"（universalism）。它宣称，任何一种知识只有得到了普遍的证实和接纳，才会是真正的和客观的，才会是有效的与合理的，从而也才是真正有价值的。普遍主义要反对的是各种各样的"地方性知识"（local knowledge）或"本土性知识"（indigenous knowledge）。这些知识都是在各个民族历史发展过程中形成的，一般很少得到过普遍的证实或接纳，往往只是为某一地区或某一民族的人们所信奉和使用。因此，根据普遍主义的观点，这种知识就不是真正的和客观的知识，在人类知识进化的过程中也是应该被超越或被淘汰的知识。这种知识的普遍主义与知识生活的"西方中心主义"有着密切的联系，因为这种客观的知识标准以及普遍的知识理想都是由西方人所阐述的，是与西方近代工业社会和资本主义的形成密不可分的。将客观的知识标准宣称为"普遍的"就等于将西方的知识宣称为普遍的；赋予普遍的知识以一种全球传播的特权，就等于赋予西方知识全球传播的特权；用普遍性的标准来衡量其他非西方的知识传统和知识体系，就等于将它们纳入到西方的知识传统和体系中去，这就威胁到人类知识形态乃至文化形态的多样性。

3. 中立性

现代知识的客观性必然导致现代知识的"中立性"，或者说，现代知识的普遍性必然以现代知识的中立性为前提。从内涵上说，现代知识的中立性也称"价值中立"或"文化无涉"，即知识是纯粹经验的和理智的产物，只与认识对象的客观属性和认识主体的认识能力有关，而不与认识主体的性别、种族以及所持的意识形态等有关。

从逻辑上说，现代知识的中立性之所以可能，是建立在下列一些假设的基础上：第一，实在的"自主性"（autonomy）和"非人格性"（imper sonality）是知识中立性的前提条件；第二，人的感觉或理性是独立于一定的社会结构或文化传统的，是"纯粹的"和"共同的"；第三，证据或逻辑规则都是超越个体的和社会的，是与社会和个体的存在状况无关的，因而是普遍的；第四，知识陈述使用的是一种数学化的、可观察的、可归约的语句，所涉及的一些概念、符号、数字、关系等也都是价值中立的。

（二）现代知识的性质对现代课程的影响

1. 现代课程的核心内容是科学知识

如上所述，知识的性质对于课程内容的选择产生影响作用，现代知识的性质自然影响到现代课程内容的选择。根据现代知识的性质，现代课程对于"什么是最有价值的知识"的回答就是"科学"，也就是具有"客观性""普遍性"与"中立性"的知识。正如斯宾塞在 19 世纪中后期所大声疾呼的那样，"什么知识最有价值，一致的答案就是科学"。他还做出预言，"最有价值"和"最美"的科学"要统治一切"，包括学校生活。斯宾塞之所以提出这样的见解，一方面是因为他认为科学知识可以最大限度地满足"人的完满生活"的需要；另一方面是因为只有科学知识才能够揭示或反映事物运动或变化的客观规律，因而是"真正的"知识。在斯宾塞之后，英国和其他西方社会就"古典课程"（以古典语言学科为主）与"现代课程"（以现代科学课程为主）进行了长时期的辩论。最后，在企业界、政府和科学家的支持下，科学课程终于战胜了古典课程，在 19 世纪末占据了学校课程的核心地位。在我国，19 世纪末 20 世纪初，教育领域内"中学"与"西学"的论战其实也具有"古典课程"（以经史子集等儒家经典为主）与"现代课程"（以西方自然、社会科学为主）论战的意味，最后也是以古典课程的全面退出学校为结局。此外，就是那些得以保存下来的一些古典课程，现在也得借助于"科学"的名义才能在学校的课程计划中占据一席之地，否则就会被从学校的课程表中清除出去。

2. 现代课程具有一种不言而喻的知识霸权

"霸权"（hegemony）是指"处于操纵和控制其他国家的地位"，其核心就是应用某种力量对异己对象进行"操纵"和"控制"。"知识霸权"即是指某种知识借助于力量对其他的知识进行的"操纵"和"控制"。在人类的认识史上，知识霸权是一种正常的历史现象，是社会不平等、不公正在认识领域的一个反映。只要人类社会的不平等和不公正还没有真正地和完全地被铲除，知识霸权就会继续存在，其直接目的是要维护某种处于霸权地位的知识的合法性与权威性，其最终目的就是要维护由这种知识本身所建构的社会秩序，特别是从这种秩序中获益的人的地位和利益。知识霸权和反霸权的斗争，是人类历史上非常重要的一种社会现象，是社会斗争的一个必要内容和重要途径。

现代课程的知识霸权主要体现在两方面：一方面，通过教育的途径将"客观性""普遍性"和"中立性"看成是科学知识的基本属性，从而将科学知识"绝对化""神圣化"和"终极化"，向青少年学生传播一种虚假的乃至错误的"科学观"，以反科学的态度培养他们对科学的迷信态度；另一方面，在课程编制过程中，应用"客观性""普遍性"和"中立性"的标准排斥"本土知识""地方性知识""个体知识""缄默知识"，贬低"宗教知识""道德知识""哲学知识""历史知识"以及其他一切不能充分采用经验主义、理性主义或实证主义方法进行分析的知识，将它们斥为"不完善的知识""地方性经验""个体经验""没有多少价值的知识""非科学的知识"等。进入 20 世纪以来，在新的科学技术迅猛发展的形势下，现代课程的知识内容有了不少的变化，但是现代课程知识的这种霸权性却没有得到根本的认识和挑战，牢牢地控制着学校生活的方方面面，控制着青少年学生的心灵，使他们形成了一种既片面又狭隘的知识观。

3. 现代教学过程是一种知识控制过程

现代课程的知识霸权是通过现代教学过程来实现的。与现代课程知识的类型、性质相适应，现代教学过程从本质上说并不是通过知识促使学生发展的过程，而是一种在知识霸权支配下的知识控制过程，其直接目的在于消解学生对于知识的批判能力，其最终的目的在于维护现代课程知识的霸权和建立在这种霸权基础上的现代社会秩序。

作为一种知识的控制过程，现代教学一般是通过两种形式加以实现：一种是制度化的形式，一种是非制度化的形式。制度化的形式又包括教学大纲、教科书制度、教学制度（特别是教学评价制度）、班级公约等。非制度化的形式包括：教师在介绍教学内容时使用的一些"大词"，如规律、本质、真理以及与之相关的发现、揭示等；教师在课堂教学情境中对学生实施的即时劝导；学生之间的相互影响等。制度化的形式主要是从制度上保证不符合现代知识性质的人类经验没有机会进入到课堂教学情境中去或受到青少年一代的重视。以现代教学评价制度为例。现代教学评价的一种重要特征就是"标准化"。标准化评价的关键就是答案的唯一性，排斥或防止对某个问题多种理解的可能。而这种唯一的答案不是由学生自主思考得出的，而是现成地写在教科书上的。因此，学生为了在各种各样的标准化评价中取得好成绩，重要的不是要应用自己的思考和判断，而是要对教材知识有准确、牢固和熟练的掌握。由此，标准化评价就将整个学习活动引导到对教材知识的识记、掌握和再现上，从而达到排斥或压抑学生个体知识以及其他各种与教材知识不同的知识的目的。这种教学过程从表面上看，是教师帮助学生获得新知识的过程；从实质上看，是通过知识控制而对学生思想和行为进行规训的过程。

现代教学这种知识控制和心灵规训的特征及其危害正如弗莱雷所指出的那样："教育因此成为某种储蓄的活动，学生是仓库，教师就是储蓄者。教师发出公报，进行储蓄，学生耐心地接受、记忆和重复。师生之间缺乏交流。这就是'银行式'的教育概念。在这种教育概念的支配下，学生活动被允许的范围至多只是接受、归档和存储教师所存放的东西。事实上，他们仅有对他们所存储的东西进行积累和分类的机会。……结果是，学生们越努力地存储委托给他们的'存款'，他们的批判意识就越得不到发展。这种批判意识只能产生于他们作为世界的改造者对改造世界活动的参与之中。他们越全面地接受强加给他们的角色，他们就越倾向于单纯地适应于这个世界，适应于他们头脑中所存储的破碎的世界观，就好像一切都从来如此，并将会永远如此。"

三、后现代知识的性质与后现代课程

19 世纪末 20 世纪初以来，特别是 20 世纪中叶以来，人们从不同的领域对现代知识的"客观性""普遍性"和"中立性"不断地展开批判，从而形成了对知识性质的新看法。为了与知识性质的现代观念相区分，我们称之为"后现代知识的性质"或"知识性质的后现代观念"。这种知识性质的后现代观念，正逐渐地对课程领域产生影响，构成了后现代课程的认识论基础。

（一）后现代知识的性质

1. 文化性

后现代知识的文化性是指，知识的性质不可避免地受到其所在的文化传统

和文化模式的制约，与一定文化体系中的价值观念、生活方式、语言符号乃至人生信仰都不可分割，因而就其本性而言是"文化的"而非是"客观的"，是"文化涉入"的而非是"文化无涉"的，是有一定的"文化限域"而非是"超文化的"。

后现代知识的文化性是直接建立在对现代知识的"客观性"批判基础上的。来自认识论、知识社会学、科学哲学、女性主义等领域的大量研究表明，上述"客观性"的假设没有一个是成立的，既不存在作为认识对象的独立于认识者的"实体"，也不存在毫无问题的"证据"。其所谓的知识陈述与认识对象"相符合"，只不过是人们的一种"错觉"，是人们在拒绝或排斥了大量的"反例"之后的一种自我心理安慰。如果要说知识陈述与什么东西相符合的话，只不过是与某种文化中业已存在的认识规则或"知识游戏"的规则相符合。因此，所有的知识都是猜测性的、暂时性的、可错的和可证伪的。在社会和人文知识领域，价值、趣味、社会地位、意识形态等主观的和文化的因素更是大量渗透到认识过程中去，构成认识活动的一个必要条件或"视角"（perspective）。它不仅决定着思想的形式，而且还决定着思想的实质性内容。"绝对主义""客观主义"的知识观是错误的，代之而起的是一种"历史主义"（historicism）、"视角主义"（perspectivism）和"相对主义"（relativism）的知识观，即一种文化的知识观。

2. 境域性

与"文化性"相关联，"境域性"是指，任何的知识都是存在于一定的时间、空间、理论范式、价值体系、语言符号等文化因素之中的；任何知识的意义也不仅是由其本身的陈述来表达的，而且更是由其所位于的整个意义系统来表达的；离开了这种特定的境域，既不存在任何的知识，也不存在任何的认识主体和认识行为。

后现代知识的境域性是直接建立在对现代知识的"普遍性"批判基础上的。对知识普遍性的解构和对知识境域性的强调与知识社会学、科学哲学和解释学的发展密不可分，也与知识问题上对"西方中心主义"的批判密不可分。如上所述，知识社会学通过对实证主义和现象学绝对客观知识的批判而主张相对主义、历史主义和视角主义，这就包含着丰富的"境域性"的思想。科学哲学强调"所有的观察都蕴含着理论"以及所有的科学活动都受制约于那一时期的"科学范式"，这说明了认识活动对已有理论传统的依赖性。解释学则更是一种反经验主义的立场，宣称个体的主观经验在认识活动中不仅是不需要剔除的，而且是不可缺少的。正是个体的主观经验构成了个体提出问题、观察问题和分析问题的"视界"；正是个体的主观经验将以往人们所认为是抽象的、纯粹的真理引入到历史领域，成为历史的真理。解释学的历史真理不同于实证主义客观真理的地方在于，它并不终结所有的知识，相反，它主张所有的知识向历史开放，认为只有在历史过程中，人们才能获得知识的合法性。认识的过程也根本不是以纯粹个体反映外部世界的形式进行的，而是以个体和历史"视界"不断融合的形式进行的。无视界的认识和无视界的知识都是不存在的。

3. 价值性

后现代知识的价值性是指，所有的知识生产都是受着社会的价值需要指引的，价值的要求已经代替求知的渴望，成为后现代知识生产的原动力；所有知识本身是体现着一定的价值要求的；所有的知识在传播过程中都是受着权力因素制约的，都是社会总体权力实践的一部分。

后现代知识的价值性是建立在对现代知识的"中立性"批判基础上的。首先，如上所述，现代知识"中立性"所要求的作为认识对象的实在的"自主性"和"非人格性"是不成立的。认识对象是主体和社会所建构的，自然反映出主体和社会的价值趣味与文化偏好。其次，现代知识的"中立性"所要求的"纯粹的"感觉经验或理性形式也是不成立的，不仅所有的感觉都接受着理论的指导，而且"理性"与"文化"之间也存在着非常密切的关系。正如罗蒂所指出的那样，不存在一种大写的、超越所有文化界限的"理性"。再次，现代知识"中立性"所要求的"普遍性证实"也是一种假象，一方面不仅没有任何一种知识经过了所谓"普遍的"证实，而且也不可能有任何一种知识经过了普遍性的"证实"。"可证实性"或"符合性"本身就是一种愿望而非是一种事实。最后，现代知识的中立性所要求的一种"数学化的""可观察的""可归约的"语句以及"价值中立"的概念、符号、数字、关系等，一方面只能适用于一些有限的知识领域，不能适用于所有知识领域；另一方面就是在这种有限的知识领域中，可以使用的陈述语言也并非只有这样一种选择。

（二）后现代知识的性质对后现代课程影响

随着后现代知识性质的转换，现代课程的认识论基础不断受到来自理论和实践两方面的批判。建立在后现代知识性质基础上的新的后现代课程观正在形成。

1.反思和改革科学课程

改革在"客观的""普遍的"与"中立的"知识观支配下的科学课程，在科学课程中反映人们对科学活动和科学知识性质的新认识，如"科学是一种意识形态支配下的活动""科学是一种社会建制""科学是一种文化活动""科学革命是科学范式的转换""科学知识实质上是一系列的假设或猜测"等，从而使青少年学生从小树立起一种正确的科学观和科学方法论，克服"客观主义""科学主义""权威主义""西方中心主义"等对他们思想的影响。与此相关，科学课程的目标也要超越对具体科学知识、方法和技术的掌握，达到对科学哲学、科学史、科学与社会和人类关系广泛、全面和深刻的理解。科学课程内容的编排要走出原来狭隘的分科课程模式，采用一种内容更加丰富的"大科学课程"模式。这种"大科学课程"主要不是内容之多或某些科学学科简单地综合，而是从社会、历史、哲学等角度对科学知识内容的重新编排。在这种重新编排的科学教材中，学生们不仅可以学习到科学的概念、命题、公式、定理等原来分科科学课程中能够学到的东西，而且可以学习到科学史、科学社会学、科学哲学、科学伦理学等方面的内容；不仅可以学习到目前为止最好的一些科学概念、命题、公式、定理，而且可以接触到曾经和正在挑战这些科学概念、命题、公式和定理的知识等。

2.开发本土课程

随着现代科学知识型"客观性"标准的被证伪和后现代文化知识型"文化性"标准的提出，"本土知识"或"地方性知识"作为一种知识的类型就获得了合法的席位。随着对本土知识与本土发展关系的深入揭示，本土知识的社会价值也非常明显地显现出来。因此，选择、保存、传递和发展本土知识就成了后现代教育的一个重要使命，本土课程开发和建设也就因之成为后现代课程改革的一个重要内容。从 20 世纪 80 年代后一些原殖民地国家的经验来看，这种本土课程开发的目标包括：使本土人民意识到他们自己完整、系统、历史悠久但却被长期压抑和剥夺资格的本土知识体系；展现本土知识在本土社会历史发展中的巨大贡献，重新唤起本土人民对于本土知识体系的价值意识；通过本土知识的传播，加强本土社会青少年学生的文化认同；改造源自西方的自然科学、社会科学以及人文科学课程，使它们本土化，剔除它们之中对于本土社会稳定和可持续发展不利的东西。在这些课程目标的指导下，本土课程的开发和建设不仅在基础教育阶段进行，而且也在高等教育阶段进行；不仅在中小学进行，而且也在师范院校进行。这种本土课程的开发和建设，对于原殖民地国家人民建立独立自主、与本土社会发展需要相一致的教育体系来说是至关重要的，对于大规模地提高教育质量起到了积极的作用，对于中国这样一个曾经是半殖民地国家的课程改革来说，有着积极的意义。

3. 加强人文课程

自 19 世纪以来，无论是西方国家还是中国，在现代科学知识型的支配下，人们认为人文知识不是严格意义上的"客观的"知识，不是有实际用途的知识。随之出现的就是学校课程体系中人文课程的衰落。随着科学知识"客观性"神话的被打破，人们终于认识到，人文知识并不是"次一级"的知识或"不成熟的知识"，而是一种有着不同的认识对象、认识方式、表达方式以及人生与社会价值的知识。人文知识所关注的不是外在世界的控制和征服，而是内在世界的理解和塑造。缺乏这种内在的理解和塑造力量，人们对外在世界的控制和征服就会出现种种的病态，就会导致个体和社会的片面发展和畸形发展，就会威胁到个体和社会的可持续发展，最终给个体和整个人类带来灾难性的后果。面对着当代不可遏制的功利主义及其使人类所陷入的困境，思想家们开始重新审视现代社会的理想和个体生活的意义，开始大声疾呼人文精神的弘扬和完整人格的培育。在这种背景下，教育学家们开始重新审视人文课程的价值，就人文课程的建设提出许多积极的建议。这些建议包括：向社会和政府解释人文课程对于社会发展和个体发展的意义；大幅度增加人文课程的研究经费；将人文课程的改革作为继 20 世纪 60 年代后科学课程改革后的又一核心议题；提高人文课程教师的薪水，招聘高水平的人文课程教师；将人文课程作为学校的核心课程之一；改革人文课程内容，使其更具有时代气息，等等。毫无疑问，这些建议对于我国面向 21 世纪的课程改革是有借鉴意义的。

4. 在教学过程中反对知识霸权

随着从现代知识性质向后现代知识性质的转换，后现代教学改革的方向应该是：在教学基本任务或基本目标方面，应该通过课程知识的传递来培养学生的怀疑意识、批判意识和探究意识，从而使他们从小懂得知识是永远进步的，没有哪一种知识是不需要质疑和发展的。知识创新所需要的各种基本素质和能力正是在这种对所谓"客观的""普遍的"和"中立的"知识的怀疑、批判基础上培养起来的。在教学组织形式上，应该进一步改革班级授课制，在条件具备的情况下，实行"小班教学""分组教学"与"合作教学"，以便使教学过程有更多的讨论、质疑、实验和辩论时间，更加接近于真正的知识发现活动。在教学原则方面，应该制定旨在激发、保护、鼓励和引导学生进行质疑问难、大胆探索的新原则。在教学方法方面，应该坚决反对各种形式的灌输法，大力提倡真正意义上的讨论法、实验法、实践法等，提高课堂教学的问题意识，充分利用学生的"个体知识"（所谓"直接经验"）和"地方知识"，使教学过程变成一个在教师领导下的、以问题为核心的、师生共同反对课程知识霸权、自主探索知识及其意义的过程。在教学评价方面，应该从注重课程知识的记忆、理解、掌握、综合和简单应用转移到注重学生对课程知识的独特理解、阐释、质疑、批判和应用上来。

第三节 知识的类型与课程

人类的知识多种多样。波兰尼（M. Polanyi）从人类知识是否可以通过语言符号的方式加以表述这一角度，将其划分为"显性知识"（explicit knowledge）与"缄默知识"（tacit knowledge）；赛义德（E. W. Said）根据人类知识的地域特征，将其划分为"东方知识"（oriental knowledge）与"西方知识"（occidental knowledge）；孔德根据人类知识的发展阶段，将其划分为"宗教知识"（religious knowledge）、"形而上学知识"（metaphysical knowledge）与"实证知识"（positive knowledge）；舍勒（M. Scheler）根据人类知识的组织形式和社会性质，又将其划分为"拯救的知识"（knowledge of salvation）、"文化的知识"（knowledge of culture）与"实践的知识"（practical knowledge）。在各种各样的知识分类法中，有一类分类法是当代知识界比较广泛认同并体现在大学系科设置、图书馆资料分类等知识制度中的。

这种分类法就是将人类知识划分为"自然知识"（natural knowledge）、"社会知识"（social knowledge）和"人文知识"（human knowledge）。根据这种分类，大学设置了"自然学科""社会学科"和"人文学科"，知识分子相应地被划分为"自然科学家""社会科学家"与"人文科学家"，科研经费的管理上也分别按照"自然科学基金""社会科学基金"和"人文科学基金"来进行。这种知识分类，既考虑到了知识对象的不同（所谓"质料"的标准），又考虑到了获取知识方法的不同（所谓"形式"的标准），因而是一种比较全面与合理的分类形式，能够比较合理地反映人类知识的总体结构。就知识的对象而言，"自然知识"主要反映的是人们对"自然世界"的认识，"社会知识"主要反映的是人们对"社会世界"的认识，"人文知识"主要反映的就是人们对于"人文世界"

的认识。就获取知识的方法而言，"自然知识"的获得主要通过对纯粹物质事实与事件的"观察"与"实验"的方法，"社会知识"的获得主要是通过对渗透着价值的社会事实与事件的"观察""模型化"与"价值分析"的方法，"人文知识"的获得则主要是通过对各种具体价值规范及其历史实践的"总体批判"与"反思"而获得。正是由于这种知识对象与方法上的不同，三类知识在许多方面都呈现出明显的差别，从而影响到相应的课程实践。

一、自然知识与自然课程

（一）自然知识的基本特征

第一，就知识与对象的关系而言，自然知识是一种"描述性的知识"（descriptive knowledge），旨在通过一定的概念符号和数量关系反映不同层次自然界所存在的一些事实和事件。在反映的过程中，认识者尽量遵循已有的研究范式，以便使自己的研究能够为某一知识共同体所接纳，成为一种具有"主体间性的知识"（inter subjective knowledge）。

第二，与上述差别相关，就知识的发展方式来说，"自然知识"的发展方式是直线性的。自然知识是对自然世界的描述或说明，这种描述或说明尽管会受到认识者所持的理论传统或方法论的影响而出现错误，但是从人类已有的自然认识史来看，这些错误是可以在一定的理论传统内得到不断地修正或摒除的，人类对于自然的描述或说明总体上还是呈现出一种越来越清晰、越来越准确的趋势。自然知识经历了原始社会和古代社会的漫长积累阶段以后，在近代以来获得了迅速的、持续的、直线式的增长，在 20 世纪中叶以后更是呈现出一种"激增"或"爆炸"的态势。事实上，目前从事自然科学研究的科学家在大多数情况下根本无须去考虑过去已经被证伪或修正的理论，他们只需要检索和追踪最近的研究进展，阅读最新的研究文献就够了。

第三，与第一种差别相关，就知识的适用范围而言，自然知识具有一定程度的"普适性"。自然知识是一种具有"主体间性"的知识，因而具有一定程度的"普适性"。无论是谁，也无论他处于一个什么样的社会背景中，只要他接受了一定的自然科学范式，他都应该能够理解某种科学知识，应该有可能对某种科学知识的真伪进行逻辑上或经验上的检验，这种逻辑上或经验上的检验也是可以同时被其他人进一步证明或验证的。

第四，与第一种差别相关，就知识的检验或辩护而言，自然知识诉诸经验和逻辑的证实、证伪或证明。作为一种描述性的知识，自然知识的真理性在于它们是否在一定的理论传统中比较精确或准确地描述了某一自然现象，解释了某一自然事件。如果存在着某一自然知识没有描述的反常现象或没有预测到的因果联系，那么这个自然知识就是需要修正的，人们需要在新的经验和逻辑基础上提出新的理论假设。

（二）自然课程的基本特征

受自然知识上述特征的影响，自然课程具有下列特征：

首先，自然课程的基本目标包括两个方面，一方面是为了传播现代自然科学研究的成果，增加人们有关自然的知识，从而提高人们认识、理解、控制和改造自然的能力；另一方面是为了进行自然科学方法的训练，从而提高人们从事科学知识生产的能力，培养新的科学人才。从前一方面来说，自然课程的目标是功利的，是为了满足现代工业发展和经济增长需要的；从后一方面来说，自然课程的目的则有非功利的一面。在当代，随着自然科学的迅猛发展，特别是伴随着自然科学与社会关系的深入研究，自然课程的目标又扩展到对于科学与社会关系以及科学共同体的正确理解。此外，在现代知识的霸权被解构以后，自然课程还肩负着总结、传播和发展本土自然知识以重构自然知识多样性的重任。

其次，从课程内容来看，自然课程的内容主要是一个个自然科学研究的成果，包括了若干基本的科学事实以及从这些科学事实中所概括和提炼出来的概念、命题、原理和公式等。不过，需要引起高度重视的是，自然科学的概念具有非常独特的特征，即一方面是"普遍性"（universal）的，另一方面是"指示性"（denotative）的。自然科学概念的"普遍性"是指科学概念作为科学思维的起点或中介，是由科学界"约定"的，具有非常强烈的"人工语言"的性质，因而与科学研究人员所处的文化传统之间缺乏必然的内在联系，在相当程度上可以为全世界的科学家和各种类型的研究人员所理解和应用。科学概念的"指示性"是指所有的科学概念都具有表征功能，都代表着或指示着某一种自然实体或某种自然实体的某种属性。自然科学概念的这两种性质就决定了自然科学命题是一种陈述性命题。这种陈述性命题的真伪是可以通过经验证据或逻辑程式得到进一步检验和修正的。就是一些不具有命题性质的科学假说一般也都采用这种陈述性的形式。

再次，从自然课程内容的编排方式上看，一方面要尊重上述自然科学知识自身的逻辑关系，运用一些专门的科学语言由古到今、由浅入深地加以排列，另一方面要采取学习者能够接受的叙述方式，要符合学习者的知识水平与心理发展特征，这就是我们一般所说的"知识（学科）逻辑"与"（认知）心理逻辑"的统一，也是美国 20 世纪 60 年代结构课程改革运动中的编排原则。

第四，就自然课程类型而言，自然课程也经历了一个从分科课程向综合课程发展的过程，综合课程是当前和今后自然课程的主要模式。但是，关于综合课程的理论研究和实践探究当前也都还是不够成熟的，在不少国家和地区，自然课程也仍然是以分科课程为主，不仅在中等教育阶段是这样，就是在高等教育阶段也是这样。

第五，从自然科学教学的模式来看，早期一般采用自然科学知识教授加演示或证明的模式，后期则倾向于采用 20 世纪 60 年代所提出来的发现模式与合作学习模式。在 19 世纪中叶，当自然课程刚开始进入到中小学课程体系之中时，没有任何教学理论可言。自然教学主要就是应用讲授的方式向学生传播一些自然科学知识或原理。为了使学生能够理解那些超出自己生活经验范围的自然科学知识或原理，教师们往往会采用实验演示或逻辑证明的方式来帮助学生理解要传递的知识。缺乏实验材料以及自然教师素质低下因此也成为制约那时自然教学的两个主要因素。到了 20 世纪后半叶，随着科学知识的突飞猛进以及自然科学技术在解决经济危机、加强国家安全等方面作用的日益突出，人们开始考虑到自然教学的改革问题。课程改革只是一方面，教学模式的改革是另一方面。其结果就是诞生了现在广为人知的发现模式和合作学习模式。发现模式将自然教学的重点从教师对既有自然科学知识的讲授、演示或证明转移到学生对自然科学发现整个过程的模拟。教师在课堂里的任务不再是讲解、演示或证明，而是提出问题，然后就充当学生的"助手"，向学生提供分析和解决问题所需要的各种材料、设备以及其他服务，帮助学生通过自己的自主探究解决问题。当然，教师同时还充当激励者、引导者、组织者等角色，在学生碰到依靠自己的力量不能解决的问题时或在学生懈怠时给他们以必要的指导和帮助。合作学习模式是更近一些时候提出的自然科学教学模式，其主要的理论依据在于科学社会学对科学活动社会性质的揭示，旨在促进学生在学习过程中的相互交流、合作与竞争。但是，不管是旧的模式还是新的模式，最后都要求学生不仅要识记和理解一些既有的科学结论，而且还要求他们能够运用必要的手段对这些结论进行证实、证明、检验或辩护，都要求他们能够使用具有"普遍性"和"指示性"的科学概念，能够应用合适的陈述形式表述科学发现的结果。

二、社会知识与社会课程

（一）社会知识的基本特征

第一，就知识与对象的关系而言，社会知识是一种"规范性的知识"（normative knowledge）或"策略性的知识"（prescriptive knowledge），旨在借助于一定的理论传统和价值立场，对社会事实或社会事件的现状与发展趋势进行系统化、类型化或模型化的分析，并得出或暗示着有关的实践建议或策略。由于社会科学所要处理的是由价值所建构的事实或事件，因此在社会科学研究过程中，无论是从问题的确定还是从问题的分析和结论的得出来说，都难免受到研究人员价值背景、政治立场等的制约，从而使得社会科学知识很难做到真正的"主体间性"。一种社会知识在社会身份不同的人看来，往往会产生不同的理解。但是，尽管如此，社会知识还不至于成为一种完全个性化的知识，因为在某一个特殊的社会群体中，不同的个体之间还往往分享着同样的社会知识。反过来说，也正是由于他们彼此之间分享了这种同样的社会知识，才能使他们突破个人的界限，形成一个相对独立的群体，有着若干共同的社会行为倾向和价值评价尺度。

第二，从知识的发展方式来看，社会知识的发展方式是阶段性的。社会知识是从一定的价值立场对由一定的价值所建构的社会事实与事件的分析与解释，这种分析与解释在 19 世纪中期以来采用了自然科学的方法与技术，但是也受到了研究对象的限制。这种分析与解释从根本上说，受制于一定社会形态中占主导地位的价值观念（包括意识形态）。社会科学问题的提出、理论的建构、策略的形成等无不受制于这种主导价值观念。它们构成了社会科学研究范式的核心。因此，只有当一种主导性的价值观念被另一种新的主导性的价值观念代替时，也就是只有到社会发生重大的价值革命或社会变革时，社会科学家才可能提出真正是"新"的问题、理论和策略，社会知识也才能呈现出发展的态势。因此，如果说自然知识的发展具有一种持续性的线性特征，社会知识的发展则明显具有一种"三十年河东三十年河西"的阶段性特征。一种占主导地位的社会理论或社会改革方案在一段时间内极其具有说服力，但是过了一段时间以后，它们就会被新的社会理论或社会改革方案代替，这两者之间可能具有一种内在的思想联系，但是却很难说后者是对前者的"修正"。经常的情况是，后者是一种完全不同的理论和价值选择。这种被选择的理论和价值体系很可能是在原来传统的理论与主导价值观念下被压抑的理论与价值体系。例如，资本主义社会在形成和发展过程中所选择的新教伦理、个人主义、市民社会和科层制度等在传统的封建制度下都是被压抑和禁止的，资本主义社会所关注的问题与封建社会所关注的问题从性质和类型上说都是根本不同的。

第三，就知识的适用范围而言，社会知识具有鲜明的"文化性"。作为一种规范性的或策略性的知识，社会知识往往与认识者所处时代或社会的特殊状况与问题相关联，而且受着认识者所处社会位置的制约，因此，尽管社会知识在形式上具有某种普适性，如可以为其他社会的人们所阅读和理解，但是社会知识在实质上却具有相当程度的文化性，与建构它们的社会主流价值观念有着内在的不可分割的联系。不理解这种主流价值观念，就不能理解社会科学的具体内容，甚至也不能理解社会科学的问题。因此，对别国社会知识的学习必须伴随着对它们所隐含的文化价值观念的深刻批判，否则就会陷入在理论上和实践上"被殖民"的境地。从这个意义上说，照搬照抄国外的社会科学理论并试图用它们来指导本土社会的变革是根本行不通的。学习国外社会科学过程中的"本土化"要求不仅是出于利害关系的考虑，而且也是由社会知识本身的性质所决定的。

第四，就知识的辩护方式而言，社会知识诉诸某一具体社会实践效果的"证实"。社会知识作为一种规范性或策略性的知识，其真理性就存在于它们所指导的社会实践能够获得满意的结果，这就是所谓"实践是检验真理的唯一标准"。如果一种社会理论所指导下的社会变革取得了满意的结果，那么它就是比较准确地反映了那一时代的主流价值观念并受到实践者拥护的；相反，如果一种社会理论在社会变革中根本行不通，或者说不能使社会某一方面的发展呈现出良性态势，那么这一理论的真理性就是值得怀疑的，决策者们会考虑选择另外的理论和建议。

（二）社会课程的基本特征

与上述社会知识的特征相适应，社会课程也有其不同于自然课程的地方。因此，编制、教授和学习这些课程的老师同学们千万不能像对待自然课程那样对待社会课程，否则就不能实现社会课程的目标，体现社会科教学的特色。

第一，社会课程的目标是，通过社会知识的传播，培养青少年学生起码的社会意识和从事社会生活的能力，成为与一个国家特定的政治制度和广泛的社会生活制度相一致的公民。

第二，从社会课程的内容来看，主要是一些有关社会生活的理想、结构、制度、生活方式，它们一般通过一些基本范畴、命题、结论或行为规则体现出来。与自然知识相比，这些社会知识又有自己的特殊性。就概念与命题的类型而言，社会科学的概念从实质上来说，不是一种"普遍性"的和"指示性"的概念，而是一种"文化性"的和"功能性"的概念。

第三，就社会课程内容的编排方式而言，不宜采用自然科学课程教材编写的形式，即不宜围绕着知识的传递、理解、掌握和探究来进行，更不宜围绕着社会问题研究的方法来进行，而应该围绕着指导学生个体在不同年龄阶段参与不同范围和性质的社会实际生活来进行。例如，对于小学儿童来说，他们所参与的主要社会生活就是家庭、班集体生活，学校生活与社区生活。因此，小学阶段的社会科教材就应该主要围绕着如何指导小学生认识、理解和参与这四种类型的社会生活来进行，所需要的社会知识也要紧紧地围绕着这四种社会生活中的主题来组织。

第四，就社会课程的课程类型而言，当前我国采用的主要方式也是学科课程，即分门别类地在基础教育阶段讲授有关社会政治、经济、法律和社会发展的知识。这是不怎么符合社会知识的性质要求的，在相当程度上可以说是受了自然科学课程模式的影响。采取这种课程模式的优点是学生可以掌握一些比较系统的社会知识，包括一些基本的社会概念、命题和原理，但是缺点是不能够指导学生形成实际参与适宜的社会生活的意识、素质和能力。在我们看来，比较合适的课程类型应该是具有综合性质的活动课程，即围绕着上述学生实际参与的社会生活来组织课程内容。这种课程不仅可以帮助他们去理解和掌握社会知识，而且还可以创造条件使他们去感受和应用社会知识，使他们真正地懂得为什么要学习那些知识，真正地体会到社会知识的学习对于提高自己实际社会生活能力的价值，真正地意识到作为一个"社会人"可以分享的权力与不可推卸的义务和责任。

第五，就社会课程的教学模式来说，从社会知识的独特性质来看，有关社会知识的教学应走出课堂教学的模式，采用实践教学的模式。这种教学模式不再将实践看成是课堂教学的一个延伸和补充，而是将其作为社会教育的一种基本组织形式。不过，这里的实践又不等于我们一般意义上所说的社会实践，后者主要是要对学生进行有关思想政治的态度和立场教育，前者主要是对学生进行广泛的社会教育，不仅包括了与社会生活密切相关的政治思想态度和立场，而且包括了对社会组织、结构及其功能的认知，包括了对社会生活规范的理解和应用，包括参与社会生活意识与能力的训练，等等。

三、人文知识与人文课程

（一）人文知识的基本特征

第一，从知识与对象的关系上看，人文知识是一种"反思性知识"（reflective knowledge），旨在通过认识者个体对于历史上所亲历的价值实践的总体反思呈现出认识者个体对于人生意义的体验。作为一种反思性知识，人文知识具有非常明显的"个体性""隐喻性"和"多质性"。人文知识的"个体性"是指，所有人文知识都是作者个体独特的人生遭遇和内心经历的结果，具有非常鲜明的个性色彩。这种鲜明的个性色彩说明，一方面，对这些知识的理解只有深入到作者的整个生活史和内心世界之中才能达到相当的程度；另一方面，这些知识是不可复制和代替的，也是不可由别人的经验来证实或证伪的。人文知识的"隐喻性"是指，对于人生意义的体验与表达经常不是通过逻辑的或实证的渠道来进行的，而是通过既非逻辑的也非实证的隐喻的渠道进行。缺乏了隐喻，人文知识就变成了不可言说的知识。对隐喻的理解和创造是人文学者的一个基本功。人文知识的"多质性"是指对于同样的意义问题，会出现多种多样的体验和回答，而且会永远向着多种多样的体验和回答开放，不会有终结的那一刻。"证实"或"证伪"、"类型化"或"模型化"，在这里都是既无必要也无可能的。

第二，就知识的增长方式而言，人文知识的增长方式则是螺旋性的。由于人文知识的"个体性""隐喻性"和"多质性"，所以人文知识的增长在很大程度上不能呈现出一种随着时间的绵延而绝对增长——在逻辑上可以鉴别的新知取代旧知的趋势，反而呈现出一种不断地回溯与重新解读、体验和阐释传统知识的螺旋态势，完全超越了时空、语言和价值的限制。正是由于这样，所以在人文知识领域，人们经常能够听到"回到古代""回到中世纪"的声音，而这在社会知识和自然知识领域都是不可能的，也是不必要的。

第三，就知识的适用范围而言，人文知识则具有超越文化限制的"个体性"。作为一种反思性的知识，人文知识尽管以一定社会和历史时期的价值规范为基础，但是它却从认识者个人背景出发，力图超越这种文化价值的限制，达到对一种独特的内心世界的体验和表达。因此，人文知识既不像自然科学知识那样遵循普遍的范式，也不像社会科学知识那样受制于一定的价值观念和社会立场，人文知识具有一种鲜明的个人风格。对人文作品的阅读不是和一个科学范式的对话，也不是和一个时代的对话，而是和一个活生生的心灵的对话。人文知识没有固定的适用对象，但是人文知识又是适用于每一个对人生意义问题进行追问的人；不仅适用于富贵之人，而且也适用于贫穷之人；不仅适用于男人，而且也适用于女人。从这个意义上说，人文知识最少时代的局限和阶级的偏见，具有真正意义的"普适性"，构成了全人类的精神财富。

第四，就知识的检验或辩护而言，人文知识则诉诸个人生活世界的"证实"。人文知识作为一种反思性的理论，其主要目的不在于形成大规模的社会行动，而在于促使和帮助个体反思自己的历史生活，反思自己在历史生活中所信奉和实践的价值观念的合理性，并由此形成新的生活态度，确定新的生活方向。因此，人文知识的真理性就在于它们能否帮助个体从日常生活的习惯、常识和程式中摆脱出来，以一种新的眼光来重新打量自己的生存状态和生存理由，并为它们提供新的、可供选择的生活方向。因此，对于某一人文知识，既不可能进行"逻辑的"证明，也不可能进行经验的"证实"或"证伪"，还不可能通过促使社会集体行动的方式来获得认可，而只能通过一个个个体的内心世界来加以欣赏、鉴别和认同。如果个体用打量自然知识和社会知识的眼光来打量人文知识，那么他们永远也不会真正地认识到人文知识的真理性。

（二）人文课程的基本特征

受人文知识特征的影响，人文课程具有下列的基本特征：第一，人文课程的目标在于唤醒和引导潜藏在学生身上的"人文需要"，向他们传递一定的"人文知识"，培养他们对于自己、他人以及环境的"人文理解"与"人文关怀"意识和能力，促使他们树立高尚的"人文理想"和"人文信念"，从而成为一个真正的人，而不仅仅是成为一个"公民"（或"劳动者"）。

第二，源于人文课程目标的特殊性，人文课程的内容也是比较独特的。人文课程的主要内容是人文知识，而不是科学知识和社会知识。自然知识和社会知识尽管有时也能够启发人们的人文思考，如一些物理学的知识能使人产生"和谐"和"优美"的观念，一些社会学的知识也能使人们意识到个体生命的"无根性"，但是这些思考只是学习自然知识和社会知识时的"副产品"，不能够满足人们系统地和深入地思考人生意义问题的需要。与之相比较，人文知识则是历史上思想家们直接有关人生意义问题的论述、表达、反思和实践探索，能够直接帮助人们对人生意义问题的认识与理解。

由于人文知识的特殊性，人文课程内容的选择应该突出典型化、个性化、生活化等标准。所谓典型化是指，人文课程的内容应该是非常典型的问题、故事、文学和艺术形象、生活经验等。这是因为，人文知识由于受自身性质的限定，它发挥作用的方式既不是要通过一定的方法或程序将自己"证明"或"证实"给人看，也不是要用不容置疑的口吻来约束和规范人的行为，而是要启迪人的相关思考。因此，越是典型的问题、故事、文学、艺术形象以及生活经验，越是能够达到这一目的。"个性化"的标准是指，人文课程内容的选择应该反映知识生产者独特的个人经历和所处的社会背景。之所以提出这一标准，是因为一个人的人文知识和他试图探索与回答的人文问题都是蕴含在他的生活经历和社会背景之中的，并因此具有很强烈的个性特征。因此，如果读者不理解他的生活经历和社会背景，就不能理解他提出和探索问题的心路历程，不能理解他所提出的观点、所创作的作品和所做出的人生选择，从而也就不能够由人及己，展开自己的内心思考。"生活化"的标准是指，人文课程的内容应该是源于生活和贴近生活的，不能够选择那种只有少数学究们才使用的与理论建构有关的知识，而应该选择那些每一个人都可以使用的与促进自身意义反思有关的知识。

第三，就人文教材的编写而言，既不应该像自然科学教材那样围绕着知识展开，又不应像社会教材那样围绕着实践展开，而应该围绕着人生意义问题的反思或内省展开，或者说，围绕着日常生活实践中价值规范的合理性问题而展开。例如，小学高年级的儿童就会超出具体的生理特征（身高、体重、血型、肤色、长相等）和社会角色（学生、儿子／女儿、少先队员、男／女等）提出"我是谁"这样的问题。这种问题的提出就表明，他们作为人类大家族中的一员，已经不满足于用科学的眼光或社会的眼光来打量自己，开始从人文的视角来认真思考人一辈子也要思考的问题。对于这样的问题，促进思考比给出答案更为重要。

第四，就人文课程的类型来看，宜于采用"讨论课"（seminar）的形式。讨论课是当前在西方国家大学教育中特别是本科以后教育中广泛采用的一种课程类型，它以灵活多样的主题、开放的组织形式和自由交流的精神氛围为主要特征，深受学生欢迎。之所以将这种形式作为人文课程开发的基本模式，原因在于这种课程比较符合人文知识的性质。如上所述，人文知识从陈述形式上是一种反思性的知识，带有很强的个性与隐喻性。这种性质的知识与其说是就某一问题给人们一个结论，不如说是要激起人们更多的反省；与其说是要表明作者的立场，不如说是渴望与人们的对话；与其说是要达成一个共识，不如说是要开发新的歧见或促成新的理解。

第五，就人文教学而言，首先最忌灌输或绝对化，因为灌输或绝对化阻碍了自由思考的空间和个体经验参与的道路，使与存在经验密切关联的人文知识变成一个个僵化的结论、命题或教条，最终彻底地毁灭了人文教育。其次，人文教学需要一个真诚、自由、开放的教学氛围，这种氛围是促使个体经验反省所必需的。只有在这种氛围中，学生才能撕破一些生活的伪装，直面自己的存在经验，才能毫无恐惧地呈现、表达和反省自己的存在经验。任何的虚伪、强制和权威在人文教学中都是应该摒除的。再次，人文教学的基本环节应该包括体验、移情、理解、对话和反思。"体验"既指对某种人文知识得以产生的"人文需要"或"人文危机"的体验，又指对与之相关的自身生活世界的一种精神感受。"体验"是人文教学的起点。"移情"是在"体验"的基础上消除人文知识或作品与自己之间的时间、空间、社会和文化距离，在自己与人文知识或作品之间建立一种息息相关的"同一感"。"移情"既不是放弃自我经验的独特性，也不是将自我经验投射到人文知识或人文作品之中代替它们说话，而是要在自我经验与人文知识或作品之间建立一种关联，以消除人文知识或作品相对于自己的"外在性"，为"理解"开辟道路。"理解"是在"体验"和"移情"的基础上对人文知识、作品及其与自身存在状况之间关联方式和程度的进一步认识和把握。因此，"理解"具有很强的个性和主观性。也正是这种"理解"的个性和主观性提出了"对话"的要求。通过不同理解者之间的"对话"，一方面达到补充、限制和修正这种个性化和主观化理解的目的；另一方面也有利于达到"视界"的融合，开辟新的意义空间。在"对话"的基础上，"反思"最终实现人文教学的教育性，促使师生双方展开对自我存在方式和意义的批判性检验。

第四章　自由与教育

第一节　自由与教育的关系

自由是人类一种古老的文化主题。自古以来，有无数的人们向往自由、讴歌自由、追求自由，为了获得自由不惜抛头颅、洒热血。但是，自由又是一个从古到今就非常有争议的主题，"什么是自由""为什么要自由""自由有没有限度""人们该如何应用自己的自由""人们应该如何对待自由"等一系列问题始终困扰着人们。至于自由与教育的关系，则更是没有得到充分的讨论。在政治哲学领域，教育似乎不在学者们的视野之内；在教育学领域，自由又很少成为学者们讨论的话题。即使教育学者们讨论自由和教育中的自由，也总是小心翼翼，生怕出了什么问题。其结果是，社会生活中人们对自由严重无知以及由此产生对自由的恐惧、误解或滥用，从而不能够形成可贵的自由人格。

由自主的探索、表达和交流，科学研究才能逐渐地纠正错误，接近真理。外在权威的介入，不仅无助于新事物新知识的发现，反而会干扰这种发现。关于这一点，大科学家爱因斯坦有明确的论述。他说："我所理解的自由是这样的一种社会条件：一个人不会因为他发表了关于知识的一般和特殊问题的意见而遭受危险或者严重的损害。交换的自由是发展和推广科学知识所不可缺少的；这件事有很大的实际意义。"贺麟也谈道："一谈到学术，我们必须首先承认，学术在本质上必然是独立的、自由的，不能独立自由的学术，根本不能算是学

术。……假如一种学术，只是政治的工具、文明的粉饰或者为经济所左右，完全
为被动的产物，那么这一种学术，就不是真正的学术。因为真正的学术是人类
理智和自由精神最高的表现……学术失去了独立自由就等于学术丧失了它的本
质和它伟大的神圣使命。"因此，科学家必须有一种建立在尊重事实基础上的自
由人格；科学研究也必须有一种自由的氛围：自由地探索、自由地发表意见、
自由地争鸣或竞争等。没有这些东西，科学研究和科学的进步均是不可能的。
在人类的历史上，不难发现，越是科学事业发展比较快、新知识新观念层出不
穷的时代，越是比较自由的时代；反过来，越是不自由的时代，科学的进步和
知识的增长都是极其缓慢的。

一、自由需要启蒙

自由的启蒙之所以必要，原因在于：第一，自由作为人的类本性不是人们
凭借感官就能够感受和认识的，它是一种对人的存在状态进行理性沉思的结果；
第二，自由作为人的类本性仅仅是从类的意义上说的，在个体的意义上，自由
往往受到很多方面的侵蚀和遮蔽，从而有可能使个体遗忘自己的自由本性；第
三，在历史上，自由有着各种各样的理解和表现，也伴随着各种各样的评价和
判断，因此，无论是处于哪一个时代，人们对待自由必须有一个理性的态度，
而不能持一种形而上学的盲从或宗教般的信仰。下面我们详细分析这三个方面
的原因。

（一）自由的认识系于理性

自由作为人的类本性，相对于其个性或社会性来说，不是首先被认识到的，
而是最后被认识到的。根据日常生活的经验，在芸芸众生之中，恐怕有些人
终身认识不到自由的本性；有些人要达到的话，也是到了晚年甚至临终前才能
够。这种情况会极大地影响到他们的日常生活，影响到他们对于人生的理解和
筹划。因此，通过种种的手段，帮助人们更好更早地认识到自己作为类的存在
及其特性，是所有形式的文化和教育的一个重要任务。

（二）自由的唤醒依赖教育

自由是人类的类本性，自由是不可丧失的。但是，就这种类本性的实现来

说，并不是一帆风顺或易如反掌的。无知是威胁人类的自由本性的一种重要因素。不仅如此，在个体和社会的生活史上，还有许多其他的因素威胁到人类的自由本性，遮蔽人类的自由本性，从而导致人们遗忘或贬低自己所秉持的自由本性。阿克顿在反省古代自由史的时候，注意到了威胁自由的"天敌"——"无知与迷信、征服欲与贪图安逸、强人对权力的渴望和穷人对食物的乞讨"。无知或者使人们意识不到自由的本性，或者使人们将自由理解成为所欲为；迷信从根本上是与自由精神相背离的，使人们丧失了思想和判断的自主性；征服欲作为一种人类从动物祖先那里继承下来的本能，剥夺了别人"免于……的自由"，从而也使自己的自由状态受到别人的威胁；贪图安逸使得人们忘记了自由的必要性，甚至依赖于出卖自己的自由而获得；强人对权力的渴望是威胁人类自由的最大敌人，因为在人类历史上没有什么比强人心中的极权主义或专制主义意识更能威胁到人类自由的了；穷人对食物的乞讨，使穷人看不到自由作为一种生命价值的优先性。这些自由的"天敌"，不仅来自我们的外部世界，而且也来自我们的内部世界，在一定程度上是我们作为人类的不完善性或劣根性的表现。如果它们再成为社会制度的基础或通过一定的社会制度被合法化，那么就能从根本上扼杀人类自由的天性。

（三）自由的实践应该深思熟虑

认识到自由作为人的本性，觉悟到自由对于人之为人的不可或缺性，对于人们的自由实践来说，是必要的，但是不充分的。这一方面是因为人们对于自由理解的多样性甚至歧义性，另一方面是因为自由实践本身的复杂性。就自由理解的多样性或歧义性来说，中西不同的文化背景中的自由观、自由价值观是不同的，不同社会阶层对于自由意义的认识也是不同的，不同个人之间有关自由的认识就更是存在着很大的差异。这种多样化的自由的认识就倾向于产生多样化的自由实践。建立在多样化自由观基础上的多样化自由实践彼此之间往往是有差别的，甚至是有冲突的。

二、自由与教育的联系

(一)教育的意义

英国教育哲学家彼德斯认为教育的核心标准或基本用法包括:第一,在具体目的上,教育所获得的成就必须是善的和有价值的;在终极目的上,教育必须帮助人们获得健康的生活形式,树立一般的世界观,而不局限于纯粹功利或职业目的达成;第二,在方法上,取得成就的教育方式必须是道德的或无可非议的;第三,在过程中,教育必须是有利于学生自主性确立和发展的。

这些有关教育概念的内在标准得到了英语世界广泛的认同。尽管有一些人认为,彼德斯所提出的这些内在标准远非什么"价值中立"的逻辑真理,但是他们都认为如果不具备这样一些标准,某种活动就很难称得上是教育。事实上,我们也认为,如果一种称为教育的社会活动,在具体的目的上是邪恶的或无价值的,如鼓励学生去偷盗、抢劫、撒谎等,就很难说是真正的教育,只能说是教唆。如果一种称为教育的社会活动,在终极的目的上,根本不关心学生人格的发育、世界观的形成和完满生活形式的获得,而只是帮助他们成为一个具有某种特殊职业知识和能力的人,那么,这种活动也很难说得上是真正的教育,只能说是培训。同样,一种称为教育的社会活动,如果对其对象采用欺骗、恐吓、侮辱等不道德的手段,我们也很难赋予其以教育的美名;一种称为教育的社会活动,如果在过程中不仅不诉诸学生的自主性,反而敌视和摧残学生的自主性,培养学生的迷信、盲从和奴隶意识,那么我们更不愿意称之为教育,因为它实质上是在洗脑或进行精神的屠杀。这就意味着,教育,我们所说的教育,不是学校里面正在进行的那些活动的集合,而是指其中符合上述概念标准的一组活动。从这个意义上说,学校里未必有教育,教育也未必一定局限于学校机构。

(二)教育之意义的危机

教育之意义的危机就是指在日常教育生活中,教育这个概念的各种用法中已经不体现或很少体现上述彼德斯所分析的几个内在标准。也可以说,教育之意义的危机就是各种教育的用法中上述内在标准的模糊、残缺或丧失。在这种情况下,一方面,教育概念的核心标准被掏空了;另一方面,沦为空壳的教育概念又被塞入了许多人们所欲求的东西。

从目前看，教育之意义的危机有两种不同的类型，一种是教育之意义的失落。所谓教育之意义的失落，是指上述内在标准的丧失或不为人所知，因此人们不得不采用在使用教育一词时加定语修饰语的方式来重构教育的意义，如愉快教育（教育应该使人有积极的情绪体验）、创造教育（教育应该培养人的创新意识、素质和能力）、素质教育（使人全面发展、主动发展和自主发展的教育）、挫折教育（提高人的心理素质特别是承受挫折素质的教育）、和谐教育（促使人身心均衡发展的教育）、差异教育（根据学生的不同个性、发展水平实施有针对性的教育）等等。我们可以想一想，如果一种称为教育的活动，不致力于使人们获得愉悦的情绪或精神体验，不能够培养人们创造性地思考和行动的能力，阻碍了人们的全面发展、主动发展和自主性的提升，降低了人们的生活意志，摧残了人们的身心健康、对学生进行"洗脑"或"标准化"，它还是否有资格被称为或自称为真正意义上的教育？另一种是教育之意义的遮蔽。所谓教育之意义的遮蔽，是指在教育的日常用法中，上述教育的内在标准依然存在，但是已经变得非常模糊，而且比起其他功利性的标准来说，已经退居次要的地位，不是需要优先满足的价值目标或条件，而是可以延迟甚至根本不予满足的价值目标或条件。例如，今天的教育改革中，人们也时常会提到"教育以人为本"，但是在个体和整个社会功利主义的语境中，"以人为本"很少是指以健康人格、人的德性或人的生活形式等为本，大多数情况下是指以人的世俗性、功利性和个体性需要为本。正是由于上述意义的失落和遮蔽，使得现代社会的人们不能真正地领会教育的意义，从而少教育的"真品"，多教育的"赝品""次品"和"废品"。

（三）自由与教育意义的呈现

教育意义的危机必须得到克服，教育的意义必须在各种教育的用法中得到呈现。但是，要克服教育意义的危机，呈现教育的意义，首要的一个工作就是要找到导致教育意义失落或被遮蔽的原因。不难理解，导致教育意义失落或被遮蔽的原因自然是多方面的，如个体过高的利益要求、政治宣传的需要、现代社会对于个体的控制、教育者错误的教育观念等，难以尽述。我们体会，在这些多样而且复杂的原因中，有一种是重要的，即自由的缺乏或超强的控制。这不仅是对学生而言的，也是对教师而言的。

为什么说师生自由的缺乏或超强的控制会导致教育意义的危机呢？这是因为自由，不管是积极意义上的，还是消极意义上的，与上述彼德斯提出的教育的内在标准之间有着内在的关联，是那些标准得以实现的前提条件。首先，来看自由与教育具体目的之间的关系。具体的教育目的有许多，如掌握知识、发展智慧、培养德性、准备公民等等。这些具体的目的无论对于学生来说还是对于社会来说都是有价值的。但是，这些具体教育目的所追求的价值如果要实现的话，都必须尊重和实现自由这一基本价值。如果学生成天处于不自由的状态中，他们就不能真正地达到上述的具体发展目标。其次，来看自由与教育的终极目标之间的关系。要获得健康的生活形式，没有自由是不可能的。因为健康的生活形式一定是人们自主选择的，而不是别人强加于我们的。不自由的生活无论如何安逸，也是一种病态的生活。而要超越纯粹功利或职业目的，树立一般的世界观，就必须将自己从无知、贪婪和极权渴望中解脱出来，获得一种"免于无知""免于贫困"和"免于被强制"的自由。再次，看看自由与教育方法之间的关系。教育的内在标准要求教育的方法在道德上应该是没有疑义的，既是符合道德原则的，也是能够为学生所自觉接受的。而这样的方法从总体上说，是应该鼓励自由思考、自由发言、自由交流的方法，而不是限制或压抑自由思考、自由发言和自由交流的方法。最后，看看自由与教育过程之间的关系。显而易见，要想真正地利用和发展学生的自主性，没有自由的空间、时间和氛围是根本不可能的。因为只有自由才意味着自主，意味着不盲从、不迷信。所以，对于整个教育工作而言，至关重要的教育之意义的呈现是以自由为前提的，只有在比较充分的教育自由条件下才是有可能的。自由的丧失，从根本上阻碍了师生体验、认识和实现教育的意义，从而使得整个教育机构或教育生活——教学、管理、环境、制度等日益失去"教育性"。

三、自由教育的精神

自由需要启蒙，教育之意义的呈现也以自由为前提，自由与教育之间存在着密不可分的关系。自由与教育之间的联姻就构成了人类教育思想史上一种非常重要并且影响深远的教育思潮——"自由教育"（liberal education）。研究自由教育，有助于更好地理解教育与自由之间的关系，更好地反思和重新设计当代的教育实践。由于自由教育是一个非常广泛的研究课题，因此我们这里不可能对它加以全面的论述，只是选取自由教育的精神和必要性加以集中分析。

（一）自由教育的概念

自由教育是一个不断发展的概念。在古希腊时代，亚里士多德最早提出自由教育的思想。自由教育是指"'自由人'的教育"，即适合于"自由人"兴趣、需要和职责的教育，因此是"精英教育"（education for the elite），而非"大众教育"（education for the working class），是一般"博雅教育"（general education），而非"职业教育"（vocational education）。亚当姆斯（J. Adams）在给"自由教育"下定义时充分地注意到了这一点。他认为，"所谓自由教育者，即适于自由人之教育也。一加深究，则又可见自由人者，其意义乃谓人之不因使用目的之故被迫而取得任何特定的技能者，自由人必能使用其时间于其所认为具有特定的修养价值之任何科目上"。在文艺复兴时期，自由教育的内涵发生了重要变化，不再是指某一特殊社会阶层所享有的教育，而是指那种能够遵循自然特别是儿童内在自然规律的教育，即"（遵循）自然的教育"，区别于"强制的教育"。那一时期许多人文主义者开展的教育实验，都是在这一精神指导下进行的。这种自由教育的思想对现代自由教育的形成和发展起到了奠基作用。由于18世纪后的人的自然本性假设让位于人的理智本性假设，因此自由教育又从"（遵循）自然的教育"转变为"理智的教育"或"理智的训练"，区别于以掌握经验知识为主的"实质教育"。这种思想直到20世纪仍然存在。赫钦斯（R. M. Hutchins）就明确指出，"自由教育乃是一种理智的训练，而这种训练将使人在新的问题出现时有能力解决它们，在新的情况出现时能够掌握它们，在新的需要出现时能够满足它们，并能改造环境，使它符合人类精神的抱负"。从19世纪中叶开始，由于科学知识的迅速增长和人们日常生产生活中所需知识种类的日益增加，人类在思想上、理智上确实有陷入专业主义的危险，有变得日益狭隘的可能。在这种情况下，自由教育有了一个新面孔——"普通教育"

（general education），一种对学生进行广泛的文化修养的教育，以区别于"专业教育"（professional education）。

显然，由于种种的原因，从古希腊的自由教育概念到 18 世纪的现代自由教育概念以至于当代人们所理解的自由教育概念，在内涵和外延上都发生了不小的变化。如古希腊的自由教育仅仅是指"自由人"的教育，而当代的自由教育则是面向全体人民的教育；古希腊和 18 世纪的自由教育都强调理智的训练，当代的自由教育除了强调这一点外，还同样强调情感的陶冶与和谐人格的养成。通过这种概念史的简要考察，我们也发现，尽管古典自由教育概念、现代自由教育概念以及当代自由教育概念在许多方面都发生了不小的变化，可是它们彼此之间也还是有着一些一脉相承的东西。贝利（C. Bailey）将其概括为："自由"（liberation）、"基础性和普遍性"（fundamentality and generality）、"内在的价值目标"（intrinsically value ends）和"理性"（reason）。涂艳国也从以下几个方面总结了当代英国教育哲学界对于自由教育的理解：第一，"自由教育是一种理性教育"；第二，"自由教育以知识本身为目的"；第三，"自由教育是一种普通教育"；第四，"自由教育是一种非权威性的教育"。这个总结与贝利的概括没有什么实质差别，凸显了人们通过对自由教育概念历史变迁考察后所得出的若干共识。这些共识从不同方面说明或界定了自由教育的要义："自由"或"非权威"是与"强制"相对应的，从方法方面说明了自由教育的性质；"理性""以知识本身为目的""内在的价值目标"等，则从目的方面说明了自由教育的性质；"基础性和普遍性"则从课程内容上说明了自由教育的性质。历史上自由教育概念的变化及共识都与历史上"自由"概念的变化与共识有关。在古希腊，"自由"即"自由民"所拥有的社会身份或政治权利，因此"自由教育"自然也是一种与"自由民"培养有关的教育，与劳动阶级所需要的职业教育有质的差别；文艺复兴时期，人们将"自由"看成是天性的自发实现，因此"自由教育"也就是"（遵循）自然的教育"，与中世纪的"强制教育"泾渭分明；18 世纪，"自由"就是"意志自由""理性自由"，自由教育自然也就不出"（理性）形式训练"的范畴；19 世纪中叶后，"自由"的内涵已经从政治领域扩大到广泛的社会领域，甚至扩大到存在领域，因此，将自由教育理解为与人作为人的存在的"普通教育"而非狭隘的"职业教育""实用教育"也丝毫不足为奇。看来，在相当程度上，自由观决定着自由教育观。

（二）自由教育的精神

自由教育的精神是对自由教育内涵的进一步系统阐述，是自由教育实践的灵魂和统帅。根据历史上特别是当前思想家们对自由教育的理解，我们认为，自由教育具有下列精神。

首先，自由教育具有人道主义精神。所谓自由教育的人道主义精神，是指自由教育是以人为本、以人为目的的教育，而不是以人为物、以人为工具的教育，因此具有浓郁的人文气息和深沉的人文关怀。文艺复兴以来，自由教育一个主要的目的就是反对外在的强制，主张给予学生以更多的自由。由于自由是人的类本性，因此，任何对自由的不合理限制都是违反人性的，从伦理学上说都是不人道的。反过来说，任何旨在克服外在强迫，使学生享受"消极自由"的教育，都是符合人性的，都是人道的。自由教育作为一种充分尊重学生自由和尽可能减少外在控制或强迫的教育，自然是富有人道主义精神的，是人类人道主义事业的一部分。此外，自由教育的人道主义精神还体现在自由教育是以尊重学生的个别差异为前提的，反对标准化、均质化，因而有利于鼓励和帮助学生成为他们自己，而不是按照某种纯粹外在的标准来塑造自己。由于个性或个体独特性是人之为人的一个重要前提，因此，提倡、宽容和发展人的个性的自由教育，自然是具有人道主义特质的。可以说，在自由教育中，学生才像个人，才能有人的体验，也才能真正地表现为一个人。

其次，自由教育具有民主主义精神。所谓自由教育的民主主义精神，是指：第一，自由教育本身具有民主精神。自由教育的民主精神体现在，所有的学生都可以自由地表达自己的意见或看法；所有的学生在自由地表达自己的意见或看法方面都是平等的；不同学生的不同意见或看法都是被允许和鼓励的，任何人不会因为自己见解的不完善性而受到外在权威的斥责；任何人都不能凭借理性或智慧以外的力量来增加自己见解的分量，任何人的见解也都必须接受别人的质疑。所有这些，本身就体现了民主的精神，是民主精神在自由教育中的具体实现。第二，自由教育是反对专制教育的最好武器。无论是就教育的目的，还是就教育的过程与方法而言，自由教育都是与专制教育尖锐对立的。专制教育是专制社会的卫道士，自由教育反对和根除专制教育的影响，从间接的意义上说，也就动摇了专制社会的思想、道德和人格基础，为民主社会的来临和不断重建提供条件。第三，自由教育是培养民主公民和建设民主社会的基础。从个体角度来说，自由教育以培养学生的自由人格为己任。一个有自由人格的人，既不被别人奴役，也不去奴役别人。因此，一个能够表达公意的民主公民必然是具有独立和自由人格的。那些趋炎附势、人云亦云、贪生怕死的人，是不可能成为民主社会的合格公民的。从社会的角度来说，与民主社会相适应的教育只能是自由教育，而不可能是专制教育，因为正是自由教育培养着民主的公民，专制教育只能培养专制的暴君和忠顺的奴隶。第四，现当代的自由教育是一种大众教育，而不是一种精英教育，是大众人人都需要的教育，而不是少数有权有势的人才需要的。从这个角度来说，自由教育的民主主义精神就体现在向每一个人提供适合他／她需要的自由教育。

再次，自由教育具有理性主义精神。所谓自由教育的理性主义精神，是指：第一，理性的陶冶是自由教育的重要任务。无论是古希腊的亚里士多德，还是18世纪以后的自由教育论者，无一不强调理性陶冶或形式训练在自由教育中所占的核心位置。洛克认为，教育的目的不是增加心灵的所有物，而是提高心灵的能力。福禄培尔认为，自由的教学应该表现人类的理性精神，就其任务而言，重要的不是去教授一些具体的和特殊的知识，而是要帮助学生学习从具体到抽象、从特殊到一般的思维态度和能力。裴斯特洛齐在反思了自己的人生历程后深有感触地说："教育问题从本质上说，不管儿童的社会地位如何都是一样的，不在于传授专门的知识或专门的技能，而在于发展人类的基本能力（人类的基本能力当然是不分穷富的）。"赫钦斯明确提出，"自由教育"就是"一种发展理性的教育"。赫斯特也指出，"追求知识本身是人类独特的德性，自由教育对于人实现心智的发展有价值，这种价值是与功利的或职业的考虑没有联系的"。这种理智或心智陶冶的价值大于具体知识或实用知识掌握的价值的思想，构成了古代与现代自由教育思想的一个核心。第二，自由教育所说的自由是基于理性基础上的自由，而不是无限制的随心所欲。综观自由教育的历史，除了个别历史时期和个别人之外，绝大多数历史时期和绝大多数人在谈到作为教育方式方法的自由时，都不是指那种不要任何限制的绝对自由，而是指那种在一定条件下才成立的相对自由。杜威曾将蒙台梭利看成是 19 世纪末 20 世纪初自由教育的重要人物，但他同时也指出，蒙台梭利所谓的"自由原则"并非是与任何的纪律、责任、努力不相容的，而是建立在基于儿童的理性精神之上的。杜威本人所提倡的"儿童中心"和"做中学"，也并非是放纵儿童的任何兴趣和爱好，而是要他们遵循思维的内在规律，进行自主和自由的探究。从这个角度来说，自由教育在方式方法上所提倡的自由，就其实质而言，是一种理性自主，以反对专制教育对学生心灵和思想的外在强迫与清洗。第三，自由教育有利于发展理性。理性与自由始终是不可分开的。不仅理性自身是倾向于自由自主的，而且理性的发育也必须依赖于自由思考的环境。如果人们不能够经常自由地应用自己的理性，那么他们理性的发育必然受到阻碍或严重影响。从这个意义上说，自由教育是指向理性发展并有利于理性发展的。因此，自由教育与感性的滥用、欲望的放纵或秩序的紊乱没有任何必然的关联，后者也是自由教育本身所要反对和克服的教育与社会问题。

（三）自由教育的必要性

尽管自由教育有一个悠久的历史，得到了许多著名思想家和教育学家们的鼓吹和提倡，但是进入工业社会以来，自由教育的思想逐渐式微，在实践领域也没有得到国家、工业集团、家庭乃至学习者个人的支持。在 21 世纪的今天，无论是在西方，还是在中国，自由教育都面临着下列因素的挑战：国家利益、个人利益等支配了整个教育，人们将经济学的原则直接挪用到教育生活中来，期望用最小的投入（时间、经费）获得最大的收益——外在的社会政治、经济等方面的收益。弥漫在整个学校生活中的功利主义从根本上侵蚀了自由教育的精神。日益严重的专业分工以及建立于其上的劳动力市场从根本上诱导人们放弃广泛文化知识的学习与一般理智能力的陶冶，专注于分门别类的知识领域。专业外部的分工与合作代替了专业内部个体自身的一般能力和广泛知识文化修养。20 世纪以来，人类文化中的非理性主义和反理性主义也动摇或弱化了历史上理智陶冶的价值观，"理性优先"的思想已经基本不存在了。表现在教育生活中，人们在重视学生情感、意志、需要、信仰等非理性品质培养的同时，在相当大程度上忽视了理性训练的价值。自由教育的思想主张没有能够得到足够的介绍和充分的讨论，许多人特别是教育工作者，对自由教育的历史遗产已经非常陌生，甚至会因此产生一些误解，从主观上影响了他们开展自由教育的实践。因此，要想在新世纪发扬历史上自由教育的精神，使教育更好地为个人幸福和社会进步服务，就必须在新的历史背景下重新阐明自由教育的必要性。如上所述，非权威的或自由的教育方式方法之所以必要，是因为它是学生作为人的存在的本性所要求的，是符合教育人道主义要求的，也是学生养成独立意识、自主精神、责任能力和人生德性与智慧的基本渠道。强迫的或不自由的教育本身是有悖于教育精神的，是要减少学生的生命力、认识能力和实践能力的。当然，也如前所述，提倡非权威的或自由的教育方式方法，也不是主张学校对学生放任自流，完全不做要求或不负责任，而是要对责任、纪律的合法性基础进行重新的审视，以便真正使学校既能成为一个自由自主的地方，又是一个有着严格要求和严明纪律的地方。关于这一点，我们将在下一节中加以详细讨论。

第二节　教育中的自由及其限度

　　罗素在谈到教育中的自由的时候，以不容置疑的口吻说，教育中的自由是有限度的，而不是无限的。他举了一些小例子说明自己的观点：教育者应该遵循儿童固有的天性，可是他／她却不能允许儿童出现吞发卡、吃毒药、暴食、不勤洗衣服、拼命抽烟等一类的事情，即不在这些方面给他们以任何的自由。他的这个观点无疑是正确的，如果有谁主张教育过程中的绝对自由，那么他一定得不到人们的赞同。不过，有一个问题是罗素没有能够很好回答的：究竟是什么东西构成了教育中自由的限度呢？或者说，该如何为教育中的自由设定限度呢？

一、学术自由及其限度

（一）学术自由的概念

学术自由是科学事业、教育实践特别是高等教育实践中的一种基本自由。关于学术自由的内涵，有各种各样的说法。为了反对政治党派对大学的控制，美国大学教授联合会在 1915 年通过了《1915 宣言》。宣言宣布了学术自由的主要原则：教授作为教师和学者有权自由发表言论；除非不称职或有道德缺陷，教师的职位必须得到保证；教授受处分前有申诉的权利。此外，他们认为大学应该对所有政治、经济和社会问题保持中立的立场。波兰尼在《自由的逻辑》中给出了"学术自由"的含义："学术自由在于选择自己研究的问题的权利，不受外界控制从事研究的权利以及按照自己的意见教授自己的课题的权利。"很明显，波兰尼主要是在"权利"的意义上来界定学术自由，将其看成是学者们所享有的若干权利——选择课题的权利、从事研究的权利以及传播课题成果的权利。爱因斯坦也非常重视学术自由问题，曾多次呼吁捍卫学术自由。他说，"我所理解的学术自由是，一个人有探求真理以及发表和讲授他认为是正确的东西的权力。这种权力也包含着一种义务：一个人不应当隐瞒他已认识到是正确的东西的任何部分。"在众多论述学术自由的文献中，爱因斯坦将学术自由理解为权利与义务的统一体，是非常有特色，也是非常有启发性的。《简明不列颠百科全书》将学术自由定义为："指教师和学生不受法律、学校各种规定的限制或公众压力的不合理干预，而进行讲授、学习、探求知识和研究的自由。"

根据上述组织与个人对学术自由的理解，再考虑第一节中所提出的自由概念，我们认为：第一，学术自由既是一种社会自由，也是一种个体自由。第二，就其作为一种社会自由而言，它是指整个学术研究领域不受外界控制或干扰的权利；就其作为一种个体自由而言，它是指教师个人在研究活动中所拥有的不受外在力量所影响的高度自主或自治。第三，无论是作为一种社会自由，还是作为一种个体自由，学术自由就如同任何其他类型的自由一样，是有条件、有限度的，而不是无条件、无限度的。教师或某一学术组织并不能无限制地或随心所欲地使用这一原则。学术自由与学术自律、学术责任以及必要的社会监督分不开。第四，就学术自由所包含的具体内涵来说，应该涵盖学术活动的全过程，包括：选择研究课题的自由；按照自己的设想从事课题研究的自由；根据科学研究所得出的一般结果，发表言论或出版专著的自由；在课堂上引导和促进学生就某一学术或社会问题进行学理讨论的自由；在学术研究的范围内，免于因为履行上述自由而遭歧视、排斥或起诉的自由。

（二）学术自由的必要性

学术自由的必要性，毫无疑问首先是来自学术进步的需要。学术乃天下之公器，学术的进步尽管也会给学者们带来可以预期的实惠，但就其主要目的来说，乃是天下人之福音。从这个角度来说，任何有助于学术进步的原则，都是值得提倡和维护的。学术自由就是一种旨在保护学术进步造福天下苍生的思想和行动原则。这是因为，学术的进步有其内在的逻辑，学者们在从事学术研究的过程中，必须遵循这种内在的逻辑，必须始终保持自由的思想和行为状态，而不能顺从于任何外在的权威。否则，学术的进步就根本是不可能的。学术自由不仅是学者们发现新知识所必不可少的，也是学者们纠正错误所必不可少的。众所周知，人类的认识确实是不完善的，不可避免地具有波普尔所说的"试误"性质。因此，人类认识的进步，从一方面来说，意味着新知识的增加；从另一方面来说，也就意味着错误的不断被纠正。因此，创造一个能够自由纠正错误的环境，对于学者们来说，与创造一个能够自由从事发现的环境同等重要。这就是说，错误的纠正应该是在自由的讨论和辩驳中完成，而不是依赖学术以外力量的裁判或定夺。

学术自由的必要性，是发挥学术社会功能的重要条件。布鲁贝克（J. S. Brubacher）充分地注意到了这一点。他认为，不能够仅仅将学术自由理解为"专业特权阶层自我服务需要的表现"，而应认识到学术自由与增进"公众利益"之间的内在联系。"社会依靠高等学府作为获得新知识的主要机构，并作为了解和利用它的资源改进人类生活条件的手段。作为个人来说，我们追求真理不仅因为它在认识和政治方面有价值，而且也出于个人的道德责任感。而道德产生困惑的主要根源之一就是对与道德难题有关的事实缺乏认识。如果给把研究这些事实作为天职的学者以自由和安全保障，那么，我们就会更深刻地认识到应该做哪些事情。"这就是说，正是通过学术自由，不管是高校中的学术自由还是其他科研机构中的学术自由，与人类公众利益改进密切相关的新知识才有可能出现。另一方面，自由的学术对于社会政治、经济、文化等领域中专制的力量来说，始终持一种审慎的批判态度，这对于整个社会的发展来说，也是一种必不可少的健康力量。从这两个意义上说，学术自由绝不仅仅是一种来自学术行会的特权，而且也是整个社会应该确认和加以保障的一种基本价值。那种认为学者们呼吁学术自由只是出于自私目的的观点是错误的，就其最终威胁到整个社会和人类利益的角度来说，也是邪恶的。

最后，学术自由的必要性，也是言论自由在科学研究活动中的具体体现。在现代民主社会中，言论自由已经被绝大多数国家的宪法所保护，成为一种基本的公民自由。言论自由有各种各样的表现形式，总的来说，就是一个人有根据自己的经验和判断就某一问题独自发表自己观点的权利。这项权利在学术领域的具体体现就是学术自由。人们对学术自由的界定有许多，但是就其核心而言，就是学者或科学家根据自己的研究不受任何威胁地发表个人观点的权利。所以，从政治学上来说，学术自由源自言论自由，但是又不等于言论自由。因为言论自由是每一个公民都应该享受的，但是学术自由却只限于被公认为从事学术活动，即以知识生产为己任的人。

（三）学术自由的限度

尽管学术自由是学术工作的基本条件，但是，学术自由却像任何其他的社会自由一样，是有限度的，而非无限的；是相对的，而非绝对的；是有条件的，而非无条件的。这一点，几乎为所有提倡学术自由的人所强调。从某种程度上说，没有限制的学术自由，就像没有限制的经济上的不干涉主义一样，会最终威胁到学术的生命，并为整个社会带来灾难性的后果。

学术自由的限度总的来说可以划分为两类，一类是来自于学术活动自身的要求，一类是来自于学术活动作为一种对社会发展有着重要影响的社会活动的要求。比较起来，前一类限度可以称为"内在的限度"；后一类限度可以称为"外在的限度"。两者共同构成了学术自由的限度，使得学术自由成为一种基于种种责任、道德或社会条件基础上的学术权利，其目的是促使学术活动在保持高度自治的同时，承担其应该承担的社会义务。

具体说来，内在的限度又包括以下一些基本要求：（1）学者不得选择那些从方法到结果都明显违背伦理道德，有害于人类幸福的课题；（2）学者在具体研究的过程中，一定要实事求是，不得弄虚作假或剽窃别人的研究成果；（3）学者有义务为自己得出的结论进行充分的说明，以便其他人可以客观地评估这些结论的可靠度；（4）对于不同的观点，一方不得借助于自己曾经获得的学术权威或其他外部力量来排斥和打击另一方，学术的分歧要通过平等的学术讨论与对话来解决；（5）如果某项研究涉及重大的国家机密或社会安全，那么需要选择合适的时机和合适的场所来发表；（6）学者有义务就一些关系到公共生活的问题接受公众的咨询；（7）为了避免知识的霸权或超强的控制，学者在发表自己观点的时候，不能够回避有关研究方法论或研究所持立场的问题；（8）把自己的学术观点与政治观点或宗教信仰分开，在公开讲授自己学术观点时，不能够明显地或隐性地加进去自己的政治观点或宗教信仰，从而兜售自己的政治观点或宗教信仰；（9）不能滥用社会或公众对自己的信任来达到任何个人的目的。

比较其内在的限度而言，外在的限度更加多样和复杂。具体包括：（1）课题的选择和研究从目的上说不应该服务于任何的种族歧视、法西斯主义、大国沙文主义、性别歧视、恐怖主义或其他有损于社会宽容、团结、和谐和进步价值观念的东西。（2）学者在任何时候都不能够为了一己私利而出卖自己的学术良知，违背学术道德发表一些非学术的或假学术的观点。（3）学者作为公民，不能借口学术研究而不尽自己公民的职责；学者作为人类的一员，也不能借口公民的职责而不尽人类的义务或承担人类的使命。（4）应该采取一切措施，防止自己的学术研究成果被用于反社会、反人类的目的。（5）学者作为公民，不能够出卖国家或人民的利益，不能够轻视或违背符合民意的法律。（6）作为对社会有较大影响力的社会成员，学者不能够在公众面前表现没落的价值观念或低级趣味的生活方式。（7）学者不能够因为接受了某个基金会或社会组织的资助而放弃自己本应该承担的学术责任，在研究结论中塞进一些有利于这个基金会或社会组织的观点。（8）学者应该体认到系统的学术性观点与公众的常识性观点的区别，应该以一种平等的态度与公众开展讨论，警惕和预防各种形式的认识论霸权主义。（9）学者应该体认到文化传统、认识论传统和知识传统的多样性，在不同的知识传统之间建立一种平等的对话机制，以便使得每一种知识传统都有机会在平等的交流对话之中反省自己。（10）在一些关系到全人类幸福生活的重大问题上，全球学者应该有义务团结起来，从不同的社会背景和文化传统出发，呼吁和捍卫人类的共同利益和长远利益。

二、教学自由及其限度

（一）教学自由的概念

迄今为止，"教学自由"的概念比较模糊。有的人将其包含在学术自由之中，作为学术自由的一个内容，如上述波兰尼、爱因斯坦对学术自由的定义中都包含着教学自由的思想。费希特（J. G. Fichte）也将学术自由界定为："教师在专业上享有自由探讨、发现、出版、教授在各自专业领域内所发展的真理，并且这种真理不受任何限制，也不听任何权威的指挥，任何政治的、党派的和社会的舆论不得加以干涉。"有的称其为"教育自由"或"教师职业上的自由"，将其理解为"教师在日常教育实践中所拥有的教育权限"。这种自由只应受到一种权威，即该领域内已经被证实的真理或科学事实与方法的限制。有的人认为教学自由包括了"学习自由"，而有的人则将两者明确地区分开来加以认识。

我们认为，教学自由确实可以作为学术自由的一个组成部分，但是鉴于"教学"与"学术研究"是两种目的、性质及方法都很不相同的活动，因此，将教学自由完全置于学术自由之下，似乎不能够详细地认识教学自由。我们也认为，教学自由确实可以包含学习自由，因为对"教学"最简单的理解就是师生之间的双边活动，因此教学自由自然包括了教师教的自由与学生学的自由。但是，鉴于教师的教与学生的学也是两类不同性质的活动，因此，不将教师教的自由和学生学的自由分别开来讨论，似乎也不能很好地认识每一种自由。我们因此赞成日本教育学家将教学自由看成是一种"职业自由"或"教授自由"，它不仅意味着教师在教学过程中所享有的一系列权利，而且还指教师们在教学活动中所追求的一种自主思想或行为状态，同时也是他们自觉应用教学规律开展教学活动的状态或结果。

关于教师所享有的教学自由的范围或类型问题，世界性组织及各国的规定彼此之间有所不同。联合国教科文组织在一份文件中规定教师享受的基本教学自由包括："选择和使用教材的自由""选择教法的自由""参加课程、教材、教具开发的自由"。日本的兼之仁先生则将其划分为"教师个体"所行使的权力与"教师集体"所行使的权力两种类型。前者包括：第一，授业内容的编制权（如制订授业计划，选择教学方法等）；第二，教科书的使用处置权；第三，辅助教材选定权（如辅助教材的编制、选择等）；第四，教育评价权；第五，生活指导权；第六，惩戒权。后者包括：第一，学校的教育课程编制权；第二，教育校务分工的自治权（如决定班主任、各种委员、各种班主任等）；第三，有关学生的学校措施决定权（如入学、转学、编班或插班、升级、毕业等）；第四，惩戒处分权。比较而言，联合国教科文组织的规定主要是在教学活动的范围内进行的，而兼之仁先生的规定则涉及了比较广泛的学校教育生活，因此要说他的分类是对教师"教育自由"的分类亦无不可。

（二）教学自由的必要性

首先，教学自由作为一种"职业自由"或"教授自由"，其存在的必要性就在于教学活动本身的要求，是教学活动在逻辑上和实践上之所以能够成立或发生的必要条件。教学，是一种有意向的、有中介的、师生双边的和符合一定伦理规范要求的社会活动。这种社会活动是依赖于理性并最终指向学生理性发展的。而理性本身不仅意味着自由，而且追求着自由。因此，教学活动本身就是建立在活动主体的自由自觉基础上的。对于教师而言，没有他们自由自觉的思考、理解、选择和采取行动，就等于没有形成真正的教学意向，没有真正地理解教学内容，没有真正地构建教学关系，没有承担教学伦理的义务。简而言之，没有教师的教学自由，就没有真正的"教学"，有的只是照本宣科的"灌输"、盲目机械的"训练"和鹦鹉学舌般的"宣传"。

其次，教学自由作为一种"职业自由"或"教授自由"，其存在的必要性在于它是教师真正成为教学主体的必要条件。教师作为教学活动的主体，其意义是不言而喻的。即使是像杜威那样不遗余力提倡"学生中心"的人，也从来没有怀疑过教师在教学活动中的主体地位和作用，只不过对于其内涵的理解有所不同罢了。可以说，离开了教师这个主体，教学活动就不会存在或名存实亡。可是，教师究竟如何才能成为教学的主体呢？影响的因素自然是很多，但是其中有一个至关重要的因素就是教学自由。试想一下，假如一个教师在教学活动各个环节的行为都是被动的、服从的和被支配的，他／她怎么能够成为教学的主体？从另一个方面来说，教师作为教学主体的主体性的发挥程度与教师所享有的教学自由的程度是成正比的：当他们享受了比较大的教学自由的时候，他们就愈能够成为教学的主体或作为教学的主体发挥作用，反之亦然。

再次，教学自由作为一种"职业自由"或"教授自由"，其存在的必要性与教学活动本身的复杂性密不可分。众所周知，教学活动尽管遵循一些一般的原理或原则，但是，具体教学情景中的教学活动是非常复杂的，可以说根本不存在一个统一的、固定的实践模式。不同的时间、空间、对象、材料、方法、语言等构成了五花八门的教学情景。在这种情况下，要求教师遵循一种统一的、固定的教学模式是根本不明智的，也是根本做不到的。要想使每一次的教学活动都能够达到它自身的目的，有助于学生的最大发展，就必须赋予教师以比较丰富的教学自由，从而使他们能够根据具体的教学时间、空间、对象、材料、方法、语言等选择合适的教学策略，达到预期的教学目的。任何干扰教师教学自由的做法，都可能使得他们的教学不能适应各种教学要素的变化，从而变得僵化起来，最终损害到学生的发展并进一步影响到教学目的的达成。换句话说，教学自由是教学艺术的根源，没有教学自由，就没有教学艺术，也就没有丰富多彩的教学风格。

最后，教学自由作为一种"职业自由"或"教授自由"，其存在的必要性还与教师所担负的教学伦理或责任有关。如上所述，自由是德性的基础，没有自由就没有德性。同样，在教学活动中，教师要想真正成为一种伦理的主体，即负载教学伦理责任的人，也必须有比较充分的教学自由。其中的逻辑也是很明显的：如果教师要对自己的行为负责任的话，那么他们的行为必须是自由、自愿和自觉的；如果他们的行为是被迫的，他们就不应该对自己的行为负责。对于教学活动而言，必不可少的是教师的内在责任，而要产生这种内在责任，教师必须具有起码的教学自由。这就是说，给教师以教学自由，以便他们可以担负起教学的伦理责任；要求教师承担教学的伦理责任，就必须给予他们以教学自由。

（三）教学自由的限度

如同学术自由一样，教师的教学自由也是有限度的。这种限度一方面来自教学活动自身的要求，另一方面来自于教学活动作为一种社会活动的要求。就前一种要求来说，教学自由不能阻碍教学目的的达成；就后一种要求来说，教学自由不能有害于其他的社会自由。我们也可以称前一种要求为教学自由的内在限度，称后一种要求为教学自由的外在限度。

具体说来，教学自由的内在限度包括：（1）教师作为一种专业人员，不能够误读或误解教学目标，教师有关教学目标的观念，应该允许公开的质疑和讨论；（2）教师作为受社会或国家委托的人员，不能够将自己的观点、价值观念或生活偏好作为向学生宣传的对象；（3）在教学内容中涉及个人观点时，教师应该以客观的口吻加以叙述，不能够将其"神化"或"圣化"，更不得通过各种形式强迫学生将自己的观点看成是唯一正确的观点；（4）教师在选择和使用教材、教学辅导材料时不得接受经营者的任何贿赂，应该根据它们是否有利于学生的最大发展来判断，而不能够根据它们是否能够给自己带来好处来判断；（5）教师在组织和管理课堂教学时，应该符合学生身心发展的规律，符合教学规律；（6）教师在选择教学方式、方法或手段时，应该既考虑到学生的认知特征，又考虑到教学内容的性质，还应该考虑到教学的有效性；（7）教师在对学生进行教学评价时，应该最大限度地发挥评价的发展功能；（8）教师参加教学科研不能够损害教师的日常教学工作，违背学校的教育教学和管理制度；（9）教师维护学校的教学秩序应该在法律许可的范围内行动；（10）教师在按照自己的理解讲解教学内容时，不以谋取自己的利益为目的。

具体来说，教学自由的外在限度包括：（1）教师在教学过程中只能带领学生进行理性的探险，不能够将教学场所当成是发表个人政见、牢骚、意见的场所，更不允许在课堂上鼓动学生进行反社会、反人类的恐怖或暴力活动；（2）教师在选择和使用教材、辅导材料时，不得有意地压制多样性观点或与自己的立场不一致的观点，教师有义务帮助学生了解在某一个问题上各种不同的立场、观点或学说；（3）教师在组织和管理课堂教学时，不得以各种借口压制任何学生的思想自由和言论自由，要引导学生对自己的观点和他人的观点进行理性的探索；（4）教师在选择教学方式、方法或手段时，应该避免机械灌输或单纯训练，给学生以独立自由思考的空间与时间；（5）在进行教学评价时，不得以任何形式侵犯学生的权利；（6）在从事教学科研时，应该遵循科学研究的一般规范，不得损害学生的尊严和利益；（7）参加教学制度的制定，也应该尊重和倾听不同的意见，应该在已有的相关制度框架下进行；（8）维护教学秩序，不能侵犯学生依法享有的受教育权与基本人身自由。

三、学习自由及其限度

（一）学习自由的概念

比起"学术自由"和"教学自由"两个概念来，"学习自由"是一个更少得到系统和明确阐释的概念。在洪堡（F. W. V. Humboldt）看来，学习自由是指学生在专业学习上具有探讨、怀疑、不赞同和向权威提出批评的自由，有选择教师和学习内容的自由。在蒙台梭利看来，学习自由就是儿童的活动自由和发展的自由。在杜威看来，学习自由就是学生在力所能及和别人允许的范围内去自主探索什么事情能做什么事情不能做的自由。根据这些论述，我们认为学习自由从主体上说就是学生享有的自由，或曰"学生的学习自由"；从内涵上说，学习自由同样有消极的和积极的两种解释：消极意义上的学习自由是指学生在整个学习活动过程中免于被强迫的自由；积极意义上的学习自由是指学生在整个学习过程中有权自主地做一些事情的自由。简而言之，学习自由可以表述为：学生在整个学习活动中自主思考和采取行动的内在思想和外在行为状态，以及与之相关并支持这种状态的一系列权利。

至于学习自由的种类，罗素将其划分为三种："学与不学的自由"、"学什么的自由"、（学生）"观点的自由"。罗素详细研究了资本主义的学校教育，认为几乎所有的学校教育都有一个政治的动机，"其目的在于加强国家的或宗教的甚至社会的某些集团，以便和其他集团竞争。主要地就是这个动机决定了所教的课程，决定某些知识应当提供，某些知识应受抑制，也决定了希望学生培养的思想习惯。对于培养心灵和精神的内在增长方面，却几乎什么也没有做。事实上，受教育越多的那些人通常在心理上和精神上越萎缩，他们缺乏冲动，只拥有某种机械的才能来代替生动的思想"。因此，就儿童本身而言，应该有不接受教育或不学习的自由。罗素由此对"义务教育"的"强制性"提出了质疑。学什么的自由，就是选择学习内容的自由。为了比较好地实践这种自由，罗素认为，首先，要向学生提供结构性的课程，如经典著作、数学和科学等，而不能像历史上自由教育论者那样提供"毫无联系的课程"；其次，要在儿童达到14岁以后才广泛地实行；再次，选择的范围应该从窄到宽；最后，应该禁止学生选择那些对于他们的发展和整个社会发展来说毫无意义的内容，如鼓吹暴力、恐怖、阴谋、吸毒等的一些课程。在罗素看来，观点的自由是学习自由中最重要的一种自由，也是学习自由中"唯一一种不需要任何限制的自由"。就其内涵来说，主要是指学生在学习过程中自主地表达自己独特观点的自由，也就是他们的思想免于任何外在强迫、压制或灌输的自由。与此相关的还有他们"发问的自由""建设性怀疑的自由"等。除罗素的这些论述之外，联合国教科文组织注意到学生有"选择的自由""有权讨论那些支配他们权力与义务规则的自由"等。

总结上述分析，我们认为学习自由就是人类的自由精神在学生学习活动中的体现，是一种在教师帮助下自愿、自觉和自我指导的学习状态或权利。具体来说，学习自由包括：（1）学与不学或继续与中止自己学习生涯的自由；（2）选择适合于自己发展倾向的学校、班级和教师的自由；（3）选择课程内容的自由；（4）在具体学习过程中独自思考、理解、表达，免于被作为灌输、训练和宣传对象的自由；（5）因为自己见解的独特性或不完善性，免于任何精神或肉体处罚以及不公正评价或对待的自由；（6）质疑教师观点或教材观点的自由；（7）作为平等的一员参与课堂教学并受到同等对待的自由；（8）在任何情况下，哪怕生活陷入赤贫之中，基本学习权利不被剥夺的自由；（9）在终身教育的时代，根据自己所处的不同情况在不同教育形式之间自由流动的权利；

（10）参与讨论和决策一切有关自己学习事务（如入学、转学、评价、奖惩、课程改革、教学改革等）的自由。

（二）学习自由的必要性

首先，学习自由是学习活动本身的必然要求。从个体的角度来观察，学习活动是一种个体不断地建构和重构自己的经验结构从而提高自己适应和改造环境能力的活动；从人类的角度来观察，学习活动是一种最基本的实践活动，其目的在于改造人类自身从而更好地改造外在的环境。因此，学习活动对于人类来说不仅是必要的，而且是必需的。学习自由是人类学习具有真正活动性质，体现人类类特性的基本条件。学习的自由丧失，学习本身就不再是一种充满理性、愉悦的生活，而成为个体无尽的智力或心智的负担。学习自由的丧失，也就意味着学生在学习过程中被异化了，不再是学习的主体，而只是等待被种种知识、道德所规训的对象。学校，也就不再是生机盎然的学习场所，而成为加工社会机器上一个个"零部件"的"工厂"。

其次，学习自由是学习活动得以顺利进行的必要条件。维持学习的活动，无论是对于教师还是对于学生而言，都是一件非常重要的工作。因为，不能够做到这一点，学习活动就会中止。而维持学习的活动，涉及许多的因素，如学习费用的支付能力、学习成就感的获得、强制性的学习制度等。在这其中，最重要的一种因素就是尊重和扩大学生的学习自由。这是因为学习自由有利于利用和激发学生的学习兴趣，使他们产生内在的学习动机，体验到学习的内在价值，从而有利于保持比较旺盛的求知欲和探究精神。

再次，学习自由有助于学生的最大发展。发展总是学生个体身心各个方面潜能的自我实现，是沿着一种内在的独特的确定性进行的。实事求是地说，对于学生这种内在的发展秩序，人类迄今为止所知甚少。因此，只有给予每个学生以充分的学习自由，他们的身心各个方面那种潜在的发展倾向才能够表现出来，从而沿着一条自我实现的道路前进，并有利于教师的学习指导。如果在学生学习的过程中，介入了过多的外在干预或盲目的力量，将我们自己所理解的发展道路或方向机械强加于每一个学生，那么就很可能偏离了他们的本性或心智所指引的方向，使他们成为我们所希望的人，而不是他们自己所希望的人和他们自己能够成为的人。现实生活的经验也说明，名义上为了学生发展的强迫学习，不仅无助于学生的发展，甚至会有害于学生的发展。受到这种教育对待的学生在其后来的生活中往往要花费相当长的时间来寻找最适合于自己的发展方向。

最后，学习自由有利于整个社会与人类从学习活动中获得最大利益。民主社会所需要的人，不是僵化、刻板、唯命是从的人，而是有着自己独到的见解，对他人的观点具有理性的质疑精神，思想开放，永远对未知的世界充满兴趣的人。这种人，只有在自由的学习活动中才能培养起来。因此，自由的学习，不仅对于个人而言，而且对于开放的和民主的社会及其未来而言，都是必不可少和至关重要的。如果考虑到当前个人、社会和整个人类所面临的问题大多数是他们从前所从未遭遇的新问题，那么鼓励年轻人自由学习、自由思考和自由交流就更为重要。只有这样，才能够使他们为日益复杂的世界和生活做好准备。尊重、捍卫和促进学生的学习自由，因而也就具有了更为丰富的社会和政治意义。

（三）学习自由的限度

学习应该是自由的，学习的自由也是有限度的。没有任何一个提倡学习自由的人不明智地指出学习自由的限度。蒙台梭利说："孩子的自由，就其限度而言，应在维护集体利益范围之内；就其行为方式而言，应具有我们一般所认为的良好教养。因此，只要孩子冒犯或干扰他人，有不礼貌或粗野行为，就应加以制止。"罗素也认为，"儿童必须或多或少地听命于他们的长者，而不能使他们自己成为自己利益的保护人。在教育中，权威在某种程度上是无可避免的，施教者必须找到按自由精神来行使权威的途径"。因此，学习自由不等于教师对学生的放纵或完全不负责任，让学生想干什么就干什么，想怎么干就怎么干，想什么时候干就什么时候干。学习过程中的自由与权威、自由与纪律、自由与指导都是不可分的。首先，学习自由需要教师的指导。这是学生的学习自由与一般成人的学习自由有着根本差别的地方。在学校情景中，学习自由首先需要教师的指导，这意味着：第一，学生不能滥用自己的学习自由，使学习行为有害于自己的身体和心理健康，有害于自己未来有价值的发展。正是在这个意义上，他们不能够去学习吸烟、吸毒、斗殴、黑客攻击、作弊、搞迷信活动以及发动自杀式攻击等一些事情。教师应该保证学生自由选择的学习内容都是有益于其身心健康和未来发展的，都是有利于社会公共利益的维护和增加的。第二，学生的学习自由不能够妨碍他人的学习自由，学生所选择的学习方法或手段不能干扰他人的学习。第三，学生所使用的学习自由应该是以提高他们的学习积极性和学习能力为目的的。如果学生自主选择了死记硬背的方法，那么教师应该加以干涉，并帮助他们改进。第四，自由学习过程中出现的分歧、冲突不能够以非理性的方式加以解决，而应该在教师指导下以理性的方式加以解决。第五，学习自由不能够违背一定文化传统中人们所公认的教学伦理，教师应该指导学生将学习自由建立在一定的教学伦理基础之上。

其次，学习自由受到儿童已有认识水平的限制。对于学生而言，无论是对学习内容的选择，对学习方法的选择，还是在学习过程中发表自己的见解，都会受到他们已有认识水平包括认识模式的限制。学生们在学习过程中所做出的种种选择，都是在他们已有认识经验基础上进行的，不可能跳出他们已有的认识经验背景。因此他们的选择是有前提、有条件的，因而也是有限制的。学习自由尽管意味着学生可以自由学习、讨论、质疑、发言，但是他们实际上是不可能做到完全自由的。同样，教师在指导学生学习自由时，也应该考虑到他们的身心特点和认识经验，不要让他们去学习那些与他们的年龄和认识经验根本不符合的东西。

最后，学习自由还受到学习纪律的限制。学习纪律是对学生学习活动的基本要求，是为了促进他们的学习而设立的，如按时上课、认真听讲、按时完成作业、提问时先举手、不准在课堂上大声喧哗、做实验时要认真观察等。人们一般认为，学习纪律可以分为两种：一种是自觉纪律，另一种是强迫纪律。自觉纪律是建立在学生自觉自愿的基础上的，因而是与学生的学习自由不违背的，甚至可以说是学生学习自由的保护者；强迫纪律则根本无视学生自己的理解和需要，因而是与学习自由相违背的，是从根本上有害于学习自由的。尽管强迫纪律看起来更具有规范作用，但是它的作用是不会深达学生的内心，因而也不会是持久的。一旦学生离开了强迫纪律所控制的范围，他们就不再表现出良好的纪律精神。为了能够使学习自由得到自觉纪律的保障，学校与教师应该检讨所有的纪律措施，看看哪些是与学习自由精神相一致的，哪些是与它不相一致的，改正那些不一致的，强化那些一致的，从而使得纪律不仅能够保障学习自由，而且能够促进学习自由，使学习活动真正成为符合人的本性的自由自觉的活动。

第五章　民主与教育

第一节　民主与教育的关系

民主对于人生以及社会而言，都是有价值的政治安排。但是，这种有价值的政治安排不是无条件的，而是建立在一系列前提条件基础上的。如人们要懂得这种政治安排的内涵和价值，要弄清这种政治安排对公民素质所提出的要求，要能够辨别威胁民主制度的各种因素，从而更好地实施民主制度，等等。这就对教育提出了要求。事实上，历史上任何的民主实践，都与一定形式的教育分不开。民主的政治理想通过适当而有效的教育——民主教育——才能够实现。这正是杜威在《民主主义与教育》一书中所要阐述的基本原理，也是陶行知先生在新中国成立前非常关注的问题。我们下面要对杜威和陶行知的有关论述进行进一步的补充、丰富和发展。

一、民主需要教育

杜威指出，"民主政治热心教育，这是众所周知的事实。根据表面的解释，一个民主的政府，除非选举人和受统治的人都受过教育，否则这种政府就是不能成功的。民主的社会既然否定外部权威的原则，就必须用自愿的倾向和兴趣来替代它；而自愿的倾向和兴趣只有通过教育才能形成。但是，还有一种更为深刻的解释：民主不仅是一种政府的形式，它首先是一种联合生活的方式，是一种共同交流经验的方式。人们参与一种有共同利益的事，每个人必须使自己的行动参照别人的行动，必须考虑别人的行动，使自己的行动有意义和有方向，这样的人在空间上大量地扩大范围，就等于打破阶级、种族和国家之间的屏障，这些屏障过去使人们看不到他们活动的全部意义。"在杜威看来，民主需要教育，不仅是在民主作为一种政体和一种程序的意义上来说的，而且也是在民主作为一种基本的生活方式或态度的意义上来说的。杜威的这段论述，最简明地回答了教育对于民主制度的重要性。但是，民主之所以需要教育，还有另外一些非常重要的原因。

（一）民主的生而无知

一般而言，人们的行动都是建立在有关行动的知识基础上的。同样，要想建设一个民主的社会，人们就必须具有健全的民主观念。然而，人们生来是不具备这种观念的。可以说，人们生来对于民主是一无所知的。因此，要想使人们真正成为民主建设的主体，就必须通过教育的渠道，使他们掌握有关民主的基础知识、态度和技能，树立起民主的信仰，并在丰富多彩的民主实践中形成民主的能力。所以，离开了教育，就不会有民主公民的诞生，也就不会有大规模的民主政治实践。那种以为民主只是一种法律实践的观点是根本错误的。在民主建设中，任何对教育的漠视最终只会导致人们对民主的无知或偏见，并最终导致人们对民主的厌倦或失望。当前西方社会越来越多的人不愿意参加选举或其他民主活动，一个主要的原因就是人们对于民主的知识了解得太少太少，以至于无法凭借这些知识成为一个合格的民主主义者。在我们国家，这个问题更严重。不仅广大的民众关于民主的知识寥寥无几，就是一些受过高等教育的人对于民主这种政治知识的了解也远远少于他们对于专业知识的了解。

（二）民主的多样性

民主作为一种人类社会的政治试验，具有多样性，即在不同的历史时期和不同的社会背景下产生了不同的民主模式。这些模式已经为政治哲学家们充分地注意和阐述，如"直接民主""间接民主""集中程序性民主""古典模式""精英模式""市场模式""参与模式""公平程序性民主""中立模式""平等主义模式""自由民主""人民民主"等。民主多样性的事实，一方面为任何一个国家的民主建设提供了丰富的思想资源和实践经验；另一方面也给特殊社会历史背景下的民主实践提出了挑战：到底采取哪一种民主模式比较符合本国的政治、经济、文化传统以及人民的愿望？这样一来，无论是充分地学习和利用多样化的民主建设经验，还是综合创新寻找适合于本土社会的民主模式，都离不开教育。只有教育，才能超越狭隘的政治视界，将民主的多样性和丰富性展现在人们特别是青少年一代的眼前，引导他们去深入地分析、理解和批判不同的民主模式背后的社会基础，从而为使他们成为成熟的和理智的民主主义者做好准备。

（三）民主的局限性

如上所述，民主作为人类的一项政治制度设计，是有着它的针对性的，因而不是万能的，而是有其自身的局限性。这种局限性主要体现在：第一，民主制度自身设计的局限性。就上面所列举的各种民主类型而言，每一种都有自己的制度优越性，同时也有自己的制度缺陷。例如，就直接民主而言，其优越性体现在"主权在民""不必担心代理人的欺骗""最大限度地调动公众的参与行为"等，其缺陷体现在"面临规模难题""成本高""容易情绪化""容易造成多数人的暴政"等。第二，民主制度实施过程中人的素质局限性。民主制度作为一项社会制度，最终还是由人来实施的。因此，人的素质从根本上决定了民主制度实施的质量。假如代理人在获得民意的授权以后就开始贪污腐化、玩弄权术，那么就会从根本上毁坏民主的精神。假如选民在酝酿投票的过程中由于经济或资讯条件的限制，根本就无从知晓候选人的实际情况，那么他们的投票也就失去了意义。第三，民主制度应用范围的局限性。民主制度无论具有多大的合法性，只能适用于公共领域，而不能适用于私人领域。我们可以通过投票来决定学校的搬迁，但是我们却不能通过投票来指责一个人的睡眠习惯或情感生活。因此，任何一种民主模式，都是有"度"的。要想很好地实践这种民主模式，就必须恰如其分地把握它的"度"，既不能盲目地信仰，也不能失去信心，而应该在对其优缺点做到心中有数的情况下，尽量地发挥其优点，克服其缺点。而要帮助人们深刻地认识民主的种种局限性，不通过教育是根本不可能的。教育可以培养人们对于民主的理性态度。

（四）民主实践的复杂性

民主不是一蹴而就的事情，它涉及许多方面要素的协同作用，会出现各种各样的问题。例如，究竟应该采取哪种民主模式？如何处理民主制度与传统政治制度之间的关系？如何处理民主制度与经济体制以及文化传统之间的复杂关系？如何建立一个公正、公开和透明的投票或选举程序？如何防止直接民主过程中"多数人的暴政"？如何保护少数人的权益，尊重少数人的意见？如何将民主精神贯彻到社会生活的各个方面？如何解决越来越多的人对民主游戏缺乏兴趣的问题？如此等等。纵观人类民主实践的历史，特别是现代民主实践的历史，我们就可以发现，没有哪一个国家的民主实践是一帆风顺的。历年的美国大选也暴露了民主设计中的巨大问题，以至于最后不是诉诸民意而是法官的裁决来产生美国总统。在我国的基层民主选举中，家族政治的倾向不时起干扰作用。在台湾地区的选举中，民主更是蜕化成为党同伐异，夹杂着谩骂、恐吓乃至于绑架。因此，理解民主实践的复杂性，会有助于人们对民主实践形成一种审慎的和有限乐观的态度，不至于将民主看成是经过一场"革命"就可以完成的"伟业"。有了这样的心理准备，民主建设才能得到民众长期的心理支持，不会出现阿克顿所担心出现的由"民主"转向"专制"或"集权"的情况。而要理解这种民主实践的复杂性，仅靠个人有效的民主生活经验是不够的，必须认真学习和研究人类历史民主实践的各种遭遇，深入分析导致民主危机的各种原因。这就必然地诉诸教育来进行，必然地要求教育来配合。而教育作为社会重建的工具，也有责任帮助民众特别是青少年了解民主实践的全部复杂性。

所以，无论实施什么样的民主，都离不开教育的支持。否则，民主就会成为一种单纯的甚至是盲目的政治游戏，而不会成为一种理性的和深刻的社会实践；就会成为一轮新的党派斗争，而不会成为重建整个社会公共领域的事业。

二、民主公民的素质

民主依赖于教育，教育为民主所能做的事情就是培养"民主公民"。而要培养民主公民，首先就要弄清楚究竟具备什么样的素质结构才能有资格成为一个合格的民主公民。这对于民主教育来说是一个至关重要的问题。我们从以下几个方面来分析民主公民的素质构成。

（一）民主意识

在心理学上，"意识"是与"无意识"相对而言的，指大脑对客观世界的反映，是感觉、思维等各种各样心理活动的总和，因而是一个外延比较广的概念。这里的"意识"概念比心理学意义上的"意识"概念要窄，仅指"人们对某种事物最基本的认识以及建立在这种认识基础上的行为倾向性"。相应地，"民主意识"即是指人们对于民主的最基本的认识以及建立在这种认识基础上的行为倾向性。也可以说，民主意识即是指"民主常识"以及建立在这种常识基础上的行为倾向性。

具体来说，这种民主常识及其行为倾向包括以下三方面：第一，平等意识。用卢梭的话说，每一个人既不比别人多什么，也不比别人少什么，他／她与别人享有同样的权力或自由。因此，在政治生活以及其他社会生活中，不存在什么隶属的或服从的关系，每一个人都应该以平等的眼光来看待别人，同时也以平等的眼光来对待自己，既不要颐指气使，也不用自卑自怜。就日常公共政策的制定来说，每一个人都有发言权，每一个人的票都是等值的，每一个人的质询都应该受到同等对待。这种平等意识构成了民主意识的基石。第二，公共意识。民主制度则认为，天下是众人之天下，单位也是众人之单位，公私分明，反对损公肥私。在民主制度下，人们能够认识到公共领域的存在，严守公共领域与私人领域的界限，在公共政策问题上尊重公意，在利害得失上能够维护公共利益。第三，参与意识。既然人人都能够体认到公共利益的存在及公共意识的价值，那么人人就应该参与到公共生活中去。参与意识就是要反对那些公共生活的"看客"或"旁观者"，就是要鼓励人们积极参与到公共问题的讨论和公共政策的制定过程中去，从而使不同层次和范围内的民主实践变得货真价实。在某种意义上，我们可以将参与意识看成是民主意识的核心。联合国教科文组织也将"民主参与"看成是一种需要鼓励和促进的"公民德性"，将促进民主参与看成是一项"教育的使命"。

（二）民主态度

一个人要成为合格的民主公民，除了要有起码的民主意识之外，还应该有基本的民主态度。所谓民主态度，就是指一个人过民主的生活时应该具备的比较稳定的思维与行为习惯。它主要包括理性、宽容和怀疑三种态度。

民主的公民应该具备理性的态度。回顾历史，我们发现，没有任何一个民主的时代不诉诸人们的理性，没有任何一个不民主或假民主的时代不轻视或漠视人们的理性。只有具备了理性的态度，人们才能心平气和地讨论公共问题；只有具备了理性的态度，人们才能从各种各样的公共政策或候选人中选择最好的；只有具备了理性的态度，民主才不至于成为"多数人的暴政"，而成为一项不断改进的社会试验。在任何情况下，非理性的好感、盲从、冷漠、冲动等都是民主实践的大敌，有可能将民主引导到法西斯主义的错误道路。

民主的公民应该具备宽容的态度。既然民主制度鼓励和保护个人的自由，既然民主制度提倡和促进个人的自主性，既然民主制度接纳和创造个性的多样性，那么，民主的公民就应该具有宽容的态度。宽容是民主公民的德性，不宽容才是专制暴君的武器。只有宽容才能使我们接纳不同的意见、个性、价值观念和生活方式，否则，我们就会将多样性视为"混乱"；只有宽容才使我们远离"异端"的责备，否则，我们就不能从多样性的视野和见解中学到更多的东西；只有宽容才能使每个人说出他／她想说出的话，否则就会出现虚假的众口一词。可以说，没有宽容，就没有民主公民的诞生；没有建立在宽容原则上的社会生活制度，就没有任何的民主可言。

民主公民应该具备怀疑的态度。民主是一种社会建制，是人工的而非天然的，因此，民主就像其他任何的社会建制或人工产品一样，会受到人所固有的劣根性的影响，从而失去原本的精神。哈耶克历数了现代民主实践中的四大弊端：第一，民主政府具有无所不包的权力，容易假借民意随心所欲地裁定任何事情；第二，民主政府经常不恰当地使用行政权力；第三，民主政府具有软弱性，常常牺牲公共利益来迎合强势集团的需要；第四，民主政府本身的不民主性，经常忘记它是公意代理人的身份，而沦为少数人专制的工具。因此，我们必须对任何的民主实践持一种审慎怀疑的态度，识别一些不实的宣传，以便能够更真实和更仔细地检查民主实施的情况，不时校正民主之舟的航向，最终将民主引入健康发展的方向。这种怀疑不仅不会使人们丧失对民主的信任，反而会增进人们对民主价值的信任和对人类理性的信心。

（三）民主知识

我们将个体从事民主实践所需要的知识进行如下分类：（1）"民主的知识"，既包括"民主是什么"的知识，也包括"如何实施民主"的知识。这类知识直接与民主相关联，可以帮助一个人形成积极的民主态度、责任和信念。（2）"关于民主的知识"，主要是指一些与深入理解民主制度相关的历史、政治、经济、文化、法律乃至宗教知识。这种知识的价值在于能够提高人们对民主制度的认同度。（3）"为了民主的知识"，指在某些特殊情景下对某些特殊事务进行决策所必需的特定知识。这种知识可以被看成是"专业知识"或"有关决策对象的知识"。一个理想的民主社会的公民应该同时掌握这种知识结构。设想一下，如果一个国家有大多数或相当一部分人都不知道或不能确切知道民主为何物，又怎么可能实现充分的民主呢？如果一个人根本不了解专制对于个人和社会、国家的害处，他／她又如何能与专制告别呢？如果一个人根本就不具备进行民主选举或决策所需的专业知识，他／她又怎么能够成为一个积极的民主参与者呢？

（四）民主能力

对于一个民主公民来说，没有什么比民主能力更重要的了。民主意识、态度及知识，最终都要转化为民主能力或通过民主能力体现出来。而民主能力不是别的，就是指一个人有效地从事民主实践的能力。一个人从事民主实践的能力大致包括：表达能力、沟通能力、协商能力、辩护能力四个方面。

一个民主的公民需要表达能力。原因在于，民主公民需要经常地表达自己的意见，陈述自己对某一项公共政策的评价，并就自己的观点进行辩护，当然需要一定的表达能力。它具体包括：正确使用语言的能力、选择合适的表达方式的能力和言简意赅的能力等。它们分别涉及语言表达的正确性、合适性与简捷性。这些是对一个合格民主公民的基本表达能力的要求。在达到这些要求之后，还应考虑语言表达的流畅性、优美性及深刻性。这些是想竞争领导职务的公民必须具备的。之所以提出这些语言表达上的要求，是为了使处于不同社会地位的人们都能准确和流畅表达自己的意见，为形成公意或共识提供良好条件。

一个民主的公民需要沟通的能力。原因在于，民主制度鼓励每个人自由地表达自己的意见，因此，自然地就会出现意见的分歧。尽管民主社会能够容忍这些不同的意见，但是，如果在公共政策制定过程中不能够超越分歧达成共识的话，那么最后就什么决议也形不成。为了达成共识，不同民主公民之间的沟通就极其重要。通过沟通，每一个人表明自己的立场，理解别人的立场，寻找共同的立场，从而达到求同存异的目的。为了能够更好和更有效地沟通，一个民主的公民还应该具有"倾听的能力"（准确地把握别人想要表达意见的能力）、"理解的能力"（弄清楚别人意见产生背景、立场或所想达到的目的的能力）、"克制的能力"（能够冷静地对待别人不同意见的能力）、"交换意见的能力"（能够选择合适的时机以合适的方式与别人互通有无的能力）、"视界融合的能力"（明晰并超越各自认识视角以达成共识的能力）等。

一个民主的公民需要协商能力。这是因为，民主从某种意义上说，就是一种协商的政治艺术。正如达尔（R. A. Dahl）所说，"民主的基础是妥协"。没有协商或妥协，就没有任何共识和公共利益，也就没有任何的民主可言。因此，每一个民主的公民都应该学会妥协，具体包括：理解妥协在民主生活中的价值；对自己的观点不那么固执己见；对别人的观点有一种开放的态度；能够有效地和不同意见的人达成一致；需要的话，能够调整自己期望通过民主过程所获得的利益；能够在协商的过程中创造一种和谐的和积极的氛围；能够并愿意和不同意见的人或集团建立起长期的和建设性的对话关系。

一个民主的公民需要辩护的能力。这是因为在民主社会中，任何一个人都不能自己说了算，都不能依赖于自己的身份、地位、财产或性别来增加自己意见的真理性和可接受性。一个民主的公民要想说服别人接受自己的意见或方案，就必须学会为自己辩护：讲究逻辑；寻找证据；揭示对方观点中的逻辑漏洞；质疑对方观点的事实证据；善于利用有利的证据；引导听众区分什么是至关重要的，什么是无关紧要的；讲究辩论时的风度；选择合适的词汇；诉诸历史上已经形成的基本价值准则；对典型案例或民众关心的案例的透彻分析，如此等等。正是由于民主公民或民主实践需要较高的辩论能力，因此在古代民主比较完备的雅典和罗马共和时期，人们都注重逻辑、修辞和辩证法的训练，甚至重视演说术的训练。

（五）民主信念

信念是指人们对某种学说所持有的强烈的信心、信赖或信仰。民主信念即指民主公民对于民主制度的一种深信不疑的思想或精神状态。与任何其他的信念一样，民主信念也是由认知和情感两部分合成的，并通过实践而加以升华。民主信念是从事民主实践强大的精神动力和不竭的心理资源。

一个民主的公民为什么需要民主的信念？这是因为，民主作为人类的一项制度试验，与其他任何的制度试验一样，在试验的过程中总会由于主观和客观的原因而出现各种各样的挫折乃至失败，如法国大革命之后封建王朝的复辟、20世纪初德国法西斯势力的上台以及当前西方大量公民不愿意参加选举等。当出现这些现象时，人们就会问：是民主制度本身不行了，还是人们民主制度设计过程中的缺陷导致的？是不断地改进民主制度的设计以继续沿着民主的方向前进，还是干脆放弃民主的理想转回到专制时代呢？每当处于这种两难境地，悲观失望都是无济于事的，民主的公民应该坚定对于民主理想的信念。只有这样，我们才能经受考验，顶住压力，排除干扰，深刻地反思挫折和失败的原因，修正原初的方案，开展新一轮的民主试验。之所以如此，并不是因为对于民主的迷信，而是因为人们已经从逻辑上论证了民主制度的合理性，而且人类自古以来的民主实践也提供了局部经验的证据。今人所需要做的只是不断地完善民主理论，根据各国各地区的实际情况创造性地开展民主实践。我们应该深信：无论我们选择什么样的民主模式，民主实践过程中出现的问题都不在民主本身，而在我们这些实践民主的人。就像哈耶克所说的那样，"我们今天所知道的民主或多或少都是无限制的民主。非常重要的是，人们应该记住，这种无限制的民主最终会被证明为是失败的。这并不意味着民主制度本身有什么问题，只是意味着我们错误地实践了民主。"

三、民主教育的概念、性质与目的

分析了民主公民所具有的素质结构，我们应该对民主教育的概念、目的与性质有一个系统的认识，以便进一步澄清民主教育在传播民主理想、培养民主公民及促进社会公共生活民主化过程中所起的作用，同时有助于更好地开展民主教育的实践。

（一）民主教育的概念

关于民主教育的概念，杜威并没有给出一个明确的定义。他只是说，"倘有一个社会，它的全体成员都能以同等条件，共同享受社会的利益，并通过各种形式联合生活的相互影响，使各种社会制度得到灵活机动的重新调整，在这个范围内，这个社会就是民主主义的社会。这个社会必须有一种教育，使每个人都有对于社会关系和社会控制的个人兴趣，都有能促进社会变化而不至于引起社会混乱的心理习惯"。从这段话中，我们可以看出，杜威所理解的民主教育，就是能够培养民主生活兴趣和习惯的教育，实际上就是能够造就适合于民主社会的公民的教育。

与杜威相比，陶行知先生倒有一个比较明确的定义："民主的教育是民有、民治、民享的教育。'民有'的意义，是教育属于老百姓自己的。'民治'的意义，是教育由老百姓自己办的。……'民享'的意义，是教育为老百姓的需要而办的，并非如统治者为了使老百姓能看布告，便于管理，就使老百姓认识几个字。"他还说，"民主教育是教人做主人，做自己的主人，做国家的主人，做世界的主人。……说得通俗些，民主教育是人民的教育，人民办的教育，为人民自己的幸福而办的教育。"显而易见，陶行知所理解的民主教育与杜威所理解的民主教育有很大的不同。陶行知对民主教育的理解，已经突破了某种民主生活"素质"培养的层面，达到了教育主权的归属、教育管理的主体以及教育根本目的的层面。如果用一句话来概括陶行知先生对于民主教育的理解，那么就是"人民的教育"，而不是"少数人的教育"。

杜威和陶行知对于民主教育的理解与他们各自对民主的理解分不开，是后者在教育问题上的应用。如上所述，杜威不仅将民主理解为一种"政府的形式"，而且将其理解为一种"经验交流"和"联合生活"的方式。这样，民主教育自然离不开对经验交流和联合生活兴趣与习惯的培养，因为没有这种兴趣的培养和习惯的养成，经验交流及联合生活都是不可能的。陶行知在 1945 年那个特殊的历史时期，对于民主的理解局限于"打倒独裁，争取民权"，对于民主教育的理解也自然突出其"人民性"——"民有""民治""民享"。可见，两人对于民主教育的理解都有他们的合理之处，就是在今天，也不失积极的意义，值得认真领会和发扬。

但是，从今天人们所持的民主观及民主实践的要求来看，杜威和陶行知有关民主教育的理解也有一些不足或不能适应之处。总的来说，杜威关于民主教育的理解显得过于狭隘，陶行知关于民主教育的理解又显得过于宽泛。从目的上说，民主教育显然是要培养人们对于公共生活的兴趣和习惯，但又不能止于这种兴趣和习惯的培养；民主教育自然是"人民的教育"，不是少数统治阶级的教育，但是又不等同于"人民的教育"，因为"人民的教育"是一个外延极其宽泛的概念，可以包括人民所受到的任何教育，如生计教育、职业教育、科学教育、道德教育、艺术教育等。我们认为，尽管生计教育、科学教育、道德教育、艺术教育与民主教育有着种种的联系，但是把它们称为民主教育，显然在逻辑上是说不通的。

根据上面的分析，我们提出一个"民主教育"的新概念：民主教育是这样一种政治教育，它向人们特别是青少年一代传播民主理想，培养他们健全的民主意识和态度，帮助他们掌握合理的民主知识结构，引导他们在民主实践中形成一定的民主生活能力，并树立某种程度的民主信念，以最终促使他们成为合格的民主公民。

（二）民主教育的性质

从这个民主教育的新概念中，我们可以看出民主教育的性质。把握这些性质，是正确有效地实施民主教育的关键，也是弄清民主教育与其他各种教育之间关系的关键。

首先，民主教育是一种"政治教育"，既不是教育的全部，也不同于科学教育、人文教育或道德教育。政治教育的最终目的不是要向人们传递某种事实性知识、陶冶他们的人文精神或提升他们的个人德性，而是要促使他们的"政治社会化"，以使他们成为具有基本政治意识、态度和行为能力的人，能够自主地参加各种各样的政治活动。具体到民主教育而言，就是要帮助人们特别是青少年一代认识、了解民主制度，学习过民主的生活，形成初步的民主意识、态度与信念，为将来成为合格的民主公民打下良好的基础。简而言之，民主教育是民主时代的政治教育。

其次，民主教育是"大众教育"，是面向大众的，而不是仅面向少数社会精英或政治精英的精英教育。这与民主制度的性质有关。如上所述，民主最基本的含义就是"人民的统治"或"主权"，因此民主政治就不是一个人或少数人的政治，而是"全民政治"，民主政府也就不是一个人或少数人的政府，而是"全民政府"。所以，学习民主政治，就不是一个人或少数人的事情，而是全体人民的事情，民主教育就不是面向一个人或少数人的，而是面向所有人的。举凡民主国家的国民，不分种族、阶级、阶层、性别、年龄，都应该来学习民主，接受民主教育，以期成为民主的公民、民主的建设者和民主的保卫者。从这个意义上说，民主教育确实是陶行知所说的"民有、民治、民享的教育"，是一种人民大众基本政治素质的教育，是每一个人都应该享有的政治教育。

再次，从教育的时空上说，民主教育也是"终身教育"和"大教育"，而不仅仅只局限于"基础教育"和"学校教育"。民主教育贯穿于基础教育阶段是不言而喻的。无论是民主的意识、态度，还是民主的能力与信念，都应该从小培养。杜威所强调的对于公共社会的兴趣和习惯，更应该从小培养。但是，民主教育不能仅止于 18 岁，还应该贯穿人的一生。这一方面是因为民主的理念在不断地变化，成年人要想成为一名合格的民主公民，就必须不断地学习；另一方面是因为民主实践中存在各种各样的问题，成年人有必要通过继续教育来反思这些问题，更新自己的知识结构，寻找更好的制度设计方案。因此，一个国家的教育系统，必须向各个年龄阶段和各种社会身份与职业的人提供学习民主的机会。这种必要性已经为联合国教科书组织的《成人教育的汉堡宣言和未来议程》（1997）所确认。而要做到这一点并取得成效，仅靠学校教育——从幼儿园到大学——是远远不够的，还必须动员整个社会包括家庭的教育力量，必须创造性地利用大众媒体和计算机网络，善于利用一些典型的和有教育意义的社会事件特别是政治事件，如公开的选举、人民监督权的实施、联合国大会的经常性辩论等。

最后，民主教育与公民教育也不完全是一回事。从逻辑关系上说，民主教育属于公民教育的一部分，但不是公民教育的全部。因为公民教育除了要对公民进行政治教育以外，还要对他们进行公德教育、法制教育、科学教育等，以便使教育对象能够成为一个合格的公民。就公民教育中的政治教育而言，也未必是民主教育。这与实施公民教育国家的政治制度有密切关系。如果实施的是民主制度，那么它的公民政治教育就是或应该是民主教育；如果实施的是其他的政治制度，那么其公民教育中的政治教育也就未必是民主教育。就当前这个民主化的时代来说，民主教育应该是公民政治教育的核心。

（三）民主教育的目的

民主教育的目的就是指民主教育所要培养的人的总体规格与素质结构。抽象地说，民主教育就是要培养民主的公民，他们应该具有起码的民主意识、态度、知识、能力和信念；具体地说，我国民主教育的目的就是要培养社会主义民主的公民，他们应该具有社会主义民主的意识、态度、知识、能力和信念，从而使他们更好地成为社会主义事业的建设者和接班人。因为这里的"建设者"，不仅是指经济领域的建设者，而且还指政治和文化领域的建设者。单就政治领域的建设者而言，自然是能够建设社会主义民主政治的人。这里的"接班人"，不是指哪个人或哪些人的接班人，而是指整个社会主义事业的接班人，自然也就包括了社会主义民主的接班人。所以，实施民主教育，培养社会主义的公民，与整个国家的教育目的不仅是不矛盾的，而且是一致的，甚至可以说，是整个国家教育目的的一个重要组成部分。

第二节　教育的民主化

民主教育对于现代公民的培养来说无疑是重要的，然而如何实施民主教育却是一个颇值得研究并需要深入研究的问题。陶行知先生在《实施民主教育的纲要》（1945）一文中，从教育的对象或目的、教育的方法、教师素质、教材编写、课堂管理、学校制度、教育行政、民众教育以及教育所使用的文字九个方面就如何实施民主教育提出了系统见解。他的这些论述有一个总的目的，就是使整个教育特别是学校教育民主化。在他看来，只有教育的民主化，才是实施民主教育的最佳途径。对于他的这个观点，我们深表赞同。因为，要使青少年一代成为民主的公民，重要的不仅是通过民主教育帮助他们获得正确的民主观念，而且要在整个学校教育中指导他们过民主的生活。根据陶行知先生生活教育的思想，过民主的生活，就是受民主的教育；过专制的生活，就是受专制的教育。民主公民的许多素质，如民主的意识、态度、信念等，都必须在民主的生活中培养起来，而不可能像传递科学知识那样加以传递。而要使学生学会过民主的生活，就必须按照民主的要求来改造整个学校，使学校教育的各个方面充分地民主化。

一、什么是教育民主化

"教育民主化"这一概念出现于 20 世纪 60 年代。自那以后，这个概念就广泛地出现于联合国教科文组织以及世界各国教育政策性文件中，也出现在学者们论述教育问题的著述中，还为广泛的社会舆论所使用。正如联合国教科文组织第 35 届国际教育会议总报告中指出的那样，"教育民主化是全世界所有国家和所有与教育有关的人最关心的问题。这是一个无数关于教育的言论和出版物中可以反复见到的主题。……在教育领域中很难找到一个不包含这样或那样'民主化'方面的问题"。当前，教育民主化已经是整个社会民主化的一个重要组成部分，是现代教育的一个主要特征，也是 21 世纪全球教育变革的一种重要趋势。

教育民主化尽管要求教育机会均等，但是不等于教育机会均等。教育机会均等只是在量上满足了教育民主化的要求，未必在本质上或最终目的上能够满足教育民主化的要求。如果一个国家的学校教育系统从全体居民中录取学生并且保证他们在社会上有平等的上升机会，但是它是建立在不容异端学说、崇拜权力、民族沙文主义或帝国沙文主义基础上的，是建立在只承认自己是人而不承认别人是人的狭隘态度的基础上，那么这个国家的教育就不是民主的教育，孩子们在这样的学校里不可能受到真正民主的教育，这样的教育机会均等也就不能满足教育民主化的要求。因此，教育机会均等只是教育民主化的必要条件，而不是教育民主化的充分条件。

教育民主化也不完全等同于民主教育。从目的上说，教育民主化与民主教育是同样的，都是为了培养民主社会的公民。但是，从实施的内容或范围上而言，教育民主化比民主教育要广泛得多，涉及教育活动的各个方面。如前所述，民主教育只是整个教育的一个组成部分（政治教育），是对学生进行民主素质的教育；而教育民主化却涉及了政治教育以外的其他所有教育内容，涉及了学校的日常生活和管理，甚至涉及了教师的教育观念和学生的学习观念。因此，如果说民主教育是一种直接地培养民主公民的活动的话，那么意在创造"民主的教育"或"民主的学校"的教育民主化，就是一种比较间接地培养民主公民的活动，两者一起构成了完整的民主教育。从某种意义上，我们也可以将教育民主化看成是实施民主教育的一种重要途径，一种通过民主实践而对学生进行民主教育的途径。毕竟，在一个本身不民主甚至反民主的学校是不可能实施任何民主教育的。

二、教育民主化的四项原则

（一）平等原则

教育民主化的平等原则是指，在教育资源的配置、利用及教育关系的建构方面，所有的人，不论其肤色、种族、性别、财富、地位、智力等，都应享有同样的机会、权力，或受到同样的对待，反对任何形式的特权、歧视或排斥。从教育资源的配置和利用方面说，平等原则就是要致力于实现"教育机会均等"和"教育条件的均等"；从教育关系的建构方面说，平等原则就意味着"每一个学生受到同样的教育关怀""学业成就机会的均等"以及"师生关系的平等"。可见，教育民主化所要求的平等原则，不仅有着硬性的"量"的要求，如是否具有同等入学机会问题，而且更有着"质"的要求，如是否受到同等教育关怀问题。

教育民主化遵循的平等原则，应是一种"相对的平等"，而不是一种"绝对的平等"。绝对的平等就是人们常说的"平均主义"，要求在任何教育资源的配置和利用上，每一个人都得到同样的份额，既不能多也不能少。将平等原则看成是相对的平等，而不是绝对的平等，就意味着教育平等是一种历史的过程，一个总的方向，一个不断调整的目标，而不是某种一蹴而就的任务，某种有待实现的终极目标，或某种普遍的标准。不同的历史时期和社会制度中，教育平等原则所要解决的问题和所要达成的目标，都是不同的。教育平等的理想，也应该根植于教育的历史性实践之中。

教育民主化的平等原则，还应该有个补充性的原则——"补偿原则"。补偿原则的提出是针对那些处境不利儿童或人群的。如前所述，由于自然的或社会的原因，人们总是处于不平等的社会关系之中。教育民主化作为一种过程，重要的不是要给予不平等的人以同样的资源，否则，就会加剧不平等的现象，而不能减轻这种现象，甚至会使不平等的现象永恒化。这就好比个人所得税，对于穷人的个人所得税与富人的个人所得税不能按照一个标准来收取，否则的话，就会加大贫富的悬殊，并最终威胁到社会的稳定和每个人的利益。正确的做法是，对于那些处境不利的人群或儿童——低收入者、女性、少数民族、特殊需要儿童、老人等，应该给予特别的教育补偿、关怀或关注。但是，这种补偿的目的，不能损害总体的教育公正，不能培养社会的寄生虫，否则，也会从根本上偏离或危及平等原则。

（二）参与原则

教育民主化的参与原则是指，在教育实践的各个环节——决策、咨询、制定目标、课程改革、教学组织、发展评价、学校管理等方面，最大限度地调动各个社会机构、组织、家庭以及个人的积极性，使更多的人成为教育改革、发展和评价的主体，改变传统教育教学和管理权力过于集中的现象，使教育事业真正成为一种由绝大多数人所参与的公共事业。正如联合国教科文组织所说的那样，"教育民主化不仅要把更多的教育给予更多的人，也要有更多的人参加教育管理，传统教育已不能适应大量增加学生人数的需要，教育必须重新建立。但是，谁来重建这种学校呢？不是教育的管理人员和官员，而是人民，全体人民。……这就是说，我们必须把各阶层的人民组织起来，或者说发动起来，进行关于教育与教学的讨论。让教育的民主化从真正的民主行动开始，让尽可能多的人民帮助重建教育"。

参与原则的提出，主要是根据下列系列假定：教育是与每一个人的利益密切相关的；每一个人在教育诸问题上都有自己独特的看法或利益诉求；尽可能多地表达和尽可能丰富地交流这些看法或利益诉求，有助于形成教育共识；尽可能一致的教育共识有助于形成更加稳定和更加可行的教育政策，从而满足绝大多数人的教育利益诉求，更好地体现教育平等的精神。参与原则的提出，还是基于对教育规律总体无知的假设。不难理解，教育是人类社会中最复杂的一种现象，要寻找到这种现象的规律，单靠个人的力量几乎是不可能的。即使是历史上那些伟大的教育学家的教育论述，对于错综复杂的教育现象的解释总留下许多令人遗憾的地方。因此，要想更好地理解教育现象，获得更加确实的教育知识，就不能够闭门造车，而应该有一种杜威所谓的"自由的经验交流"。而最好的经验交流方式就是参与到共同的活动中去，在活动中表达个人的价值观念、学术观点和生活感受。更多地参与，可以降低决策的认识论风险。参与原则的提出，其目的也是为了限制过于集中的教育权力，防止有人从中谋利，防止教育权力的腐败、腐化或异化；同时也是为了培育一种对待教育的共同责任感，使教育事业的发展有更为广泛的心理和道德基础。

（三）自主原则

教育民主化的自主原则是指，在教育实践活动过程中，要充分地尊重教育或学校的相对独立性，充分地尊重校长、教师和学生在教育教学及管理活动中的主体地位，以便使教育或学校免于对社会政治和市场的过度依赖，使教师免于对政府或学校教育管理人员的过度依赖，使学生摆脱对于教师及学校其他管理人员的过度依赖，并通过充分发挥学校、校长、教师和学生的自主性，重构教育的外部与内部关系，使之更加符合民主的要求。

自主原则的实施，有两个重要的基础：一是"自由"，二是"理性"，两者是缺一不可的。没有对法律框架内"学校自由"和"个人基本自由"的确认和保护，就没有任何的自主性可言。而没有"理性"的质疑、辩护、反思和实践，自主性也很可能蜕化为"学校中心主义"与"个人中心主义"。它们或将学校看成是一种纯粹的利益集团,或将自己的利益看成是唯一应该得到保护和满足的。其结果是,将学校从整个社会生活中孤立出来,将个人从整个社会关系中孤立出来。这与民主的理想是背道而驰的。尽管民主反对专制或独裁,反对纵向的总体性支配权力,但是,它却并不主张将社会弄得四分五裂,而是主张在充分肯定个人或集团利益合理性的同时,最大限度地保护、扩充和增加公共利益。而"学校中心主义"和"个人中心主义"是公共利益的最大威胁。因此,无论是学校还是个人,其自主性都必须建立在理性的基础上,而不是建立在欲望或感情的基础上。自主性意味着信任和责任,不意味着唯我独尊或为所欲为。

(四)宽容原则

教育民主化的宽容原则是指,在教育实践活动中,多样的观点、制度和行为方式,如果没有威胁到多样性本身的话,就应该得到允许、尊重、鼓励和保护。宽容原则是对于自主原则的进一步说明或支持。也正如联合国教科文组织所申明的那样:"宽容教育和尊重他人的教育作为民主的必要条件,应该被视为一项综合性的持久的事业。价值观特别是宽容思想不能作为狭义的教学内容加以对待;如果想把事先确定的、不易被人接受的价值观强加于人,那么这种想法最终会使它们遭到否定,因为只有被个人自由选择的价值观才有意义。因此,学校至多能为一些日常的宽容实践提供方便,具体办法是帮助学生考虑他人的观点,以及诸如鼓励就一些道德难题或需要做出伦理选择的情况展开讨论等。"

但是,作为一种教育民主化的原则,宽容不仅仅是一项教育的美德,也是一系列的教育实践。第一,建立相应的教育教学和管理制度,使得发表不同声音的人不至于受到打击、歧视或责备;第二,利用各种各样公开教学或集会的机会,促进不同意见之间的充分交流和对话,从而达成最大可能的理解;第三,创造条件,超越多样性,将单纯的宽容引向共同的合作,从而帮助每一个人既看到自己观点的价值,又看到别人观点的意义,更看到共同合作的力量。只有进行了这一系列的宽容实践,民主社会的多样性才不会像一些保守主义者所诅咒的那样演变为分裂的力量,而成为联合的力量、团结的力量和重塑自我以及自我与社会公共领域关系的力量。

第六章 公正与教育

第一节 公正与教育概述

亚里士多德认为，公正是一种完全的德性，是政治上最大的善，它比星辰更加令人惊奇。罗尔斯也认为，公正是一项好的社会制度的首要价值，不公正的社会制度是无论如何也不该忍受的。建立一个更加公正的社会，是历史上一代又一代仁人志士的不懈努力和永恒追求。在实现这一历史使命的过程中，教育是一种积极的力量。它不仅可以传播公正的观念，对青少年一代进行公正教育，而且还可以引导他们去观察和分析现实社会生活中种种不公正的现象与问题，激励他们成为公正秩序的建设者和公正文化的积极倡导者。然而，审视20世纪教育发展的历史可以发现，20世纪的教育总体上没有能够很好地发挥这种积极的建设性作用。在种种外在功利性需求的诱导下，教育忽视了对青少年一代进行公正教育的职责，同时，教育本身也存在着严重的公正或公平问题。不公正的教育最终损害了人们从生活中自发获得的公正观念，助长了广泛社会生活领域中的不公正性，破坏了社会理解与社会团结，与不公正的社会一起成为人们不断抱怨的对象。当下和未来的教育必须深刻地反省自身的不公正性，勇敢地承担起以公正为核心的价值教育的使命。

一、什么是公正

日常生活中，"公正"与"自由""民主"等价值范畴一样，是一个高频词。人们在许多不同的情境下使用"公正"一词或是它的近义词，如"公平""公道""正义"等。有的时候，人们是在一种法律语境中使用这个词，把它理解为"符合法律的审判"，如人们对公正审判某个犯人的吁求。有的时候，人们在一种道德语境中使用这个词，充满了心理上的同情，如巴金在追忆老舍先生时说道："……尤其是老舍，他那极不公道的待遇，他那极其悲惨的结局，我一个晚上都梦见他，他不停地说：'告诉朋友们，我没有问题。'"有的时候，我们又把它理解为一种做人的品格，如说某某人比较"公正"，意味着他／她做任何事情都能尽力恪守公正的价值准则，不偏袒，不谋私。在教育生活中，师生经常用它来指称一种对人对事的态度，如"你这样评价我是不公平的，我不是有意捣乱的（学生）"等。

从这些日常生活中的用法可以看出，人们对"公正"概念的理解包括：第一，"公正"概念总是作为一个价值范畴被使用，用来说明或评价某种行为态度、方式、结果是否是"令人满意的""好的"或"可接受的"。第二，这种行为态度、方式、结果是直接关涉他人利益的，而不是直接关涉自我利益的。如果一个人说，"我对自己要公平一点"，除非他／她继续说明这句话的意思，否则别人就不会知道它的确切意思。反之，"我应该公平地对待汤姆及他所在的班级"，就明确得多，在特定的语境中无须过多解释。第三，"公正"是一种特殊的关涉他人的态度、方式及其结果，与另一些关涉他人的态度、方式及其结果相区分。这种特殊性既可能体现在遵守法律方面，也可能体现在符合道德原则方面，还可能体现在能够得到他人及其所在群体认同的其他原则体系方面。从这方面说，公正就是一些特殊的原则体系。公正的态度就是按照这些原则体系行事的态度，公正的审判就是符合这些原则体系的审判，公正的评价就是实现了这些原则性要求的评价，公正的人格就是经常践行这些原则体系所塑造的人格，等等。

亚里士多德指出："有些人认为，不需要智慧也能知道什么是公正，什么是不公正，因此对法律所颁布的事情并不难适应。但这种公正并不是公正自身，而是凭着机遇。而对怎样行事，怎样分配才是公正，这一工作比知道怎样恢复健康更难。"因此，在亚里士多德看来，公正不能是偶然凭机遇做出的行为，而必须是有意识活动或自主选择的产物。这一观点是正确的。凭机遇公正地行事对于个体来说也许已经足够了。但是对于一个社会来说，就太过于简单。单就利益或负担的社会分配来说，如何分配才是公正的？如何考虑各种不同标准的综合应用？如何协调不同主体所持的不同公正观念？如何为决策者所持的公正观念进行辩护？要解决这些问题，光凭偶然机遇是不行的。所以，整个社会如果没有对于公正的深刻理解与全面把握，要想提高整个社会的公正程度，恐怕也比较困难。在这方面，教育应该有所作为，教育能够有所作为，教育也必须有所作为。

二、公正需要教育

（一）公正作为一种政治价值观需要教育

公正作为一种政治价值观，与许多其他的政治价值观一样，需要教育来加以传播，以便在人们特别是青少年一代心中培养出对于公正价值的坚定信念。

不仅公正价值观的普及需要教育，而且公正价值观的辩护和实践也需要教育。作为一种政治价值观，公正能不能被人们广泛地信奉和实践，关键是能否克服重重困难和干扰，在面临与公正相关的价值冲突时选择公正、追求公正。从历史和现实生活中看，公正的威胁因素和干扰因素还是很多的，主要有：特权思想，不正当的利益诉求，人情世故，帮派主义等。

（二）公正作为一种个人德性需要教育

作为一种个人德性，公正与否取决于个体的认同。一个人只有先从内心里认同公正价值在各种价值谱系中的优先性，然后才有可能成为公正的人。霍布斯也认为，正义"显然不是源于自然，而是源于人们的认同（因为人类已经瓜分了自然安排人人共享的东西）"。人们对公正的认同大致源于以下三个方面因素的综合作用：自身所遭遇的不公正伤害，实际生活中的榜样作用，学校教育。自身所遭遇的不公正伤害从消极方面强化了个人公正行事或待人的动机，正如孔子所说，"己所不欲，勿施于人"。

一个人要形成公正的德性，仅仅认同公正的价值还是不够的，还必须在各种现实性的活动中实践公正价值。教育恰恰可以提供这种现实活动的机会，提供青少年学生从小到大逐步练习行事公正或待人公正的机会。如果他们在学校里面偶尔违反了公正的原则，应该得到及时检讨、反思和改正。正如学校是青少年学生练习行使自由、民主权利的地方一样，学校也是他们练习如何行事或待人公正的地方。

（三）公正作为一种主观价值评价需要教育

如何引导不同社会群体克服公正性评价中的分歧，寻求形式上的与实质上的共识，就成为化解社会公正危机的关键问题。要做到这一点，首先，必须通过教育引导人们理性地对待公正性评价中存在的分歧，避免一些极端的、情绪化的行为；其次，必须通过教育引导人们认识到公正观念的多样性，避免将自己所信奉的公正观念粗暴地强加于人，营造一种尊重多样性、促进对话和理解的心理氛围；再次，必须在理性和良知的双重领导下，就某种体制、制度、政策或行为的公正性进行公开的、民主的讨论，鼓励相关各方充分地发表自己的意见，寻求最大限度的理解、共识与宽容，从而将公正性分歧引导到对话而非对抗的轨道。其概而言之，公正不是源于自然，而是源于认同；公正的社会不是自然形成的，而是源于人们对于公正的持久追求和对于不公正的不懈斗争。在建设更加公正的社会过程中，教育是一支积极的建设性力量。没有教育的支持，没有公正的教育和教育的公正，就没有社会公正程度的提高和普遍的公正文化的形成。教育者应该深切地体察自己在建设公平正义的社会中所肩负的责任与使命，并自觉地在具体的教育实践活动中履行这种责任和使命。

三、公正教育：培养有正义感的人

（一）公正教育是公民教育的重要内容

人是社会关系的产物。人从一个自然人、纯粹的个体人到一个社会人是一种新生。这种新生的标识就是他／她经由一定的准备和仪式，获得"公民"的身份。所以，像卢梭那样把人作为一个人和作为一个公民对立起来是错误的。在一般情况下，一个人必然地要成为公民；公民的诞生并不意味着"人"的消失，反而意味着"人"的提升——人获得了自己新的规定性、自己丰富的"社会性"。而公民的诞生不再是一个生物学意义上的孕育和分娩过程，而是一个社会学意义上的教育过程。没有教育——从非制度化的教育到制度化的教育——人就不能完成自己的第二次诞生。

现代公民教育的目的就是培养现代公民。从素质上来说，一个人要想成为合格的现代公民，他／她必须具备一些与现代社会生产、生活和交往需要相一致的素质。这些素质不是纯粹私人生活的反映，也不是类生活的要求，而是进入现代公共领域、从事现代公共事业所必需的。因此，现代公民教育必须关注未来公民公正品质的培养，必须将公正教育作为自己一个重要的组成部分。然而，尽管大大小小的政治家们都宣称要为建立公正的社会秩序和国际关系而努力，反观国际和国内的公民教育或思想政治教育、法制教育与其他类似的公民教育活动，人们似乎并没有在公民教育中给予公正教育以非常明确的地位。1996年，由博思大学所发起并得到联合国教科文组织支持的"生活价值教育计划"（Living Values：an Educational Programme，简称 LVEP），其目的是使学生参与思考价值及其现实意义，帮助他们理解和贯彻积极的价值。这项计划致力于帮助儿童、青少年和成人探索并发展的 12 项"核心价值"分别是：和平、尊重、爱心、包容、快乐、责任、合作、谦虚、诚实、简朴、自由和团结。非常值得注意的是，虽然"公正"与这 12 项核心价值之间都存在着密不可分的关系，这个被认为是人类生活基本价值的序列中竟然没有"公正"。

（二）公正教育与教育公正

作为现代公民教育的一个重要方面，"公正教育"与"教育公正"是有很大不同的，这种不同类似于民主教育与教育民主的区别。公正教育是一种价值观教育，旨在帮助青少年学生理解"公正"这一价值范畴并初步形成相应的个人德性。而教育公正并不直接地涉及青少年学生某方面素质的培养，它关注的是在教育实践领域中如何贯彻应用"公正"这一价值原则，从而使得教育机会、资源、条件、利益等分配能够符合某些"应得"原则并在不同的群体之间实现某种"相称"关系。在此意义上，公正教育是一种真正的教育实践，如同民主教育、科学教育、艺术教育等，而教育公正则只是对教育实践的某种政策安排、调整或评论，如同教育民主、教育国际化、教育本土化等。从"公正"概念的含义上看，"公正教育"概念中使用的"公正"概念涵盖了"公正"的三种含义，既可以是"作为一种政治价值或社会价值的公正"，也可以是"作为一种个人德性的公正"，还可以是"作为一种社会价值评价的公正"。而"教育公正"中的"公正"一词则侧重于使用"公正"概念的第一义——作为一种政治价值或社会价值的公正或第三义——作为一种社会价值评价的公正，不大可能涉及第二义——作为个人德性的公正。基于上面的分析，加强公正教育和促进教育公正之间并不必然地存在着联系。一个重视公正教育的学校体系，并不必然在教育的许多事务上是公正的；反过来，一个追求更大程度教育公正的学校体系，也不一定非常重视公正教育。

（三）公正教育的根本目的是培养有正义感的人

作为现代公民教育的一个重要组成部分，公正教育的目的可以表述为以下几个方面：第一，传播人类历史生活中形成的公正文化，理解人类公正文化的多样性和相似性，理解种种公正文化与历史生活多样性之间的内在关系；第二，宣传一定社会所奉行的主流公正观念或基本共识，分析这些公正观念与社会基本制度之间的内在关系，理解公正范畴的现实性；第三，引导青少年学生理性地对待现实社会生活中的不公正问题，帮助他们理解造成不公正现象的复杂原因，从而形成面对不公正问题时的正确态度；第四，培植青少年学生的公正信念，以便使得他们懂得，无论如何，公正才是正确的价值方向与行事原则，不公正的秩序、制度或做法迟早要被改变；第五，通过许多真实生活中案例的巧妙应用，唤醒学生对于遭受不公正伤害的人的同情和关爱能力；第六，也是最终的目的，是把成千上万的未来公民培养成为有正义感的人，提高整个社会的公正素养，促进社会公共生活领域公正水平的提高，创造更加稳定、和谐与健康的社会。

有正义感的人在这个时代是稀少的，因而也是急需的。当前，我国社会正处于剧烈的转型时期，社会阶层分化已经成为不争的事实。在这个阶层分化的过程中，人们的意识也在发生深刻的变化，新民主主义革命和社会主义革命以来艰难建立的各阶层平等意识逐渐被打破，代之而起的是新的社会成层和社会差别。这种差别通过人们的教育、医疗、住房、交通、语言、服饰、休闲方式等体现出来。拥有较多社会财富的人逐渐地获得了话语权，在一定程度上左右着公共政策、舆论，与待遇渐好的知识分子一起构成了社会的中上层。他们所要求的似乎不是公正或平等，而是自由与选择。大部分精英知识分子也逐渐地失去其批判的意识与能力，成为中产阶级的代言人。尽管舆论呼唤"穷人的经济学（家）"与"穷人的教育学（家）"，但它们（他们）是否会出现以及何时会出现还有待观察。这个逐渐富裕起来的社会会不会沿着财富或意识的边界发生分裂，恐怕关键在于能否把公正作为社会主义的首要价值，能否在全社会进行有效的公正教育，能否通过学校有效地培养未来公民的正义感，能否在整个社会大力宣传和弘扬公正文化，并使得各项社会基本制度体现公正价值要求。

四、社会公正与公正教育

讨论公正教育和教育公正，不能不先适当地讨论一下社会公正的类型与标准问题。这既是因为社会公正构成了广义的公正教育以及教育公正的资源和环境，又是因为社会公正提供了公正教育的基本理念以及教育公正的基本标准。就三者之间的关系来说，公正教育是促进社会公正的手段，而教育公正构成了社会公正的一个重要领域。

（一）社会公正的类型

根据公正观念应用的社会领域，可以把社会公正划分为法律公正、经济公正、文化公正、教育公正等。在这些类型的社会公正中，法律公正是基础性的，是保障其他类型社会公正的前提。从西方公正观念的起源来看，"公正"一开始就作为一个法学范畴出现。今天，也有人主张把公正范畴局限于法律事务，人们对"应得"的要求不能超越法律许可的范围，社会对公正的保障与追求也不能超越法律许可的范围。法律公正就其内涵来说，大概包括以下几个方面：第一，法理公正。所有立法和司法的实践都应该遵循公正的价值原则，要把公正作为各种法律实践的第一价值原则。如果不能恪守这一价值原则，那么法律就成为一种恶法，而不是一种善法。第二，立法公正。在立法过程中，应该坚持把公正作为指导立法调研、法案讨论、草拟法律以及表决法律的基本价值原则，排除各种干扰、诱惑或私欲，用诚实、理性、开放和民主的方式来对待立法问题，保证制定一个体现公正价值的法律文本。立法公正是法律公正的关键。如果仅做到了法理公正而做不到立法公正，那么法理公正也就仅仅停留在口头上或文件上，而不能进入法律实践领域。第三，司法公正。在司法的过程中，要从头至尾地遵循公正的原则，不仅要保证司法程序的公正性，而且要保证法律正义的彻底实现。一个公正的社会，首先是由法律公正得以保障的。没有一个公正的法律体系、司法实践和有效的法律救治，就谈不上基本的社会公正。

经济公正是主体在经济活动中的"应得"与"相称"，既体现在生产领域，也体现在分配、交换领域和消费领域。在市场经济时代，生产领域的公正主要体现为自由竞争，反对各种形式的贸易壁垒和行业垄断，其目的在于给予所有的生产者以平等的竞争机会。当前，广为关注的就业公正问题也属于生产公正范畴，反对就业过程中的地域歧视、性别歧视、身体歧视、学历歧视等，保障平等的就业机会，是实现生产领域公正的一个重要内容。分配领域的公正则体现为按劳分配和按生产力要素分配等多种分配形式共存，使得人们的所得与他们劳动的质量成正比例关系，彻底改变干和不干一个样、干多干少一个样的极端平均主义。公正的分配所产生的收入差别从根本上说是合理的，只要这种差别没有损害到经济乃至社会本身，就应当得到社会的尊重与认可。交换和消费领域的公正通过合理定价和诚实经营得以体现，反对形形色色的哄抬物价、坑蒙欺骗和霸王条款。比起法律公正来说，经济公正提供一个公正社会所必需的物质基础。尽管一些新自由主义者，如哈耶克和弗里德曼（M. Friedman）不愿意谈论经济领域里的公正问题，只愿意谈论经济领域里的自由问题，但是，建立一个公正合理的经济秩序仍然是世界各国不断的经济改革所追求的重要目标，也是一个社会经济保持活力和竞争力的重要条件。

文化公正涉及如何对待不同类型的文化或不同类型生活方式的问题。人类的文化是多样的，这是一个基本事实。但是，由于各种原因，无论是历史上还是现实社会中，多样的文化并未能够在意识层面、制度层面和行为层面受到公正的对待，基于某种特定立场的文化歧视、排斥乃至文化霸权总是存在的。一些文化被认为是先进的、优越的和榜样性的，另一些文化则被描述成落后的、低俗的和应该被淘汰的。文化公正表达了这样一种文化价值观：不同的文化或生活方式都有它自己的历史，都有同等的权利并受到同等的尊重和对待；任何一种文化都不能自我标榜为其他文化的样板，要尊重不同社会群体的文化意愿和文化选择；不同文化间的差异应该得到理性地和同情地理解，并通过交流和对话的方式克服分歧、达成共识。在很多情况下，文化的不公正对于个体或群体带来的伤害可能要超过法律不公正和经济不公正。为建立公正的文化秩序而斗争是 20 世纪中叶以来西方社会斗争的一部分。费孝通先生在古稀之龄提出的"各美其美，美人之美，美美与共，天下大同"的主张指出了走向文化公正的道路，值得认真体会。

（二）社会公正的基本标准

社会公正的类型多样，社会公正的判断标准也有多样。在讨论这些具体的标准之前，需要对标准产生的条件进行分析。从已有各种公正标准产生的基础来看，影响公正标准的因素主要有：第一，社会公正所适用的对象领域，应用于法律领域的公正与应用于经济领域或应用于文化教育领域的公正标准是不同的。第二，社会公正所适用的社会情境或社会关系的性质。米勒在这个方面做了很重要的研究。他区分了三种不同的社会关系模式——团结的社群、工具性联合体以及公民身份。在团结的社群如家庭内部，实质性的公正原则是按需分配。在工具性联合体如企业中，贡献往往代替需要成为分配公正的标准；在公民关系如政治领域中，平等就成了判断公正与否的核心标准，所有的公民享有同等权利，因而理应受到同等对待才是公正的。第三，公正价值所要规范或调节的公共资源的状况。人们在分配比较丰富的公共资源与比较稀缺的公共资源时，所使用的公正标准也是不同的。一般来说，在分配比较丰富的公共资源时，人们很容易接受实质公正的标准，即每个人最后的所得一样多；而在分配比较稀缺的公共资源时，人们就会抛弃这一标准，转而寻求其他的诸如按照能力、贡献、资历、先后顺序等标准，强调程序公正。

（三）公正教育：从家庭到社会

尽管我们强调制度化的教育机构——学校——在进行公正教育、传播公正文化、培养有正义感的未来公民方面的重要性，但是，并不否认其他一些社会机构在公正教育方面的独特作用和深刻影响。我们认为，与其他的一些价值教育一样，在形成学生的公正价值观和行为习惯方面，家庭与广泛的社会生活都起着重要的、不可替代也不可忽视的作用。

家庭是生命的摇篮，也是青少年儿童价值观念最早形成的场所。许多的日常生活经验都表明，父母在日常生活中所遵循的价值观念对于青少年儿童有着直接的影响、示范和教化作用，后者会自觉不自觉地模仿父母的言语、思维方式和价值逻辑。因此，父母自身的公正素养对于孩子的公正价值观念形成有着直接的影响。这就意味着，要想使孩子成为一个有正义感的人，父母应该首先做到公正。同时，家庭的子女数目对于公正教育也有着一定的影响。在多子时代，父母一般还比较注意"一碗水端平"，公正地对待每一个孩子，偏爱的行为必然引起其他子女的不满和怨气。每个孩子也都会根据自己的排行做出相应的行为，以便使得自己像是一个哥哥、姐姐或弟弟、妹妹。偶然，父母也会采用米勒所说的"按需分配"的公正原则在子女之间进行机会、资源或利益的分配。在独生子女时代，家庭的公正教育受到新的挑战，主要的原因就是独生子女在评价父母对待自己的态度或行为是否公正时失去了必要的参照（作为公正性体验的"相称"实际上就是一种对照他人的心理结果），主观上容易把一切不能满足自己需要的父母态度或行为都判定为"不公正"的。所以，在独生子女家庭，要教给孩子"公正"的价值确是有些困难的，父母对待孩子的态度或行为经常在"溺爱"与"专制"两极之间摆动。这需要引起当代父母格外的注意。如果孩子在家庭中没有受到良好的公正教育，甚至还形成了不同程度"自我中心主义"的毛病，学校的老师特别是负责思想道德教育的班主任老师就应该会同家长一同工作，通过帮助家长树立公正价值观念来促进孩子形成公正的价值观念。在这方面，家校之间应该精诚合作，达成一致，形成某种意义上的"价值教育同盟"。

社会生活既是价值观念的来源，又是价值观念适用的对象，还是巩固价值观念的最深厚动力。因此，比较起家庭来说，广泛的社会生活更是形成、理解和实践公正价值观念的大舞台。一方面，从个体作为行为主体来说，应该在社会生活中公正地待人与行事；另一方面，个人对公正价值的信念也来源于社会生活本身的公正化程度。如果人们生活在一个不公正的社会里，那么就别指望人们会形成公正的价值观念，即使形成了也不会付诸实践。人们会用不公正的手段来对付不公正的社会，反之亦然。所以，社会生活的公正性程度是对人们包括青少年进行公正教育天然的"教科书"。一个公正的社会体现在以下几个方面：首先，这个社会在道义上是公正的，也即是合法的、合乎道德的，而不是建立在违反法律或道德的基础上的。其次，这个社会的基本制度即向人们分配基本权利、资源、利益或负担的政治、经济、文化教育制度是建立在公正价值观念基础之上的，而不是建立在对某些特殊社会群体的偏爱基础之上的。再次，一个公正的社会应该有一种健全的机制，这种机制能够纠正由于各种原因出现的不公正问题，使得受到伤害的一方的权利能够得到保障、利益能够得到维护，从而实现比较充分的矫正正义。从某种意义上说，不公正并不可怕，可怕的是不公正现象发生后得不到及时和有效的矫正。如果不公正还能得到金钱、特权或其他势力的支持，那么就会从根本上毁灭人们的公正信念。最后，一个公正的社会应该有倡导公正、歌颂公正和为正义代言的社会舆论，公正应该成为所有文化生活形式共同的价值基础和目标。在发达的信息时代，公共舆论对于个体价值观念的影响越来越大。如果公共舆论中公正价值能够处于主流地位，那么就会对个体公正信念的确立产生积极的强化作用，促进个体的社会性学习。反过来，如果一个社会舆论对于遵纪守法、行事公正充满讽刺和嘲弄，那么就会在很大程度上制约公正文化的形成，使得公正教育缺乏良好的社会环境。此外，一个人在社会生活中产生的公正性体验也会在很大程度上对他／她是否成为一个有正义感的人产生影响。一个从来没有公正地被他人对待的人，要想形成坚定的公正信念也是不容易的。

在对青少年进行公正教育方面，家庭、社会、学校哪一方面的作用都不可缺少，应该形成教育工作者常说的"教育合力"。但是，这三方面的作用方向实际上也不完全一致。一般说来，家庭和社会的公正氛围受制于各种复杂的因素，经常受到破坏，从而影响到青少年的公正观念和公正信念的形成。在这种情况下，学校应该发挥自己在价值观教育方面的主导作用，大力宣传公正文化，引导学生正确地认识不公正现象，防止出现一叶障目或因噎废食的结果。比起家庭和社会环境来说，学校环境中的公正水平应该更高一些，进行公正教育的自觉性程度也应该更高一些。整个的学校文化的建设——从理念到制度和行为——都应该体现公正的价值观念。

第二节　教育中的公正问题

教育公正是社会公正的一个重要组成部分，也是衡量社会公正水平的一个重要尺度。当前，无论是在中国这样世界上最大的发展中国家还是在美国这样世界上最大的发达国家，教育公正程度都不能令人满意，教育公正问题都引起社会舆论的高度关注，教育的公正性抱怨此起彼伏。提高教育的公正性程度，致力于更加公平和正义的教育，因而成为世界性的教育改革主题，也是我国当前教育改革的热门话题。

一、什么是教育公正

教育公正即教育公平。关于教育公正或公平，国内外同仁有许多不同的理解，不同的理解强调不同的方面。有的人把教育公平理解为"社会公平价值在教育领域的延伸和体现，包括教育权利平等和教育机会均等这样两个基本方面"，强调教育公平的社会性质；有的人则认为教育公平是"公民能够自由平等分享当时、当地公共教育资源的状态"，强调教育公平的社会功能；还有的人把教育公平定义为"教育活动中对待每个教育对象的公平和对教育对象评价的公平"，强调教育公平的教育性。美国当代教育哲学家诺丁斯（N. Noddings）则侧重于强调教育公平的平等性一面。她在自己的教育哲学论述中，没有对教育领域中的公平与平等问题做出任何区分，完全在教育平等的意义上来理解和讨论教育公平或公正问题。在这些论述的基础上，根据上文关于"公正"的理解，我们把教育公正或公平界定如下：教育公正或公平是现代社会中政府在教育公共资源（机会、权利、利益、条件等）供给或配置过程中所应坚持的"应得"原则和所应实现的"相称"关系，其目的在于最大限度地实现公共教育资源的平等、均衡、合理安排与有效利用，以保障和促进不同的个体或社会群体在教育实践活动中得其所应得。一般说来，在公共教育事务上，凡是符合某一"应得"原则并实现了"相称"关系的公共教育资源供给或配置方式就是公平的，反之就是不公平的。

二、教育公正的主要类型

根据政府在教育公共资源供给或配置过程中所坚持的"应得"标准和所意图实现的"相称"关系的不同，可以将教育公正划分为"权利公正""能力公正"与"需求公正"；根据教育公正所意图调节的公共教育资源供给或配置在整个教育过程中的地位和作用，可以将教育公正划分为"起点公正""过程公正"与"结果公正"；根据教育公正实践的过程，可以将教育公正划分为"原则公正""程序公正"与"实质公正"。认识这些不同类型的教育公正，对于我们准确地理解教育公正问题的多样性和复杂性、针对不同类型的教育公正诉求制定更加灵活、合理的公共教育政策，有区别地处理不同类型的教育公正问题，具有非常重要的意义。

（一）权利公正、能力公正与需求公正

权利公正也可以称之为"基于权利标准的教育公正"，把政府法律所赋予公民平等教育权利的实现看成是衡量公共教育资源供给或配置是否实现了公正的核心标准。一般来说，凡是维护了广大人民群众正当教育权利的公共教育资源供给或配置方式就是公正的，每个人得到了按照法律规定应该得到的公共教育资源类型与份额。反之，就是不公正的，就会激起人民群众的不满和公正性抱怨。我国的《宪法》《教育法》《义务教育法》《未成年人保护法》等多部法律都就公民及其子女的教育权利做了具体的规定。如《教育法》第三十六条规定："受教育者在入学、升学、就业等方面依法享有平等权利。学校和有关行政部

门应当按照国家有关规定，保障女子在入学、升学、就业、授予学位、派出留学等方面享有同男子平等的权利。"第三十七条规定："国家、社会对符合入学条件、家庭经济困难的儿童、少年、青年，提供各种形式的资助"，等等。既然国家已经以法律形式赋予了公民及其子女这样或那样的同等教育权利，那么这些教育权利就应该得到同等保障与实现。不管是基于什么原因，只要是这些权利没有得到同等的保障与实现，在公众舆论中就会被判定为"不公正"的。与上面援引的法律条文有关，当前社会舆论中有关义务教育阶段流动人口子女入学机会不公正、女大学生就业遭遇性别歧视、家庭经济处境不利、大学新生贷款困难、乙肝病毒携带者的上学困难等抱怨都是因为相关法律权利没有得到保障与实现。这种公正观吁求的是基于法律规定的平等对待，反对基于家庭背景、地域、身份、性别或健康等的教育排斥与歧视。

能力公正也可以称之为"基于能力标准的教育公正"，它强调把个人能力大小作为公共教育资源配置特别是优质公共教育资源配置的主要标准，旨在倡导每个人应该按照其某方面公认的能力水平受到相应对待，能力不同的人应该受到不同对待。早在古希腊时代，亚里士多德就思考过这样的问题：公正到底是把某种事物按照平均数分配给所有的人，还是按照比例分配给所有的人？比如荣誉这种东西，到底是把荣誉授给那些所有参加战争的人公正，还是根据战功把它分配给少数的人公正？他的回答是依据战功进行分配，体现了比例平等的思想。在义务教育领域，根据法律，每个适龄儿童都应该享受平等的教育机会，这是公正的；但是在高等教育领域再这么理解就会出问题。根据能力大小来分配高等教育入学机会在公众看来更加公正。根据这种教育公正标准，如果在高等教育领域出现能力大（考分高、排名在前等）的人没有获得入学机会，而能力小（考分低、排名在后）的人却反而获得了入学机会，那么就会被判定为不公正的。这几年教育部在本科招生和研究生招生事务上推行的"阳光工程"，实际上维护的就是"基于能力标准的教育公正"，防止各种学业能力以外的因素损害大学新生录取过程的公平性。一般说来，基于能力标准的教育公正观适用于所有优质稀缺公共教育资源的分配。

第三种教育公正观可以称之为"基于需要标准的教育公正"，把个人多样教育需要的满足作为评价公共教育政策是否公正的指标。由于各种复杂因素，人们的教育需要实际上是不同的。在一些地方和一些人那里，可能连法律授予的教育权利都没有意识到，仅从地方性的文化传统和社会习俗中来产生教育需要。在另一些地方和另一些人那里，人们需要的不仅仅是法律规定的基本教育权利的保障和实现，甚至也不仅仅是与个人能力相适应的对待，而是更多更好的入学机会、学习条件、成就机会等。如果这些需要得不到满足，需要的主体也会认为是不公正的，也会产生教育公正抱怨。当前的典型例子就是"择校"问题。由于历史原因，一个地区内部教育发展水平确实存在差别。在这种差别还没有得到实质性矫正之前，如果采用硬性的措施限制择校，如"就近入学"和"电脑排位"，则可能会在一部分有较高教育需求的家长那里产生不公正抱怨。

在西方，信奉某一宗教学说的家庭如果不能为孩子找到有同样宗教信仰的学校，也会产生不公正的感觉。当一个社会人们基本的教育需求得到满足之后，如何满足随之而来的多样化教育需求，就成为推进教育公正所要面临和解决的一个新问题。

（二）起点公正、过程公正与结果公正

起点公正、过程公正和结果公正是当前我国教育学界和教育实践领域普遍接纳的一种教育公正分类。区分这三种教育公正类型的标准是公共教育资源的供给或配置影响教育实践活动特别是学生发展的不同阶段。考虑到"平等"经常作为"公正"的基本内涵，这三种教育公正在许多情况下也约略等同于教育的起点平等、过程平等与结果平等。

起点公正是指每个人不受性别、种族、出身、经济地位、居住环境等自然或社会条件的影响，均有开始其某一阶段学习生涯的机会，即入学机会的平等。"这是一种最低纲领的公平诉求，在实践中尤其指保障儿童接受初等教育（义务教育）的权利和机会。"也有论者将这种教育公正称为"底线公平"，意思是最起码的、从法律和道德上都不能违背的教育公正类型。学者们之所以这样来称谓起点公正，主要是因为它是作为其他类型教育公正的前提条件或基础。如果一个教育系统连起点公正都不能保障，都受到侵犯，那么其他类型的教育公正，如过程公正、结果公正就根本谈不上。目前，世界上大多数国家均以法律的形式保障起点公正。不过，法律上确认起点公正是一回事情，实践中实现起点公正又是另一回事情。起点公正的实现客观上受到许多复杂因素，包括人们情感因素的影响和制约。

过程公正是指青少年学生进入到某一阶段的教育系统以后受到公正的对待，享有同等的学习权利、同质的学习资源和同样的教育关怀，教育者不以他们各自的家庭背景、智力水平、教养程度等的不同而有所不同。比较起点的公正来说，这种过程公正更加隐蔽，更加不容易引起人们的关注。但是，事实上这方面存在的问题丝毫不比起点不公正对青少年学生以及整个社会的伤害要小。科尔曼的研究也证明了这一点。现实教育生活中的许多做法与政策安排，如区分重点校与非重点校、重点班与非重点班、优秀生与差等生等，无不损害着这种过程的公正。联合国教科文组织也高度关注这种过程的不公正现象，敏锐提出"有些人在社会文化方面具有优越的条件，善于语言和抽象思维的表达。甚至还有一些人具有超过平均水平的智商。从人道主义和道德的观点看，这些人比他们的同伴更应该值得培养吗？"换句话说，受政府资助的学校是否值得或应该向这些语言、思维和学业成就优良的学生提供比他们同伴更多更优质的公共教育资源？从过程公正的价值立场来说，答案显然是否定的。

结果公正是相对于最后目标而言，强调学生走出校门时获得大致相同的学业成就，从而使不同社会出身的儿童在起点上和学校体制外的差别得以消除，实现实质上的平等，即教育质量或发展质量平等。随着起点公正得到基本的法律保障，过程公正在不断加强，人们开始把教育公正的兴奋点转移到结果公正上来，对教育公正提出了更高的要求。"平等的机会必须包括同样成功的机会"。但是，由于影响青少年学生学业成就因素的多样性和复杂性，对于一个国家的公共教育系统来说，要真正实现结果公正是很困难的。如果学校系统向家庭背景、学业基础、志向抱负等不同的学生平等地分配公共教育资源，那么就会影响到结果的平等；要想真正地促进结果的平等，就必须在公共教育资源配置方面牺牲平等原则，向社会处境不利、学业成就不良的学生倾斜。而这种做法本身的合法性与合理性又需要进行辩护。所以，从现实来说，学校教育系统在追求结果公正方面不可太理想主义。学校工作的重心应该放在最大限度地克服或消除影响结果公正的内外因素，保障每一个学习者都具有同等获得成功的机会。

（三）原则公正、程序公正与实质公正

从教育公正实践过程来看，可以将教育公正分为原则公正、程序公正和实质公正。原则公正也可以称为理念公正，主要是指政府或学校机构在配置公共教育资源过程中，从思想上将公正或促进公正作为基本的价值尺度，而不是将"效率""卓越"或"个人特别需要"的满足作为基本的价值尺度。确立了教育公正的理念，就必须照着它去做，这就产生了程序公正的问题。什么样的程序才能够体现公正的原则？比如，甲、乙、丙、丁分食一块蛋糕，什么样的程序才能保证是公正的分配？如何在分配过程中最大限度地防止损害原则公正的事情发生？在经济学领域，人们提出应该制定一个基本规定，即让切蛋糕的人最后一个拿自己的那一份而不是第一个拿自己的那一份。这样的话，为了防止自己拿到最小的那块，分蛋糕者就必须尽量平等地切分蛋糕。这种程序的设计对于切实实现原则公正是非常必要的，否则公正的原则可能就会在实际操作的过程中被牺牲掉。当前，公共教育资源配置过程中一些不公正现象的发生不是由于没有确立原则公正，而是疏于设计出一套公正的程序，结果可能导致切蛋糕的人第一个去拿属于自己的那一份。程序公正与操作过程中的民主化、公开化程度是有密切关系的。凡是暗箱操作的事情，总是不公正的。因此，保障公共教育资源配置过程中的程序公正的基本途径就是充分地体现决策民主，遵循知情原则、回避原则、民主参与原则等，自觉接受人民群众的监督。实质公正类似于上一组教育公正类型中的结果公正，强调公正在实践中被真正地实现。从理论上说，原则公正、程序公正与实质公正三者应该是统一的，原则公正是理念，程序公正是手段，实质公正是目的。但实际上，原则公正、程序公正和实质公正之间并非必然地相互一致。有时候实现了程序公正，但是却没有做到实质公正；有时候为了实现实质公正，又不得不牺牲程序公正，采取一些特别渠道或程序分配公共教育资源。政府在公共教育资源供给或配置过程中，究竟应该优先采取哪种公正原则，还需要根据某种公共教育资源的性质以及供给或配

置所要追求的社会政治目标审慎选择。

从以上有关教育公正类型的分析来看，教育公正的标准和类型是多样的，而不是单一的。不同的社会群体可能持有不同的教育公正观，从而导致在同一教育政策或现象公正与否上的评价大相径庭。当前社会上流行的五花八门的教育公正性抱怨就反映了这种教育公正标准和类型的多样性，需要认真分析和识别。

三、教育公正的实现

（一）教育公正实现的路径

教育公正的实现有两个基本的路径：一是促进教育市场化，另一是加强政府干预。前者强调政府在促进教育公正过程中要放松管制，给予学校以更大的自主权，突出学校特色和竞争意识；后者则强调政府要加强宏观调控，通过法律和行政措施，有力改变公共教育资源的配置方式，并防止市场行为对于教育均衡发展的干扰。以当前中外对于"择校"的政策比较为例，西方社会包括日本意图通过促进择校来实现教育公正，而我们国家则力图通过限制择校来保障教育公正。一个是把择校看成是实现教育公正的制度安排，另一个则把择校看成是损害教育公正的罪魁祸首；一个要求促进教育市场化和家长的学校选择，另一个则坚决制止教育市场化，遏制家长的教育选择。促进教育公正两条不同的路径非常明晰。

以上两种实现教育公正的基本路径哪一种更好，恐怕很难一概而论，更不能非此即彼。路径的选择与教育发展阶段、人们偏好的教育公正理念以及整个社会制度都有不可分割的联系。脱离这种具体的社会情境，抽象地讨论两种路径的好坏或优劣是没有什么意义的。市场和政府都是促进教育公正的有效力量，既不能笼统地认为市场是教育公正的敌人，市场化一定损害教育公正，视教育市场化为洪水猛兽，又不能简单地认为市场化是实现教育公正的不二法门。在这方面，俄罗斯 10 余年来的教育改革经验教训应该引起我们的高度重视。苏联解体以后，伴随着经济制度和政治制度上的转变，教育制度和思想领域也发生了很大的变化，主导俄罗斯教育改革的是西方新自由主义的教育主张（与费里德曼的主张非常接近）。这些主张包括：在教育领域引入市场竞争机制，实行教育券制度，把满足个人的教育需求和家长的选择当成是改革的唯一驱动力量；推行教育领域的私有化、非国有化；倡导教育的个性化、人道化和人文化；提倡管理体制上的非集中化和自治化。这些改革主张在俄罗斯内部引起了激烈的讨论和论辩。赞成者认为，这些改革有利于满足个性化的教育需求，有利于引入竞争机制从而提高教育质量，有利于打破教育的国家所有，实现教育社会化；反对者认为，新自由主义取向的教育改革有悖于俄罗斯宪法，有悖于教育机会均等的原则，歪曲了公平竞争的本义，是洗劫教育的犯罪行为。在这场激进的改革中，教育公正受到了严重的破坏，借助于市场的力量，俄罗斯的教育不平等更加严重。

（二）教育公正实现的基本原则

公正或教育公正作为价值原则是由许多具体的原则体系构成的，这就像"教育"或"园艺"活动是由许多具体的活动构成的一样。不阐明这些具体的原则，就不能操作性地理解公正或教育公正。所以，一切有关公正问题的政治哲学研究、一切有关教育公正问题的教育哲学研究，总是会谈论那些实际上会保障种种公正实现的具体原则。这些原则的具体运用是非常复杂的事情，与其意图配置的资源类型以及意图达到的政治目的都密不可分。这里不打算讨论这些具体原则的应用问题，只是想提出这些具体的原则，并就其内涵加以简要讨论。

第一，平等原则。无论在古代还是在现当代，无论是在西方还是在中国，无论是在教育领域还是在其他的社会生活领域，无论是基于自然主义的假设还是基于社会主义的价值选择，"平等"的要求都被看成是公正诉求的基本内涵。因此，平等地配置公共教育资源也就成了教育公正的第一要义。反对教育排斥和教育歧视，追求教育平等，是实现教育公正的必由之路。然而，就像许多政治哲学家所提醒的，"平等"也是一个内涵和外延都比较模糊的词，如果不加以分析，激进的平等主张可能导致一个平均主义或"大锅饭"的后果。在教育领域中，究竟如何来理解"平等"原则呢？它的边界又在哪里呢？恐怕还是要用亚里士多德"以平等来对待平等"的逻辑加以分析。在教育领域中，个体之间、学校之间、地区之间或不同性别之间的"平等"主要体现在：人格平等、政治权利与法律地位平等、发展权利平等。根据这些"平等"，作为教育公正首要原则或核心内容的教育平等应该包括：教育权利平等、教育机会均等。教育权利平等主要是由相关的法律文件规定的，是作为一种公民权利或青少年儿童的受教育权利被认可的。从原则上看，凡是具有相同法律或政治地位的人或机构，就应该享受同等的权利，在政策制定和实施过程中被同等对待，否则，就会产生不公平或不公正的抱怨。在当前的种种教育公正性抱怨中，有不少是因为具有相同人格、法律或政治地位的人或机构没有在法律上获得同等的权利，或者虽然法律上确认了，但在实际执行的过程中却又被剥夺了。教育权利平等是教育公正的基石，是政府在公共教育资源供给或配置过程中所应坚持的一个"应得"标准，也是公众舆论评价某种教育现象所应用的一个"应得"标准。教育机会平等也可以被看成是教育权利平等的一个组成部分，但是它也有超出法律所规定的权利平等的部分。一般而言，人们将教育机会平等划分为入学机会平等、教育过程机会平等和成就机会平等。入学机会平等普遍被作为一种法律权利加以确认。教育过程机会平等很少得到法律保障，更多地依赖于教师的公正德性和教育条件的均衡化。至于成就机会平等，对其争议比较大，因为影响学生成就机会的不仅仅包括学校的环境、教师的素质（包括公正素质），还包括学生的家庭、个体的天赋和后天努力等。消除教育过程中的排斥和歧视性因素对于增加处境不利学生的成就机会无疑是非常重要的，但是还远远不够。学校系统没有能力也没有义务去消除家庭、个体天赋与后天努力等因素造成的成就机会不平等。一个拥有良好的家庭教育环境且天资聪颖、刻苦努力的孩子比其他的孩子拥有更多、更大、更好的成就机会，这有何不公正呢？

第二，差别原则。公共教育资源的分配，特别是一些稀缺或优质教育资源的供给或配置，要想实现实质性的平等，人人有份，人人相等，是不可能的。对于这部分稀缺的优质教育资源该如何分配才公正，是社会所关心的。当前我国有关教育不公的舆论，不少都是关注这部分公共教育资源的分配。这里我们提出一个差别原则，即在做到机会平等的前提下，给予那些学业成就优异的人或学校以更多的份额。这个差别原则与罗尔斯所主张的差别原则有所不同，不是"最小的最大化",而是"最大的最大化"。差别原则体现了亚里士多德另一重要的公正思想——"以不平等对待不平等"。人们常说的"择优录取""多劳多得""表彰和奖励优秀学生"等,都体现了这种差别原则。

提出差别原则并不是意味着那些学业成就不好的人没有资格享用这些稀缺的优质教育资源,只是意味着在优质教育资源总量不足的情况下,应该沿着学业成就的维度进行由多到少的分配。为这种原则进行的辩护主要包括两个方面的内容:一个是这样的分配方式能够在客观上起到一种激励作用,促使每一个人更加努力,争取获得更好的成绩,从而产生一种积极引导的教育效果,符合伦理的与教育的原则;另一个是这种差别原则实施的结果是优质教育资源和学业成就比较优异者的结合,从而有利多出人才、出好人才,提高公共教育资源的利用效率,符合社会的和经济的原则。而罗尔斯提出的"差别原则"("最小的最大化")尽管体现了某种道义的要求,表明了公共资源分配时的一种高尚道德姿态,但是否算得上是一种公正的行为,还是值得讨论的。罗尔斯自己辩护说,这种"不平等"的分配有助于改善社会弱势群体的处境,从而增加整个社会的福祉。其实这是不一定的。正如很多批评者所担心的,这样做的后果可能会降低人们的自主意识、竞争意识和成就意识,成为一种满足于社会福利或别人施舍的懒汉。在西方一些福利国家,这样的懒汉还是不少的,总体上说影响到了社会的竞争力,甚至影响到了社会的公正性。

第三,程序优先原则。在公共教育资源供给或配置过程中,不公正的结果往往是由不公正的程序所产生的。所以,要想追求更高水平的结果公正,就必须致力于更高水平的程序公正。程序公正是结果公正的保障之一,应该是一种更加优先的价值原则。在实际的生活中,人们所忧患的既包括结果的不公正或不平等,也包括程序的不公正或不平等。比较起来,对程序公正的诉求甚至强于对结果公正的诉求。从经验来判断,在某种公共资源的供给或配置过程中,如果程序是公正的,即便个体或某一群体没有获得与别人或其他比照群体一样的份额,也不会产生强烈的不满和公正性抱怨。当前,在教育领域中各种各样的招生、评奖等活动中,程序不公正的现象时有发生,以至于有的事情在开始之前结果就已经预定了,从而引起舆论的强烈不满。也正是因为存在着一定程度的程序不公正问题，所以"关系学"就成为一种"显学"。人们渴望通过形形色色的公关行为建立各种各样的关系，以减低不公正的程序带给自己的风险，或者从不公正的程序中获得最大程度的利益。

第四，满足需要多样性的原则。从理论上说，公共教育资源的供给或配置，其目的是要满足人们的教育需求。然而，从类型上来说，人们的教育需要包括两个类型：基本教育需要和非基本教育需要，前者具有普遍性，是一定历史时期和社会背景下每一位公民或青少年儿童都具有的教育需要；后者则呈现出比较大的差别性，不同地区、不同阶层、不同家庭有不同的高于基本需求的教育需要。公共教育需要的供给或配置究竟以哪种需求的满足为公正与否的标准呢？这里有个历史的变化过程。早期的教育公平强调前一种教育需要的满足，强调教育资源分配和学校建设的均质化，像统一确定生均财政经费、统一确定办学标准、统一配备教师资源、实行男女合校、白人与有色人种子女合校等。当前我国义务教育阶段对教育公平的追求，从总体上说也基本上属于这个阶段。后期的教育公平则开始强调后一种教育需要的满足，即多种不同教育需要的满足，这就是前文所说的"基于需要标准的教育公正"。我们应当看到，随着社会阶层和利益群体的分化，人们产生不同的教育需要是很正常的事情。基于这种不同的教育需要水平和类型，从而产生不同的评价公共教育资源配置方式的标准，也是很正常的事情。因此，现阶段促进教育公正或公平的实现，除了强调教育平等和均衡发展的一面外，也应该着手考虑不同教育需要的满足，考虑促进和实现更高形式的基于需要标准的教育公平。当然，这种类型教育公正的实现，主要的责任人不是政府，而应该是市场。因为比起政府来，市场更易于对教育需要的多样性做出及时和有效的反映，强调竞争，强化特色，增强服务意识。

概而言之，公共教育资源的配置或供给，应以法律为依据确定"应得"的教育份额，对于"应得"的教育坚持平等原则，以保障公民基本的平等受教育权利，满足其基本的教育需要，实现"应得"教育的均衡化发展，体现权利公正；对于"非应得"的教育，坚持差别原则，体现能力公正，实行能力本位的选拔机制；在此前提下，不断地改革教育，促进教育形式的多样化，尽可能满足不同社会利益群体多样化的教育需要，以使每个个体的潜能得以最大程度的发挥，追求需求公正，并把促进每个人的全面发展作为教育公正的终极指向，努力创办人民满意的教育。而在推进教育公正的过程中，既要警惕极端的平等主义，看见教育差距或教育不平等就不分青红皂白地都斥为教育不公，也要大力反对封建社会遗留下来的特权思想，坚持教育公正原则，敢于抵制特权对教育公正的侵害。既要注意体现原则公正，更应该注意实现程序公正和实质公正。既要把教育办成人民满意的教育，使教育成为人民的精神家园，又要兼顾国家发展战略目标的实现，注重杰出特殊人才的培养。既要注意发挥政府在保障教育公正方面的主导作用，把教育公正的实现视为政府的重要职责，又要注意发挥和引导市场在促进教育公正方面的积极作用，努力扩大教育资源的总量供给，满足人民日益增加的多样化的教育需要，以最大限度地实现每个人的全面发展。

关联拓展阅读之一

分析教育哲学的发展

陆有铨

　　分析教育哲学就是以哲学的分析为方法论，用以研究教育哲学。所以，分析教育哲学同哲学上的分析运动密切相关，在很大的程度上可以说，分析教育哲学是脱胎于分析哲学的。

　　分析教育哲学的发展是由分析哲学家来启动的。在这方面，做出较大贡献的分析哲学家有英国的吉尔伯特·赖尔（G. Gilbert Ryle）、赫尔（R. M. Hare）、史密斯（P. H. Nowell

Smith）和美国的布莱克（Max Black）、霍斯帕斯（John Hospers）、佩里（R. B. Perry）。

分析哲学家并未专门就教育问题展开论述。在他们进行哲学分析的过程中，往往要涉及一些与教育有密切关系的概念或问题，对这些概念和问题的分析，造成了对教育界的影响。赖尔的名著《心的概念》一书就是一个很好的例证。他的这部使教育哲学界感到"震动"的著作，旨在一劳永逸地推翻笛卡儿的身心二元论，而其方法则主要是找出语言混淆的根源。赖尔认为，许多问题都是由语言所造成的混乱所引起的，在"知"（knowing）这个词语方面，也有类似的情况。该书第二章对"知如何"（knowing how）和"知什么"（knowing what）做了辨析，并力图纠正唯理智论者把所有的"知"都看作是"知什么"的倾向。赖尔认为，"知如何"是一种行动的能力，是指能够做什么等等；而"知什么"却不一定意指我们知道如何去做。同样的，能够行动或能够做也不一定意指我们理解做的目的和理由。然而，我们却习以为常地认为"知"基本上就是"知什么"，因而只注意向学生的头脑里装填事实和知识，以为这样就可以使学生成功地去行动，这显然是错误的。所以，"知"应该既包括"知什么"，又包括"知如何"。

虽然赖尔等人对于有关教育的一些概念做了分析，并为教育哲学家就如何分析概念作了示范，但他们的志趣毕竟在哲学而不是教育，而且对教育问题的研究也缺乏系统性。就对分析教育哲学发展所做的贡献而言，下列5位教育家显然在分析教育哲学的整个发展过程中打下了深深的烙印。他们是哈迪、奥康纳、谢夫勒、彼得斯和索尔蒂斯。这5个人都是分析教育哲学的积极推动者，他们相互之间在观点上有很大的出入，但这恰恰反映分析教育哲学发展的轨迹。下面拟通过对这5位重要的分析教育哲学家主要观点的阐述来说明分析教育哲学的发展。

一、分析教育哲学的产生

分析教育哲学名副其实的先驱是哈迪（Charles D. Hardie）。1942年，他出版《教育理论中的真理与谬误》，成为第一本系统明确地运用分析哲学的方法讨论教育问题的著作。麦克（J. E. Mcc）在该书美国版前言中指出："《教育理论中的真理和谬误》……并不是不谦虚，但毫无疑问是一个里程碑。"它之所以被称作里程碑，在于其试图用分析哲学的方法来消除传统教育哲学中的分歧和矛盾，使分析的思维模式成为教育研究的一个特点；使教育研究不再是传统地下指令，而成为一种分析的活动。该书一篇简短的前言，可看作是分析教育哲学诞生的宣言。

"由于存在着许多互相冲突的学说，教育理论的现状很难令人满意。本书的目的在消除某些不同意见。习惯上，人们一向认为教育这个学科中的不同意见是无可非议的，正如长期以来哲学理论界也把不同意见看成是无可非议的一样。但是近些年来有些专业哲学家的态度看来有所变化……即不同哲学家之间意见不一致，显然是有关事实材料不一致，或者是有关词的用法不一致，或者经常是纯粹感情上的不一致。我认为，在教育理论领域内普遍采用同样的态度，现在是时候了。也就是说，两个教育理论家如果意见不一，应弄清争执是事实上的，还是语词上的，或者是由于某种情绪冲突。要做到这一点，必须总是尽可能用最清楚的方式阐述每种教育理论。这样，就不允许用模棱两可的话来文饰那些隐藏的东西。"

哈迪在这本书中针对传统教育哲学最有代表性的三位教育家——卢梭、赫尔巴特和杜威的三个影响最大的教育理论——"教育遵循自然"、"通过教学发展性格"（教学的教育性）、"通过实际生活情景进行教育"（教育即生活）进行了分析批评。应该承认，他的一些分析是有一定深度，并有相当启发性的。麦克认为，就分析方法而言，哈迪在这本薄薄的著作中运用了不同的哲学分析方法，并且都用得很好。在概念和理论的澄清上，美国教育理论家普拉特（Richard Pratte）认为"哈迪的书在完成这个任务上是成功的"。

但是，哈迪的这本书并没有被教育哲学界普遍接受。传统教育哲学界把它看作异端，给予排斥，一些分析教育哲学家当时也拒绝给予充分肯定。甚至谢夫勒在1960年出版的《教育的语言》一书中根本不提哈迪的《教育理论中的真理与谬误》。这绝不是一种疏忽。根本原因至少有两点：首先，哈迪在书中集中对一些具体的教育概念和命题进行分析，而没有像他的后人奥康纳那样从理论的整体上阐明分析教育哲学观。人们批评道："由于它对教育理论（教育哲学）的分析过专过窄，因而未被人们很好地理解。事实上，人们可能从这本书出版时起就认为它流产了。"

其次，尽管哈迪把分析方法提到相当的高度，但同时他并不排斥传统的教育思想体系。在他心目中，所谓的分析教育哲学，只是根据分析的新方法来修补传统教育哲学中含混不清的地方，而不是彻底改造旧的教育哲学体系。正因为这样，麦克认为，与"20世纪的哲学革命"相比较，哈迪著作中的革新并不代表与过去断然决裂。正是这种"革命的不彻底性"，导致他的著作在当时未能产生轰动效应。然而这里应该补充的是，历史是曲折地螺旋式地发展的，恰恰是这种当时被批评为不彻底的缺点，后来却被证明是

"先见之明"。

二、分析哲学与教育哲学的结合

哈迪在 1942 年出版的具有里程碑意义的《教育理论中的真理与谬误》一书，并没有引起教育哲学界的普遍重视。这固然与哈迪研究自身的缺点有关，但更重要的是，当时教育哲学的研究忽视了这样一个事实，即分析哲学首先在英国，继而在美国以及西方哲学界已经逐渐占据了统治地位。哲学界的分析运动并未引起教育哲学界的重视，这种情况到 50 年代中期才得到扭转。

1955 年美国教育研究会出版了第 54 期年鉴，这期年鉴反映了教育哲学研究的新的转折。虽然从 40 年代中期起，许多教育哲学家们便开始致力于教育哲学的哲学化和学术化，现在则进一步感到教育哲学需要哲学，需要进一步向哲学靠拢。这一期年鉴的哲学与教育部分，除了介绍老的哲学流派之外，又介绍了包括语言分析方法、逻辑经验主义在内的新的哲学思潮，而且哲学派别的撰稿人多为哲学家。该年鉴出版以后，分析哲学的方法逐渐受到教育哲学家们的重视。

在著名教育哲学家布劳迪（H. S. Broudy）和普赖斯（K. Price）发起的关于教育哲学本质问题讨论的促动下，1956 年，《哈佛教育评论》（春季号）杂志出了一期"教育哲学：目的和内容"的专辑，集中就此问题展开讨论。以此为契机，其他的刊物也相继发起了讨论。通过这场争论，教育哲学家们明确，"现代"教育哲学应该是分析的。也就是说，对哈迪的开创性工作应该加以注意和重视。教育哲学应从原先体系式的研究转变为对教育概念和问题进行逻辑分析和语言分析的方法，力求通过哲学的分析帮助教育工作者清思，以明确教育的概念和问题。参加这种研究的，既有纯理论的哲学家，又有教育哲学家。

1957 年，奥康纳（D. J. O. Connor）的《教育哲学导论》一书出版。这位热心教育问题的哲学家的工作进一步加强了教育哲学分析化的趋势，将分析哲学与教育哲学结合起来。他在该书的护封上写道："虽然过去四十年间哲学的研究范围和方法已经完全改变，但在这以前并没有试图把这个重要的理智上的革命与教育哲学联系起来。本书在这样做的时候，对哲学能为教育思想做些什么的问题，给予简单明了的解释。"该书很快就成为分析教育哲学的名著。

奥康纳把逻辑实证主义作为公开宣称或不言而喻的出发点。跟哈迪相比，他有两个显著特点。第一，他把分析哲学的工具运用于"价值标准""价值判断""教育理论""解释""道德与宗教"等一些一般概念。这样他的论述就带有更大的普遍意义。第二，他对哲学在教育理论中所能起的作用问题，采取了更强硬的立场。他试图变分析哲学的方法为一把"奥卡姆剃刀"，把无法用经验证实的形而上学、价值论等传统教育哲学的核心内容全部剃光，以净化教育理论，使之成为科学。

在奥康纳的心目中，"理论"是由有逻辑联系的一套假设建立起来的，其主要功能是对题材进行解释。后来他又为"假设"作了更严格的限定修饰，为"理论"下了更精确的定义："理论是可以由观察来验证的一套有相互逻辑联系的假设，并且具有更深层的性质，既能驳斥又可解释。"这是强调两点：主要的陈述相互间必须有合法的逻辑联系，本身应能被证实或驳斥。

他的这个理论观在很大程度上源自自然科学的理论模式。为了彻底改造教育理论，奥康纳对自然科学理论、社会科学理论和教育理论进行了比较。

首先，他认为自然科学理论与社会科学理论有三方面的区别。第一，自然规律大部在事物表面之下，必须用标准的科学方法去发现和阐明；而社会科学所研究的东西似乎都是我们所熟知的。正是这种粗浅的见识妨碍我们用科学家的客观眼光去寻找它们的规律。第二，我们把自然规律看作是经久不变的；但人类本性的规律却是可变的，至少随着社会的变化，人类的行为方式在变。这也导致我们不易发现社会科学的规律。第三，自然科学可以做大规模的实验，使理论得到证实或被驳斥；而社会科学很难做大规模的实验验证。

其次，他认为，教育理论与社会科学理论相比，在科学性方面更低一个层次。他说："如果我们读本教育理论或者教育思想史的教科书，我们能看到所提出的三种很不相同的作为教育实践基础的陈述。所谓不相同的陈述，意思是说，它们属于不同的逻辑系统，因此需要用完全不同的方法加以证明。"这三者是对形而上学、表达价值判断和经验的陈述。在传统教育理论中，这三种陈述是交融在一起的，而在性质上是如此不同，以服从一种陈述推演到另一种陈述的逻辑关系的合理性是根本无法证实的。因为它既不属于经验判断，也不属于分析判断。奥康纳嘲讽地称教育理论是一种"智慧的色拉"，即一盘大杂烩。他认为传统教育理论中的许多陈述自身是不能被证实，也不能被驳斥的。例如，对形而上学的陈述，就"不能用既定的和大家公认的方法所能收集、核实和评价过的证据来证明"；对价值判定的陈述，除非它能转化为某种经验陈述，可以证实，不然它也是"理解混乱的一种源泉"；即使是对经验的陈述，有很大一部分也只是对成功的实践的一种解释。从逻辑上来说，实践的成功不等于理论的正确。像赫尔巴特的心理学，很可能是对成功教学的一种理论假设，但这种假设本身是错误的。由此，只有经过实验的验证，而不仅仅是实践过的假设，才能使我们"预言应用这些假设的结果和解释我们企图控制的过程。在这个程度上，按照理论这个词的标准科学含义，它们是真正的理论"。正是基于这种考虑，奥康纳戏谑地说"理论"一词在教育方面的使用一般是一个尊称。

奥康纳理论的特点在于以严厉的逻辑实证主义观点，以自然科学为模式，试图把形而上学和伦理学逐出教育理论领域，彻底更新教育理论。这种偏激的观点当时就遭到不少人的批评。因为它从根本上忽视了教育理论与一般自然科学理论质的区别。

赫斯特（Paul H. Hirst）跟奥康纳在这个问题上的争论长达十多年，成为教育理论界的热点。

首先，赫斯特认为，教育理论是从理论上探讨和研究制定教育原则的一个领域。这些原则应该指导人的行动，因此教育理论是一门实用的学科，而不是奥康纳所认为的那种理论学科。

其次，针对奥康纳对教育理论内三种陈述之间缺乏合法的逻辑联系的批评，赫斯特强调教育理论的原则确实包含极不相同的要素，构成教育理论的一些句子在重要性上是不同的。教育理论就是依靠"在逻辑上截然不同的概念模式"来形成和证实它的中心原则或主要句子的。它是直接诉诸各种形式的知识，如科学的、哲学的、伦理学的知识，不需要不同形式之间的理论综合，因此也就不需要奥康纳所主张的三种陈述之间同一的逻辑联系。也许正是由于这广泛、深入的争论，造成了分析教育哲学高潮的来临。

三、分析教育哲学的大发展

20世纪六七十年代，许多从事专业教育哲学研究的学者看到了分析哲学及其方法论的价值，致力于分析教育哲学的研究。在此期间，不仅出版了许多教育哲学专著，而且培养了不少年轻的分析教育哲学专家，使分析教育哲学有了蓬勃的发展。由于研究的重点和风格的不同，分析教育哲学内部又形成了分别以谢夫勒和彼得斯为代表的美国派和伦敦学派，兹分述之。

伊斯雷尔·谢夫勒在分析教育哲学发展史上是一个重要人物。早在1953年，他就对分析教育哲学运动做出了贡献。同年 12 月，他在美国促进科学进步协会的一次学术讨论会上就说："我想，现在已经到时候，作为教育哲学上的一次正当的和重要的研究，考虑如何把分析哲学应用到教育问题上了。"

谢夫勒对分析教育哲学发展的贡献表现在三个方面。第一，发表了许多重要的分析教育哲学的著作，其中著名的有 1960 年出版的《教育的语言》和 1973 年出版的《理性和教学》。第二，培养了许多杰出的学生，如彼得斯和索尔蒂斯等，许多学生又已培养出自己的教育哲学博士研究生，真可谓桃李满天下。这些人成为六七十年代在分析教育哲学论坛上最活跃的人物。第三，以他为首的一批美国分析教育哲学家，形成了自己的独特风格，被称作"美国派"。

谢夫勒（也可算是美国派）的观点可概括为两点。

首先，哲学分析的对象究竟应该是什么。我们前面讲过分析哲学有两大支。一支是逻辑实证主义，强调逻辑的经验实证。奥康纳倾向这一派。另一支是日常语言学派，更关心日常语言的表达。由于通常的教育理论是按照定义、口号等语言提出来的，所以更体现了日常语声的见解。奥康纳认为"对价值判断的批判和澄清"是教育研究的主要任务。谢夫勒主张"哲学分析的主要任务是对基本概念和论证方式的澄清"。彼得斯则强调教育研究"是一种使人们对值得去追求的东西看得清楚，并集中注意于此的一种方式"。彼得斯也重视澄清，但他重视澄清的目的是为了追求某种有价值的东西。这跟视澄清为目标的奥康纳和谢夫勒有很大的差异，以致有人称他为"旧式的教育哲学家"，索尔蒂斯甚至认为他同杜威有很多相似之处。

彼得斯的教育主张在很大程度上是在批判当时和他之前的教育哲学的基础上提出的。他认为当时流行的分析教育哲学从本质上来说，是教育家从旁观者的角度来分析批判教育理论，自己不是积极的参与者，并且这样的研究属于第二层次，而不是第一层次。所谓第一层次的研究，就是直接了解世界；所谓第二层次的研究，就是通过对了解世界的表述所用的语言和思维形式进行分析。由于这些分析教育哲学家专注于第二层次的研究，并且孤立地探究一些思维形式，所以他们公开抛弃了指令性和规范性的东西。他们不再对教育提出自己的看法，不再提出建设性的建议，不再对"自由""不朽""生活的意义"等概念进行表态。彼得斯认为这是"听之任之"的消极态度。很显然，他的矛头所指主要是美国派为分析而分析的主张。他尖锐地批评道："虽然教育哲学的头脑因为注入哲学的血液而重新充满了生命力，但是它的动脉也因之而变僵化了，它开始进入一个沉闷的、对已经存在的分析和观点进行整理并试图使之完善的时期，再也没有从哲学或其他地方吸收新鲜思想。对分析的强调使研究变得十分狭隘、零碎。"

彼得斯认为，分析教育哲学家采取一种旁观者的角度，对教育不敢或不愿提出高水准的建设性的意见，根本原因是因为他们主张以不带任何偏见的方式对概念进行澄清，也就是说，在澄清概念时，如果涉及价值观念，必须持中立立场。正是这种错误的看法，导致他们不能揭示日常语言所反映出来的某些本质的东西。彼得斯公开放弃中立的立场，他的一本著作书名就是《伦理学和教育》。他认为，必须把伦理原则运用于教育情景，因为教育就是追求有价值的活动。分析教育哲学家要做的就是搞清楚有价值的活动是什么。不仅如此，彼得斯还不避讳"先验性"的论证。他说："民主的生活方式是基于讨论和实践理性的应用，这可以解释为是以公正、尊重个人自由、照顾兴趣等原则为先决条件的社会活动。我认为这些原则可以通过先验的论证来证明。"

尽管彼得斯带有传统教育哲学的痕迹，但他毕竟是一个分析教育哲学家。他的分析方法来自维特根斯坦的"语言游戏说"和"生活形式"理论。彼得斯认为词的意义在于用法而不在于名称，如游戏，它包括各种各样的游戏，根本无法找到能包含所有游戏内涵的本质的定义。所以他反对有些分析教育哲学家用定义法进行分析。定义法主张在考察一个概念之前先寻找某种标准，制定概念的界说。彼得斯认为概念总是具体的，分析一个概念必须了解它在某个时期的语言交往中是如何使用的。这样，所有的概念总跟一定的社会生活形式相联系。通过不断的分析、再分析，不仅可以对重要的教育概念作理论分析，还可以形成对社会和文化价值的理性的批评和论证，由此对教育实践进行批判性的分析，进而提出高水准的建设性意见。

至此，我们可以看到，对彼得斯来讲，"分析"和"综合"并不是绝对对立的。分析是手段，只是第二层次的一种研究，而通过分析，看见有价值的目标，才是真正的目的所在。因此"分析"和"综合"同等重要，两者是互为前提、互相补充的。更有意义的是，对奥康纳来说，分析是"奥卡姆剃刀"，要剃光所有有价值性和先验性的陈述；而对彼得斯来说，语言是社会生活形式的反映，从对语言的分析可以看到教育目标的价值性。

四、对分析教育哲学的反思

分析教育哲学脱离了传统教育哲学规范的或系统的方法，把教育哲学看作是一种活动。此外，在 60 年代，逻辑实证主义在哲学界的影响日渐削弱，日常语言学派已替代逻辑实证主义成为占优势的分析哲学的一大派别。也就是说，就整个分析哲学的势头来讲，试图以严密的科学理论模式来改造哲学的意愿已经减缓了。这种与传统教育哲学迥异的趋势，招来了教育哲学界的非议，也引起了分析教育哲学家的反思。

在 20 世纪 70 年代，一些著名的分析教育哲学家，如彼得斯、索尔蒂斯等人都意识到分析教育哲学遇到了麻烦。他们对分析教育哲学的批评，集中在下列两个方面。

第一，分析教育哲学已经有意无意地脱离了教育的中心问题，没有考虑作为教育研究之基础的教育价值、教育目的问题。

第二，方法的局限性。分析教育哲学把分析的和经验的、规范的叙述互相对立了起来。它只注重语言的分析，缺乏对传统的或当代的教育问题的阐述。

索尔蒂斯曾经是谢夫勒的博士研究生，是当代公认的有较大影响的分析教育哲学家。同彼得斯一样，在 60 年代就已经引起教育理论界的注意。

在对分析教育哲学的反思方面，索尔蒂斯和彼得斯对旧分析方法的批评确有相似性，但两者的治疗方法不同，对前景的展望也不同。正是由于这种不同，索尔蒂斯被称为后分析教育哲学的代表。他的研究具有两个特点：

第一，公开承认传统教育哲学和分析教育哲学各有自己的研究对象。

索尔蒂斯立体地勾画了教育哲学研究的图景，认为教育哲学的研究可以有三条途径。一是综合——概要的研究。它从广泛的世界观的角度讨论教育哲学，注重一般的哲学问题在教育中的应用。特点是开阔，不是狭窄地就教育论教育。可以等同于三维空间的"宽"。他强调这种主题，如人的本质等是人类史上经久不衰的讨论对象，因此不能轻易抛弃。二是分析——解释性研究。它的主要任务是分析对教育者产生重大影响的口号、隐喻以及关键性的概念。特点是精深，使表面上似是而非的术语和表述经分析后暴露出深层的矛盾和不一致，可以比作三维空间的"深"。三是规定——纲领性研究。它关心教育哲学的价值维度。从历史上看，分析教育哲学家就是通过价值判断和价值评解对教育发表指令性意见的。从现实来看，由于分析方法不涉及价值判断，因此规范的教育哲学家应该尽其所能地为教育应该做什么提供一种合理的、有充分理由的思考，为分析的局限性填补一个重要的裂缝。它的特点是高瞻远瞩，从价值的高度指导教育应遵循什么方向，可比作三维空间的"高"。这三条途径应该"相互补充而不是互相对立"。

他说"分析的技术可用来使纲领性哲学系统的概括和综合的概念变得清晰，使之更精确、易懂"。

在索尔蒂斯看来，传统哲学和分析哲学作为两种工具，各有自己所擅长的操作领域，是绝不能相互替代的。"如果我们能够把分析的运用比作显微镜的运用，那么我们也可以把传统的哲学世界观的构造比作天文学家在绘制宇宙图时使用望远镜"。微观和宏观，传统教育研究方法和分析方法成为绘制教育哲学图景不可缺少的武器。彼得斯也主张教育理论应该保留伦理价值，可是他的体系中仍然是分析的方法占支配地位。对索尔蒂斯来说，与其要糟糕的分析方法还不如要一个模糊的系统哲学。"对概括和综合的概念使用分析的技术，我们可以发现某种系统的模糊比人为的精确更令人满意。"索尔蒂斯恭恭敬敬地把形而上学和伦理学请了回来，使它们和分析方法共同构筑起一个新的教育理论体系。对严格的分析哲学来讲，分析只是活动，绝不能构造体系，然而索尔蒂斯却恢复了体系的"荣誉"。

第二，十分重视教育哲学对实践产生积极效果的问题。

索尔蒂斯认为，"除非教育哲学对教育实践有某种结果，否则它将是一个令人无法容忍的研究领域"。虽然谢夫勒和彼得斯也经常提起"教育实践"，但他们所指的实践主要是指对实践中的用语和问题进行分析。索尔蒂斯则系统地阐明了教育哲学应该面向教育实践的问题，并探讨了教育哲学与教育实践的联系方式。他认为，教育哲学应该有三个层次，即个人的教育哲学、公众的教育哲学和专业的教育哲学。在这三个层次上，教育哲学的表现形式是既相联系又有区别的。

个人的教育哲学指教育实际工作者关于教育工作的基本信念和理想，也就是他个人的教育观。个人的教育哲学既可以是加以系统阐述的个人的深思熟虑，也可以是未经加工的下意识的。个人的教育哲学支配着个人的教育实践；只有明确地意识到自己的教育观并在实践中坚决加以贯彻的人，才是自觉的、明智的和对自己的事业充满热情的教育工作者。

公众的教育哲学既体现在政府和学校所制定的各种教育政策和规定中，也体现在公众的有关教育问题的著述或各种教育思潮、教育运动中。它要影响和改变许多人的教育实践。索尔蒂斯认为，无论科南特、布拉梅尔德、斯金纳、倪尔等对教育问题进行系统考察的人士，或是诸如进步主义、永恒主义、要素主义、改造主义等教育思潮，都提出了当代教育哲学值得加以研究的论题和实践，应该受到重视。

专业的教育哲学指受过专门哲学训练的哲学家的教育观。由于专业的教育哲学也是一种经过系统阐述的哲学家的"个人的教育哲学"，同时它通过自己的教育观来影响公众的教育观，所以，专业的教育哲学与个人的和公众的教育哲学有着密切的联系。但是，专业的教育哲学家的主要任务在于提供对各种教育问题进行分析、考察、反省的武器和方法论，由此促进教育工作者的理解力和洞察力，而不是仅仅提供有关教育问题现成的答案或行动方案。为了达到这一目的，他们必须熟悉从柏拉图、亚里士多德、卢梭、洛克、怀特海到杜威的教育思想史资料和当代一般哲学的文献。既增强对当代教育问题的历史透视能力，又从新理论得到启示，以明了教育思想发展的轨迹。除此之外，他们还应该学习一般的哲学文献，以求系统阐发其中有启发意义的理论观点，昭示教育思想发展的逻辑。

索尔蒂斯认为，教育哲学与教育实践的联系方式不同于教育科学与教育实践的联系方式。教育科学同教育实践的联系主要在于向教育工作者的具体实践提供操作的步骤和技术，而教育哲学则主要为教育工作者的教育实践提供明晰的、正确的、自觉地思考问题、做出决策的立场和方法论，使他们明确自己的使命并把握自己的方向。

最后，需要强调指出的是，索尔蒂斯作为分析教育哲学家的特色始终是鲜明的。索尔蒂斯不仅承认传统教育哲学的价值，而且力图使传统意识和现代的方法结合起来。虽然他主张向传统教育哲学复归，但仍然保持了分析教育哲学家的特色。他强调教育研究的科学性，认为不能满足于传统教育哲学中常有的常识性陈述。他强调以理性，而不是以经常出现在传统教育哲学中的情绪性的指令为基础来分析和规定价值标准。他强调教育哲学研究应该是一种动态研究，而不应该仅仅是一种静态研究。他还认为，在各种形式下，成熟的当代教育哲学主要是一种反思的、理性的、批判的活动，而不是一件事，一个被接受的学说或者一个不能置疑的对世界和教育的正统观点。可见，索尔蒂斯所复归的传统教育哲学已不是封闭的、静止的、权威的体系，而是一种既包括形而上学和伦理学原则，又以开放的心态和理性的分析为特征的、不断对教育问题进行探索的活动。

在这一节中，我们以五个人为代表，简略地呈现了分析教育哲学的发展历程。从断然拒绝教育理论中的形而上学和伦理学的成分，到重新把它们列为教育研究的一大领域，从逻辑实证主义强调逻辑分析到充满学究气的"纯形式"分析，再到呼吁分析哲学必须跟教育实践相结合，这个否定之否定的历程表明：教育理论确有其特殊性，不能简单地把科学理论模式作为改造教育理论的典范；向传统教育哲学回归不是简单地回到起点，而是螺旋式地进入高一层次，表面上也有形而上学和伦理学，可是他们所主张的这种形而上学和伦理学已经过澄清分析，语义明确，已丧失了昔日的终极性，真正的价值在于引导人们不断钻研，不断求索。

选自陆有铨著《现代西方教育哲学》

关联拓展阅读之二

教育与哲学：从游离到复归

朱守信　杨　颉

教育与哲学原本属于两个不同的范畴领域，但二者从诞生时刻起就注定相互缠绕与相互印证。教育的目的在于使人不断完善，而哲学总是在告诉人们什么是善以及如何达到善；哲学是对理想崇高生活的界定，而教育则是对理想崇高生活的教化实践，两者似乎总有着剪不开、扯不断的联系。在人类文明的轴心时代，东西方先圣都将教育作为哲学的问知主题，把哲学作为教育的存在方式，教育与哲学实际统合于一体。"在柏拉图，哲学与教育学是完全一致的。"[1] 自亚里士多德以降，教育学就一直孕育在哲学的母体内，教育学的全部就是教育哲学。正因如此，教育哲学在历史的很长时期内并没有作为独立的概念出现。教育哲学也只是晚近以来为了区别于教育学其他分支学科而单独提出，尤其在现代知识论话语背景下，教育哲学通常是与教育科学的比较中获得学科身份。

伴随 19 世纪之后自然科学的日益突起，其实证的方法论原则开始渗透到各个知识领域并取得统治地位。这使得以探讨教育活动本性、价值和意义为目标的教育哲学陷入了知识合法性危机。教育哲学思考和阐述的更多是一些规范性命题，难以进行真假的检验，因此不是认识教育真理和规律的有效方式。在科学主义方法论和认识论的不断侵蚀下，教育哲学存在的合理性与正当性愈发遭受质疑，教育哲学越来越不被视为一种可靠的知识形态。教育哲学研究开始引不起教育理论界的兴趣，并受到有意识的贬抑。到20世纪后半期，虽然教育哲学的规范性研究仍未完全排除，教育哲学的衰微之势却日渐明显，教育游离哲学已经成为一个不争的事实。面对教育对哲学的游离，我们需要重新思考：教育为何游离哲学？为什么必须有教育哲学？倘若我们认定教育哲学是必须的，那么它在当下教育生活语境中如何得以重建？俯察现代教育面临的种种危机，对这些问题的思考和回答兹事重大。

一、游离的缘由：从认识论到价值论

教育游离哲学首先是一个现代性的认识论事件，必须从理解人类认识论转变开始。英国学者梅尔茨指出，人类知识原则在19世纪发生了重大转折，科学主义知识原则日益渗透到学术研究中，最终将与之相对的宗教、哲学等人文话语驱逐出知识领域，形成科学主义一统天下的知识局面。"科学据说是精密的、实证的和客观的，它同那些不精密的、模糊的和主观的其他思想相对立。科学据说用确定的、直接的和一般的术语传达其结果或观念，因而与其他立足于意见、信念和信仰的思想领域相对立。"[2] 以经验实证为基础的科学主义知识原则不断取得主导地位，并且建立起与之相应的现代知识论体系，可经验性与可验证性成为知识合法性的唯一来源。"单纯注重事实的科学，造就单纯注重事实的人。"[3] 基于实证的科学主义知识观将一切与人有关的规范问题排除在知识体系之外，割裂了人与世界之间的本初关系，只关注事实并压抑对价值问题的思考，进而导致近代以来的欧洲科学危机。

在这个由"现代"向"后现代"转变的历史进程中，哲学自身也受到前所未有的追问。现代哲学在科学主义认识原则的巨大影响下，甚至发生了具有革命性的范式转变。逻辑实证主义和科学经验主义强烈冲击传统哲学的理论内核，以形而上学和本体论为主的传统哲学不断遭到拒斥和抛弃，愈发失去对感性世界的吸引力和生命力。在与科学主义话语霸权的对峙中，哲学逐渐丧失主导地位，开始转向语言分析和逻辑实证，服膺科学主义认识原则寻求科学性证成。现代哲学疲于在科学主义世界中确立自身合法性，无暇旁顾处于学科边缘的教育问题，教育哲学的建设重任更多是由教育学原理来承担，这一点在我国教育学学科建制中表现得尤为明显。教育学原理工作者主动拾起哲学家留下的理论空地，因此从某种意义上可以说，教育哲学就是教育基本理论不断抽象和内在深化的结果。教育哲学变成教育自身所关注的问题，更多是在教育学基础上加深建构，这也使得当前的教育哲学严格来说是"教育的哲学"（Philosophy of Education），而非真正意义上的"教育哲学"（Educational Philosophy）。[4]

现代哲学的知识合法性危机给教育哲学带来了深刻的认识论困境，使得传统意义上的教育哲学逐渐失去母体关照。受科学主义认识原则影响，包括教育学在内的现代社会科学都不断朝向自然科学靠拢，以获得价值中立与客观独立的知识，并依托这种知识的获取积累起学术威望和科学地位。"但是正是这种调整使这些学科失去了个性和崇高的精神，使它们再也不能为探索关于人生意义问题的答案提供有组织的帮助。"[5]科学主义认识论的盛行使人们在研究教育相关问题时，有意识地回避形而上学进路，从而放弃许多带有根本性问题的思考和建构。在这样一种科学主义认识论基础上，人的精神不是遭受贬抑，就是被视为可以通过自然科学方法加以研究的对象。自然科学取得新知识世界的正统地位，人文话语被科学话语取代，教育哲学让位于教育科学，教育哲学在这种科学主义认识论转向带来的学科危机中不可避免地衰落了。

显而易见，教育游离哲学可以最直接地归答为认识论转移的结果，即科学主义方法论的胜利导致传统思辨和规范研究的式微，使得以探讨教育活动价值和意义的教育哲学陷入了知识合法性危机。传统哲学逐渐从教育活动中消退，科学成为教育的主导。然而，这似乎只是从认识论或方法论的角度给出了游离的外部缘由，并没有从教育活动的自身转型中寻找答案。事实上，这种由认识论转向带来的衰落并不是教育哲学所特有的，仅仅将游离归为科学认知主义或教育科学化的胜利未免过于表象，因而也就无法找到教育游离哲学的真正原因和指出复归之路。教育游离哲学不仅仅是认识论的问题，更多是价值论的转变，即现代教育的价值从人转向了知识，致使教育从本体上游离哲学。

现代教育的价值转变始于教育的知识化转型，这是现代教育区别于传统教育的最主要特征。进入现代社会后，知识的价值被重新发现，知识不再仅仅是组建社会生活的手段，更是构成社会生产力的主要来源。今天的教育中，知识已经取代人成为教育的核心主题，这使得与知识传递相关的教育科学日益勃兴，无论是教育制度设计、学校组织管理，还是教学活动安排，其本质都旨在提高知识传递的效率。然而，如果把教育活动仅仅理解为知识生产和传递的手段，而与人性的成长与完善毫不相涉，那么教育作为一个哲学问题来讨论就会失去价值根基。当人不再居位教育的中心语境时，教育就不可避免地与哲学渐行渐远，并最终导致教育哲学的现代性危机与衰落。

二、知识、教育与人

近代以来人类教育的空前发展可以说是社会生产方式变革的结果。产业革命之后，人类日渐进入一个高度生产化社会，社会生产的急剧扩大对劳动者的知识素养提出更高要求，现代化生产越来越需要经过知识训练和具有知识学习能力的人。社会生产对知识的基础性依赖在工业社会早期就初见端倪，随着后工业知识社会的到来，这种依赖不是减少而是与日俱增，"后工业社会是围绕着知识组织起来的，知识现在对于任何社会的运转都是必不可少的"[6]。在生产逻辑和增长原则主宰一切的时代里，人作为知识资本的创造者和携带者，成为生产资料的重要组成。教育活动作为知识传递最大的载体，蕴含着知识社会所需的巨大生产性功能，当这种生产性功能被发现后，便迅速作为一种工具被无限委以重任。现代教育的发展恰恰是得益于知识的社会功用被开发，甚至可以看作是搭了知识的"便车"，"知识就是力量"成为教育迅速扩大的主要力量。

社会生产对知识的依赖直接导致了教育的知识化，知识和知识人成为现代社会运行的基础。当斯宾塞给出"科学知识最有价值"这一论断时，现代教育的发展路径和图景似乎就已经注定。"无论是个体还是国家，一旦掌握这种现代的科学知识，就等于掌握了控制客观事物以满足自己世俗性需要的能力。掌握、记忆、理解和应用这些知识也就顺理成章地成为实现各种现代教育目的的重要手段和重要标志。"[7]知识在教育过程中取得全面支配地位，从教育理念到教育内容和方式都一并被知识化。知识教育的核心是知识传递的效率，即如何安排教育活动和设计教育制度来使人更有效地习得掌握知识。但是这种知识教育往往在外部社会有形与无形的推动下走向唯知识化的极端，知识的获取代替了主体人格的完善，作为认识主体的人被排除在教育过程之外，进而出现"只见知识不见人"的悖景现象。教育与知识的实践逻辑发生倒置，教育变成知识的载体，而非知识作为教育的载体。

产业革命及其引发的现代性使社会深层的价值秩序发生了位移，工具价值压倒实质的生命价值，职业价值和实用价值被推崇为普遍有效的价值原则。[8]这种价值秩序的变化，不仅改变了知识的基本观念，更改变了教育目的和方向。以知识为本的教育只看重知识的生产性，学校培养人这一基本职能遭到削弱，逐渐失去育人的本真面貌。现代社会的生产化使教育活动异化为知识劳动力的培训，基础教育沦为基础培训，高等教育成为高级培训。在一个生产逻辑普遍盛行的社会，个体的精神灵魂与产值效益相比显得无足轻重，社会更看重的是教育能培养出多少合格的劳动生产力。正如弗洛姆所说："我们现在的教育目的，主要在于造就于社会机器有用的公民，而不是针对学生的人性的发展。"[9]知识的生产不再为了闲逸的好奇，人的生产不再为了自我的完善，因此无论是知识还是人的生产都是狭隘和单一的，复数形式的人在现代社会也越发不复存在。在技术理性主导的社会中，人和知识绑架在一起成为生产力的变革要素，教育活动存在的合法性依据从人性的完善变为人力的开发，人力取代人性成为教育的逻辑出发点。

社会生产对知识与知识人的单向度偏睐下，教育活动裂变为知识获取和道德教化两个领域。知识教育成为当代教育的主要内容，取代了传统教育中的道德优先性。知识无论是力量还是权力，都在远离苏格拉底所提的美德。如今，知识非即美德，美德也非即知识。随着科学理性主义主导了人类的认识世界，事实与价值、知识与道德开始分道扬镳，事实不再彰显价值，知识也不再意味美德。现代教育渐渐离开传统的德性关怀，其"唯一的目标就是增长我们对物质世界的主宰能力"[10]。教育正逐步失去其作为精神家园的地位，最主要原因就在于什么是好人好生活的道德教育不再是教育活动的中心。好教育的评价标准不再是德性的追求和灵魂的塑造，而是知识的理解、掌握和应用。"知识的荣誉往往会带来道德的不幸，这是现代唯智主义的后果，它破坏了人的内在的统一和单纯性。"[11]道德教育也被迫经受科学认知主义的浸洗，只留下客观道德知识体系。当前的知识社会不仅默认这种知识与道德的分裂，而且还在制度结构和机制运行等方面推进这种对立。

现代教育逐渐用知识剥离教育的道德属性，教育不再将人培养为有德性的人，而是成为有知识的人。然而，知识本身并不能够使人自由地思考和有意义地生活，无法使个体向自我和他人开放，在情感上和理智上亲近生活世界。知识只能"造就人的物性，扩张人作为物和工具的性能，使人更多地物性地面对世界，技术性地对待、处理生活和生活世界"[12]。传统教育中，知识与道德互为表里，人类认识世界的过程就是发展完善自身的过程。现代社会对教育知识功能的推崇与看重，使得教育对知性的获取遮蔽了对人性的追求，人的知识特征愈发突显和强化，而道德特征则相对弱化并日渐萎缩。教育背离求善的根本目的，德性似乎成为教育中最不重要的问题。道德教育的弱化还表现在，道德教育需要作为一个专门的概念来确定其能指与所指，以至于我们对教育的讨论会不自觉地落入教育与道德教育二分的框架下，在分割的话语体系中言此及彼。"把教育中智力的、体力的、美感的、道德的和社会的组成部分加以分隔，这是人类互相疏远、轻视和支离破碎的一种迹象。"[13]

古希腊是西方教育思想的摇篮，古希腊哲学对人有两个经典的定义：一是理性，另一个是完整性。古希腊及其之后的西方教育原则基本都是这两个观点的产物，直至整个工业社会前期，人的教育过程都是一个整全的计划。"这个教学计划的目的就是塑造学生的灵魂，其途径是向学生证明自然世界和社会世界的共同的道德体系，以及培养为履行他们在这个世界中的位置所赋予他们的义务而必须具有的习惯。"[14]现代教育虽然极大地满足了个体和社会的世俗性发展要求，却在品格、精神和德性层面亏空了个体和社会。知识教育与人性培育逐渐分离，教育从关注人的内在发展转向对外部世界的占有，教育活动成为一种失去灵魂的行为，只能追求一种"失去灵魂的卓越"。"教育实际上并不像某些人在自己的职业中所宣称的那样，能把人的灵魂里原来没有的知识灌输到灵魂里去。"[15]真正的教育从本质上来说必然是一种精神性的活动，灵魂和知识并没有直接和必然的联系，灵魂是否充盈更多取决于知识的性质和人对知识的态度。古典教育对高贵灵魂的孜孜以求在现代教育中难以重觅身影，现代教育与人的灵魂分离，与生活的本真分离，与人类的终极关怀分离，教育也就失去了存在的哲学依据。

由之可见，教育与哲学分离的本质是教育与人的分离。教育游离哲学一方面源于现代科学主义认识论转向，但另一方面更来自现代教育的知识化转型。造成教育与人两分的主要原因在于社会生产领域扩张对知识与知识人的依赖，导致现代教育的唯知识化倾向，进而形成对教育中道德理性和人性的显性压抑。教育开始仅仅作为知识传递的手段和工具，不再关注人的理想、价值、精神和灵魂等层面内容，教育也就不再需要哲学守护，而只需要来自行为科学的帮助。因此，重新审视教育和人的内在关系，寻求知性、德性和人性的统一便成为当代教育哲学的一个重要命题。

三、教育的善：教育对哲学的复归

历史上还没有一个时代像今天这样，人自身成了问题。人的发展不仅需要形而下层面的科学性和技术性知识，也需要形而上层面的理想性和价值性追求。这些价值问题在当代不是不存在，而只是暂时隐退在科学主义的强光之下。教育活动不能仅仅停留在经验层面，还必须进一步追问支配教育活动的价值准则及其所依持的伦理根据，尤其是那些存在于现实教育生活中的一般原则以及未来教育生活中的可能导向。倘若我们仅仅按照人力资本理论或知识经济学结论，教育就必然沦为生产的工具。当前教育的合法性只能通过人力资本来辩护，但从教育的本质来看，"那只不过是在向着人的目的，增进人的内在价值的一种副产品而已"[16]。当教育把自身的逻辑置换为社会经济的逻辑，也就不可避免地遭遇被工具化的命运，以至在很多时候走向自己的反面。现代学校已经很难以算作一个文化的、生活的和道德的场所，出于世俗和功利的考虑，现代教育制度也很难称之为一个善的制度，更为贴切地说，应该是一个有效率的制度——一个将知识传递最大化的制度。

必须承认，现代教育已经不可逆转地发生着知识化转型，日益加速的知识教育需求与人类精神世界维系产生了空前的张力。知识教育的当代意义显著且重大，但我们往往只注意知识的工具理性，而忽视教育的道德价值。需要看到，我们的社会从来就不是仅仅靠知识来建构，知识只是社会正常运转的一个必要条件，而非充分因素。即使是在当下知识社会之中，社会运行规则仍是道德的，社会的制度设计和行为依据仍来自道德，个体德性与公共道德仍是构建社会生活秩序的基石。一个健全的社会无论知识系统多么发达，社会生活都最终取决于个体人性中所蕴含的道德力量和精神信念，知识社会对人性的要求不是没有而是更加强烈。事实上，知识本身无法脱离人实现其社会功能，"知识不能在自身找到有效性，它的有效性不在一个通过实现自己的认识可能性来获得发展的主体中，而在一个实践主体中，这个实践主体就是人类"[17]。后现代社会的基本特点在于神圣性逐步消解和社会生活平面化，由之而来的是理想主义的衰落。理想的社会生活除了借助知识为我们带来巨大的生产财富，还要通过对个体人性的培育才能达到精神的丰满。知识不能自发地引导人过有意义和完善的生活，它需要借助德性力量的约束，并通过道德实践来体现人类存在的根本价值。随着社会向前发展迈进，人们开始越来越关注生活中更为本质的东西，当代西方教育中出现的道德回归便是很好的明证。

现代教育无法只限于知识的生产与传递，还必须同时关注教育对人的道德养成以及教育活动的伦理价值。道德是人安身立命的崇高原则，关切的是人如何立足于宇宙世界中，生活于人类社会中，存在于自己内心中。道德与心灵最为相关，是人的精神方式和内在品性，德性的培养恰恰是人获得心灵和谐与精神提升的最主要方法。学校"首先应该是养成品性的场所，是培育智慧和道德习惯的场所，所有这些习惯共同形成使人能过对自己而言是最好的生活的基础"[18]。人一方面需要求知和求真，但在更深刻的层面上是要求善、求美。从古今中外教育的发展历史来看，人们实际上对教育总抱有某种知识以外的期待，这正如中国历史上对"经师"和"人师"的区别。如果说教育是关乎人的活动，那么其必然离不开道德性。"教育本来与道德同源，在其演变过程中，才逐渐同道德分离，但又未完全摆脱道德的影响。"[19]对人和道德的回归不是对知识教育的否定，而是对教育单一化和片面化发展的一种矫正。

知识世界的构建中往往会遗忘生活世界，"怎样运用我们的一切能力使对己对人最为有益？怎样去完满地生活？这个既是我们需要学的大事，当然也就是教育中应当教的大事"[20]。人类所有的实践活动基本上都是处理人与人或人与物的关系，只有教育才将人自身发展作为活动宗旨。然而，进入近现代以来，这种对教育宗旨的背离却时常发生，以至于成为一种见惯不怪的现象。"教育不仅要让个人获得知识，而且还要为知识和社会建构充分合法的主体。"[21]当前教育之所以出现种种"怪乱"和"不善"，其根源就在于没有将人作为教育出发点。教育须时刻遵循把人作为目的这条康德所认为的最高实践原则，即使在知识化教育盛行的今天，仍不能放弃对教育"使人成为人"问题的价值思考。"无论如何，教育可以被视为人类完善自我的一种努力，只要人类存在着，这种努力就不会停止。"[22]人从本质上来说是一种价值性存在，如果我们承认教育中人的价值问题是必须的和有意义的，那么教育就无法游离哲学。

教育与哲学结缘起于教育活动真正开始考虑人的地位，对教育活动中人的主体化思考是教育进入哲学的重要标志。在西方，苏格拉底最早将哲学从研究宇宙自然本体拉回人类社会生活，这是西方哲学最早实现的对"人"的一种转向。"哲学的目的，是使人作为人而能够成为人，而不是成为某种人。"[23]教育的目的在于使人完善，因此在这一点上，可以说关于人的哲学与关于教育的哲学是一致的。无论社会形态如何发展和变化，教育与人的关系始终是教育哲学的根本问题，也是教育哲学的基本内容。教育哲学作为一门实践哲学已经得到绝大多数学者的认同，教育哲学区别于其他实践哲学的根本就在于它的教育性。教育性是教育实践的规定性特征，决定了教育活动必然指向人的精神和灵魂层面，精神教化的衰落是教育远离哲学的最主要表现。"教育是人的灵魂的教育，而非理智知识和认识的堆集。"[24]人性的复归是当代教育哲学复兴的逻辑起点，教育对人性的重归必须借助哲学的目标指引、思考力量和价值支撑。这也是为什么我们要在教育活动的背后不断地给予哲学反思——教育活动为什么要关注人、生命、道德以及生活，对于这一系列问题的阐述正是教育重归哲学的依据和通路。教育复归哲学不是一种偶然，而是现代教育对人回归的一种必然，因此教育与哲学的关系仅仅是在当代疏远，但并没有断裂。

教育哲学一方面要思考什么是美好的教育生活，另一方面还须回答实现美好教育生活的基本原则和方式。当教育把"是什么"的问题转化或落实到"何以是好"的问题上，教育就进入了哲学。教育活动如果缺少哲学的价值向度，只单方面强调教育工具性一面，就会很容易使教育变成无人性的教育。只有不断对"何以是好"的问题进行追问，才能通透对"是什么"问题的理解和掌握，从这个意义上说，教育复归哲学实际是对教育的一次拯救和浸洗。教育复归哲学，并不是把教育和哲学等同起来，而是要立足哲学的理论思维与视阈，把教育引向教育的善，使教育向善。善即所欲应当之事。教育的善就是实现人的善，唯此，教育才是一个有意义和值得不断追求的事业。因而我们有理由不住思问：现代教育能否只满足停留于生产性和技术性的知识工具层面，教育完善人性的崇高目标是否仍然有其现实的合理性依据，我们的教育如何更好地协调教育与人、知识与道德的分立困境，如何对人的发展和人性完善做得更好一些，如何重新找到和回归教育的善。

参考文献：

[1]王庆坤.现代教育哲学.武汉：华中师范大学出版社，2000：33.

[2][英]梅尔茨.十九世纪思想史.周昌忠译.北京：商务印书馆，1999：61.

[3][德]胡塞尔.欧洲科学的危机与超越论的现象学.王炳文译.北京：商务印书馆，2001：16.

[4]关于"教育的哲学"与"教育哲学"的区分一直存在争论。但一般来说，前者是从哲学的视角来研究教育问题，如国内有学者指出"教育哲学就是哲学地思考教育问题"（李润洲.教育哲学：哲学地思考教育问题.教育研究.2014年第4期）；后者是研究教育领域中的哲学问题，更多是作为哲学研究的分支，而非教育学分支，其学科属性更多接近现行的科学哲学、道德哲学等。

［5］［14］［18］［美］安东尼·克龙曼.教育的终结：大学何以放弃了对人生意义的追求.诸惠芳译.北京：北京大学出版社,2013年：48、40、33.

［6］［美］丹尼尔·贝尔.后工业社会的来临——对社会预测的一项探索.高铦等译.北京：新华出版社,1997：21.

［7］石中英.知识转型与教育改革.北京：教育科学出版社,2001：161.

［8］［德］舍勒.舍勒选集（上）.刘小枫译.上海：上海三联书店,1999：468.

［9］［美］埃里希·弗洛姆.健全的社会.孙恺祥译.贵阳：贵州人民出版社,1994：280.

［10］［法］爱弥尔·涂尔干.教育思想的演进.李康译.上海：上海人民出版社,2003：471.

［11］渠敬东、王楠.自由与教育：洛克与卢梭的教育哲学.北京：生活·读书·新知三联书店,2012：158.

［12］金生鈜.规训与教化.北京：教育科学出版社,2004：3.

［13］联合国教科文组织国际教育发展委员会.学会生存——教育世界的今天和明天.华东师范大学比较教育研究所译.北京：教育科学出版社,1996：98.

［15］［古希腊］柏拉图.理想国.郭斌和,张竹明译.北京：商务印书馆,1996：277.

［16］［美］布鲁巴克.教育目的的基本理论问题.党士豪译,瞿葆奎.教育学文集·教育目的.北京：人民教育出版社,1989：330.

［17］［21］［法］让·弗朗索瓦·利奥塔尔.后现代状态：关于知识的报告.车槿山译.北京：生活·读书·新知三联书店,1997：73、69.

［19］陈桂生.教育原理.上海：华东师范大学出版社,2000：182.

［20］［英］赫·斯宾塞.斯宾塞教育论著选.胡毅,王承绪译.北京：人民教育出版社,2005：13.

［22］哈佛委员会.哈佛通识教育红皮书.李曼丽译.北京：北京大学出版社,2010：193.

［23］冯友兰.中国哲学简史.北京：北京大学出版社,1986：16.

［24］［德］雅斯贝尔斯.什么是教育.邹进译.北京：生活·读书·新知三联书店,1991.4.

关联拓展阅读之三

新时期我国教育哲学发展的三个基本问题

冯建军

我国教育哲学自 1979 年恢复重建以来，经过三十余年的发展，虽然取得很大成绩，但也存在不少问题。在此，拟简要讨论始终缠绕于学科发展过程中的三个重要问题，因为它们关系如何为教育哲学学科的发展定性、定向、定位，直接关系教育哲学的存在和发展。这三个基本问题不解决，我国教育哲学很难在现有基础上取得总体上的高效、有深度的发展。

一、定性：教育哲学姓"哲"还是姓"教"

何谓教育哲学？就研究对象来说，大致有两种认识：一种是研究教育中的哲学问题，一种是研究教育中的一般问题。从学科归属上看，前者把教育哲学归属于哲学，认为它是哲学的一个应用性分支学科；后者是把教育哲学归属为教育学科，是教育学学科体系中的一个基础学科。围绕着这种不同的认识，其实，已经形成教育哲学的两种风格——姓"哲"的教育哲学（philosophy of education）和姓"教"的教育哲学（educational philosophy），出现了教育哲学建设的两种思路。

把教育哲学归属为哲学，其学科建设的思路是：把哲学作为毋庸置疑的前提，视为教育哲学的上位理论、上位概念，然后移植到特定的教育领域，进行哲学的演绎和推论，甚至将风马牛不相及的哲学观点生搬硬套过来，给读者以如坠云雾、不知所云的感觉。这样的研究，生搬硬套哲学的概念、理论，尾随哲学的发展亦步亦趋，失去了教育哲学自身的独特性，显得深奥、哲学味十足，实际上仅是西方哲学（史）的注脚而已，既没有对哲学做出发展，也没有对教育做出贡献，哲学与教育处于两张皮的状态。而且这种研究还存在一个前提性假设：哲学的命题具有先验的正确性，变化的只是应用领域而已。其实，哲学上的某个理论，运用到教育上也未必就恰当。因为哲学原理是就普遍性而言的，不是专门为教育所立，哲学理论的正确性并不能保证教育理论命题的正确性。哲学所关注的问题，未必是教育所关注的问题。如此的教育哲学，既晦涩难懂，又缺少教育的针对性，只能是故弄玄虚，失去了教育的根基，也失去了教育的听众。

把教育哲学归属为教育学科的子学科，并视为教育理论的基础学科。这种做法克服了上述哲学化带来的问题，但因为教育哲学研究对象缺少独特性，又容易与其他教育学科产生混淆，如教育哲学与教育原理、西方教育哲学与西方教育思想史、课程教学哲学与课程教学原理、德育哲学与德育原理等。虽然说教育哲学研究教育中的根本问题或一般问题，但所谓的一般问题是相对的，如相对于教学方法来说，教学规律、教学原则等属于一般问题，但相对于教育整体来说，教学规律、教学原则则属于分支问题。随着教育哲学分支领域的扩展，这种混淆和重复的情况会越来越严重。不仅如此，这样的教育哲学还面临哲学味不浓、抽象化水平不够、学术水平不高的指责。

不少学者把教育哲学既作为哲学的分支学科，又视为教育的基础学科。这里所谓的"既"和"又"，不过是中国人习惯的"完美"表达方式，实际上是一种自欺欺人的幻想。试想，一个孩子，怎么能够说他既属于母亲也属于父亲？这个孩子，虽然一边连着母亲，一边连着父亲，但他就是他，他是母亲和父亲结合而形成的独特的自我。简单地把教育哲学归结为哲学分支或者归结为教育理论基础学科，呈现的都是明显的"单边性"学科思维倾向。[1]这样既不利于教育哲学形成独特的自我，也不利于教育哲学的发展。

早在学科建设之初，黄济先生就指出："教育哲学要成为一个独立的学科，顾名思义，它既带有边缘学科的特点，但又不是一般的边缘学科。说它带有边缘学科的特点，就是说在教育哲学中具有教育学和哲学的共同特点，是教育学和哲学的有机结合；但它又不是一般的边缘学科……带有方法论的性质，它应当成为其他教育学科的理论基础。"[2]在黄济先生看来，教育哲学首先是一个边缘学科、交叉学科，这是根本。在这个基础上，才是其他教育学科的理论基础。问题是，哲学和教育学的交叉点在哪里？这是解决问题的根本。只有找到这个交叉点，我们建设的教育哲学，既有哲学特性，又有教育学的特性，但它既不属于哲学，也不属于教育学，而属于独特的它。我们以哲学和教育学的结合点为轴心，充分发挥哲学和教育学的学科优势，打通二者的关系，真正使教育哲学成为吸收二者母体营养的独特学科。

哲学与教育学的结合点，笔者的《教育哲学》提出是"人"。"哲学与教育因为'人'这一共同的对象，二者紧密联系起来。可以说，它们都因为人而存在，二者的共同点在于人，在于人生，在于人生的意义。哲学在于'使人成为人'，提出成'人'的方向和目标；教育则促使人成为'人'，提供了成'人'的方法和途径。"[3]教育哲学要研究教育中的根本问题，笔者认为这个根本问题是成"人"：教育为何成"人"，成什么"人"，须从教育价值、教育目的上进行探讨。王坤庆教授也指出："在现代教育哲学中，人们最大的分歧恐怕是在教育目的观、教育价值观等一系列根本的教育问题上。什么样的人才是人？是受过教育、掌握系统知识、受过专门训练、具有良好道德精神面貌的人，还是透彻理解生活、具有独立人格和创造精神的人？实际上，这既是教育目的、教育价值的选择问题，也是教育哲学试图回答的根本问题。在这些根本问题的引导下，人们试图重新认识教育中的许多基本概念，如教学、训练、陶冶、师生关系、德行、生长、发展等。"[4]当然，哲学和教育都是历史的、变化的，结合点也应该是变化的。就当代中国而言，以人为本的社会，把"育人为本""立德树人"作为教育的根本任务，"人"、育"人"、成"人"是我国当代教育哲学所要研究的根本问题。教育哲学研究定位为"人"，并不排斥教育哲学对社会的研究，关键是明白：社会发展以人的发展为根本诉求，研究社会是为了更好地促进人的发展。

事在人为。促进哲学和教育学的交叉、贯通，需要人去做。而这个人，不是教育学的专家，也不是哲学的专家，而是教育学和哲学相结合的"杂家"。因此，我们必须考虑怎么培养杂交学科的教育哲学专家。大陆的教育哲学研究者，基本是教育专业科班出身（哲学研究者从事教育哲学研究的寥寥无几），他们虽然熟悉教育理论，但缺乏哲学训练和哲学功底，哲学素养不高。交叉学科的人才的培养，必须是双学科的，最好能够是本科和研究生阶段学哲学，至少本科阶段学哲学，受过较为专业的哲学基本训练，博士阶段选择教育学，将哲学之纹理、血脉融在教育实践、教育生活之中，构筑既有哲学的气质、魂灵，又有教育的生机、生命的教育哲学。教育哲学的发展必将打通教育学与哲学的孤立和阻隔状态，形成二者良性互动的交叉机制。

二、定向：教育哲学走哲学化路线还是实践化路线

教育哲学是以哲学理论分析教育实践，还是把教育实践问题提升到哲学高度，这是两种不同思路：前者走的是哲学化的路线，后者走的是实践化的路线。

在西方，由于最初的哲学家都是教育家，他们的教育哲学多是哲学思想在教育领域的延伸和应用，使得哲学化一直被认为是教育哲学的专业化正途。所以，教育哲学以哲学为典范，不断向哲学靠拢。"直至20世纪70年代以前，美国和英国的教育哲学家都认为哲学化是教育哲学研究走上学术性和专业性道路的最佳路径。"[5]

纵观20世纪西方教育哲学的发展，无论是规范教育哲学，还是分析教育哲学，都以相应的哲学流派为前提，教育哲学是相应哲学流派的教育衍生与应用。从哲学演绎教育哲学，虽然有助于提高教育哲学的学术水准，但它不能从教育实际出发，也不关注教育实践中的问题，只封闭在哲学体系中玄思、构想，使得教育哲学离教育实践、教师生活越来越远。教育哲学向哲学靠拢，以哲学为荣，但由于其本身只是哲学的注脚和附庸，对哲学发展的贡献不大，所以，哲学也不怎么看重教育哲学，至今哲学系很少开教育哲学，这也是教育哲学的尴尬。

教育哲学作为师资培养的一门科目，大多开设在教育学院。如果哲学不以教育为业，不关注教育实践和教师生活，又会使其在教师培养和教育实践中视为"无用"，被疏远和排斥，至少是不受欢迎。对此，约翰逊深有感触。"教育哲学家和教育哲学领域，由于没能担当起这个作用（改善教育实践）而深受其苦。教育哲学家认为教育哲学是首要的教育学科，因而高高在上，与实践相分离。尽可能地使自己成为专业学科，教育哲学家与天然的盟友疏远，但却从未得到专业或真正哲学的认可……教育哲学应该担当起改善教育实践的使命，是时候了。"[6]于是，20世纪80年代后，教育哲学走上实践化道路，把关注实践、为实践服务作为自己的追求。"今后讨论教育哲学时，应首先讨论什么是实践活动，而非什么是哲学。此意指教育哲学为一种实践哲学……唯有重新确立实践概念之传统角色，教育哲学方能好好地发挥其促进教育实践活动之功能。"[7]

从哲学化到实践化，是西方教育哲学发展的路径选择。我国的教育哲学也经历了同样的发展路径。重建之初，我们把教育哲学视为研究教育根本问题的形而上的学问，单纯追求教育哲学的形上性、超然性，游离丰富的教育实践和生动活泼的教育生活，强调理论性、抽象性、思辨性，因而大多数教育哲学研究者注重的是读书、思考、建构抽象的理论，甚少关注和参与火热的教育生活，无法真正反映教育实践工作者的呼声，这样的理论空洞而缺少对实践的感染力、指导力。20世纪90年代中期以来，不断有学者撰文指出，教育哲学应该成为实践哲学，走实践化路线，尤其突出地反映在石中英所著的

《教育哲学》一书中，它站在后现代哲学的立场，深入阐述了当前和未来教育哲学"关注实践、关注生活"的新走向。"21世纪的教育哲学要从'以教育知识为核心'转变为'以教育实践和教育生活为核心'，转变为一种'实践哲学'或'生活哲学'。这种哲学的最终目的是要真正地提升人们的教育智慧，而不仅仅是增加人们的教育知识。"[8]

无疑，教育哲学应该服务于实践，因为任何理论都来自实践，又指导实践。理论指导实践，是对所有理论的要求。问题在于理论与实践的关系有不同的形式，这取决于什么样的理论类型。理论有科学理论、价值理论和工程理论之分，它们与实践构成不同的关系。教育哲学是价值理论，它同教育实践的关系，不同于科学理论、工程理论与实践的关系。科学描述事实，解释因果关系，揭示教育现实背后的原因，为教育实践提供依据，其与实践的关系是间接的。教育社会学属于教育的科学理论。工程理论是关于工程的设计方案，是"怎么做"的技术，具有直接指导实践的价值。学科教学法属于工程理论。而价值理论回答"应该是什么"，它为教育实践指引方向，但并不回答具体怎么做。这正如黄济先生所指出的："总结教育实践经验，似乎并非是教育哲学的直接任务，但对教育理论和教育实践中已经提出的问题进行评析，以确定其正确与否及其可行性如何，则是教育哲学应有之义。"[9]

教育哲学走向实践，与工程理论走向实践不同，它为实践提供的指导不是"怎么做"，而是对实践的一种反思和辩护，为实践提供价值指引。所以，对于教育哲学而言，我们不能从一个抽象的哲学化极端到另一个实践的操作化极端。教育哲学不管怎么面向实践，都不是操作手册，它只能定位在对实践的反思、批判、指引上。只有这样，教育哲学才能成为教育价值之学、智慧之学。

教育哲学应该使理论和实践二者相互融通。这里可以视为典范的是杜威及其《民主主义与教育》。杜威是哲学家，也是教育家，因为他非常关注教育，把教育作为检验其哲学理论正确与否的标志。他说："如果一种哲学理论对教育上的努力毫无影响，这种理论必然是矫揉造作的。"[10]杜威的《民主主义与教育》，无论是其章节架构，还是所阐述的思想观点，都没有生搬硬套哲学的痕迹。在杜威看来，哲学是教育的理论前提，教育哲学没必要重复论证哲学上的命题，这本该由哲学去完成。

教育是哲学的实验室，教育哲学应该基于教育实践，去检验和验证哲学的合理性。杜威是哲学家，娴熟于哲学，但杜威又亲自创办实验学校，实践自己的哲学思想。杜威既作为哲学家，又是教育的实践者，这正是杜威建构教育哲学的两大法宝。所以，教育哲学研究者，既要增加理论素养（哲学素养和教育学素养），又要增加教育实践的经验和感受力，形成理论和实践良性互动的机制。单纯的哲学化和实践化，要么远离教育实践，要么缺少哲学意蕴，都不是合理的选择。只有理论和实践相结合，才能使教育哲学成为通向教育实践的哲学。一方面，它需要教育哲学研究者和教育实践工作者的联手；另一方面，需要教育哲学研究者走出书斋，参与火热的教育改革，创造改革需要的教育哲学。

三、定位：是西方教育哲学还是中国教育哲学

中国教育学科的发展，到现在都一直没有摆脱译介、模仿的痕迹。20世纪初期，中国教育哲学的建设，也是从翻译起家的。虽然1923年，范寿康撰写了中国第一本教育哲学，但从其哲学基础和理论体系来看，是从康德的《纯粹理性批判》《实践理性批判》和《判断力的批判》的哲学思想出发，仿照了那笃尔普的《哲学与教育学》的体系。

翻译和模仿，在学科建设初期都是必要的，也是可行的。但经过了三十多年的重建，到现在这个阶段，我们需要建构自己的教育哲学。再也不能一味地模仿，尤其是要教育哲学发挥实践指导功能时，如果把西方的教育哲学理论用来指导中国的教育改革和教育实践，无异于把西方的拳击理论用来指导中国打太极拳，轻者闹出笑话，重者贻误改革实践。有学者指出，20世纪下半叶，教育哲学学科建设仍然是"教育哲学在中国"，而不是"中国教育哲学"，教育哲学在中国发展的本土化、中国教育哲学学派还尚未形成。[11]笔者认同这种看法。这不是说，我们翻译了多少西方人的教育哲学著作，介绍了多少西方哲学的流派；而是说，即便是我们自己写的教育哲学，引用的大多是西方人的文献，体现的是西方人的哲学思想。对于中国大多数教育哲学研究者而言，对西方思想家的熟悉远胜于对中国古代思想家的熟悉程度。有人甚至不以为然，对此进行辩护。其辩护的理由是：教育哲学的基本概念、主要命题及重要理论都来自西方，中国没有教育哲学，因此，我们建设教育哲学，至少到目前，只能主要从西方寻找学科资源，以西方教育哲学为蓝本，至多是西方教育哲学的中国化。

但也有学者力挺：要建立中国教育哲学，强调要研究中国的教育传统，从中国传统教育哲学中吸收营养。吸收营养是必要的，但我们要建设的中国教育哲学，不等于中国传统的教育哲学，我们不能把古代的教育哲学思想搬迁到现代。因为哲学是时代精神的精华，每个时代都应该有一个时代的精神。我们这个时代需要什么样的精神？毫无疑问，

既不是中国古代人的精神，也不是西方人的精神，因为源于我国本土的学科资源可能会因"时过境迁"而未必都有用，而来自西方国家的学科资源可能会因"水土不服"而未必都适合于我国。[12]因此，要害并不在于是否来自西方或是否源于本土，而在于它是否适切于我国教育哲学的当下发展。哲学都是时代的哲学，我们需要认真研究"我们处于一个什么样的时代，这个时代需要什么样的教育精神"，只有这样才能构建属于当代中国的教育哲学，而不是西方的教育哲学，也不是中国传统的教育哲学。

新中国成立前，教育哲学发展的第一个高峰，曾经出现过关于中国需要什么样的教育哲学的讨论。1934年11月5日，吴俊升在天津《大公报》之《明日教育周刊》发表《中国教育需要一种哲学》一文，批评中国教育过于讲求"方法"和"制度"，而忽视其背后的"理想或目标"，究其原因，是因为缺乏"一贯的目标"；究其本质，是中国教育缺乏一种教育哲学。吴俊升只提出中国需要一种教育哲学，但这种教育哲学是什么，他没有给出明确的回答。姜琦在1935年第1期的《教育杂志》上撰文《中国需要哪一种教育哲学》，提出美国的实用主义、德国的国家主义、苏俄的共产主义哲学都是其国家民族的产物，都不能作为有特殊的民族的中国的哲学和教育之基础。他明确提出："中国是一个三民主义的社会，因此，三民主义就是我们中国的哲学和教育之基础。"因为"大凡一国的教育，尤其是教育哲学，应当与本国过去的历史背景、当时的社会状况及将来的世界趋势谋相适应。"[13]面对各种教育哲学流派，张君劢也在《东方杂志》1937年第1期上发表《中国教育哲学之方向——知识与道德各派哲学及拘束与开放各时代文化之大结合》一文，提出面对各种国外哲学流派，中国教育哲学需要对各派哲学进行综合，对各时代文化进行综合，可谓贯通古今、融会中西。但无论怎么贯通，我们需要牢记的是：西方教育哲学和中国传统教育哲学思想都是构建当代中国教育哲学的资源，不能代替当代中国教育哲学。中国教育哲学需要以当代中国的教育精神为根，合理吸收西方教育哲学和中国传统教育哲学的资源。

这场争论对我们今天建设有时代气息、中国特色的教育哲学的启发是：我们需要借鉴和吸收西方教育哲学的成果和思想，但不能游走于西方教育哲学流派之间，没有自己的主心骨。我们必须有文化自觉和文化自信，必须确定自己的定位和坐标：时代需要什么样的教育哲学，当代中国教育需要什么样的教育哲学。这个问题，虽然一时难以回答，这里更无法回答，但我们需要不断地追问，需要不断地思考，需要有这种意识。新中国成立之前，是教育哲学发展的第一阶段，国人编写的教育哲学都有某种价值倾向，如吴俊升的实用主义、姜琦的三民主义、张怀的公教（天主教）思想、林砺儒和张栗原的马克思主义思想等。重建以来，我们虽然也出版了不少教育哲学，除了刁培萼和丁沅的《马克思主义教育哲学》、桑新民的《呼唤新世纪的教育哲学》的马克思主义取向外，大多缺少明确的价值取向。我们建设中国特色的教育哲学，需要一种主流价值取向，但并不排斥其他的取向。正如党的十六届六中全会通过的《关于构建和谐社会的若干重大问题的决定》所指出的，既要坚持以社会主义核心价值体系引领社会思潮；同时，又要尊重差异，包容多样，最大限度地达成共识。我们需要文化自觉与文化自信，但并不是盲目的文化自大，排斥西方的文化成果，而是要将中国传统的和西方的教育哲学资源自觉地融入当代教育哲学的架构中，建构属于"中国"的、"当代"的教育哲学。

新世纪，中国的教育哲学必须完成从"植入性"到"生成性"的质变。经过三十余年建设，我们积累了许多，现在时机成熟，是时候了。这个"是时候"，不是说我们完成质变。而是我们必须开始质变。只有这样，才能由"教育哲学在中国"变成"中国教育哲学"。

不管怎么说，重建以来的新时期教育哲学，经过三十余年的建设和发展，已经进入"而立之年"。虽然还存在这样或那样的问题，但我们赶上了改革开放的时代，赶上了学术研究和学科发展的宽松、自由的最好时期。只要我们能够进一步地为中国教育哲学的发展"定性""定向""定位"，相信假以时日、持续奋进，一定能够创建出有中国元素、中国气魄、中国风格的教育哲学。

参考文献：

［1］肖丹.走出教育哲学基本理论困境的路径［J］.青岛大学师范学院学报,2010（3）.

［2］黄济.教育哲学通论［M］.太原：山西教育出版社,1998：318.

［3］冯建军等.教育哲学［M］.武汉：武汉大学出版社,2011（5）.

［4］王坤庆.20世纪西方教育学科的发展与反思［M］.上海：上海教育出版社,2002（90）.

［5］［6］邵燕楠.哲学化还是实践化：教育哲学研究的两难［J］.2009（5）.

［7］卡尔.新教育学［M］.台北：台湾师大书苑有限公司,1998（115）.

［8］石中英.教育哲学［M］.北京：北京师范大学出版社,2007（24）.

［9］黄济.再谈中国教育哲学［M］.教育研究与实验,2002（4）.

［10］杜威.民主主义与教育［M］.北京：人民教育出版社,1990（344）.

［11］侯怀银等.20世纪下半叶教育哲学学科建设的本土探索［J］.当代教育与文化,2012.

［12］吴康宁.我国教育社会学的三十年发展（1979-2008）［J］.华东师范大学学报（教科版）,2009（2）.

［13］姜琦.八年来中国教育哲学之研究［J］.教育研究,1937（2）.

选自《教育研究》2015年第1期

专题八

教育人类学概论

第一章　人类学与教育

第一节　人类学的概念、范畴及其意义

一、人类学的概念与范畴

人类学是研究人类及其生活方式的一门学科。"人类学"这个术语源自希腊文的 anthropos 和 logos, anthropos 意为"man, human", logos 意为"study", 即研究人的学科或关于人的研究或关于人类的学问。按照英美学界的分类, 它主要有四个分支, 即体质人类学、考古人类学、语言人类学和文化人类学。体质人类学主要探讨人类机体的进化及其对不同环境的适应过程, 主要关注人类进化和人类群体的体质差异等问题, 即探讨人类如何由最初的类人猿发展到今天的这个样子, 为什么起源于同一祖先的各个人类群体之间在体质上会有差异。考古人类学(archaeological anthropology)是一门通过残留实物来重构、描述和阐释人类行为和文化模式的学科。考古人类学研究的是"死去"的文化, 那些"死去"的文化虽然也曾有过丰富的文化内涵, 但留给考古人类学的却只有残缺不全的物质遗存。考古人类学不仅仅满足于分析实物遗存的物理形态, 还注重把这些实物遗存当作一种文化现象来加以解释。语言人类学关注语言的起源、形成与变化过程, 强调语言在人类发展进程中所承担的角色及语言与文化之间的相互关系。文化人类学(cultural anthropology)研究人类社会和文化, 描述、分析和阐释社会和文化的相同性与差异性。文化人类学包括基于田

野工作的民族志和基于跨文化比较研究的民族学。民族志是对一个特殊族体、社会或文化的整体性研究，提供一种全方位的"民族画面"。民族志者在田野工作中收集材料，对其进行组织、描述、分析和阐释，以论著或电影的形式向人们提供"民族画面"。传统上，民族志工作者通过在小型社区里生活，研究当地人的行为、信仰、习俗、社会生活以及经济、政治和宗教活动。民族学（ethnology）调查、解释和比较民族志工作者在不同社会中收集的民族志资料。民族学学者试图辨析和解释文化的差异性和相似性，其资料不仅来自民族志工作者，而且也得益于重构昔日人类社会体系的考古人类学。我们在这里所关注的是文化人类学与教育之间的关联性。

一个多世纪前，人类学在探险、考古、地理尤其是在达尔文思想的影响下，最终发展成为一门学科。早期的英美人类学家，在达尔文的生物进化思想的影响下，把所有的文化，从最原始的均等社会到欧洲和美国的工业社会进行排列。比如，摩根（L. H. Morgan）认为人类文化的进化都会经历三个必要的发展阶段，即蒙昧阶段、野蛮阶段和文明阶段，而每一个阶段又有不同的次级阶段。

相比之下，在美国，"文化传播学派"则认为文化并不是独立地并行进化的结果，而是从几个文化中心向外传播的结果。不论是进化论还是传播论，都是在其宏大的理论架构下从宏观上审视人类文化的一般进化或发展，而忽略了地方文化的特殊性。爱米尔·涂尔干（Emile Durkheim）在法国、法兰兹·鲍亚士（Franz Boas）在美国、布罗尼斯拉夫·马利诺夫斯基（Bronislaw Malinowski）在英国分别发起人类学的实证研究，替代了把人类作为整体的研究，而开始注重地方性文化的研究。比如，马利诺夫斯基创立了功能主义学派，这一学派在很大程度上改变了传统上注重研究文化史的做法，转而去解释某一文化在特定历史时期对人类整体文化发展的贡献。

虽然忽视历史的功能主义在英国人类学界占据了统治地位，但鲍亚士的历史相对主义却影响了大多数美国人类学家，尤其是萨丕尔（E. Sapir）、本尼迪克特（R. Benedict）等著名学者。在 20 世纪 30 年代，本尼迪克特的文化概念对人类学产生了深远影响。虽然鲍亚士主张重视研究不同文化的个体部分，但他的部分弟子已将他们的研究兴趣转向文化的基本模式或文化形貌研究。从那时开始，对于文化与人格的研究便成为主流。这些学者关注文化本身胜于创造文化的个体。

人类学虽然是社会科学中最年轻的学科之一，但其研究范畴与方法却超越了其他学科。其他学科的学者也研究文化的某一方面，但人类学家是把文化作为一个整体来进行研究的；人类学家可能会注重西方工业社会的先进文化，但他们会同时关注过去与现在、原始与文明等不同阶段的文化；人类学家可能会去研究人类过去的某个特定阶段，但他们会将其纳入人类整个历史长河之中去思考。总而言之，人类学家时刻都在提醒我们关注文化的多样性及文化对人类行为与人格的影响。

然而，人类学研究范畴之广也有其不利的一面，因为研究范畴太广，难以形成大家一致认可的核心理论。而且，对于文化的过度关注也有其弱点。因为所有的文化经验必须得由至少两个以上的人共享，必须由许多人将其作为一种规则来共享，方可称其为文化。而人类学家对于人类群体的理解远胜于他们对于人类个体的理解。他们对于个体本质的认识，尤其是对于人类无意识层面的认识还远不够深入。著名教育人类学家乔治·克内勒（George Kneller）认为，要认识到这个层面，我们必须得从其他方面，如宗教、心理、戏曲以及小说等方面去探讨。

二、人类学的价值与意义

在现今社会，社会—文化人类学的意义主要体现于以下几个方面：首先是消除各民族间的偏见与歧视。早在 20 世纪 30 年代，著名文化人类学家林惠祥就指出：种族偏见或歧视（racial prejudice）是世界和平的主要障碍之一，这种偏见或歧视的发生是由于各民族之间相互不了解。每个民族都认为自己的文化和习俗是最好的，而异民族的则是原始的、落后的甚至是不道德的，从而产生民族中心主义情绪，歧视异民族。人类学研究的目的就是通过翔实的民族志来证明人类的体质与心理在本质上是基本相同的，而文化只不过是人们的生活方式而已，是人们适应其特殊生存环境的产物。因此，对于任何一个民族而言，其文化都是实用的和有价值的，外族不应当有任何歧视。有些风俗在外人看来是荒唐可笑的，但在那种环境中却是合理的、有效的。通过人类学跨文化的比较研究，使各民族在"各美其美"的基础上，逐渐达到"美人之美"，最终实现"美美与共、天下大同"的境界。其次，从弱势族群的立场出发，"向世人说明他们的文化、状况与心理趋向"，为政府决策部门提供"地方性"知识，从而达到各民族共同繁荣和发展的目的，"以免文明人城市人错解了他们的心意，而把自己之所爱硬安到别人的身上，而且自以为是'人道主义'"。因此，如果决策者不了解"地方性"知识而凭自己的主观意向来制定发展少数民族社区的相关计划，很可能会达不到预期的效果，有的甚至会事与愿违。台湾著名人类学家李亦园曾举过一个非常贴切的例子："从前一位大官到兰屿（中国台湾的一个小岛）去视察，看到雅美族人所居住的半地下屋以为是落后贫穷，有碍观瞻，所以下令替雅美人盖了一排排的钢筋水泥'国民住宅'，没想到这些'现代化'的住宅都不为土著所喜爱，一间间变成养猪的屋子。……他不知道雅美人的居住房屋构造有适应地理环境、调适气候、表现社会地位等种种功能，而且他们的房屋组合也分住屋、工作屋、凉亭、船屋等类别，不是简单的一小间钢筋水泥屋就可解决事情的。"最后，通过对异民族的社会与文化研究来反观我们自己的社会和文化、认识我们自身。正如美国著名人类学家克拉克洪（R. Kluckhohm）所说的那样："人类学为人类提供了一面巨大的镜子，使人类能看到自身无穷尽的变化。"人类学家通过比较和研究世界各地不同民族的社会与文化来进一步认识和理解我们自己的社会与文化，可以说是人类学研究最基本的目的。早在 20世纪初期，美国文化人类学家米德（M. Mead）对萨摩亚青少年教育的研究就为美国本土教育者反思当时学校教育中所存在的问题提供了理论依据。

第二节 教育的概念、范畴及其意义

一、教育的概念与范畴

教育是社会科学领域里一个永恒的研究主题。对于教育的概念、含义，众说纷纭。有些人把教育看作是有助于个体能力和人格发展的过程；有些人认为教育是通过学习获得基本认知、社会技艺以及知识来开发智力的过程；还有些人则把教育视为类似于工业生产的一种过程，在这个过程中形塑和维持人类的某些行为，等等。尽管我们在教育的概念上难以达成共识，但我们都一致认为，有必要在教育的各种哲学和意识形态视域下检视教育概念以及教育的实践意义，因为理念和实践之间毕竟存在着差距。这些理念的意义及其对人类行为、思维过程以及学习方式的影响因主流世界观和价值观而异，而且每个社会的教育方式和教育目标都深深植根于其社会、文化、政治以及经济背景之中。因此，我们无法回避这样一个事实，即教育是一个社会文化过程。无论我们如何界定教育，从文化的角度看，教育都可以被看作是每一个社会试图传播和维持其美好生活意愿的一种有意识的手段，而这种意愿源自与世界本质、知识和价值相关的社会基本信仰。这些信仰又因社会和文化而异，如果文化是一种由知识、信仰、价值、态度、艺术和制度等构成的复合体系，那么，我们就可以把教育看作是一代人向下一代人传递这个复合体的有意尝试。

作为概念和过程的文化与教育有一定共性。获取语言、文化价值、社会态度或教与学的过程构成了我们所说的教育过程，它包括正规教育和非正规教育。儿童能力和兴趣的发展以及个人认同和人格自尊的实现，都可能被看作是教育的主要功能。正规和非正规教育均可以被视为整个教育过程的一部分，因此，每个人在其一生中的不同时期都会或多或少地接受教育。从教育的这一宽泛意义看，教育与人类学意义上的文化概念是一致的。学校教育是在学校有计划、有组织、有目标地传授知识的过程，可被视为以教材为内容的形式化的濡化过程。在儿童接受学校教育期间，他们学习程式化的知识，与同龄群体和教师互动。一般来说，学校教育的基本目标具有普遍性，即儿童实现自我、为社会提供掌握一定技术和知识的劳动者。作为一种特殊的社会制度和过程，学校教育并不是唯一的濡化形式，家庭教育、社区实践活动、同侪互动活动等非正式的教育过程往往与正规学校教育形影相伴，在传统的乡民社会，情况尤为如此。

二、教育的价值与意义

从比较宽泛的意义上说，除了与生俱来的思维、性格和能力之外，教育包括所有后天学习的过程。从人类生存意义上说，教育是终身的，因为我们一生当中所遇到的每一个主要社会或文化变革都迫使我们必须学习新的思维和行为方式，否则，我们将会被社会淘汰。从狭义上说，教育是通过诸如学校之类的社会机构向下一代传授某些知识、技艺以及生活的态度。同时，"教育"这个概念还代表了学术性的学科，包括心理学、社会学、历史学和哲学等方面的教育。

人类似乎一直都很清楚，只有向年轻一代言传身教，他们才能在文化上逐渐成熟起来。儿童也似乎意识到必须从他们的年长者那里才能习得成人的技艺。每一个社会都发现其文化的传播不能随其自然。尽管我们承认儿童能从日常生活的无数经历中习得这些文化，但是，如果社会认为其成员必须具备某些文化元素并期望这些元素永久地保存下去并不断予以创新的话，那么，这种非正式的教育并不能保证儿童能准确地掌握这些东西。因此，每一个社会都会监管和指导其成员所接受的教育。从某种意义上讲，每一个人在其儿童时代都会受到正规教育，但这种教育并不一定都要在学校里进行。

教育是人类社会的普遍现象，也是人之所以成其为人的先决条件。一个人从其呱呱落地起就进入了一个极其复杂的人文世界，开始接受后天的熏陶与教育，由原初的生物性的人最终发展成为社会与文化的人，否则他就无法在这个"人工创造的环境"中生存。德国著名教育人类学家博尔诺夫（O. Bollnow）

提出了"人的可教育性"观点，认为"人天生是一种文化生物"，捷克著名教育家夸美纽斯曾经说过，"实际上，人不受教育就不能成为人"，德国著名哲学家康德也有类似的论述，认为"人是唯一必须受教育的造物"。儒家文化也认为，"一个人之所以成为人，不在于他的生物性质，而在于他的社会性质，接受教育是一个人安身立命的充分必要条件，道德化的人才是真正意义上的人"，而"人的知识和道德"是通过学习获得的。从以上论述中，我们不难看出在一个人的成长过程中教育所承担的重要角色。

第三节　人类学与教育

一、人类学与教育的基本关系

在 20 世纪初的西方世界，尽管人类学的作用日趋重要，但有关教育和学校教育方面的早期研究主要是由教育家和社会学家从事的。传统上，人类学和教育人类学是研究人的学科。从理论上讲，人类行为或影响人类文化发展的自然环境的每个方面都是人类学研究的主题。确切地说，人类通过技术对自然环境的开发、通过风俗习惯和社会集结适应他人以及人类与超自然之间的关系等是人类学研究的焦点。通过对人类生计活动、社会习俗、婚姻家庭以及制度、价值和象征的研究，人类学家记录并阐释人们的行为与文化。然而，对行为与文化的描述总是在更为宽广的目的情境之内进行的。这是对人类行为在时间和空间上的普遍性的研究。为此，人类学家需要进行跨文化的研究，通过对各种文化的比较研究，探求、阐释人类起源、分布、生存的变迁以及人类社会与文化行为的变迁。人类对各种文化的理解往往会形成教育体系的直接适应性。比如，在学生和教师中普遍存在非正式结社或群体组织，以满足其基本需求。实际上，这些非正式结社或群体是达到教育事业目标的强有力的未开发的社会资源。另一个例子是，人类对教育过程中的仪式的地位和作用认识不够、了解不多。人类学的研究表明，在人的生命过程中，被称作通过仪式（rite of passage）的仪式庆典活动可以帮助个人或群体度过人生的一些关键时期，伴随着此类活动，生命的意义得到阐释，生命的价值得到强化。

在谈论教育与人类学的关系之前，我们有必要先了解将它们二者结合在一起的中间人和教育。人既是存在于世界上的有机物，也是文化的创造者，也就是说，人是动物，但又能超越其他动物，以其精神力量创造出一个有别于自然界的文化世界；而按照台湾学者郑重信的说法，教育是个人成为理想的社会成员的过程。教育可以把人类从依赖本能采取行动，转变为依靠文化的规范而行动。教育是一种引导，引导人类展开多方面的学习，如语言、知识、情操等的学习，其最终目的是使自然的人发展成为社会的人。

人类学在传统上研究人及其所创造的文化，通过对不同文化的研究，探求文化起源、传播、持续的动因以及社会文化行为的变迁过程。而按照卡米列里（C. Camilleri）观点，教育既是基本的文化因素，同时也是文化传播的主要载体，因此可以说，人类学与教育密切相关。此外，人类学家所使用的研究方法对了解教育问题也非常重要。人类学家把现实生活作为自己的实验室，通过个体的行为来观察教育过程。人类学家主张进行全方位的观察，主张在文化自身意义的场景及与其他文化的关系中观察每一种文化，这种跨文化的全方位的观察方法为理解教育过程提供了基本的视角。著名教育人类学家金伯尔（S. Kimball）认为，教育要适应社会的发展，学校的组织结构必须适应社会各种机制的运行，为此，学校的教学内容必须得适应社会的需求。他坚持认为，必须在整体社会环境和文化实践的背景中观察学习的过程，这个背景就是教育形成的环境，即教育实施的社会与文化环境。

从宽泛的意义上说，教育属于人们通常所说的濡化过程，也就是说，通过濡化，儿童开始逐渐融入其所在的社会生活方式之中，并最终成为其中的一分子。为了理解濡化对教育的影响作用，我们必须求助于文化人类学。这里我们仅举一个例子就能说明这一点。我们知道，在儿童成长为成年人的过程中，不同文化的非连续性对他们的影响是有差异的。在某些文化中，从儿童期到成年期的过渡是平稳和连续的，如米德所描述的萨摩亚社会；而在另一些文化中，如我们的工业社会，青少年不得不唐突地改变他们的生活方式，为此他们承受着生理和心理上的压力，或者说"断裂感"。由此而提出的问题对教育具有重要意义，正如克内勒所说的那样，"对于一个在工业社会中成长的人来说，有多少非连续性是不可避免的？其中有多少是可以忍受的？这些非连续性又是如何影响学校学习和教学过程的？"这些与学校教育相关的问题，我们是否认真地思考过？

同时，我们应该清楚，学校教育只是教育的一种方式。儿童在家庭、社区、同侪群体以及大众媒体中都可以不同程度地受到教育，而它们都有其自己的价值取向和目的。因此，虽然教育工作者希望培养儿童某些方面的品质，像清晰的思维、独立的判断能力和创造能力等，但他们在学习过程中必然会受到来自其他中介的干扰。例如，教育工作者试图教育儿童遵纪守法，但是现代媒体，如电视，却在频频播出娱乐性很强的暴力节目，学校附近的网吧也为儿童提供各类充满血腥的暴力游戏；我们苦口婆心地试图说服孩子不要去吃含有色素或激素的有害食品，但我们的努力远远抵不住麦当劳、肯德基等时尚广告宣传的诱惑力。那么，这些宣传教育能培养出明晰和独立的思维吗？学校能在多大程度上与其他濡化中介合作或者能在多大程度上抵制这些中介的干扰呢？这些中介会在何种程度上相互抵制？它们又会在何种程度上能成为学校的盟友？为了回答这些问题，并为学校提供适宜的政策，教育工作者必须了解这些濡化中介的性质和范畴。为此，他们必须求助于人类学。

作为庞大的文化网络的一部分，教育会反作用于文化的其他部分，并可能会影响文化本身。在工业文化中，最大的变化动力之一就是科学以及科学在技术中的应用。蒸汽机和纺织机的发明代替了人力，核动力、化学、计算机以及自动化的出现，彻底改变了传统的劳作方式。这些技术性的革命首先有赖于各类专家，而不是业余爱好者。这就需要学校培养大批的专业技师和其他专才，为此就需要越来越多的教育管理者、顾问、研究者以及其他专家。在这样一个复杂、专业化、迅速变迁的社会里，学校文化传播的任务便开始受到越来越多问题的困扰。知识量在日益增大，学生到底该学些什么已难以达成共识。与此同时，知识也在日趋专业化，其结果便是学生必须学习更多的知识，既要掌握专业知识，又要将文化作为一个整体来理解。而且，迅猛而持续的变化使得我们更加难以预测下一代应该学习什么。这样一来，随着要学知识的量的增加，要么必须减少学习每一种知识的时间，要么必须找到更好的教与学的方法，要么两者兼顾。然而，实际情况往往是教与学的方法的改进步伐似乎永远也跟不上人类知识的增长速度。因而，为了理解我们的学校系统能够取得什么样的成绩以及文化因素以何种方式阻碍着学校教育的发展，我们必须要在整个文化情境中去审视教育问题。鉴于此，教育工作者和人类学家必须通力合作，因为按常规来说，教育工作者没有人类学家那么熟悉文化细节，而人类学家则可能会将他们的注意力仅仅集中于教育的文化现象。

需要特别指出的是，人类学家能够在更为广阔的文化情境中探索出渗入整个教育次级文化中的那些矛盾，而教育工作者往往意识不到这些矛盾的存在。如果我们要确保教育达到其预期的目标和效果，就需要人类学家告诉我们文化的"内在对抗性"（internalized antagonism）到底在什么地方，为什么其阻碍了教师们苦心经营的事业，因为从本质上讲，教育是保守的，其首要任务是使已有的文化成果有效地、永久地传播下去。然而，从教育培养年轻一代适应未来社会的角度看，文化却又为文化变迁铺平了道路。除此之外，教育还能做些什么？教育能培养年轻一代不仅适应而且引发文化中的特殊变迁吗？为了回答这些自相矛盾的问题，我们还得求助于人类学，以便能发现文化对教育体系所施加的各种压力的力度。

通过研究异文化的教育方法，人类学还能为教育研究提供新的视角。跨文化的教育研究能够使教育工作者从异文化的经验中得到启示，从而更加客观地审视我们自己的教育问题。我们能否设计一套适用于所有文化的教育体系的系统范畴，依旧是一个遥遥无期的课题，但是我们必须要进行这方面的尝试。然而，教育工作者必须要谨慎，因为独特的文化是难以进行比较的，而且，比较的范畴必须是暂时的，因为新的范畴必定会不断地涌现出来。

同时，学者们正在从事一系列的个案研究，探讨文化因素在一些教育情境中的影响作用。这方面的研究虽然取得了一些显著成绩，但对文化与教育互动方面的研究还显得相当薄弱。美国教育人类学先驱斯平德勒（G. D. Spindler）认为，人类学能为教育所做的主要贡献，就是通过分析社文化情境中教育过程的不同方面，向教育工作者提供经验性知识。然而，零星的理论与个别的试验并不会自行发展成为教育人类学这门学科。实际上，教育人类学必须是一门系统性的研究，不仅是文化视角下对教育实践的研究，而且也是对人类学家引入教育的假设以及教育实践反省的假设的研究。比如，大多数从事教育研究的人类学家认为学校是教育机构的最佳形式。当然，人类学的价值取向会在很大程度上影响它与教育的关系，因此，教育工作者不仅有责任探讨这些价值，而且有义务根据这些价值与教育思想和实践的关系对其进行取舍。

从 19 世纪后期开始，人类学家到世界各地做田野研究，他们一方面积累了许多有关文化的理论与"地方性"知识，一方面也注意到各族群独特的教育经验，如马利诺夫斯基、鲍亚士、米德、布朗（R. Radcliffe Brown）等人的研究。他们发现，社会文化情景不同，会导致不同的教育过程和教育结果。这一有关教育的社会文化情景的理论，对我们理解教育现象具有重要的启示性。

二、从人类学的观点理解教育经验与现象

金伯尔指出，我们需要把教育放在社区的脉络中来理解，教育的发生、教育的功能和目标，都与社会系统、教育机构的文化行为相关。遇到教育问题时，人类学者不会局限于某些特定的情境、特定的角度进行解释，而会从比较宽广、全面的社会文化脉络来理解问题和分析问题。例如，遇到辍学、学业失败等问题时，人类学者往往会从跨文化及整体的观点来看，会发现这些学习成绩差的现象不仅仅是教与学的问题，而是与社会阶级、族群关系、文化期待、群体历史记忆等因素都有密切关系。下面我们从社会阶级与教育、族群文化与教育两个方面来讨论。

首先我们来看看社会阶级与教育之间的关系。斯平德勒的研究发现，有的教师对学生行为存有阶级刻板影响，而这种成见隐藏很深，教师自己可能都意识不到，但从他给学生的评量过程中，可以看出他对学生所存有的偏见。金伯尔发现，美国都市贫民区最明显的教育问题之一是年纪较大的学生辍学率偏

高。以中产阶级的眼光来看，这是学校教育失败的现象。但学生辍学的原因究竟是什么？是课程太无趣，或是他们是知识的边缘人？或是他们认为学校是小孩才该去的地方，而他们已经到了可以贡献社会的成年阶段？这三个解释都有可能。要解决学生辍学的问题，除了从学科学习的角度来观察，还必须从更宽广的角度切入，如家庭的社会经济地位、社区价值意识、师生认知差异、成就动机、教育期待等，都有可能是造成学生学业失败的原因。从教育人类学的观点探讨社会阶级在教育中导致的问题，主要是要强调，在面对一个理想与现实不一致的社会时，必须要思考教育问题产生的背后所牵涉的各种复杂层面。

族群文化与教育之间的关系也极为密切。族群文化的差异可能会成为影响学生学习态度和学习成绩的因素。兰德斯（R. Landes）在研究美国加利福尼亚州墨西哥裔学生的次文化时发现，如果墨西哥裔学生认为学校的某些活动会伤害到他们的文化认同，他们便会拒绝参加这些活动，如女生被要求上完体育课后进行淋浴，会被视为违反了墨西哥人禁止暴露的规范。因此，如果教师对学生的次文化的内涵不了解，而强迫学生遵照主流文化的行为规范，就会造成严重的师生冲突，从而引起学生的抵抗情绪，最终导致学业成绩不良。

教育人类学在了解学习上重要的贡献之一就是对境遇细节的探讨，这至少是传统民族志研究的主要关切点。教育人类学的研究，固然注意学校内的问题，但更关注与大的文化境遇相关的教育问题。我们的任务不是提供有关学习的规则，而是要了解某一特定时空的社会成员如何传授与学习其文化。我们一方面探讨人类对其制度设计所赋予的独特文化意义，一方面也想在教育发展的可能性上，加大选择的幅度，以应对人类未知的未来。

人类学研究领域对个人在群体中行为的关切，使它成为一个可以用来研究教育过程和措施的重要学科。根据人类学长期研究的结果，我们比较各个族群的异同，得到一些结论，在不同的社会文化环境中，生活有各种变异，其中的社会情境、生活方式、学习过程都不同。然而，在表象之下，人类作为相同的物种，其本质与深层结构又有不可忽视的普同性，这就是教育人类学的基本立场。教育人类学者主张，不能把学习的经验性结果和学习环境分开来谈。这就是说，个人是在一个社会情境中长大的，他是该社会的一分子，他的学业成绩与其所在的社会和文化整体系统有密切的相关性。

三、人类学的观念与方法在教育上的应用

文化是人类学的核心概念。文化理论可以帮助我们更好地理解文化的连续性、持久性、文化模式及其一致性等问题。教育的功能在于传递文化的内容，并且通过文化传递来形塑个人人格。人类学有关文化的概念可以帮助教育工作者了解学校在社会文化中所承担的角色与使命，唤醒人们正视校外的非正式教育对个人产生的重要影响，同时，文化理论知识也能够协助教育者拓展在教学内容与方法上的视野，进而看到更多的教育机缘或选择。例如，对人们运用时间的习惯的研究发现，不同的人群在时间的运用上，会因其文化对时间的看法而有别。克拉克洪注意到课堂中每个人都具有完整的人格。他对教育理论的贡献是他的研究摆脱了价值相对主义的立场，摆脱了行为主义的人格概念，从而认识到课堂中也许存在着值得考察的普遍价值观。他认为在流动、变化的文化中，极大地提高了个人自治的可能性，鼓励形成使人格能自由发展的教育模式。伯德惠斯勒（R. Birdwhistell）对身体动作和身体社会化进行过深入研究，他发现社会规范会指导个人身体运作的方式。人类学家有关这方面的研究对学校教育者具有启示性。通过跨文化的研究，可以促进不同族群之间的沟通和理解，减少文化制度在移植到背景脉络不同的社会环境时可能产生的摩擦或负面影响。

人类学有关社会结构的概念知识，如组织、阶级、个人身份、地位角色、人际互动等，对教育者了解学生的背景和社会结构对教育成就的限制相当有益。例如，金伯尔指出，监控式的管理到底是促进了学习效果还是妨碍了学习过程，这是一个值得探讨的问题。人类学家对学生次级组织的研究发现，儿童的学习有很多是来自同辈之间的。霍林斯黑德（A. Hollingshead）的研究也发现，社区和学校的关联会反映在学生次级文化上，他们会复制他们父母的地位和价值系统。

20 世纪 20 年代之前，历史决定论学派的人类学家在研究文化时，只重视历史而忽略个人心理因素的重要性。30 年代以后，一批美国人类学家，如萨丕

尔、本尼迪克特和米德等人批评这种倾向，开始倡导文化与人格的研究，试图证明文化对人格形成的决定性作用。首先是萨丕尔从语言学的观点来理解文化，他认为人类的语言和语法在不知不觉中会形成一种模式，这种模式在文化上即成为一个社会的风尚。1943年，本尼迪克特在《文化模式》一书中提出，每一个社会都有其代表性的人格结构模式，即一个民族或一个社会的群体文化。这种群体文化的形成受人类心智活动，包括思考、逻辑推理、知觉及对外在世界的人与物感知与分类的影响。每一个民族都有其独特的生活方式，小孩出生在一个社会，就会接受这个社会的生活方式，而这种生活方式对其认知结构具有重要影响，如对其世界观、价值观等的影响。

文化人类学研究人格，强调的不是个体的人格，而是群体的共同人格。人类学者认为人的成长是通过在社会文化环境中的学习和活动来完成的，社会文化环境对人格形成有很大的影响。在研究和分析当代社会尤其是在探讨文化认同（cultural identity）和社会能力（social competence）的形成时，大多数人类学家都很关注教育过程的研究。

早期人类学家如米德、本尼迪克特、林顿（R. Linton）和卡丁勒（A. Kardiner）等都曾研究过学习理论和儿童教养问题。他们的研究对教育者了解人格在社会文化环境中的形成很有启迪性。人类学提供给教育的，除了理论与概念外，还有方法的应用，如文化人类学的民族志和泛文化研究方法，可以用于很多教育问题的研究上。教育人类学的一个重要任务就是对教育现象提出解释，以便能够找到合适的解决方案。基于"文化多样性"与"文化相对性"的理念，教育人类学试图做到的是在教育过程中达到文化之间的沟通，由沟通进而了解，由了解彼此不同的价值观而做到真正的尊重和潜能的发展。总之，人类学对异文化教育经验的研究，可以提供比较的视野和自省的基础。

四、功能论和结构——功能论对教育的启示

著名英国人类学大师马利诺夫斯基（B. Malinowski）非常重视个人心理需求方面的研究，他认为文化特质的结合是一种理性的历程，各项文化特质之间有必然的关系存在。每一个现存的文化都有其效力和功能，而且彼此整合成为

一个整体，就像个生物有机体，若不知道某文化的整体关系，则将无法了解文化内部的个别含义。就马利诺夫斯基的观点而言，在整个文化中，了解某一项文化特质所具备的功能，不是为了要重建它的起源和传播情形，而是要理解它的影响力和其他文化特质对它的影响。我们知道，马利诺夫斯基在特罗布里恩德岛的研究，对弗洛伊德的理论提出了挑战。弗洛伊德认为，恋母弑父情结是人类共有的心理现象，但马利诺夫斯基的研究表明，在特罗布里恩德岛，男孩没有把母亲视为爱慕的对象，也没有与父亲对立冲突的情形产生，相反，男孩和他们的舅父关系较为紧张尖锐。马利诺夫斯基认为，两代之间的紧张关系不一定出现在父子之间，而是起因于教养关系，也就是说，男孩对于严格管教他们的同性长辈易于产生反抗和敌意。马利诺夫斯基的研究对教育有相当大的启发性，社会结构中的教养关系，会对受教育者造成某些心理影响，权威和压抑的关系容易制造敌意的心态，教育工作者对此应该有所了解并做好应对这些问题的心理准备。

布朗认为研究人类社会中的风俗习惯和典章制度，必须考虑到它们在维持社会结构中所担任的角色。他发现安达曼岛人的仪式和风俗具有独特的社会功能，这些仪式和风俗可以维系他们赖以生存、世代相传的情感意向。因为没有仪式就不会有那些感情存在，没有感情，社会组织也就无法存续。他研究特定时期的特定社会，了解其社会结构关系是如何发生作用，如何维持社会的稳定与存在的。他曾探讨亲属关系中存在的嬉戏关系，如某些社会中舅舅与外甥之间、岳母与女婿之间的关系等。他认为在亲戚间的调侃嬉戏是有功能的，它可以化解人际关系的内在张力和冲突。从结构理论来看，调侃关系是一种对立的联合，其中的意义是，以调侃的相处方式结合亲戚，使内部的小摩擦不至于影响对外的团结，这种特别风俗的形成，对于维持和巩固稳定的社会结构具有重要的价值和意义。

台湾教育人类学者周德祯在其《教育人类学导论——文化观点》中指出，马利诺夫斯基注重现存文化的效力和功能，注重文化彼此整合的作用；布朗则强调社会结构的意义，他认为社会结构关系以其特定的作用，维持社会的稳定与存在。每一个社会中，教育都发挥着功能作用，首先是社会化，其目的为传承社会文化的各种知识、技能、价值观，并且维持体系的稳定，然而其所制造的"潜在功能"则是文化霸权的产生。一个国家之内有多种民族并存，如果社会以某一主流文化的意识形态教育各个不同族群时，忽略族群特征与个别需求的情形便会发生。教育在现代社会不仅具有显著功能，而且还产生潜在功能，之所以会如此，正如布朗所说，社会结构有其意义，社会结构关系以其特定的作用，使社会稳定与存在，当社会关系发生倾斜时，人们自然会创造出另一种功能，以继续维持社会的稳定。这些观点对于我们更好地理解学校教育具有重要启迪意义。

第二章　教育人类学的形成与发展

第一节　教育人类学的定义

一、教育人类学的基本定义

教育人类学（educational anthropology）是介于人类学和教育学学科之间的一门边缘性学科，是一门把人类学的概念、理论和方法应用到教育领域，从宏观和微观、现实和观念等方面来描述和解释教育现象、教育事实和教育问题，以揭示教育与人、教育与文化、社会文化与人之间相互影响和相互作用的应用性边缘学科。作为一门新兴的边缘学科，教育人类学吸收了包括人类学、教育学、民族学、政治学、教育心理学、教育社会学等多学科的研究成果，但其理论方法和知识体系主要来自人类学而不是教育学等其他学科。一般而言，从研究视角和研究方法上看，教育人类学大致分为英美文化教育人类学和西德哲学教育人类学两大流派。虽然两派的研究对象都是教育和人，都关注社会、文化与人的教育与发展的关系，也都采用人类学的理论和方法，但由于两派研究的侧重点不同，其研究视角和研究方法有很大的差异性。就研究视角而言，"文化教育人类学主要研究文化传播与个人发展的关系，注重具体民族、个人与具体的教育问题，尤其特别注意教育中群体之间和个人之间的差异；而哲学教育人类学则强调人的完整性与教育的关系，注重的是一般意义上的人"。就研究方法而言，文化教育人类学注重实地田野调查，尤其是文化人类学的参与观察方法，而哲学教育人类学则偏重对"经验的哲学分析和概括，以思辨和论证结合定性研究为主"。简言之，用庄孔韶先生的话来说，研究文化传递与文化多样性的就是北美的（教育）人类学，研究人性转换的就是欧洲的教育人类学。在文化教育人类学流派中，又可以划分以美国人类学家斯平德勒为代表的文化教育人类学学派和以美国的班克斯（J. Banks）和英国的林奇（J. Lynch）等教育家为代表的多元文化教育学派。

二、教育人类学定义辨析

如上所述，教育人类学主要是这样一门学科，即应用人类学的概念、理论和民族志方法研究教育过程和教育过程中存在的问题，尤其关注学校教育与社会、文化之间的关系，从而根据直接观察和透彻理解当地人的观点来做出民族志的描述，并针对所发现的问题提出符合当地人切身利益的解决方案或途径。教育人类学家金伯尔指出，人类学者和一般教育学者的不同在于，教育人类学者认为教育是文化的传递（cultural transmission）过程，包括指导学习组织模式，这是一种在社会文化环境中的教育过程；而教育者则认为教育是以学校课程为主，包括学生该学些什么、如何学、如何分析问题、如何提高学业成绩等问题。他们往往把教学视为一种独立的活动，学校生活是为教学而教学，与日常社会生活的关联性不大；而教育人类学的核心概念是境遇（context），认为应该把教育放在社区的境遇中来理解，教育的发生、教育的功能和目标，都与社会系统、教育机构的文化行为相关。遇到教育问题，教育人类学者会从较宽广、全面的社会文化境遇来看问题。

第二节 "教育人类学"名称的历史演变

一、最早的教育人类学名称

我国教育人类学者李复新和瞿葆奎在《教育人类学：理论与问题》一文中曾对教育人类学名称的历史演变过程进行过全面而系统的论述，根据他们的研究，"教育人类学"一词，最初出现在 19 世纪俄国教育学家乌申斯基的著作中。1862～1867 年，乌申斯基撰写了阐述其教育思想的代表作《人是教育的对象》的前两卷，该书的副标题是"教育人类学初探"，以表达其对教育问题所进行的人类学思考。虽然乌申斯基时代的俄国人类学与现代人类学在研究内涵上已明显不同，但是，他却是历史上第一个使用"教育人类学"术语的人。

在文化教育人类学的发源地美国，学术界一般认为范德沃克（N. Vandewalker）和休伊特（E. Hewett）是最早以人类学观点和方法审视教育问题的代表性人物。早在 1898 年，范德沃克就发表了专论《教育对人类学的若干要求》；1904年和 1905 年，休伊特在《美国人类学家》上先后发表了《人类学与教育》和《教育中的种族因素》。尤其是《人类学与教育》一文在教育人类学史上具有重要意义，它预测了人类学与教育学这两门学科相互融合的可能性与未来发展趋势，并采用"人类学与教育"的笼统说法来指称这门潜在的新学科领域。这是英文世界最早出现的教育人类学名称。不久，意大利教育学家蒙台梭利的《教育人类学》（意大利文）一书出版，并于 1913 年被翻译成英文，这是有史以来第一本以"教育人类学"为正式书名的著作。

二、教育人类学名称演变的历史过程

纵观教育人类学发展的历史，不难看出，20 世纪五六十年代形成了教育人类学发展的新高潮。对教育问题感兴趣的人类学家和善于用人类学观点和方法思考教育问题的教育学家，从理论到实践就这门学科展开了全方位的研究，这门学科的名称也自然在学术论辩之中。1950 年，格雷内格（P. Grinager）向美国人类学协会提交了一篇名为《为教育人类学辩护》的论文，她在文中提出一个复合词"educanthropology"来指称这门学科。1954 年，斯坦福大学人类学与教育会议论文集《教育与人类学》（1955 年出版）的英文名字，与以往的"Anthropology and Education"不同，用了"Education and Anthropology"，编著者的这个用法在于强调人类学对教育的作用和应用价值。同年，罗森斯蒂尔（A. Rosenstiel）在《教育人类学：文化分析的新途径》一书中，正式使用了"Educational Anthropology"一词。1965 年，美国著名教育人类学家克内勒在《教育人类学导论》一书中，也使用了"Educational Anthropology"这个提法。1968 年，美国的另一位学者伯格（H. Burger）提出用"Ethnopedagogy"来指称"教育人类学"。此后，哥伦比亚大学的金伯尔采用过"Anthropology in Education"的说法。20 世纪 60 年代末 70 年代初，西方英语国家的教育人类学家基本上接受了"Educational Anthropology"的表述方式。与此同时，"教育人类学"的另一种表述方式"Anthropology of Education"也逐渐流行起来。美国学者米德尔顿（T. Middleton）、罗伯茨（J. Roberts）和阿克森雅（S. Akinsanya）等都采用了"Anthropology of Education"这一表述方式。此外，美国的一些一流大学，如哈佛大学、哥伦比亚大学、斯坦福大学、芝加哥大学和匹兹堡大学的人类学系或教育学系在开设这个专业领域的课程或授课科目时，也开始使用"Anthropology of Education""Anthropology and Education"和"Educational Anthropology"等名称。美国著名教育人类学家奥布（J. Ogbu）在《国际教育百科全书》的"教育人类学"条目中，也采用了"Education Anthropology"。至此，"Educational Anthropology"或"Anthropology of Education"已被学界普遍接受。

第三节　教育人类学的形成与发展

　　教育人类学是在美国文化人类学和德国哲学人类学的基础上形成与发展起来的。早期人类学家在从事社会、文化研究时，虽然也涉及儿童的教育问题，但很少有人对其做专题性的研究。学界一般认为，教育人类学产生于19世纪末20世纪初，促使其产生的社会历史根源首先是当时资本主义工业的迅猛发展，向人类提出了挑战，同时也向社会科学提出了无数的问题。其次，在试图回答这些社会问题时，人们无法回避教育问题。这就促进了各个学科对教育的渗透和研究，尤其是对培养人的功能的考察更加引人注目，给教育人类学提供了学科背景。再次，17世纪兴起的人本主义激发了社会科学对人类自身研究的兴趣，推动了人类学研究，为教育人类学的产生奠定了理论基础。最后，教育要了解人、研究人、培养人，把人作为教育的核心，这就必然促使教育与人类学联姻。

　　确切地说，直到20世纪初期，人类学才从少数富人或其他学科领域的学者的业余爱好发展成为一门专业性的学科。众所周知，教育人类学是在人类学作为一个专门学科的情况下形成与发展的。严格地说，教育人类学的历史渊源可以追溯到人类学形成初期。人类学者对教育问题的兴趣，最早源于对不同社会以及儿童社会化方法的关切，"亦即是有关文化建构、工艺技术以及社会价值等现象，是如何代代相传的"。早在19世纪就有部分人类学家开始研究教育行为，关注学校课程的研究、儿童文化的理解。具体说来，它的根源可以追溯至19世纪末的一些重要著作，和巴尔内斯（M. Barnes）所写的《阿兹特克人的教育》，弗莱彻（A. Fletcher）所写的《奥马哈印第安儿童生活》和范德沃克所写的《教育对人类学的若干要求》等。这些研究开启了教育和人类学结合的风气。前文中提到，到了20世纪初期，休伊特于1904~1905年在《美国人类学家》上相继发表了《人类学与教育》《教育中的种族问题》等文章。他指出，教育要成为科学，就必须借助人类学的知识和研究方法，而人类学要发展，要获得可行性，也要通过教育。20世纪20年代，社会及文化人类学兴盛之后，教育人类学也迅猛发展起来。第一次世界大战之前，玛丽亚·蒙台梭利发表了颇具影响的教育人类学论著《教育人类学》。她从体质人类学的角度探讨了儿童学习与教育之间的关系，认为教育者必须了解学生身体的发展过程，才能正确地处理好教与学之间的关系。

从教育人类学发展的历史看，当代教育人类学主要是20世纪社会文化人类学发展的结果。根据美国教育人类学家伊丽莎白·M·埃迪（Elizabeth M. Eddy）的研究，教育人类学的历史发展可以划分为两个时段，即形成时期（1925～1954）与制度化和专业化时期（1955年至今）。她认为1954年在斯坦福大学召开的"斯坦福大学教育与人类学大会"（Stanford Conference on Education and Anthropology）和1970年正式成立的"人类学与教育委员会"（Council on Anthropology and Education）是教育人类学历史发展进程中两个标志性的里程碑。每一个里程碑都是建立在教育人类学研究领域前一阶段的积累的基础之上，同时又孕育了下一个里程碑的诞生。但这些具有标志性的事件也反映了整体人类学学科发展的重要转变。这些变化远不止以新的研究理论和方法替代旧的理论和方法，而是人类学研究关注社会现实问题以及学科专业化的具体反映。但一般而言，教育人类学的发展大致可分为三个阶段：1920～1954年是教育人类学的形成时期，1954～1970年是教育人类学建立专业制度化的时期，1970年至今是它的成熟时期。

一、教育人类学的形成期

当社会文化人类学的理论与方法不断完善时，教育人类学也蓬勃地发展起来，而且研究对象也由偏远的部落群体逐渐地转移到急速变迁的现代社会。学界一般认为，教育人类学的形成期大致在20世纪20年代至50年代中期。罗伯茨（J. Roberts）和阿克森雅（S. Akinsanya）对儿童、人类学与教育的人类学研究详细地论述了1925～1954年间一些著名人类学家，如本尼迪克特、鲍亚士、埃文斯·普里查德（E. E. Evans Pritchard）、弗思（R. Firth）、福特斯（M. Fortes）、基辛（F. Keesing）、赫斯科维茨（M. Hterskovits）、林顿、马利诺夫斯基、布朗、米德、雷德菲尔德（R. Redfield）、萨丕尔、怀廷（J. Whiting）等对教育与儿童濡化过程的研究。在英国，马利诺夫斯基于1922年出版了《西太平洋的航海者》，布朗出版了《安达曼岛民》，预示了人类学的"实践"性或"应用"性。之后，马利诺夫斯基和布朗分别对人类学"实践"或"应用"性的强调，标志着人类学学科中社会人类学作为一门新学科分支的诞生。布朗的研究讨论了一个社会里，其社会结构关系如何作用，从而维持社会组织的运转，以利于社会的永续存在。马利诺夫斯基的研究涉及特罗布里恩德岛民的社会组织、宗教巫术、经济贸易等。他们通过对异文化的研究发现，殖民统治阶层及教会组织所设计的西方体制的学校教育，不一定适合非工业社会的土著人，有时甚至会违背当地的风俗习惯，致使当地人民对学校教育产生厌恶背弃的心理。他们认为，人类学者从当地人的研究中获得的有关人类行为和制度的科学知识，可以应用在学校教育政策的制定和教育行政管理的规划上，也可以避免西方当局以统治者的姿态强迫殖民地人民服从而产生的负面效果。对于马利诺夫斯基和布朗等学者来说，在人类学研究中，理论与实践和应用之间有着密切的关联性。马利诺夫斯基和布朗等人类学者认为，对非工业社会中人们行为和社会制度的研究，将有助于英国殖民统治者制定适合当地土著人的教育政策。

美国人类学之父鲍亚士是较早关注教育研究的人类学家之一。在鲍亚士看来，"人类学家对教育理论最有意义的贡献在于收集和解释那些确实的、经验的证据，以便使教育者认识到儿童发展速度并非仅由或完全由遗传因素决定。环境因素在形成个体人格中占有主要地位，正规教育如果要期望获得成功的话，那就必须具有一种适应性……教师的判断必须始终依据对个体行为的观察，细心而周密地考察决定行为动机的文化背景"。例如，鲍亚士通过对美国在校学生的人类学、统计学研究证实了他关于人类有机体不完全由遗传基因因素决定的论点。他认为环境因素在形成个体人格中占有主要地位，故他很注重对文化背景的研究。鲍亚士的弟子、美国人类学家赫斯科维茨曾对美洲黑人教育进行过详细研究，尤其对教育过程中的文化适应问题做出了理论上的阐述。他认为教育是一个有意识和无意识的、正式的和非正式的文化陶冶过程。对于赫斯科维茨来说，文化适应过程是人们了解个体与其所处的文化关系的基础，即个体生涯的早期文化适应是促进文化变迁的重要机制。通过对美洲黑人教育的广泛考察，他指出，种族主义明显地存在于课程中，存在于教师对少数民族群体成员的态度中，以及存在于到处散播然而却是错误的假说中，这种假说认为由于我们技术优越先进，其他文化对于我们而言无论如何都是低劣的。赫斯科维茨对破除种族低劣的神话、促进人类学与教育的联姻以及反对学校教育过程中的种族主义做出了突出贡献。

到 20 世纪 30 年代中期，在美国人类学界已经形成了文化与人格研究的风气，米德等著名人类学家对教育问题予以了极大的关注，开始通过跨文化的比较研究方法探讨"简单"社会与美国"文明"社会之间的差异性和相似性，从而反思美国本土社会的教育问题。本尼迪克特和米德通过跨文化的研究指出，因现代社会文化的急剧变迁而引起的文化非连续性问题导致了美国教育中普遍存在的心理冲突现象。在她们看来，教育的目的在于帮助儿童顺利地发展为成人，使其跨越儿童和成人角色之间的巨大鸿沟。但问题是，美国现代教育却在有意无意地强化文化中的非连续性和冲突。1925 年，鲍亚士鼓励其弟子米德到距美国本土千里之外的原始土著人部落中进行田野考察，以期证明造成美国儿童心理障碍的是文化而不是生物因素，标志着人类学对现代社会问题的关注。在《萨摩亚人的成年》中，米德主要探讨了青少年的情绪波动是否具有普遍的共同性。她认为把美国文化和太平洋岛屿的部落文化进行比较，可以对美国本土文化的教育方式进行反思，加深理解。本尼迪克特从事美国印第安社会的研究，她的《文化模式》对族群文化人格的形成，有深入的剖析和划时代的洞识。博伊斯在印尼附近的阿罗岛进行田野调查后，于 1944 年出版了《阿罗岛人》，他的研究重点是儿童教养方式和人格的关系。他提出了一个新概念"众趋人格结构"，来说明族群人格。这些学者开启了文化与人格关系的讨论，进而对于教育如何传递族群文化，如何内化族群人格等论题有了另一层次的启发。

自 20 世纪 20 年代之后，学科内部制度架构的转变极大地影响着当代社会文化人类学的发展。人类学研究经费的增多、社会学科交叉研究的趋势以及大学内人类学影响的增大等，都在不同程度上影响着人类学学科的发展。1920年后，有不少基金会开始资助人类学者研究教育问题，如洛克菲勒、卡内基、梅西和其他一些慈善机构等均对人类学研究及人类学专业人才培养做出了重大贡献。这些基金关注人类学家对诸如种族、移民、文化互动的结果、教育以及社会变迁等与现实社会问题密切相关的问题的调查与研究，极大地促进了人类学家之间的互动和交流。这个时期人类学者对教育问题关切的主要议题包括儿童发展的研究、人类行为的形成是受遗传基因因素还是后天陶冶的影响、印第安族群的教育研究和非洲族群的教育研究等。20世纪二三十年代，弗洛伊德、皮亚杰、华生等心理学家认为人类行为由生理因素决定，但人类学者通过跨文化的比较研究指出，儿童知性的本质并不是先天注定的，而是受后天文化的熏陶。

　　社会文化人类学是一门比较年轻的学科，其创建者主要来自与其相关的一些学科。马利诺夫斯基的父亲是一位从事波兰民族志和民俗研究的著名语言学家，1910年，马利诺夫斯基进入伦敦经济学院攻读人类学博士之前已经在克拉科夫大学获得了物理与数学博士学位。米德的父亲是经济学家，母亲是社会学家。她在进入哥伦比亚大学学习人类学课程之前已获得心理学硕士学位。福特斯来自南非土著社会，拥有心理学博士学位，来伦敦经济学院师从马利诺夫斯基、弗思（R. Firth）和塞利格曼（C. Seligman）接受人类学训练之前在英国从事儿童心理咨询工作。当时其他的人类学家也都有过类似的跨学科训练的经历。简言之，在教育人类学的形成时期，其学科的发展得益于不同学科理论与方法的互动以及人类学对社会剧变中当代不同民族的研究。

　　人类学家介入与教育相关的公共政策的研究并非只在美国进行。20世纪30年代至40年代，英国人类学家开展了对非洲教育问题的研究，如1926年"非洲语言文化协会"（the International Institude of African Languages and Cultures）在伦敦成立，在洛克菲勒基金会的资助下，大批人类学家被派往非洲，以期了解非洲及其土著和社会制度。塞利格曼和马利诺夫斯基从一开始就在上述协会中扮演着重要角色，尤其是马利诺夫斯基，他培养了许多人类学家去非洲进行田野工作，其中有不少人把研究的主题聚焦于儿童。1934年，马利诺

（B. Malino）等到南非考察，强调当地政府制定教育政策，引进西方教育体制时，务必把当地部落的传统教育系统考虑进去。只有这样做，政府教育政策的推行才不会和当地人的文化发生抵触和冲突。

此外，在这期间，人类学界还召开了一些关键性的学术会议，这些重视教育议题的会议也是教育人类学建立的重要基石。1930年，由萨丕尔和多拉德（J. Dollard）在耶鲁大学主持召开的"文化形塑人格讨论会"（the Seminar on the Impact of Culture on Personality），开创了教育与人类学议题联合讨论的先声。1934年，查尔斯·罗曼（Charles Loram）在耶鲁大学举办了"教育与文化接触研讨会"（Education and Culture Contacts），在卡内基基金会的资助下，来自印度、菲律宾、英国、中国和美国的资深学者参加了这次会议。大会的议题是教育实践必须适应个人及地方社区的需要，而不是把西方教育措施全盘移植到其他的社会文化环境中，这个主题已明确地指出教育和人类学的接合点。两年之后，即1936年，基辛在夏威夷大学举办了为期五个星期的学术研讨会，来自27个国家的66名人类学家和教育学家讨论了"太平洋地区人民的文化调适和教育问题"（problems of education and adjustment：among peoples of the Pacific）。1949年，在纽约教师学院、卡内基基金会和普通教育董事会的资助下，米德在纽约教师学院召开"特殊文化群体的教育问题"（the Educational Problems of Special Cultural Groups）研讨会，主要讨论美国和非洲黑人的教育问题。这次会议的历史意义是，学者们不再把解决美国南方黑人教育问题的方案武断地应用在非洲黑人的教育问题上。这一时期，人类学对教育的研究主要关注以下几个方面。从理论层面看，人类学家向弗洛伊德、皮亚杰、华生等学者的理论提出了挑战，认为他们虽然探讨了人类发展与人类行为的普遍性问题，却忽视了文化的多样性和差异性。在20世纪二三十年代，人类学家对当时盛行的基因学观点以及人类行为受基因影响的说法提出了尖锐的批评。这些理论上的争议已超越纯学术的范畴。当时，这些关于儿童智力概念的争议对教育政策的制定具有深远意义。在20世纪20~50年代，人类学家日益关注包括非洲和大洋洲在内的偏远地区儿童发展的研究。比如，20世纪30年代美国人类学家参与了由洛克菲勒和卡内基基金会资助的多项与教育相关的研究，研究范围涉及课程发展、儿童青春期研究、学校生活以及儿童所在社区的研究等。

20 世纪后期，人类学家开始使用田野调查方法研究美国社区，这些经典性的研究揭示出，即使在美国社会内部也存在与种族、族群性以及社会阶级差异性相关的濡化和正规教育体系多样化的现象。20 世纪 30 年代，部分美国人类学家还研究了美洲土著人的教育问题。作为印第安事务局的工作人员，这些人类学家编写了印第安学校使用的历史与民族志教材以及双语学校的课本。同时，他们与心理学、病理学以及医学工作者一道参与了关于印第安部落的人格、教育和行政的一项为期六年的社会行动研究项目。这项对 12 个保留区 5 个部落中 1 000 名印第安儿童的跨学科研究的成果，后来成为美国联邦政府有关印第安行政及教育改革措施的依据，对于保存印第安传统文化具有重大贡献。"二战"之后，人类学对儿童的民族志研究继续为联邦政府制定教育政策提供理论依据。

二、专业制度化时期

20 世纪 20～40 年代，教育人类学研究主要关注世界各地儿童和青少年的教育问题。但有关儿童和教育过程的研究还只不过是民族志研究或社区研究这个大背景下整个资料收集过程中的一部分内容而已。在美国，"文化与人格"研究在很大程度上促进了有关儿童的跨文化研究。在英国，社会的急剧变迁使人们意识到教育的战略性作用。许多基金会和部分政府官员都开始关注交叉学科的合作，并努力将其应用于公共教育政策的研究。20 世纪三四十年代，人类学对教育的研究做出了重大贡献。但是，正如米德后来所观察到的那样，人类学与教育之间的联姻长期以来主要是依附于人格研究而没有形成任何制度化的关联性。

1954 年是教育人类学发展史上关键的一年。这一年，美国人类学学会、斯坦福大学社会学人类学系和斯坦福大学教育学院联合举办了著名的、在教育人类学发展史上具有里程碑意义的"斯坦福大学教育与人类学大会"（Stanford Conference on Education and Anthropology）。人类学界和教育学界的 22 名大师级学者参加了这次会议并做了重要发言。当时的著名人类学家克罗伯（A. Kroeber）也应邀参加了这次大会。斯坦福会议预示了未来人类学和教育间制度化的关联性。在这次讨论会上，米德和基辛分别就人类学和教育间制度化关联的必要性进行了评述，米德在会议总结中着重指出了这一点。她说，没有一位人类学家不会注意到他所研究的社会文化群体的教育经验，大多数学者也从中获得了对自己文化教育问题的一些启发。可是，仅仅是短期的注意教育问题是不够的，而应该建立人类学与教育间制度化的关联，制度化地长期推动这一研究领域的发展。

这次会议的目的不是评估和总结过去的研究成果，而是探讨人类学和教育之间的关联性。会议期间，还没有人使用诸如"教育人类学"之类的概念，正如斯平德勒所说的那样，会议的目的不是创造"教育人类学"。斯平德勒在总结这次会议时指出，这次会议有四大主题：一，寻求教育和人类学在理论上的结合点；二，注重教育过程的社会—文化情境化；三，重视教育与文化意义上的生命周期之间的关系；四，强调不同文化间的了解与学习。下面就这四个主题进行简要论述。

对于第一点，教育学家布拉梅尔德（T. Brameld）表示，他不同意两种关于文化的观点：一是文化自成格局，它有无限的力量，无法改变它。二是文化的潜在层面会形塑人的行为模式，人的行为模式在不知不觉中被文化决定。他质疑说，文化如果如上所述，则无论外在变化多大，文化都不会改变，这种看法无法解释文化变迁和文化调适现象。文化如果像第二种情况，则教育只能墨守成规，只能复制，不能再创造，尤其当人的行为都在不知不觉中被决定时，教育根本无法发挥其力量来改造人性、改造环境，使人性更趋完善。布拉梅尔德对人类学理论的质疑，引起人们对文化与教育关系的反思。

教育情境化是指我们在分析教育事件或教育问题时，需要把社会文化情境或背景，尤其是社会文化的组织结构和思想信念纳入考量，以便获得比较全面而深入的理解。例如，《文化、教育和沟通理论》一文，在分析 Itopi 印第安人的社会时指出，Itopi 人习惯于"目标寻求"和"扩散式教学"，这与其社会结构有密切的关系。他指出，学习形式和文化情景密切相关，而教学则是使这些学习形式得以顺利运作的程序。他认为文化传承的目的在于使儿童获得文化，所以年长者在促进引发儿童学到本族群文化的过程中，以呈现、组织、刺激及劝诱等方式来加强学习效果。因此，教与学、文化的传递和获得是通过其文化母体来互动，其成就表现也需放在这个文化母体的参考架构之下来看待。

第三个关切点是教育与文化意义上的生命周期间的关系。生命周期是文化人类学研究的焦点之一。人类学的跨文化研究发现，人的一生中需要经历几个重要的通过仪式，而这些通过仪式中蕴含着丰富的教育内容，使受礼者和参与仪式的人得到教育。同时，民族的传统文化在这些仪式中也得以传承和延续。例如，亚特（C. Jart）曾研究过北澳洲的 Iiwi 族儿童在青春期之前的训练和青春期之后的成年礼的差异。他认为青春期之前的儿童经验在文化内容上存在着很大的差异性。成年礼的教育，在确立个人与社会文化结构的关系上特别显著。在亚特等学者看来，青少年时期的教育是社会招募新成员的一个最重要的阶段，而且个人渐渐形成对文化规范和价值的承诺。他指出，在这个阶段，课程、教学者、设备以及导入仪式的气氛，将文化传承规则化，青少年所接受的教育相当一致。斯平德勒认为将教育与生命周期的关系放在显著的地位，可以说是所有教育人类学研究中最有启迪的贡献之一。

第四个关切点是不同文化间的学习与了解。我们是以类似于学习自己文化的方式来学习或理解异文化的。但不同文化之间或多或少总会有差异，用自己的文化尺度去揣度他人的文化难免会有盲点。杜布瓦（Dubois）认为教育是有意识地使人接受知识、态度、价值的过程，同时教育也在无意识地把观察世界的模式传递给受教育者。杜布瓦主张不同文化间的教育必须同时涉及情感与认知教育，若要摆脱自己文化的偏见，不对他人的经验妄下断语，教育必须由泛文化的观点切入。在教育人类学中，我们不能放弃跨文化的比较立场。正如斯平德勒所说的那样，借着了解别人的文化，或至少尝试了解别人的文化，我们才最终得以了解自己的文化。

"二战"后教育人类学的发展是人类学学科本身迅猛发展的结果。人类学与教育之间的制度化与"二战"以来人类学剧变的时代背景密切相关。"二战"之后，美国的影响力不断扩展。大批退役军人通过教育资助重返大学校园，越来越多的学生开始选修人类学课程。战后"生育高峰"出生的那一代人也在 60 年代涌向大学校园。20 世纪五六十年代是教育蓬勃发展的时期，也是人类学专业壮大的时期。随着人类学专业学生人数的剧增，各大学开始筹备建立人类学系，人类学的教学与研究受到空前重视。在许多大学，如哈佛大学、斯坦福大学、哥伦比亚教师学院、佛罗里达大学、佐治亚大学、俄勒冈大学、明尼苏达大学、宾夕法尼亚大学、匹兹堡大学、纽约州立大学水牛城分校、密歇根州立大学等美国一流大学的人文科学、生物科学以及社会科学等学科都开设了人类学课程。

当代人类学的前驱者们都曾在世界不同地区做过人类学研究。"二战"前只有少数人类学家所能从事的研究，即到世界各地去进行田野调查，现在已经成为每个人类学专业的学生的"通过礼仪"（a rite of passage）。社会科学研究委员会（the Social Science Research Council）与福特、洛克菲勒、卡内基、温纳—格伦等基金会为人类学专业的学生到海外进行田野调查提供资助，使得他们在研究本土文化之前，首先体验异文化和文化的多样性。到了20世纪五六十年代，随着人们对社会学科的日益关注，在教育学院已经普遍开设人类学课程，编写适合于教育学专业的人类学教材和培训人类学教学人员被列为教育学学科发展的议事日程之中。这无疑促进了教育人类学专业化的发展。1962年，"人类学课程研究计划"（Anthropology Curriulum Study Project，简称ACSP）正式启动，同时美国教育发展中心（Education Development Center）也开始资助人类学课程发展计划——"人类研究课程"。1963年，F. Hunter在美国青少年发展部门的资助下启动"城市师资教育计划"（Teacher Resources in Urban Education Project，简称IRUE），聘请人类学家编写教材和培训师资队伍，教材中的许多资料都来自人类学家的学校教育民族志。此外，在60年代后期，斯平德勒夫妇和金伯尔等资深学者对促进教育学与人类学的联姻做出了重大贡献。斯平德勒夫妇编著了《教育与文化个案研究》，金伯尔编著了《人类学与教育丛书》等教材。这些教材的内容均基于田野调查。1963年，斯平德勒主编出版了人类学入门教材《教育与文化》论文集。1965年，奈勒（Kneller）出版了《教育人类学》，重点讨论了文化和人格的基本概念以及美国公众学校的教育问题。

从某种意义上说，20世纪60年代人类学课程的发展是美国战后促进学科发展的必然结果，但同时也是美国联邦政府试图将人类学应用于解决当代教育问题的一种尝试。20世纪60年代，美国城市的贫困问题十分突出，而主流学校教育与美国黑人、西班牙裔美国人、美国土著人以及其他少数民族之间的矛盾与冲突亦日益剧烈。人类学与教育的联姻正是在这一背景下生成的。20世纪60年代中期，美国联邦政府开始鼓励人类学家对学校进行广泛的人类学研究。1965年，雪城大学的斯坦利·戴蒙德（Stanley Diamond）开展了学校文化研究计划，以期促进资深的人类学家和其他行为科学的学者之间的合作，从人类学的角度共同探讨美国民众教育的发展问题。一年半后，佛瑞德·格瑞（Fred Gearing）接管此项计划，更名为"人类学与教育工程"（Program in Anthropology and Education），由美国人类学学会和美国教育部主持和资助。1966～1968年，这两项计划还组织召开了一系列的研讨会。当时，只有少数人类学家从事美国学校教育的社会组织和文化方面的研究，但是，有不少人类学家在从事教育学院学科发展和师资培训方面的工作和研究。同时还有部分人类学家开始应用社会语言学的知识检视学校的跨文化交流问题。

综上所述，在20世纪60年代，三方面因素促使了人类学家进一步研究学校问题，并推动教育人类学发展成为人类学的一门学术性分支学科。第一个因素是美国60年代所面临的社会和政治危机。人类学家被指派去研究国民教育问题，尤其是那些令美国政府当局不安的贫困阶层和少数民族的教育问题。一些人类学家（如格瑞）开始怀疑在社会和政治危机时期教育的作用，特别是认为对于贫困阶层和少数民族而言，学校是一种"异化的教育机构"。第二个因素是对一些教育心理学家和其他学者对文化的滥用和误解进行反驳。这些人试图用"文化剥夺"假说（cultural deprivation hypothesis）来解释少数民族和底层阶级中的不均衡性学业失败的原因。人类学家则认为这些弱势族群有着能在劣境中生存的文化，他们的孩子在学校中的失败，可能是因为学校不使用他们的文化来教学、学习和考试的缘故，故提出了"文化非连续性"来作为少数民族学生学业失败问题的替代性解释。

菲利浦（S. Philips）对此做过精辟的论述，认为少数民族儿童学业之所以失败，是因为他们进入的是文化上完全不同的学习环境，学校传授的知识内容以及教学方法等对他们来说都是生疏的。第三个因素是由于人类学家的努力，人类学被列入了公立学校课程。此外，20世纪70年代，人类学的文化——人格学派为教育人类学的发展也做出了不容忽视的贡献：首先，将把学校教育作为人类学问题进行研究的大多数先驱都来自文化与人格的研究领域（如格瑞、斯平德勒）；其次，从研究内容来看，教育被看作是文化的传递，学校教育仅仅是其中的一种特殊形式；最后，教育人类学从文化与人格研究中继承了一种浓厚的比较研究的观点。教育人类学家坚持主张在比较研究或"跨文化研究"的基础上对学校进行分析概括。同时，人类学家对使教育过程脱离其社会文化背景的做法也提出了严厉的批评。

三、成熟时期

"学校文化研究计划"和"人类学与教育工程"对促进教育人类学学科的发展和培养教育人类学专业人才具有深远意义。到20世纪60年代末，教育人类学已经发展成为人类学专业的分支学科。1968年，在西雅图召开的美国人类学年会上，人类学与教育特别学会正式成立，此学会的成立为1970年人类学与教育委员会（Council on Anthropology and Education，简称CAE）的诞生奠定了基础。

1970年，CAE的成立以及CAE简报的刊行可以说是20世纪20年代以来人类学与教育互动的结果。CAE简报于1977年更名为"人类学与教育季刊"，成为教育人类学的权威学报。据美国人类学学会统计，到1982年，CAE已经拥有正式会员749人，到20世纪90年代，已增至1 200人。作为一个学术性的组织，CAE从不同的层面反映了那些最先关注当代社会教育问题的人类学家对教育人类学发展的关注。从20世纪70年代至今，教育人类学关切的主题可以说是1954年斯坦福会议的延续。埃迪指出，首先是人类学作为一门学科对当代民族的跨文化和比较研究的关注，继续强调教育的情境化。其次是肯定了多元文化社会应是人类学研究的重要基地。再次是重申了人类学应该关注儿童在其本身生长环境中的学习与发展经历。最后是继续关注当代人类各种教育体系，并对之进行跨文化的比较研究。不过，今天的教育人类学更加注重以新的民族志研究方法对学习及教学进行有系统的研究，并且期待这些研究能对教育内容、教育政策改革提供理论依据。需要明确指出的是，现代社会是一个多元文化社会，所有社会的教育实践都是在文化、社会、政治、经济以及技术变革等情境中进行的。正如 1954 年斯坦福会议一样，1970 成立的 CAE 对教育人类学的发展也具有重大促进作用，如 20 世纪 70 年代之后，人类学家日益重视对课堂和其他教育场域的跨文化交流过程的认知和社会语言的研究，逐步应用民族志方法研究教育问题，并日益关注发展中国家的教育问题。

第四节　教育人类学的学科地位

对于教育人类学的学科地位问题，美国的斯平德勒和辛格尔顿（J. Singleton）、德国的一些教育人类学家、日本教育学家田浦武雄以及我国学者滕星、庄孔韶、冯增俊、吴晓蓉、钱民辉、李其龙、李复新、崔相录、雷国鼎、詹栋棵、周德祯等均认为，教育人类学已经成为一门学科，一门独立的、应用性的边缘学科。对此，李复新和瞿葆奎曾做过详细论述：第一，在学科分类上，教育人类学已是一个独立的知识门类，它有自己的概念体系和理论流派，如哲学教育人类学、社会教育人类学、文化教育人类学、体质教育人类学、比较教育人类学等。第二，在研究对象上，教育人类学有其特定的研究对象。教育人类学认为，教育是文化传播的过程，不仅是群体内文化从上一代到下一代的纵向传承，而且还是文化从一个群体到另一个群体的横向传播。教育是人类在文化上推进种的延续的条件，教育人类学要在社会文化背景上证实教育的文化法则与原理。第三，在学科研究内容上，教育人类学以文化为基本概念，注重研究教育与文化、民族和种族之间的关系，从人类发展与文化的关系来考察教育。第四，在研究取向上，教育人类学不仅着眼于研究现代社会文化中的教育问题，而且还研究现代社会原始群体、土著人和原住民的教育，往往以小型的、以"参与观察"为形式的实地研究为主。第五，在学科实体上，第二次世界大战之后，在世界范围内出现了一些与教育人类学有关的专业团体和机构。例如，在美国，斯坦福大学、哥伦比亚大学和匹兹堡大学开设了教育人类学专业课，许多综合性大学也开设了教育人类学或称之为人类学与教育的选修课。1970 年，在美国人类学协会下成立了人类学与教育委员会，其成员以美国学者为主，同时还吸收了英、法等欧洲国家的学者为会员。研究会每两年召开一次年会，不断推动教育人类学的研究与发展。第六，在学科知识的积累上，自 1898 年美国学者范德沃克在《美国社会学杂志》上发表首篇教育人类学专论《教育对人类学的若干要求》以来，已积累了相当可观的学术资料。尤其是 1954 年"斯坦福大学教育与人类学学术讨论会"召开以来，斯平德勒夫妇等一批教育人类学家发表了大量教育人类学论著。1977 年，美国人类学与教育委员会把它的机关刊物《人类学与教育委员会通讯》改为学术杂志《人类学与教育季刊》，集中反映国际教育人类学研究成果和学术动态，成为当今世界范围内最权威的教育人类学专业刊物。1978 年，美国学者罗森斯蒂尔编撰出版了《教育与人类学：注解的文献目录》一书，收录了不同文字的教育人类学文献 3434 篇。此后，有关教育人类学研究方面的学术成果如雨后春笋般涌现出来，为教育人类学学科的发展积累了丰富的跨文化的学术资料。

第五节　国内教育人类学理论方法研究概述

在国内，与教育人类学理论与方法相关的研究成果不是很多，从事这方面介绍或研究的学者也不算多。在《回顾与展望：中国教育人类学发展历程》一文中，滕星教授对中国教育人类学的初步发展和取得的成就进行了系统而全面的综述。他认为，中国教育人类学的研究贡献在于：

第一，翻译引介了一批西方教育人类学的理论和著作，传播了教育人类学的基本思想和重要理念。对国外理论进行翻译和介绍的相关译著主要有俄国教育学家康·德·乌申斯基著、郑文樾译的《人是教育的对象——教育人类学初探（上、下卷）》，德国教育人类学家博尔诺夫著、李其龙等译的《教育人类学》，奥地利学者茨达齐尔著、李其龙译的《教育人类学原理》和冯增俊等编译的论文集《教育人类学》等，还有一些介绍和翻译西方教育人类学理论的论文，如冯增俊的《教育人类学刍议》以及他随后发表的以"西方教育人类学"为副标题的系列论文；王川的《教育人类学》、洪川的《教育人类学述评》、李复新的《西方教育人类学述评》和《教育人类学综合研究的初步尝试》、滕星的《国外教育人类学学科历史与现状》、樊秀丽的《教育人类学性格的探讨》等，这些译著和论文主要是介绍西方教育人类学，包括西德哲学教育人类学和英美文化教育人类学的理论和方法，对于传播教育人类学的思想理念、理论模式、学科内容和研究方法等起到了重要作用。近年来，滕星教授组织中央民族大学有关人员初步翻译了 20 余部有代表性的西方教育人类学著作为研究生教学使用的内部教材，并准备在此基础上推出一套《西方教育人类学研究译丛》，包括《文化与教育过程》《社区文化与教育》《多元文化教育导论》《面向 21 世纪的多元文化教育》《教育与文化》等译著，这对加强国外教育人类学理论和经验研究以及国内教育理论研究，借鉴人类学的研究视角和方法具有重要的参考价值。

第二，中国教育人类学从理论上对这一学科进行了深入探讨，试图结合中国的实际情况研究中国教育的发展问题或构建关于中国教育人类学的理论体系。这类研究一般是以专著形式出现，如庄孔韶的《教育人类学》，冯增俊的《教育人类学》和《教育人类学教程》，庄子韶主编、滕星与马茜撰写的《人类学通论》第十六章"教育人类学"等。近些年来，也有部分学者以论文的形式探讨教育人类学的学科发展问题，如冯跃的《中国"教育人类学"与"民族教育学"学科发展之比较研究》，崔延虎的《跨文化交际教育：民族教育若干问题探讨——教育人类学的认识》，李复新、瞿葆奎的《教育人类学：理论与问题》，苏日娜的《论教育人类学的学科性质与研究方法》，冯增俊的《教育人类学未来发展展望》，祁晓霜的《人类学与教育学的结合及其对我国教育的启示》，王鉴的《教育民族志研究的理论与方法》，吴晓蓉的《教育人类学研究的本土实践》，樊秀丽的《教育民族志方法的探讨》等，这些研究成果大多集中在对教育人类学的产生和发展历史，教育人类学的学术位置、学科体系、理论构架、研究园地与课题、民族志研究方法，教育人类学本土化、教育与人的本质、教育与人类文化、学校教育人类学、教育与人的全面发展等方面的探讨上。从内容上看，更多的是注重对国外相关理论的介绍和对中国教育人类学学科建设的设想，诸多研究者试图对当前中国教育中存在的问题进行多角度的审视，但大多局限于理论方面的分析阐述，在微观层面上的研究略显不足。

三是采用教育人类学的理论，关注异文化教育现象，提倡多元文化教育理念，寻求跨文化的了解和对话，为研究民族问题和民族教育提供了借鉴。这一类研究的代表人物有哈经雄、滕星、万明钢、张诗亚、王鉴、王嘉毅、钱民辉、巴占龙等，研究代表作包括：《民族教育学通论》《教育人类学研究丛书（第一、二、三辑）》《西南民族教育文化溯源》《西北少数民族教育研究丛书》等。其中《教育人类学研究丛书》的出版，极大地推动了中国教育人类学学科的发展，正如其主编滕星教授在丛书序言中所言："《教育人类学研究》系列丛书的出版，将在人类学与教育学学科之间搭起一座桥梁，它必将进一步推动人类学与教育学学科之间的相互渗透与整合，为人类学和教育学开辟出一块新的学术研究领域，从而为中国的教育改革做出贡献。"

四是从人类学的视角，解读汉族的正规教育和非正规教育，研讨文化与教育的关系、教育的文化功能等，在一个更广阔的人文背景下探讨中国的教育问题。这一类专著主要有郑金洲的《教育文化学》、刁培萼的《教育文化学》、丁钢主编的《历史与现实之间：中国教育传统的理论探索》和《中国教育研究与评论》等。从内容上看，这一类研究主要是从人类学的视角切入，以研究主流文化为主，解读汉族的正规教育和非正规教育，探讨文化与教育的关系、教育的文化功能等，分析不同历史时期有关中国教育的问题。此类研究通过对中国教育进行深入的人类学和文化学的考察，了解教育的实施如何反映不同文化的内涵等，对文化传播、冲突、变迁、整合与教育的关系，对学校文化、教师文化、学生文化、课程文化以及教育现代化等问题都做出了富有价值的探讨，在一个更广阔的人文背景下促进了人们对中国教育进行更深刻的解读。

　　五是积极开展教育人类学的田野工作，出现了一批具有中国本土特色的教育人类学民族志代表作。滕星教授认为田野工作、撰写民族志和进行理论构建是人类学研究的三大法宝，中国教育人类学除了在理论上进行构建和探讨之外，在实践上也必须开展扎实有效的田野工作和进行规范的具有本土经验的民族志写作，这也是中国教育人类学学科走向成熟的一个标志。在中国教育人类学的田野工作和民族志撰写方面，滕星曾于 2001 年出版了《文化变迁与双语教育——凉山彝族社区教育人类学的田野工作与文本撰述》一书。该书是滕星教授田野工作和理论思考的阶段性成果，受到著名人类学家林耀华先生和著名教育学家顾明远先生的高度评价，认为该书"是中国大陆第一部采用文化人类学的理论范式与研究方法对具有异文化背景的少数民族教育进行的细致研究，开创了我国经典意义上教育人类学研究的先河。此书遵循解释人类学理论范式的思路，通过辅以文化唯物论的主客位研究方法，对中国四川凉山彝族社区 20 世纪后 50 年来语言与教育的社会变迁的过程进行了描述"。此后，运用田野工作方法撰写的教育人类学民族志作品日见增多，如西南师范大学吴晓蓉博士的《教育，在仪式中进行：摩梭人成年礼的教育人类学分析》，通过对摩梭人的成年礼进行教育人类学范畴的研究，对摩梭人文化生态系统进行分析，探讨了成年礼及摩梭人成年礼的文化意蕴、仪式蕴含的问题的解决等。南开大学袁同凯博士撰写的《走进竹篱教室——土瑶学校教育的民族志研究》一书，则通过对瑶族的一支——土瑶山区学校教育的民族志研究，揭示了土瑶儿童学校教育失败的原因，提出了对其的思考，是一部在丰富的田野资料基础上撰写的土瑶民族志和少数民族学校教育分析的论著。

　　除了上述滕星教授的综述之外，祁进玉博士的《中国教育人类学研究的现状与反思》和《教育人类学研究：中国经验 30 年》，在对近 30 年来中国教育人类学研究成果的综合分析基础上，比较系统地梳理了中国教育人类学研究的现状，并对教育人类学学科设置、教学与学术研究、教育学与人类学学科跨学科、交叉研究的中国经验以及教育人类学的本土化问题等方面进行了学术反思。吴晓蓉教授的《中国教育人类学研究述评》一文在已有研究成果的基础上，对教育人类学概念的引进、教育人类学在中国的形成与发展等方面的研究成果进行了进一步的梳理和鉴析，并讨论了当前中国教育人类学研究的不足和后续研究的方向等问题。她认为，中国教育人类学的研究成果主要集中在对西方教育人类学理论、流派和方法的引进及其比较与评析性研究；应加强教育人类学与我国传统教育思想、教育现实的关联性研究；教育人类学方法何以用于中国教育的可行性研究；如何从本土视角探讨教育人类学学科体系建构、研究对象和研究内容、研究方法与方法论，以及学科发展的研究等几个方面。

此外，台湾学者在介绍国外教育人类学的理论方面也做出了突出贡献。如郑重信的《教育人类学导论》、王连生的《教育人类学的基本原理与应用之研究》等为把西方教育人类学概念引入汉语世界奠定了基础。詹栋梁的《教育人类学》则比较详细地介绍了西方（主要是德国）教育人类学理论的发展，从哲学的角度探讨了人与教育、教育学与人类学之间的关系，并着重论述了教育人类学理论在学校教育研究中的作用。周德祯的《教育人类学导论——文化观点》则从文化的视角出发，全面而系统地论述了以英美为代表的教育人类学各流派的理论发展，详细地介绍了教育人类学从形成到发展到成熟的过程，重点讨论了学校与其所处的社会文化环境之间的相互关系。与前者不同的是，后者强调对学校民族志的研究。尤其重要的是，在台湾大多数师范院校都开设了教育人类学课程，培育未来教师具有跨文化的教育观，使教育人类学的理论与方法在教学实践中得到运用。

第三章　教育人类学理论流派简述

第一节　教育人类学理论的主要流派

一、均衡论流派

根据 V. Baker 的归纳与总结,20 世纪 80 年代以前, 有关教育人类学的理论主要有两大范式, 即均衡论 (the equilibrium paradigm) 和冲突论 (the conflict paradigm), 每个范式之下又包含不同的理论学说。他所说的 "均衡论", 其实主要是指功能论或结构—功能论。

人类学界普遍认为, 学校作为社会文化情境中的一个子系统的作用就在于传承社会文化的各种知识、技能与价值观, 并维持社会系统的正常运转。这与形成于 19 世纪末 20 世纪初的结构—功能主义理论密切相关。功能论一直在教育人类学领域占据着主导地位, 其代表人物强调分析社会事件及其组织体系之关系的关联性。这一理论认为, 人类社会是一个功能系统, 在这个系统中, 社会各部门相互依赖、相互作用, 发挥着各自的独特作用, 并服务于作为整体的社会体系, 维持更大的系统的运转。倡导结构—功能模式的教育人类学家主张, 教育反映了社会的结构与要求。教育作为社会的一部分, 是为一定社会政治、经济服务的。例如, 20 世纪 30 年代, 美国教育人类学家做学校教育民族志时, 特别关注社会分层问题与学校教育之间的关系, 即在以阶级、种族分层和族群为特征划分群体界限的地方社区, 社会分层是如何影响公立学校这一社会组织机构的。这些民族志揭示了在学校和班级里实际发生的事情，学校过程也同样强化了社会分层。按照马利诺夫斯基的论点，每一个现存的文化，都有其效力和功能，而且彼此整合成一个如生物有机体般的整体。涂尔干认为，把一群人组合成一个社会，其背后的主要力量是社会事实和集体意识。社会中各部门的存在是为了实现社会整体之需求，社会各部门的功能，乃在于维持社会整体之正常性。在涂尔干看来，学校具有至关重要的明确的独特功能，即根据社会的需求培养新一代。他认为，儿童只有系统地了解自己国家的文化遗产，他才会具有一种认同感，才能达到完整的人格。众所周知，功能论者在研究学校教育时注重分析其作为社会系统的功能作用，强调学校教育在维持社会整合与稳定过程中的相关性，如伯内特分析了一所学校的仪式活动，认为这些仪式活动有助于维持和重建学校的社会系统的平衡。汉林顿（Halinton）描述了纽约市一所低收入少数民族学校的教学模式。在那里，学校课程、课堂活动以及教科书都在教导学生所谓好公民就是服从、政治被动性和无权力性等。相反，在城郊中层阶级和中上层阶级学校的学生则学习主动的政治参与和领导角色。斯平德勒和沃尔科特的研究也表明，作为一个正式的文化机构，学校系统是一个具有功能作用的统合整体，它会受到庞大的社会——政治体制中其他社会机构的影响并服务于这些机构。新马克思主义者也认为，一切教育系统都要为它们各自的社会服务，因此学校教育中的社会、经济和政治关系将密切地反映出它们作为社会大背景中的相应关系。

此外，教育人类学还重视探讨学校教育的再生产作用。教育人类学工作者认为，学校作为一种社会子系统还具有社会与文化的再生产功能。早在 20 世纪 60 年代初期，学者即开始分析学校教育的再生产功能，其目的在于确认学校再生产社会秩序基本特征的方式。从功能主义的观点出发，像涂尔干提出的那样，社会再生产是一个重要的有价值的过程。社会结构的再生产、维持这一结构的文化价值的再生产是维护人类及社会体系续存的重要条件。布尔迪厄和帕斯隆（C. Passeron）则强调教育再生产的文化层面，认为"学校不仅能再生产社会的阶级体系，而且也能再生产与统治和被统治社会阶层相关的文化价值"。

在功能论者看来，学校是社会体系的一个不可分割的部分，其作用在于向社会培养和输送有用之才，以维持社会的存续。作为教化下一代的一种机构，学校的目标在于向主流社会输送各类合格人才，社会成员如果不获取和延续技能、知识和伦理价值，人类社会就无法存续。在社会结构的层面，学校依附于更大的社会，以求获得资源与合法地位，而社会则有赖于学校得以绵延存续。涂尔干在《教育与社会学》中指出，教育归根到底是社会持久地再生产其存续条件的一种手段，对年青一代具有系统的社会化作用。在涂尔干和帕斯隆看来，社会成员需要共享一套信仰、知识和价值以维持社会的统一和团结，但学校还需要培养掌握特殊知识和技能的人才，因为每个社会都需要其成员承担不同的社会角色。尽管家庭和学校都通过文化传承来培养新一代，但学校却能使儿童从情感上与家庭分离开来，学习内化一整套比在家庭中所学的更为广博的文化价值和规范。简言之，通过学校教育，儿童习得未来如何作为成人在社会中承担各种社会角色。作为一个正式的组织，学校系统是一个具有功能作用的统合整体，如果学校要在更大的社会架构中完成其使命，就必须确保和维持某些条件的存在。

功能主义方法注重社会系统的整合及稳定，使用这一分析架构的学者往往关注特殊问题及解释方法。例如，帕斯隆在分析波士顿的一所小学时即把学校作为一个社会系统进行分析，他探讨了班级结构与其功能在更大的社会系统里是如何关联的。也就是说，他把学校看作是社会化和分配角色的代理机构。他假定，统合系统的存在是由各个部门的作用来维持的，每一个部门通过各系统之间的内化来均衡社会"机器"。因此，他试图探讨，学校班级是如何培养学生既要遵从社会价值又要在社会中承担特殊的角色，并培养出成功承担未来成年角色的能力和责任的；在成人社会的角色结构中，学校班级又是如何分配这些人力资源的。基于以上问题，他得出如下几点：第一，社会是一个运作系统；第二，这个运作系统需要维持其运行的分支系统；第三，运作的社会系统需要受过训练的参与者推动其运转。他认为，首先，儿童早期的社会化主要具有等级结构关系，这种关系产生一种独特的动机结构。其次，成年人的生活包括处于较高平等地位关系的个体，此个体隐约地要求不同的动机结构。最后，他假定儿童同龄群体之间的关系可提供成年人平等地位关系的模式，引起动机结构的变化。基于此，他认为，作为一种团体，同龄群体通过培养儿童学习承担成人的社会角色来维持社会秩序。

在功能论者看来，从某种意义上讲，学校是社会的缩影，它再生产着既定的社会、已有的文化、经济和政治结构与规范。

结构—功能主义理论形成于 19 世纪末 20 世纪初，其代表人物强调分析社会事件及其组织体系之关系的重要性。这一理论认为人类社会是一个功能系统，在这个体系中，社会各部门均为作为整体的社会体系服务。社会每个部门的作用就在于维持更大的系统的运转，这个系统被认为多少是自我包含的、整合的、平衡的。博克（J. Bock）应用社会体系理论分析了第三世界的教育角色。他认为从整体上看，教育的作用在于促进社会的发展。而社会发展离不开人力资源的开发，通过教育体系发展人力资源，是社会经济发展的先决条件。但部分学者的研究表明，在教育与发展之间也存在着矛盾和冲突：由于社会只能提供有限的就业机会，使人们对学校教育失去信心。

综上所述，结构—功能论的倡导者认为，作为社会体系，学校是社会不可分割的一部分，学校教育在传播既定的社会文化、经济和政治规范的过程中承担重要角色。学校的中心任务是向年轻一代传授社会的文化规范，以便他们能够有效地发挥自己的作用。通过学校和其他教育方式，社会得以维持其正常秩序，得以世代延续。但如果我们把学校视为再生产既定的社会秩序的主要机构，那么，学校如何确保为全体公民提供均等的教育机会和经济机遇呢？对此，功能论无法自圆其说。但问题是，因为学校传授社会生产关系，阶级结构得以维持；富有的上层阶级对下层的工人阶级的统治是通过学校传授阶层文化来完成的，也就是说，社会不平等的根本原因在于学校再生产差序阶级结构，只要阶级存在，教育与社会经济的不平等现象就会存在。

二、冲突论流派

与均衡论相比，冲突论要激进得多，认为变迁与冲突是社会关系和制度的永恒主题，各族群之间在社会政治、经济和文化上充满了矛盾和制度化的冲突。对于持这一理论的学者来说，学校的功能是维护社会经济的不平等，是为统治阶层、权力阶层以及富有阶层的切身利益服务的，统治阶层掌握着学校教育传授知识和技能的主动权，教育的不平等性维持着社会的不平等性和阶级结构。也就是说，教育是统治阶级为维护其统治地位和特权的意识形态与政治结构的一部分，是统治阶级用于控制人民大众的操作性工具，是不平等社会奴化人性的过程，因此，教育根本不可能促进社会平等与发展。

在法国马克思主义者阿尔都塞（L. Althusser）看来，学校是资本主义制度下的"国家意识形态机器"，学校只能根据统治阶层的意愿复制社会秩序而无力改变社会秩序。教育体系与社会、政治和经济结构密切相连，通过再生产社会秩序来维持现存社会的正常运行。正如当代马克思主义者鲍尔斯和金迪斯所说的那样，教育过程的社会关系反映着大多数学生将来所承担的角色的社会关系。学校的功能在于复制已有的社会秩序，维护原有的社会体制。但是，当我们检视当代社会中存在的教育与社会不平等现象时就会发现，冲突论充其量只能部分地解释社会不平等现象，阶级本身并不能解释儿童学业成败的原因。这些研究倾向于认为学生是被动地接受学校教育，而威利斯（P. Willis）、安荣（J. Anyon）、阿普尔（M. Apple）和韦斯（L. Weis）等人的研究则将焦点集中于学生的反叛文化上。例如，威利斯所关注的是工薪阶层的意识形态如何形成以及如何重构的。他认为学校不仅仅复制已有的社会秩序，因为即使在一个不平等的社会里，文化与经济因素也并不具有足以控制人们行为和意识的强大力量，在社会与文化再生产的过程中仍存在着潜在的巨大张力或反叛力量。在他看来，社会行动者不是意识形态的被动承受者，而是再生产现存社会结构的积极参与者。另一些学者，如霍兰德（D. Holland）和艾森哈特（M. Eisenhart）、莱斯科（N. Lesko）、福德姆（S. Fordham）等将学校教育研究的视野拓展到性别结构和民族不平等现象。

与功能论者不同，冲突论者认为学校是掌权者用以维护和延续现存社会秩序的统治工具，学校必须培养学生以批评的眼光去审视他们所处的社会及其制度，通过这样的学校教育使年轻一代能够在斗争的过程中掌握自己的命运，而不是循规蹈矩，应培养具有创新性和挑战性的新一代。

三、解释论流派

持解释论观点的学者认为，理解学校和社会之间的关系，需要首先分析学生、教师、学校管理者以及不同同龄群体间的互动关系，通过解释这些群体间的互动模式的意义来理解学校教育与社会之间的关系。儿童通过由家庭社会地位所决定的表述模式来阐释各种行为规范、准则、生活方式和其他社会认可的规范，学会生存的"游戏规则"。孩子未来在社会中的阶级地位会受到从家庭习得的语言表述模式的影响。由于学校再生产主流文化，低层社会的儿童所习得的习惯与学校规范之间必然会存在不协调性。因此，来自社会经济低层的儿童的学业成绩低下并不奇怪，因为他们缺乏学术或社会经济成功所需的那些主流社会的语言和文化能力。

解释论者注重对学校教育参与者之间互动的分析，了解人们对他们生活经历和意义的阐释。他们认为，如果我们不了解学生的学习目的和指导学校教学活动的规范，就无法理解学生的行为表现。儿童在学校的学习决定了他们未来社会角色与社会地位的准则和规范，因此，学校应该谨慎地对待教学、课程以及其他学校活动中可能存在的阶级偏见。著名阐释论学者伯恩斯坦（B. Bernstein）认为，社会化就是把自然人改变为文化人的过程。通过社会化，儿童逐步了解社会的各种秩序及他们成人后可能要承担的社会角色。他认为，家庭的社会地位对儿童的教育及未来的职业具有重要影响作用，统治阶层掌握着社会知识的分配，低层社会的儿童难以掌握上层社会的交流和行为模式。由于这种社会知识的控制，阶级体系不仅影响着物质资源的分配，也影响着不同社会阶层的交流模式。因此，学校应关注如何帮助低层社会的儿童在学校教育的情景中掌握主流社会知识体系与思维模式。阐释学生、教职员工、课程和教学之间的互动关系的意义是理解学校教育角色的基础。这就要求研究者深入被研究的群体之中，体验他们的生活。这种民族志方法论所面临的困境之一是：当调查者融入被研究的群体之后，其参与的程度可能会影响其研究成果。而且，由于研究者的焦点集中于人们之间的互动和学校的各个层面，从而可能会忽视更为广大的社会、政治和经济背景的影响。尽管阐释论有益于我们理解阶级制度及其对社会不平等现象的影响，却无法解释阶级冲突现象，也无法为缩小社会差距提供理论依据。

四、生态论流派

美国著名教育人类学家奥布提出一种文化生态模式。这个模式的基本概念是适应，即人们与其所处环境的关系或调适方式。学校系统被看作是一种社会机构，并与其他社会机构相联系，特别是经济机构。他认为，在现代社会中，学校教育与对劳动市场的参与牢固地联系着。例如，他曾应用"学校教育人类生态学"去考察学生、家长、教师和"纳税人"之间的相互关系。他断定，少数民族儿童的低学业成绩是一种适应性变化，是其面临有限的毕业后就业机会而采取对付教师、同辈人和家长冲突压力的那些策略的产物。

从一般意义上看，生态学是关于某一环境的生物体以及联系生物体与地域之过程的研究。班奈特认为生态人类学是研究人类如何利用自然和自然受社会机体和文化价值影响的学科。作为研究教育体系和过程的分析架构，生态理论最好被看作是关于社会—文化组织与环境之间相互影响的研究，这种影响既是物质的，也是社会—文化的。班奈特提出，人类生态的基础是人类克服自我缺陷、学习和参与的能力。人类集中精力以应对自然环境，我们通过选择性感知、组织和阐释过程来象征性地建构自己的环境。人类学习的能力使得我们能够使用已有的经验，这能改进过时的解决问题的方法。同时，人类的预见能力和意向性能够使我们以不同的方法应对自然。根据班奈特的理论，我们可以区分几个关键性的生态分析方法的概念。作为一个一般性概念，适应是指人类对现有的不断变化的环境的调适过程。在这个环境中，适应性行为是指人们为了与同伴相处、获取可利用资源所采取的，能够达到目标和解决问题的实际方法，而适应性策略则是由许多适应性行为组成的。

社会心理学分析对生态理论尤为重要，因为社会心理学分析阐明了生态研究所关注的调适过程中人类观念与价值之间、态度与倾向之间、感知与阐释之间的关系。我们可以说，社会心理学方法从本质上讲是文化的，人类行为的认知与情感因素在很大程度上受文化氛围的影响。但是，我们还需牢记，文化知识和获取与应用文化知识的社会模式之间的关系以及共享的文化表述与表述这些文化的公众之间的关系。对于教育研究来说，有三种调查方法尤为重要，即参与者自己与他人的界定、认知与认知策略的概念性内涵以及与前两项相关的交流。

在此需要说明的是，与功能主义一样，生态理论也认为社会各部门之间存在着相互依存的关系。但是，功能主义分析强调稳固的结构特征和对稳定社会结构的维持，而生态理论不但关注社会结构之间的依存关系，而且还考虑占主导地位的相互关系网络的产生、维持和变更的过程。生态分析方法之所以能将这些问题纳入考量，是因为它包含了对社会系统中物质和社会环境的分析，因此要比功能主义分析方法具有潜在的更为宽广的视野，可应用于诸如生态环境与患有孤僻症儿童之间的关系之类较深层次的分析。如生态学家伯根（N. bergen）曾用生态分析方法探讨生态环境与患有孤僻症儿童之间的关系，他发现环境压力会引起和强化儿童的孤僻行为。

五、批评论流派

传统批评学派的主要代表人物有哈贝马斯（J. Habermas）等，他们一般被归为法兰克福学派。近些年来，法兰克福学派的后继者如阿罗诺维茨（S. Aronowitz）、弗瑞尔（P. Freire）和吉鲁（H. Giroux）以及其他一些教育理论家倡导一种教育的批评理论。他们的观点主要基于韦伯的理论，认为上层阶层对下层贫民的统治不仅限于经济，还表现于性别、种族、族群甚至年龄级别。对弗瑞尔来说，教育不只是一个学生简单地接受教师传授的知识的过程，教育的一部分，即学校教育是一场克服各种支配的斗争过程，以便每个人能够掌握其生存和未来的命运及其意义，也就是说，教育应该是一个自我解放的过程。同时，学校教育也可以使学生看到文化实践、思维方式和社会秩序变化的可能性。吉鲁确信主流群体的文化实践、思维及认知模式、生活方式、语言、学习和交流模式，甚至政治原则都公然或悄然地在学校传承。传统学校教育的缺陷在于强调传授代代相传的知识、社会实践和思维模式，他主张学校教育应培养学生学会以批评的态度看待现实社会，学校应向既定的实践、制度和思维方式提出挑战。批评论者面临的困境之一是，如果教师和其他教育工作者是由支配群体控制的学校的产物，那么，他们如何帮助学生发展解放他们自己的批评观点？如果学校再生产主流意识形态，那么由谁来培养教师成为解放的行动者？

六、文化复制论流派

早在 20 世纪 60 年代初期，学者即开始分析学校教育的再生产功能，其目的在于确认学校再生产社会秩序基本特征的方式。从功能主义的观点出发，像涂尔干提出的那样，社会再生产是一个重要的有价值的过程。社会结构的再生产、维持这一结构的文化价值的再生产是维护人类及其社会体系续存的重要条件。布尔迪厄在比较了法国学校和阿尔及利亚克比族农村传统教育后，提出"控制模式"（modes of domination）概念。他发现，在克比族，地位显赫的人凭借耻辱和荣耀的论说，提炼出"符号资本"作为控制当地劳动人口的主要凭借。在克比人的社会里，有地位的人借由面对面、象征性的荣誉竞争，达成控制他人复制不平等地位的目的。在法国，这种控制模式的形成更加复杂。布尔迪厄以"文化资本"这个概念来解释法国学校的运作。"文化资本"是指一种象征性的财产，它是由一列能力和特质，如品位、智力等组成，人们在针对社会地位的象征符号采取行动时可以学到，同时"文化资本"可以转化为"经济资本"。由于在社会上有这种信用，地位高的人自然会获得较多的财富和权力，而地位低的人则没有这种机会。

法国学校在其中扮演什么角色呢？学校承认精英团体的文化资本才是正确的智能，他们的行为方式、语言风格、衣着服饰、消费模式都代表品位和智力。学生只有表现出特定的行为模式，才被学校认可为智力达到一定水准。学校组织的考试、给予的酬赏及制定的纪律规范，都保障那些有特定能力的学生在学校获得成功，而没有这种智能的人则会成就低下甚至失败。法国学校以复杂的机制去分配和有效地复制文化资本，使主导群体能够维持其政治和经济优势地位。

与认为学校教育维持稳定的社会秩序的功能论不同，马克思主义者和新马克思主义者指出，学校是一种再生产的机构，旨在为不平等社会培养顺从的学生。按照新马克思主义者的观点，一切教育系统都要为它们各自的社会服务，因此教育中的社会、经济和政治关系将密切地反映出它们作为社会大背景中的相应关系。阿普尔则认为无论主流学校教育以何种方式传授其价值体系，学生都不会是被动的接受者。他们会重新阐释或至多部分地接受学校传授的知识或价值观，并常常会反叛学校的教育宗旨。因此，不能简单地把学校看成是再生产的机构，而应将其置于更复杂的情境中进行分析。此外，再生产理论忽视了这样一个事实，即资本主义社会关系自身所无法克服的矛盾。正如在经济领域中，资本的积累过程和拓展市场的需求会引起社会矛盾一样，学校等重要领域也不可避免地存在着各种各样的矛盾。比如，作为国家机构，学校一方面培养出大量的社会所需人才，另一方面，社会经济的发展却无法满足这些人才的就业问题。

弗恩（D. Finn）、格朗（N. Grant）和约翰逊（R. Johnson）等人指出，再生产理论的主要缺陷之一就是忽视了学校里学生和教师的反叛能力，关注学校再生产性别关系和社会生产关系固然重要，但从历史的角度看，我们不能忽视学校同时还具有再生产特殊反叛力量的作用。威利斯的《学着劳动》、麦克罗比（A. McRobbie）等对学校里工薪阶层家庭学生的研究，有助于我们了解学校的实际运作过程以及学生的亲身经历。学界近年来越来越关注学校在不平等社会的经济与文化再生产过程中的作用。

文化复制论出现后受到学界的极大关注，1980 年以后，许多研究者追随布尔迪厄的研究路线，也支持他的观点。不过莱文森（L. B. Evinson）和托兰（D. Tolland）等学者则批评文化复制论有三个缺点：第一，由于复制论具有新马克思主义的倾向，所以过于重视阶级斗争的观念，视阶级为生命机会的重要决定因素。然而就像 20 世纪 80 年代晚期社会主义女性主义论者所强调的，阶级不是文化复制的唯一因素，其他如族群、性别、年龄结构也是交相作用的因素。第二，几乎大多数的复制论都是在欧美社会产生的，该理论很少被应用在非西方社会，所以它的结论也只适合西方社会。第三，复制理论相当依赖决定论的文化图式，并且把国家和学校简单化，视它们为控制的工具，旨在复制资本主义所要求的政治经济结构。

七、文化生产论流派

莱文森和托兰认为文化复制与文化差异理论都有其明显的缺失，于是提出了"文化生产"的概念。他们引用威利斯的名著《学着劳动》指出，书中的年轻人打破复制理论的刻板印象，他们并不像一般想象的那样是一群在学校主导下毫无自主余地的高中生，相反，他们积极参与学校生活，以表达自己的男性气概来抵制中产阶级的意识形态，他们不断地斗争来反抗学校教育，只是最后仍把自己送入了劳工阶层。威利斯所要表达的重点是，学校并不是单方面地压制这些年轻人，使他们屈就劳工阶级的地位，而是这些年轻人本身也参与了这个形塑的过程。

莱文森和托兰借此提出"文化生产"的概念，他们的解释是：经由文化方式的生产和消费，学校成为主体性的场域。那群年轻人经由本身文化生产出来的产品是"反抗"，反抗学校的规范，嘲笑学校所鼓励的好成绩、高学历换好工作的梦想。文化生产论所强调的是，人们通过文化方式的生产，可以在学校那种被结构限制的地方，形成主体性并发展能动力。这个理论主张阶级关系不是理解学校现象的唯一或最重要的观点，重要的是在教育研究中，视文化为社会情境中的一个持续生产、持续创造意义的过程，在这里，有可能复制个人的阶级，但也有可能不复制，因为它强调的是在学习情境里，社会结构和个人能动性辩证发展的过程。

八、后现代派流派

后现代论（postmodern perspectives）源于傅科（M. Foucault）和德里达（J. Derrida）的思想，傅科的兴趣在于社会和政治制度生产和再生产知识和真理观的方式，他坚持认为，权力决定着知识的传递。后现代论者认为，只有把理念和科学视作语言和权力关系之间更为宽广的历史、政治和社会斗争的一部分时才能理解其意义。在他们看来，那些权力小或根本没有权力的族群的声音会被忽视或被边缘化。如被压迫者的知识和思想一般无法与主流文化相提并论，自然也就没有可能被纳入到主流学校的教程中去。

　　后现代主义主张多元叙述（multiple narratives），认为应给予从属群体和边缘群体表述他们自己生活和历史的机会。他们还主张检视或解构我们想当然的意义，即语言不只是一种传递信息和意义的媒介，实际上它还是现存权力结构的映像，意义是随着社会和社会结构的变化而不断地被建构和重构的。后现代论有关学校教育的理念，对我们深入地理解权力在知识传播与建构过程中的影响作用，反思前人的研究成果，开拓了新的视野。如艾森哈特（M. Eisenhart）的《文化、学习与教育研究的新趋势》就提出了研究文化与教育的新方法与架构。她认为，研究教育应拓展我们的概念架构（conceptual frameworks），关注现代传媒的作用以及教育过程中日益强化的族群、阶级和性别认同之间的相互作用。但后现代论只是对已有的理论提出了疑问，至于如何解决现实问题以及学校教育成就差异的根源何在，并没有提出任何可行性的建议和方法。后现代论倡导多元叙述，但多元叙述会对社会造成什么样的后果，是团结、稳定，还是内讧与动荡，它也没有予以圆满的解释。后现代论者坚持认为，所谓的学校知识实际上是由那些掌握权力的阶层所界定的。因此，他们以解构权力关系为己任，认为只有从历史建构的情景中审视知识和语言，只有关注各个阶层的声音，我们才能够真正理解这个世界，也才能够理解人类生活于其中的活生生的人生经历。

　　简言之，上述几种观点都企图阐释学校教育、文化和社会结构之间的动态关系，并试图提出使人类社会更加平等的教育措施。这些观点有助于我们分析学校与社会、阶级结构与社会不平等现象，但仍有其局限性，如即便在社会主义或共产主义社会中，社会不平等现象依然存在。再如，基于对作为社会结构一部分的学校和社会的分析，功能论者和后现代论者试图了解学校教育的作用，但如果对人类行为没有充分的了解，就无法全面了解人类社会。问题在于，教育、学校教育和社会分层之间的关系极其复杂，是多层面的，任何单一理论都不足以解释其复杂性，而需要结合生态的、自然的、社会科学以及我们的生活经历等多种方法，才有可能得到一个接近于真实的图像。

　　有关教育方面的人类学理论缤纷繁杂，尽管这些理论对学校教育问题的审视角度有所差异，但它们所关注的问题大致相同，即均把学校教育置于更为宽广的社会文化背景之中，视教育为社会文化境遇中人际交往的过程，从教育与社会文化变迁的角度，以人类学的相关理论与方法探求社会的政治、经济、文化等方面与学校教育之间的互动关系与作用。

第二节　西欧哲学教育人类学

在教育人类学界，主要有以美国为代表的文化教育人类学和以德国为主的西欧哲学教育人类学两大阵营，前者强调文化传播与个人发展的关系，注重具体民族、群体与个人的教育问题，尤其特别注意教育中群体之间和个人之间的差异，而哲学教育人类学则强调如何借助教育来弥补人的不确定性和不完善性，最终使自然性的人发展成为社会性的人。本书主要讨论和分析文化教育人类学的理论和方法，对哲学教育人类学只作以下概要性论述。

一、西欧哲学教育人类学的发展概况

哲学教育人类学诞生于 20 世纪 30 年代，其鼻祖舍勒在其名著《人在宇宙中的地位》中认为，哲学教育人类学要以完整的人为中心，而要使生来不完整的人不断地走向完整，最主要的工具就是教育。他通过人的生命冲动的感性、本能、习惯、实践智能四个层次，论证只有利用教育才能造就出超乎动物的智能。另一位大师莱斯纳（H. Lessner）在《有机体和人的阶段》一书中指出，人是生物性和社会文化的综合，人有可理解和不可理解两种本质，对人的认识需要经验的论证和思辨的推论。他用人的"失常态"一词来表示人因不适应而产生不自觉的失态行为，说明人的一切心理活动、行为，包括学习和改变自己都源于此。

第二次世界大战的爆发，促使人们反思战争的残酷性，向往美好的生活。

哲学人类学企图通过对人性的哲学整合，造就能推动历史、与上帝合一的完整的人，希望在人和人的生活意义以及人类进步的前景上寻求说明教育问题的新方式，创立有关培养完整人的教育思想，从而进一步推动对教育的反思和探索，激发教育人类学的新觉醒。兰德门（Landmann）提出了一种"阐释性"观点来论述教育人类学原理，以补充和完善诸如存在主义、结构主义、历史存在、传统存在、教育存在等原理，从而得到一个比较正确的观点，即人的创造性只是自然赋予的潜能，是一种沉睡着的力量，如不唤醒就会泯灭，如得到教育就开发为人的各种能力，发展为完整的人。

20 世纪 60 年代中后期，哲学教育人类学研究出现了新的突破，尤其是在西德曾一度达到高峰。哲学教育人类学建立了各种组织，形成了不同的学派，其中以博尔诺（O. Bollnow）及其弟子为代表的存在分析极大地促进了哲学教育人类学的发展。他们从"生命整体"出发，指出教育对人的多种意义，以解决人生的破碎危机和对人的整合，从而把握教育的作用。如博尔诺着重从人类学角度研究了教育过程中的空间感、时间感、语言以及礼貌、害羞、敬畏等，并进行了释义学的阐述。

二、博尔诺的哲学教育人类学思想

博尔诺在吸收存在主义哲学思想的基础上，提出了非连续性教育的观点。他指出，以往的各种教育学派有一种共识，认为教育可以是一种连续性的活动，儿童通过这种教育循序渐进、不断地趋向完善。实现这一过程的前提便是人的可塑性。博尔诺认为这个观点是正确的，但不全面，因为它把阻碍和干扰教育、导致教育失败的原因，仅仅归结为偶然的、来自外部的干扰。博尔诺认为这种干扰不是偶然的，而是深藏于人类存在的本质之中。他说，在人类生命过程中，非连续性成分具有根本性的意义，同时由此必然产生与此相应的教育之非连续性形式。

在他看来，属于非连续性事件的有较大的、威胁生命的危机，对全新的更高级的生活向往的突然唤醒、号召，使人摆脱无所事事状态的告诫和对今后生活举足轻重的遭遇等。与此同时，他把危机、唤醒、号召、告谢和遭遇等视为非连续性的教育形式。就是说，这些事件既是造成人生非连续性或者说教育非连续性的原因，又是教育的一种途径。他认为教育过程就是连续性和非连续性形式的统一。

他除了将非连续性教育的观点运用于教育人类学的研究之外，还就人的可教育性、人与空间和时间的关系以及教育人类学的方法等问题进行过深入的研究。他认为由于人的可塑性和人一生下来就进入了一个复杂的人文世界，他的思想与行为等需要在后天学习和受教育过程中形成，否则他就无法生存下去，因此，人是需要教育的生物。如李其龙在论述博尔诺关于人的可教育性的思想时说，人类学的研究告诉我们，人与动物相比，人是一种有缺陷的生物。例如，动物有皮毛可以抵御寒冷，有锐爪和尖齿可以爬树登高、防止敌兽的攻击以及啃食大块的坚硬的食物，而人在从类人猿进化到人的过程中，这些生存武器已经退化了，许多先天能力已丧失殆尽。再说动物的后代在子宫中度过相对其生命来说较长的一段时间，其一出生便已具有成熟的本能系统，因此它们出生不久就能在本能指引下独立生存，而人与动物相比，出生过早，人需要度过称为"宫外年"的一段时光。人的后代在子宫中并没有获得已达到成熟的独立生存的能力，因此，甚至如直立行走这种行为也不是通过遗传而天生所具有的本领，而是需要人出生后以成人为榜样去学习得到的。如果人不进行这种学习，或处在别的环境中，那么他就可能像狼孩一样，喜欢用四肢行走和奔跑，而不习惯像正常人一样直立行走。人与动物不一样，其行为并非受本能指引，而是受思想指导的。而且人的思想也并不像动物具有先天成熟的本能系统一样生来就有一个成熟的系统，而是要在后天学习和受教育过程中形成的。

苏珊·寇蒂斯（Susan Curtiss）在《珍妮：儿童社会化的个案研究》一文中向我们生动地描述了一个名叫珍妮的小女孩的不幸经历：珍妮从小被她禽兽般的父亲囚禁在一间阴暗的小屋里，长达数年之久。白天，她被捆绑在一把小椅子上，除了头、手指和脚趾可以活动外，身体的其余部位都无法动弹；夜晚，如果她父亲没有忘记她的话，就会把她从椅子上解下来，捆绑在屋内的一张小床上。在被外界发现之前，可怜的珍妮从来没有离开过那间狭小的、四壁空空的小屋。这间小屋虽然有两扇小窗，但都被遮住了，珍妮看不到任何外面的世界；除了她父亲的怒吼声外，她几乎听不到任何声音；除了吃点流食外，她几乎没有吃过任何固体食物，因此她几乎不会咀嚼食物。由于她长年不穿什么衣服，她的身体对冷暖几乎没有反应。由于长年被捆绑在椅子和床上，她几乎不能直立身体，也不会走、跑和跳。她没有任何"羞耻"感，随地大小便；她不懂任何"规矩"，一切随欲望而行……总之，珍妮缺乏孩童所需的社会化过程。她还没有发展成为"社会的人"。从珍妮的故事中，我们可以清晰地看到社会化在使生物性的人转变为社会性的人的过程中所承担的重要角色。

同时，人与其周围世界发生关系又是从他所处的具体的空间开始的，而这个空间的基点就是家庭。家庭是人接受社会化的最初也是最重要的场所。在家庭中，一个人首先学会与外界交流的工具——语言，同时也学会观察世界和应对社会的行为方式。对于人与时间的关系，他认为关键在于处理好人对现在、过去和未来的态度上。人与空间和时间的关系在儿童教育过程中具有重要意义。此外，博尔诺还将哲学人类学的研究方法用于教育人类学的研究中。他指出，在探讨人的教育过程中，我们应该从人的实际需要出发去理解文化。人从自己的需要出发创造文化、传承文化，因此，我们可以通过文化来了解人的需要和人的本质。

三、哲学教育人类学的主要理论观点

哲学教育人类学注重探讨教育与人的本质之间的关系问题。德国教育人类学家博尔诺认为，要教育一个人，我们应该首先了解他，只有了解他的本质，我们才能对其实施有效的教育。台湾学者詹栋楔在《教育人类学理论》一书中详细地介绍了哲学教育人类学的理论观点，分别就教育学与人类学的关系、教育学与人类学所共同面临的问题、人的本质与文化的本质、教育的可能性、教育的需要性等问题进行了系统论述。

他认为教育学对教育意义的研究和人类学对人的本质的探讨的结合是教育人类学产生的基础。哲学教育人类学认为，运用人类学的理论探讨教育问题，可以从更深的层次上了解人的本质，尤其是人类学关于人的理论和文化的理论，对教育理论的发展具有积极意义。

在哲学教育人类学的发展历程中，研究者根据自己的视角，对教育人类学的本质有不同的理解。德国有学者认为教育人类学是探讨人的本质问题的学科，而胡施克（Huschke）则认为教育人类学的主要任务是了解人的行为而非本质。朔伊尔（Scheuer）认为教育人类学所探讨的主要问题是我们如何给予儿童"教育的帮助"。博尔诺则侧重探求教育过程中儿童教育经验的问题。

哲学教育人类学认为，人既具有教育的可能性，又有教育的需要性。可教育性是哲学教育人类学的一个重要观点。所谓可教育性或教育的可能性，主要是指人具有一定的可塑性，这是教育的基础。也就是说，人有学习的能力，教育才成为可能。教育就是有计划、有组织、有目的地改变人、塑造人的过程。正如教育学家吉尔博特在《教育学演讲大纲》中所言："教育学的基本概念是学生的可塑性。"康德也认为"人只有透过人的教育，才能成为人，所谓透过人的意义，就是经由人而被教育的"，说明了人是可被教育的理念。

按照哲学教育人类学的观点，人既是可教育的生物，又是需要教育的生物。教育需要性是哲学教育人类学的另一个重要理论。哲学教育人类学家兰格威尔德（Langeveld）说："没有人的教育，人在幼年时，便无法成其为人。因此，人的本质是需要教育的，教育成为人最基本的所能认知的现象。"教育需要性理论的前提是，就人的生存能力而言，人是先天不完善的生物，因而需要后天的学习或经过社会化的过程才能在人文社会环境中得以生存。从人的社会性来看，人自出生起就生活在特定的社会或文化中，他必须经过社会化和社会学习才能适应其特定的社会与文化环境。通过社会化和教育过程，他才能在社会中占有一席之地，找到自己的位置，确立人生的目标。教育需要性的理论认为，对于人类而言，教育是生存的基本需要，它往往以帮助为起点。任何一个儿童都需要始于家庭的帮助和继其之后的教育的帮助。对于一个儿童来说，家庭是照顾、帮助和教育他的场所，也是人类受教育的第一场所。

简言之，哲学教育人类学理论强调人、教育与文化三者之间的互动关系，认为教育是一种以人为本的文化活动，如果没有人的参与，就无所谓文化和教育活动。人、教育和文化之间相互影响、相互作用，即人创造了文化，文化影响了人；教育创造了文化，文化影响了教育。

第三节　西方多元文化教育理论

一、西方多元文化教育的历史及概念

多元文化教育形成于 20 世纪 60 年代美国的民权运动。民权运动旨在唤醒长期遭受不平等待遇、歧视与剥削的黑人自觉。除了黑人的民权运动外，当时各种社会思潮、社会运动也风起云涌。一方面，少数民族群体要求文化承认与认同，争取社会地位与政治权利平等；另一方面，少数民族以外的某些社会弱势群体也为争取自身的合法利益进行斗争。民权运动与社会弱势群体的斗争相呼应，引起了社会与政府的重视，并将所有这些弱势群体视为同一集合体。国家拟定相应的法律与政策，将他们的问题放在一起解决。20 世纪 70 年代，为适应多元社会发展，多元文化教育作为一种社会运动、变革过程与教育策略，已在美国、英国、加拿大和澳大利亚等国家流行与发展，多元文化教育成为社会运动和教育变革的重要内容，其试图构建一个满足各族群文化并存的教育模式，以解决族群间的冲突，进而提升少数民族群体的社会经济地位和促进社会公平。正如沃特森在《多元文化主义》一书中指出的那样，多元文化主义认为传统教育对非主流文化的排斥必须得到修正，学校必须帮助学生消除对其他文化的误解和歧视以及对文化冲突的恐惧，学会了解、尊重和欣赏其他文化。让所有人在社会、经济、文化及政治上机会均等，反对任何以种族、民族或民族文化起源、肤色、宗教和其他因素为理由的歧视。可见，由于种族、民族或民族文化起源、肤色、宗教和其他原因而处于社会弱势的群体，希望通过多元文化教育运动争取政治、经济和文化上的平等。所以，多元文化教育的实质是西方社会民权运动在教育领域的反映，其主要的诉求在于解决民族权利和攻治平等问题。

美国多元文化教育专家詹姆斯·A·班克斯（James A. Banks）在其名著《多元文化教育：理论与实践》中描述了多元文化教育历史发展的五个阶段：第一阶段（单一民族研究），主要是黑人公民权利运动的开始和非洲裔美国人要求在教育方面对其文化相应的教师数量的增加、教科书的修正、文化内容的反应、学校的自控等；第二阶段（多种族研究），主要是从比较的角度审视种族族群的经历，并把几个主要少数民族族群的文化反映到课程中；第三阶段（多种族教育），越来越多的教育家认识到，缺乏课程的改革使得真正的多元文化教育改革失效；第四阶段（多元文化教育），一些教育家开始对多元文化教育感兴趣，并通过改革学校整体环境来拓展多元文化教育；第五阶段（制度化），是一个正在开展的过程，包括增加多元文化教学策略设计和学校多元文化课程两个方面。20 世纪 80 年代以后，在亚洲的一些国家，如中国、印度、日本等，对传统的国家一体教育进行了改革，多民族、多文化的教育从国家的方针和政策到学校的课程及教学都有了不同程度的反映。这样，多元文化教育从西方的移民国家，如美国、加拿大、澳大利亚等到东方传统的多民族国家，形成了多种发展模式。多元文化教育的全球化发展成为 21 世纪教育必须迎接的挑战。

在西方，多元文化教育被认为是一个"包含民族研究、多民族教育和反种族主义教育的意义广泛的概念"，它是"在多民族的多种文化共存的国家社会背景之下，在维护整个国家的一体化、统一、团结的前提下，允许和保障各民族的文化共同平等发展，以丰富整个国家文化的教育"。作为西方民族复兴运动的产物，多元文化教育有着丰富的内涵。班克斯认为多元文化教育包括三个方面的含义：一种思想或观念、一项教育改革运动和一个过程。多元文化教育认为所有学校的学生，不管他们属于什么群体，例如属于性别、民族、种族、文化、社会阶级、宗教或其他例外者的那些群体，都应该在学校里体验到教育平等的思想；多元文化教育也是一种改革运动，它规划并引起学校的改革，以便不同性别的、多种文化的民族群体的学生将有在学校体验成功的平等机会；多元文化教育还是一个持续的过程，因为它努力去实现的理想目的在短期内决不能完全取得，需要一个过程。显然，多元文化教育是一种目的在于改变整体学校的环境，使不同种族与族群的学生、不同性别的学生、身心残障的学生及各个社会阶层的学生，在学校教育中享有均等教育机会的改革运动。班克斯提出多元文化教育的主要假设在于，某些学生由于他们特殊的种族、民族、性别及文化传统，在现存的教育体系中比起其他学生有更多的成功机会。反之，部分学生由于他们种族、文化、信仰，甚至肤色的原因，失去了在教育上成功的机会。所以，多元文化教育主张给予不同种族与族群的学生、不同性别的学生、身心残障的学生及各个社会阶层的学生以均等的教育机会。同时，多元文化主义强调既要尊重本土的、国家的乃至世界各国的文化差异，也要尊重社会背景、性别与社会阶层的差异。学校教育强调培养学生对于不同文化的理解与欣赏，对差异观点的尊重与包容，消除对于非主流族群的偏见，促进他们的文化自我认同与文化相互承认。多元文化教育运动关注的不仅仅是少数民族，而且还关注少数民族以外向各类社会弱势群体，这些社会弱势群体包括基于性别、文化、社会阶层、宗教和残障等原因。所以，多元文化教育不仅仅指对少数民族的教育，而是包含了十分广泛的内容。简言之，多元文化教育就是把不同的种族、民族、性别、社会阶层、残疾等群体视为不同的文化群体；研究来自不同文化群体的学生之间的差异及其对学校教育的影响；致力于创设一定的环境和手段，用不同的方式对待不同的学生，使所有学生得到平等的教育机会，并得到充分的发展。

二、西方多元文化教育理论的主要观点

根据多元文化教育学者的观点，可将多元文化教育理论概括为以下几点：（1）权力分配不公而不是生物形态上的不同，是导致不同文化群体差异的主要原因；（2）文化上的差异是力量和价值之源；（3）教师和学生应该接受和欣赏文化的多样性；（4）尽管对弱势群体公开的歧视已不多见，潜伏的偏见、低期望现象还时时存在，而且成为弱势群体学生学习成绩低的主要原因；（5）教育工作者能够和家长、社会共同努力创设一种支持多元文化教育的环境；（6）学校应该教授弱势群体学生在社会取得平等地位所需的知识和技能。以上理论的核心是文化多元和教育平等。

在西方，作为教育理念的多元文化主义，其目的在于培养宽容文化差异的

民主价值观，使人们能够包容和尊重文化差异和价值多元，并培养青少年在其生活社会中的跨文化适应能力，使学生不仅能够良好地适应主流文化，而且也能够适应本民族文化和其他亚文化。教育是少数民族传承文明、延续文化的基本载体，也是了解多元文化的主要途径。学校在学生社会化的过程中具有重要作用，它不仅要传递社会共同的文化和价值，而且也应该能够呈现多元的文化，培养学生成为能够尊重差异、欣赏不同文化、具备跨文化适应能力的。班克斯提出多元文化教育需要教学方法与学校环境的改变，他从多元文化教育课程设计的五个面向来诠释多元文化教育的课程与教学。这五个面向是内容的整合、知识的建构、平等的教学、减少偏见、赋权的学校文化与社会结构。内容的整合是为了各门课程中成功地整合多元文化教育，教师有必要在所有学科领域中，应用来自各种文化的内容；知识的建构是指教师可以帮助学生从自己种族、文化的经验来建构学校所讲授的知识；平等的教学是教师运用各种教学策略促进不同种族、文化、性别及不同社会阶层的学生的学业成绩提高，通过多样化的教学模式和教学方法使学生有更多的成功机会；减少偏见则是对于学校、课堂、教科书中所反映的不同文化是否含有对其他族群的偏见进行深刻的反省，教师能运用各种不同的方法帮助学生发展正向的族群态度，以减少偏见；赋权的学校文化与社会结构是指教师不仅要看到教室内族群间的互动，而且要注意到整个学校内的族群互动，鼓励学校行政人员与学生进行族群间的正面互动，创造一种赋权的学校文化。班克斯认为，多元文化教育从这五个方面考虑，才能使学生学习到有效参与全球社会所必备的知识技能和看待事物的观点。

第四章　教育人类学的研究方法

第一节　教育民族志及其特点

一、教育民族志的内涵

人类学对教育最大的贡献应该是它所提供的一种不同的研究途径，即民族志方法。这种研究方法着重于社会文化情景的探究，它的研究特性是不只希望知道问题是什么，并且试图知道情景是什么。在教育研究方面，要重视教育发生的社区或社会，根据情景来定义教育问题，这与社会学的定量研究有显著的不同之处。定量研究把每一个变项都视为独立的内容，而民族志研究则尝试进行全貌性理解。除了民族志研究法，人类学提供给教育研究的还有跨文化的比较研究方法。

民族志是使用定性研究方法收集资料的一种过程，同时也是一种文本，即对所研究对象尤其是异文化的详细描述。在文化人类学领域，民族志（ethnography）具有两层含义：一是指人类学家进入田野地点收集资料的过程以及在这一过程中所使用的调查技术与方法；二是指人类学家离开田野返回自己的家乡，对所收集到的资料进行梳理和分析，归纳出结论或做出解释，最后以文字的形式呈现给读者的文本。也就是说，民族志既是一种研究方法，也是一种文本形式。民族志对异文化教育的研究，有助于更好地反思我们自己的教育体系。从本质上讲，民族志是研究者经历的文本描述，往往是对研究者不熟悉的文化与社会场景的描述。因此，它也具有其自身难以克服的缺点。

二、教育民族志的特点

这里要讨论的是民族志方法或田野作业，即研究者选择、进入田野地点或研究现场，选择信息提供者、做笔记、寻找宗谱、画田野地图、写田野日记等收集资料的工作。民族志方法最常用的技术是观察（observation）、参与观察（participant observation）、深度访谈（depth interview）、谱系法（the genealogical method）以及个人生活史（life histories）等。

教育民族志（educational ethnography）就是运用民族志的调查技术与方法研究文化传播，尤其是学校教育及其过程的一种研究方法或者一种文本叙述形式。从民族志的研究范围来看，教育民族志包括微观民族志和宏观民族志。微观民族志的研究对象主要集中于学校这一特殊的教育机构，宏观民族志则将学校置于其所属的社会文化整体情境中进行研究。教育民族志除具有一般意义上民族志的特点外，还有其自己的特性。如教育民族志除了具有研究情境的自然性、研究视角的整体性、研究时间的长期性、研究程序的灵活性以及研究结果的描述性外，还拥有研究对象的特殊性。学校是一个"简化的""净化的""平衡的"小社会，与一般的社会（包括原始社会）有很大的区别，这也决定了该"社会"的成员及其相互关系会拥有自己独特的文化特征。斯平德勒以美国的学校教育为研究对象，试图说明作为人类学田野的基础，民族志可以为解决复杂的教育问题提供新的视角。他认为民族志研究应该注重模式的研究，即行为模式与文化知识模式的不断复制的研究。经过长期的田野调查，从被研究者身上归纳出这些模式，这样，人类学家可以拓展我们对人类行为的了解。他还倡导应将民族志方法与其他研究策略相结合。民族志方法对揭示人们社交、感知的深层文化差异、论述学校社会阶层及社会团体的功能与其稳定性以及学校教育对工薪阶层与管理阶层的社会化作用等问题，具有其独特的视角。

金伯尔认为，人类学对学校课堂的关注，尤其是对土著民习俗的描述，可以说是一大进展。但是，如果为确立我们的生活方式优于土著民的生活方式而强调民族中心主义，这种做法则会产生负面影响，也是与人类学方法相违背的。人类学方法避免不公平的比较，而提倡人们尊重土著民的生活方式。这并不意味着我们需要赞同或采纳新的生活方式。相反，人类学的目的是引导人们通过检视他人的文化来关注自己文化的意义。

第二节 教育民族志的产生与发展

一、教育民族志的产生

教育民族志是在人类学家研究文化传播、文化与人格以及学校教育的基础上产生与发展的。人类学领域的民族志方法形成于 19 世纪末 20 世纪初。在此之前，弗雷泽、摩根和泰勒等早期人类学家对人类社会与文化的研究主要基于来自世界各地传教士、探险家、旅行者所撰写的游记或对某一异域民族的描述，尽管摩根和泰勒等也从事过实地调查，但他们收集资料的方法尚缺乏规范性、系统性和科学性，远没有发展出一套在田野中收集资料的科学而系统的方法。

文化人类学的田野调查方法的形成，可以以美国人类学家鲍亚士（1858～1942）对美洲印第安人的调查为标志，他曾在北爱斯基摩人中进行过长期田野考察。鲍亚士原本是学物理和地理的，1883 年他到加拿大的北极地区考察爱斯基摩人，之后便把毕生的精力都投入到人类学的研究之中。他曾先后 13 次到夸扣特尔人（印第安人）中考察。他非常注重在田野过程中学习当地人的语言，他所使用的一些收集资料的方法，如用记音法记录歌谣和神话传说，用代写自传的方法记录重要人物的事迹等，至今在人类学的田野调查中依然十分有用。功能学派的创始人、著名英国文化人类学家马利诺夫斯基被学界公认为是人类学田野方法参与观察法的倡导者。1914 年，他前往澳洲的新几内亚，在西太平洋的一个名叫特罗布里恩的小岛上住下来，在当地土著人中进行实地调查。在 1914～1918 年长达 4 年的时间里，马利诺夫斯基分别在土伦岛的马伊鲁人、Papuo 人和 Frobriand 岛的土著人中开展了对当地经济、宗教和性生活的调查研究，在人类学史上开创了新的纪录，在研究方法上把文化人类学研究推向新的发展阶段。马利诺夫斯基最初只能用掺杂当地土语的洋泾浜英语进行调查，但三个月后他就能够与当地土著人交谈，并能用当地方言记录。在调查期间，他把自己的帐篷驻扎在村里土著人的茅草房中间。他体会到这样可以增进与当地人的交往和友谊。他认为偶尔与当地人接触和真正深入当地人中，其效果是完全不同的。此外，生活在村民中，可以观察到重要事件和节日活动；与人们闲聊，可以熟悉村民的一切。在日记中他写道："我能看到村里一天中工作的安排，男人群和女人群各忙于各自的工作。他们争吵、嬉戏以及家庭生活的情景，这些事情通常是琐细的，有时是戏剧性的，但都是有意义的。"他在《野蛮社会的犯罪与风俗》中指出，应该以一种新的人类学方法来考察当地人的实际生活。他强调人类学家应长期在调查点居住，学习当地语言，全身心地投入到当地人的社会生活中去，这样才能深入了解当地人的文化，对该社区的文化做出接近"实事"的解释。英国人类学家布朗曾先后在安达曼群岛、澳大利亚和太平洋的一些岛屿考察，并在非洲等地长期从事实地调查，发展出在田野调查过程中收集土著社会的亲属关系以及社会结构等方面资料的方法。简言之，田野调查过程中收集资料的一些基本方法和重要原则在 20 世纪 20 年代已基本形成。虽然其后的人类学家在田野工作方面也有创新和发展，但却没有实质性的突破。

继鲍亚士、马利诺夫斯基和布朗之后，许多杰出的人类学家在田野调查方法上都做出了突出贡献。如英国的埃文（E. Even）等于 1926～1936 年在非洲苏丹对努尔人的调查，本尼迪克特（R. Benedict）对北美印第安地区许多部落尤其是祖尼人的调查，米德对萨摩亚儿童及青少年行为和性格形成关系的调查，格拉克曼（M. Gluckman）在南非对祖鲁人社会变迁与社会冲突的调查，里克（E. Leacle）对缅甸东北部克钦人政治制度的调查，斯图尔德（J. H. Steward）在南美印第安人中对生态环境与文化调适的调查，道格拉斯（M. Douglas）在非洲刚果对人婚姻交换模式和象征符号的调查，特纳（V. Turner）在非洲赞比亚西北都对恩丹布部落社会结构的调查以及当代著名人类学家格尔茨（C. Geertz）在印度尼西亚的巴厘和爪哇、印度、摩洛哥等地进行的调查等，均促进了人类学田野调查方法的发展与完善。

二、教育民族志的发展过程

人类学家运用民族志方法研究教育起始于 20 世纪 20 年代。20 世纪 20～50年代，儿童的文化适应与文化对个性形成的影响等问题一直是人类学家关注教育研究的焦点。一批优秀的人类学家，如米德、本德第特（R. Bendict）、卡丁勒（A. Kardiner）和林顿（R. Linton）等开始关注教育问题，探讨文化与人格之间的关系。其中，最实质性地将人类学的理论和民族志方法运用于教育研究的当数米德，她在太平洋的萨摩亚岛上考察了儿童的抚养与成人性格之间的关系，特别对该岛上青春期少女们的经验与美国的同龄者作了深入细致的比较，并发现了她们之间的差异和在人格上的相应不同。美国哥伦比亚大学的人类学家林顿和心理分析理论家卡丁勒对文化与人格研究也做出了突出贡献。如卡丁勒认为在每一个文化中都有一种由某种共享文化经历为基础的"基本人格"（basic personality）。也就是说，正如儿童早期经历会影响其人格一样，一个社会中的成人人格同样会受到共同文化经历的影响。但这一时期，教育民族志还没有真正形成，上述人类学家只是在理论上开始探索人类学与教育研究的联姻问题，还没有考虑到运用人类学的方法来研究教育的问题。

尽管早期人类学也曾进行过少数民族学校教育的民族志研究，但真正系统性的研究起始于 20 世纪 60 年代中期。在这一时期，美国学者埃迪、米德、斯平德勒等人开始以学校为单位进行研究。他们把民族志引入研究和设计中，称之为"教育民族志""教育研究的民族志方法""教育研究的民族志技术"等。就自身的属性来说，"教育民族志"既不是一门学科，也不是一个研究领域，它是一种以参与观察和整体性研究为主要特征的描述性的研究方法。在教育民族志的研究中，存在着一种普遍的研究设计，即以参与观察为主的"实地研究"，它是由"芝加哥学派"的贝克尔（H. Becker）、吉尔（B. Geer）、休斯（E. Hughes）和施特劳斯（A. Strauss）等人对医学学生进行社会调查研究时率先引进教育研究领域的。1968 年，史密斯（L. Smith）和杰弗里（W. Geoffrey）

采用了他们称之为微观民族志（Micro Ethnography）的方法，首次把一项对班级过程的研究建立在人类学实地研究之上，从此开创了教育研究中运用"实地研究"的传统。1977年，威尔逊（S. Wilson）发表了《教育研究中民族志技术的应用》一文。在该文中，威尔逊系统阐述了民族志方法论对教育研究可能做出的贡献，大力倡导教育研究界采用民族志方法研究教育问题。1978年，勒孔特（M. Lecompte）也发表了《学会工作：课堂中的隐性课程》一文，以民族志为方法，试图从微观研究的角度建立学校和班级生活研究的新领域。正如奥布所指出的那样，系统性的学校民族志研究的兴起部分地是回应传统教育研究的需要。对此，部分教育人类学家如罗伯茨、斯平德勒、瓦伦丁（C. Valentine）、瓦克斯（M. Wax）和瓦克斯（R. Wax）等都做过详细描述。20世纪60年代初期，西方的社会危机促使许多人类学家关注教育问题，尤其是贫民和少数民族子女的教育问题，这使得人类学的研究方法开始在教育学科领域中得到广泛的运用。20世纪70年代，"人类学与教育研究会"（Council on Anthropology and Education）的成立也一定程度上加速了教育人类学组织化、专业化和制度化的进程，为教育民族志的系统应用提供了学科背景。

在教育民族志形成之后，教育人类学家和教育社会学家几乎同时对这种方法进行了系统的应用。在众多使用民族志方法的教育人类学家中，美国加州大学伯克利分校人类学系的奥布、斯坦福大学教育学院的斯平德勒以及俄勒冈大学的沃尔科特等为教育人类学的发展做出了卓越贡献。在他们的共同努力下，教育民族志发展成为一种研究学校教育，尤其是少数民族学校教育的最有效的方法。如20世纪70年代初期，斯平德勒在《教育与文化过程：迈向教育人类学》一书中就收录了12篇关于教育民族志研究的论文，其中沃尔科特和金（A. King）等对民族志者的角色作了相当篇幅的探讨与反思。到20世纪80年代初期，教育民族志得到了进一步发展与完善，对如何从事教育民族志研究提出了具体的规范和标准。

第三节　关于民族志研究方法的讨论及其意义

一、教育民族志研究的新发展

20 世纪 70 年代以来，以海明斯（D. Hymes）为代表的一些人类学家主张"以当地人的观点"来描述和解释当地人的社会和文化，认为传统的民族志是人类学者通过田野调查来描述和表达自己对他人社会和文化的看法。在他们看来，当地人的文化是充满意义的文本，人类学家的任务就在于解读这些文本，通过当地人、人类学家以及读者之间的对话，达到跨文化的理解。

20 世纪 80 年代初，马库斯（G. Marcus）和库什曼（D. Cushman）、马库斯和费舍尔（M. Fischer）、克利福德（J. Clifford）和马库斯等后现代派学者对传统民族志的描写架构、描述的权威性、强调典型性等方面提出了批评。他们认为，民族志实际上是民族志工作者在田野调查中把当地人的文化"转换"或"翻译"为自己的知识，再通过民族志文本的形式把这些知识解读给读者的过程。因此，人类学家所描述的只能是接近"实事"的描述。

二、教育民族志研究的意义

波斯蒂廖内（G. Postiglione）认为民族志的个案研究极大地促进了中国学者对少数民族教育的田野工作中的重要过程的理解。20 世纪 90 年代，中国出版了大量有关我国少数民族教育方面的定量研究成果。这些资料对了解少数民族教育一般情况、建立类型、进行比较研究等很有价值，但在解释民族教育工作过程时却有局限性。定量研究无法捕捉到少数民族社区调适政府学校研究的详细过程，也无法让我们了解少数民族学生与他们的家人构筑他们自己社区内学校教育的意义的方式。因此，波斯蒂廖内认为，只有通过民族志方法，我们才能了解到为什么少数民族儿童的失学率要比汉族儿童的高。现有的资料大都在描述少数民族地区经济发展的问题，而民族志方法却展示出地方文化以及学校教育的价值是如何在说服少数民族家长掏钱供孩子读书中起作用的。民族志方法还可以帮助我们了解在哪些方面学校教育有利于保存少数民族文化遗产，在哪些方面又起危害作用，在什么情况下学校生源会减少等问题。最后，民族志方法是了解少数民族采用何种方式来应对因国家制度所造成的半汉化的认同矛盾的一种有效手段。波斯蒂廖内认为没有高的入学率，一个民族的整合即为空谈。民族志方法可以使我们了解国家通过学校，尤其是学校课堂教学达到其政治社会化的目的。

不过，克勒（D. Kelly）提出，应用民族志方法研究教育虽然有其优点，但也不能不看到其局限性。如果研究者对当地的语言不了解，使用定性调查要比民族志方法更为有效。当然，定性研究者必须意识到所要调查的文化与社会场景，民族志方法的价值在于它能提供详细的阐释，而定量调查则能提供量化的解释。

第四节　教育人类学的情境观

一、教育人类学的情境观内涵

社会—文化情境是教育人类学关注的焦点，人类学者对一种文化事项的解释往往基于这种文化事项与其他文化事项之间的联系，以及它在整个社会文化情境中的地位。文化情境的含义极其宽泛，如语言、思考和解决问题的方式、文化价值以及群体态度等都可包含其中。情境首先是个体和群体如何互动以及一个群体如何应对社会与文化变迁的过程。这种集情境逻辑、阐释和叙述为一体的研究体系对人类学者来说非常重要，因为这样做可以使他们沉浸在作为一种经验整体的地方性情境之中。由于田野调查时空上的局限性，"传统民族志的情境关怀"可能会在某种程度上受到限制。不过，自马利诺夫斯基以来，作为人类学者理想的情境关怀长久以来一直在方法论上占据着主导地位。情境是教育人类学的核心概念，美国著名教育人类学家金伯尔曾经指出，教育是文化的传递过程，包括指导学习组织模式，这是一种在社会文化环境中的教育过程。金伯尔强调，文化传递的研究如果要更完备的话，必须还要去考虑学习环境中的认知、象征结构、文化行为以及社会分类形式。他认为教育须放在社区的情境来理解，教育的发生、教育的功能和目标，都与社会系统、教育机构的文化行为相关。实际上，人类学对教育研究的主要贡献之一就在于区分了诸如学习情境、教材、历史和社会—文化等变量之间的相互关系，把学校视为更为广大的社会系统中的一个子系统。如果我们要理解学校教育如何发生以及学校教育如何影响人们的认知过程，我们就必须认真地分析学习情境和知识传播过程。情境分析的核心就是既关注有意识的直接教授又要关注无意识的间接交流，把教与学置于特定的情境之中去理解和分析。随着人们对情境与学习过程中诸如心理、物质以及社会—文化因素之间相互作用的日益重视，人类学的比较方法显得尤为重要。因为了解这些因素能够强化我们对某一特定社会或社区学校教育如何在社会大系统中运作的理解。

二、教育人类学情境观的主要内容

教育人类学者主张，不能把学习的经验性结果和学习环境分开来谈，也就是说，个体在一个社会情境中长大，他是该社会的一分子，他的学习成就如何，与其所在的社会文化整体有着密切的相关性。基于情境，教育人类学者不再把学校教育视为孤立于社会文化环境之外的活动，而认为学校教育是一种包含于社会文化环境之中的学习过程，与人们的日常生活密切相关，这对于我们从文化的视角去理解学校教育具有重要的理论意义和现实意义。教育实质上是一种知识结构传承的过程，而知识结构本身受社会结构及作为社会结构一部分的文化环境的影响。因此，离开社会文化情境，教与学都是不可理解的。教育人类学的研究表明，只有认真分析社会文化情境才能比较透彻地理解知识的传播，即学校教育的过程。教育人类学的情境观，即把学校教育置于其意义情境和它与社会其他部门的联系之中进行观察的观点，为我们理解和分析作为功能系统的学校教育过程提供了基本的视角。

教育人类学家认为，教育事件的发生需要把该社会的背景，尤其是社会文化的组织结构、思想信念纳入考虑，以便获得较为客观的理解。美国著名教育人类学家埃里（J. Herry）在研究学校教育时就十分注重文化情境。他认为如果撇开完整的整体文化研究或文化情境，就很难了解教育问题。如他在分析霍皮印第安儿童的学习过程时，指出霍皮印第安人习惯于"目标寻求"及"扩散式教学"，与其社会结构有密切的关系，而教学则是使这些学习形式得以顺利运作的程序。他认为教与学、文化的传递和获得，是通过其所镶嵌的文化母体来互动的，因而其成就表现也须放在这个文化母体的参考架构中来看待。再如，他在反思"教育和人类环境"时，把所观察的课堂行为置于更广大的文化背景之中进行分析。他认为所有教育系统所面临的两难境地，即"我们在改变文化的同时必须保存文化"，用他的话来说就是，教育既束缚又解放人类。一方面，教育作为文化习得试图抑制人类的创造；另一方面，教育又在激发人类的发明、创造与变迁。他认为，在保存人类传统的文化价值与观念的同时，如何改革教育体系，为创造性的学习提供环境，激发年轻一代的思维，是教育界所面临的棘手难题。皮尔克（F. Pieke）认为，教育行为与方式不能用静止的解释架构进行描述，而应该将其置于变动的文化逻辑的背景之下。这种文化的逻辑决定着我们对个体或群体所面临的不断变化的环境的解释。教育行为与其他社会行为一样，是高度复杂的，只能在文化逻辑、模塑行为的社会环境以及这个环境中的社会经济条件之间的互动中才能理解。也就是说，对于某一社会情景并不是只有一种解释，而有多种解释，文化仅为特殊情况的解释提供一般性的指导，而解释反过来又模塑着群体或个体的行为。因此，对于解释和策略行为的表述，必须将其置于特殊的情境之中。

人类社会知识的传播是一个重要的渐进过程，而知识的系统性传承会受到人类特性和经历的整体影响。尽管学习是个体行为，但知识的传播却是一个社会文化的有机过程，是人类关系不可分割的一部分。教育人类学跨文化的比较研究一向认为，知识的传播在一定程度上预示着知识的建构。因此，在分析知识的传播时必须将知识的建构过程纳入思考，只有认真分析社会文化境遇，才能比较透彻地理解知识的传播过程，也即学校教育过程。如拉波夫（W. Labov）等通过教育民族志方法把教与学的语言行为的性质和功能置于文化情景之中进行分析，探讨在特殊的场合下语言行为是如何建构和阐释文化意愿与认同的。其他学者，如菲利浦（S. Philips）、埃里克森（F. Erickson）和舒尔茨（J. Schultz）等，从不同的侧面探讨了文化与语言如何造成与激化学生与教师之间的冲突，从而导致儿童学业失败的原因；奥布、刘（J. Liu）、罗丝（H. Ross）和克勒等从历史、政治和经济的角度分析了不同群体儿童学业成功或失败的原因；福斯特（M. Foster）、利普卡（J. Lipka）、埃里克森和姆哈特（G. Mohatt）等则从文化的角度分析了学校师生之间的互动关系。简言之，我们在探讨学校教育时应将所有可能影响教与学的因素都纳入思考之列。

有一种趋势把情境仅仅看作是对个体和群体或人们生活与工作环境的研究。实际上，正如施利曼（A. Schliemann）等所指出的那样，情境要复杂得多。我们最好把人类认知以及人类行为的其他方面理解为一系列互动行为，即个体与其所处情境之间的相互作用。一般情况下，情境并不是一个解释性的概念，它更多反映的是个体的复杂行为方式以及这些行为发生的特殊场景的特性。因此我们有必要去分析场景以及个体的精神和行为特征。我们最好从人与文化场景之间的关系中去理解情境，这能使我们在检视学习的文化情境时关注产生意义的境地。正是个体及其场景之间的交互作用使我们了解特定学习情境的本质，对此，研究者、教师和编写教材者都要意识到其重要性。

激励是多元文化情境中难以具体操作的概念。麦克勒尼（D. Mcnerney）对澳大利亚土著居民和纳瓦霍人（印第安人）的研究发现，他们与主体民族具有同样的激励体系，如目的意识、竞争意识、上进意识等。但当激励与生产力相联系并附带技术和知识的学习时，文化因素扮演着重要角色。比如，在诸如崇尚集体主义的社会中（如儒家文化），就维护集体利益而言，无论是金钱奖励或是社会荣誉往往都由集体成员共同分享。这与西方以个人主义为中心的社会形成鲜明对照。而在新加坡和香港地区，这两种激励体系同时存在，但集体意识已有明显衰弱趋势。这点从它们的教育体系中就可以看出：大班授课、大量的家庭作业以及为应对考试而采取的教学方式等都意味着在强化个人主义激励。就儿童学业成就而言，不同的文化有不同的奖惩方法。在东方文化中，教师在教学过程中很少表扬学生，而更多地采用体罚或嘲讽甚至羞辱的方式。在大多数亚洲文化中，只有极少数异常优秀者的表现才能受到表扬，而在诸如美国和英国等西方社会中情况却相反——大多数人或多或少都会受到表扬。比格斯（J. Biggs）对学习整体过程中的激励作用进行过颇具启发性的研究。他发现学生很容易掌握他们经历过的知识。因此，教师的角色就是如何帮助学生根据他们亲身的经历来建构意义，并学会如何灵活地运用学到的知识和技能。话语，包括语言和其他符号体系，在学校与社会的互动中也扮演着不容忽视的重要角色。哈森（J. Hansen）认为，有效的交流本身依赖于已有的共享符码或解释架构，这些架构在本质上是文化的，尽管不同文化背景的人们可以对它有不同的理解。如果我们要理解教育如何发生以及教育如何影响认知过程，我们就必须认真地分析学习情境和知识传播过程。也就是说，研究教育过程既要关注有意识的直接教授，又要关注无意识的间接交流，这就是情境分析的核心。

三、教育人类学情境观评价

综上所述，教育人类学家坚持认为，不考虑文化背景及其渊源便无法理解人类的教育活动。文化提供了一种工具，使我们能够通过沟通的方式来组织与了解我们的社会及其周围的世界。人创造了文化，并以其来进行心灵的沟通。因此，人类的学习与思考都应置于文化情境之中，并且永远都需依赖社会与文化资源的使用。正如布鲁纳指出的那样，教育不是一个孤岛，而是文化的一部分；学校也不是一个孤立机构，而是专门向年轻一代传授文化的特殊社会机构。学校的教学目标源自其所在社会的文化观，每个社会有其自身特殊的学校教育目标。学校的中心任务是向年轻一代传授社会的文化规范，以便他们能够有效地发挥自己潜在的能力，承担起未来的社会角色。学校的作用在于向社会培养和输送有用的人才，以维持社会的存续。实质上，"学校是社会体系的一个不可分割的组成部分。从社会结构的层面看，学校依附于更大的社会体系，以求获得资源与合法地位，而社会则有赖于学校为其培养多种人才，从而使其得以绵延存续"。对于持功能观点的学者来说，社会成员需要共享一套信仰、知识和价值以维持社会的统一和团结，而学校的作用就在于培养年轻一代掌握这些信仰、知识和价值，并使他们通过学校教育来习得作为成人在社会中承担的各自的社会角色。

人类学家使用的研究方法拓宽了我们理解教育问题的视野。人类学的整体观，即把每一个文化现象都置于其意义情境和它与文化其他部分的联系之中进行观察的观点，为我们理解教育过程提供了基本的视角。这种研究视角在着重教与学的同时强调社会文化情境的探究，如人类学家报道研究对象互动的情形，也报道背景知识，同时更进一步探讨事件所蕴含的文化意义，检视的对象包括该文化系统中的给予者和接受者。在学校教育研究方面，我们要重视教育发生的社会或社区，根据情境来界定学校教育过程中存在的问题，将教育问题置于更宽广的、全面的社会文化情境之下进行观察与分析，从而获得较为全面而客观的理解。简言之，教育人类学所提供的整体视角对于我们深入地理解学校教育过程，发现其中存在的问题，寻求解决问题的途径等，均具有重要的现实意义。

第五节　教育民族志研究的新趋向

一、教育民族志研究的新观点

根据谢尔曼（R. Sherman）和韦勃（R. Webb）的观点，民族志应包括以下几个方面：第一，研究的对象与情境密切联系。因此，为了更好地观察和了解研究的对象和事件，民族志学者必须置身于所研究的文化之中去。第二，观察行为不能改变情境。也就是说，田野工作要自然地展开，而不能有意识地设计，调查者不能影响或干预被研究对象的行为。第三，信息提供者必须确信他们可以自由地述说，即调查者不能影响信息提供者的表述。同样，研究者与信息提供者之间的关系应是研究者向信息提供者学习他们的文化信仰和社会行为。第四，调查者必须从系统的视角来观察他们的互动，因为任何被研究的事件、现象或个人都是其情境中互为依存的复杂的意义之网络中的一环。第五，调查者必须成为文化工作者，通过发现他们所研究的对象的一致性来发掘意义，再把他们发现的意义以文本的形式表述给听众。在克勒看来，上述五点不尽完善，还需进行进一步的补充，尤其是民族志者在本土文化进行田野调查时，上述民族志方法有其一定的局限性。人类学者的描述实际上是一种以地方性参与观察为基础的民族志，即格尔茨所说的"浓厚的描述"，目的是"理解他人的理解"，站在一个"异文化"的位置上体察人类学家自身的"本文化"。

在研究当代社会时，人类学家既关注历史又注重现存社会的多样性，也就是说，人类学一向坚持历史的、比较的方法。迈凯伦（P. Mcaren）的民族志方法论具有许多可取之处。首先，在本质上，这种方法具有很强的政治性，通过这种分析模式，可以揭示出在特殊的权力关系中学校是如何组织其日常教学活动的。其次，他的民族志是在理论对话的架构中进行的，结合仪式与表演理论和新近的教育理论，以批评的眼光去观察学校教育。他成功地描述与分析了主导文化资本与学生带入学校的文化形式之间的冲突。在他看来，仪式实践和表演所表达的思想意识对教师和学生的身心都具有影响力。也就是说，这些仪式对校规校纪、学校管理以及限制学生带入学校的各种活动都具有约束力。从他的分析中，我们可以看出，在许多情况下，学生的反抗主要因确认构成他们校外生活的那些经历而起。他的研究表明，学生的这些反抗是自我体现和对压迫性意识形态和实践的一种反应。他的研究有助于我们理解权力是如何使学生的身体服从学校文化的，同时，也使我们看到身体为表述多年的养成而进行的反抗。

二、教育民族志研究的新趋势

20 世纪 80 年代以后，教育人类学者开始尝试把泛文化研究法和民族志研究法结合运用，其代表性论著是约瑟夫·佛滨（Joseph Fobin）、大卫·吴（David Wu）和丹纳·戴维森（Dana Davison）合著的《三个文化的幼儿园：日本、中国和美国》。他们的研究主要探讨了不同文化下，如日本、中国和美国实施幼儿教育的差异性。作者表示他们采取的是"多重意义的民族志研究法"，他们除了在诠释的角度上兼顾局内人与局外人的解释和看法外，在研究方法上主要是采取由三个小组分头到三个文化现场去进行录影记录，再把剪辑过的影带拿给局内人看，听取他们对事件及行动所赋予的意义。他们非常重视境遇的研究，即对当时的时间、空间条件以及社会阶层都有详尽的说明。例如，研究地点之一的日本京都是一个历史悠久的地区，时至今日依然比较坚持日本传统精神。在中国做研究的时间是独生子女政策实施以后，所以家长与教师面对独生子女的教育问题都需要拟定应对之策。另外，美国檀香山是一个生活费用较高、母亲工作比率高的地方，这些境遇因素都对该地的幼教学校的发展有重大的影响。

关联拓展阅读之一

教育人类学：理论与问题

李复新　瞿葆奎

一、"教育人类学"名称的历史演变

教育人类学是一门把人类学的概念、理论和方法应用到教育领域，从宏观和微观、现实和观念等几个方面来描述和解释教育现象、教育事实和教育问题，以揭示教育与人、教育与文化、社会文化与人之间相互影响和相互作用的应用性边缘学科。代表这门学科的名称的形式之多、由来之久、演变之广，也许是教育科学其他分支学科中不多见的。

但是，"教育人类学"一词，最初却是以俄文语体出现在19世纪俄国教育学家乌申斯基的著作中。乌申斯基对当时"教育活动规则的汇集"的教育学十分不满。在他看来，教育学是一门以科学为依据的"一切艺术中最广泛、最复杂、最崇高和最必要的一种"；它的研究对象是人，而不应该是烦琐空洞的规则和条文。因此，他极力主张"如果教育学希望全面地去教育人，那么它就必须首先全面地去了解人"。基于这种思想，乌申斯基试图把教育学建立在人学的基础上，并于1862~1867年间，撰写了阐述其教育思想的代表作《人是教育的对象》的前两卷本。他用"教育人类学初探"为该书的副标题，以表达其对教育问题所进行的人类学思考。乌申斯基时代的俄国人类学与现代人类学在研究内涵上已明显不同，但是，他却是历史上第一个使用"教育人类学"术语的人。

在美国，教育理论界一种比较普遍的看法，认为范德沃克和休伊特是最早以人类学观点和方法审视教育问题的代表。范德沃克于1898年发表了专论《教育对人类学的若干要求》；休伊特于1904年发表了其参加费城教育学科科学年会的论文《人类学与教育》，教育理论界公认它们是富有预见性的学术作品。后一论文中预测了人类学与教育学这两门学科相互融合的可能趋势，并采用"人类学与教育"的笼统说法来代表这两门潜在的新

学科领域。这可以认为是英语教育学文献中最早出现的教育人类学名称。

意大利教育学家蒙台梭利是一位教育人类学发展历史上不能不提到的人。她的《教育人类学》(意大利文)一书于1908年出版，1913年译成英文，当是有史以来第一本以"教育人类学"为正式书名的著作。这部著作的英译文书名用了"教育人类学"名称的这种英文说法，曾对20世纪30年代日本有关的教育研究产生过影响，但后来很快失去了市场。究其原因，一是蒙台梭利所试图建立的教育人类学体系，与她所倡导的儿童教育心理学未曾分离；二是当英、美等西方国家不再用"Pedagogy"而是用"Education"来代表"教育学"时，"Pedagogical Anthropology"的说法，也就悄然消失在现代教育学文献中了。

纵观教育人类学发展的历史，不难看出，20世纪五六十年代形成了教育人类学发展的新高潮。社会需求，理论纷呈，学派初度，对教育问题感兴趣的人类学家和善以人类学观点和方法思考教育问题的教育学家，从理论到实践就这门学科展开全方位的研究，这门学科的名称也自然在学术论辩之中。1950年，格雷内格向美国人类学协会提交了名为《为教育人类学辩护》的论文，她在文中提出一个复合词"educanthropology"来代表这门学科。1954年，斯坦福大学人类学与教育会议论文集《教育与人类学》(1955年出版)的英文名字，与以往的不同，用了"Education and Anthropobgy"，编著者的这个用法在于强调人类学对教育的作用和应用价值。同年，罗森斯蒂尔(A. Rosenstiel)在《教育人类学：文化分析的新途径》一书中，正式使用了"Educational Anthropology"一词。1968年，美国的另一位学者伯格来代表"教育人类"，此后，哥伦比亚大学的金博尔采用过这一说法。

在德国，20世纪早期的学者诺尔(H. Nol)和胡特(A. Huth)分别提出了"教育人学"和"教育人类学"术语，这是德国学者对学科名称问题进行的较为早期的论述。洛赫也提出了两个术语："人类学的教育学(Anthropologische padagogik)"和"教育学的人类学"(Padagogische Anthropologie)，根据洛赫对这个术语所做的解释，前者从教育领域内部，揭示人的本质出发来考察人，属于教育学范畴；后者则是从人的现象出发，来考察人的教育的外在方面，属于哲学范畴。随后，博尔诺也参与了上述两个概念的讨论。但是，不同的学派对这两个概念持有不同的观点：以博尔诺为代表的德国蒂宾根学派坚持"人类学的教育学"的表述；而以罗特(H. Roth)为代表的菲林根学派则采用

"教育学的人类学"，另外，1966年德国的另一位学者道普·福沃尔德提出过更为确切概括德国教育人类学的"哲学教育人类学"的概念。

20世纪60年代末70年代初，西方英语国家的教育人类学家基本上接受了"Educational Anthropology"的表述方式。与此同时，教育人类学的另一种新的反映形式"Anthropology of Education"也在跨步走来。美国的学者米德尔顿（T. Middleton）、罗伯茨（J. Roberts）和埃金桑亚（S. K. Akinsanya）都采用了这样的说法，并把它用入著作的副标题。1985年，出版了由著名的瑞典教育学家胡森（T. Husen）和德国教育学家波斯特尔维斯特（T. N. Postlethwaite）主编的《国际教育百科全书》。这是一部在国际上有影响的教育百科全书。美国知名教育人类学家奥格勒撰写了其中的《教育人类学》条目，该条目的英文采用了"Anthropolgy of Education"这个概念。至此，可以说，尽管教育人类学的英语名称存在种种分歧，但70年代以后的教育学文献，多以"Educational Anthropology"和"Anthropology of Education"来代表这门学科了。

在"教育人类学"学科术语的演变过程中，一个值得注意的问题是，从20世纪60年代起，出现了易与"教育人类学"术语相混淆的另外两个被频繁使用的术语："教育人种志"和"教育人种学"。

人种志被国际上公认为是人类学特有的一种崇尚客观和描述的定性研究方法。在教育研究过程中，研究者一般将这种方法应用于微观层次，通过与被研究者形成互动关系，而真正观察到学校中究竟发生了什么。把人种志研究方法应用于教育问题的研究而导致教育人种志的出现，则与20世纪60年代后期兴起的教育微观研究有关。在这一时期，美国学者埃迪（E. Eddv）、奇尔科特（J. Chilcott）、米德、斯平德勒等人开始以学校为单位进行研究。他们把人种志引申到他们的研究和设计中，称之为"教育人种志""教育研究的人种志方法""教育研究的人种志技术"等。就自身的属性来说，"教育人种志"既不是一门学科，也不是一个研究领域，它是一种以参与观察和整体性研究为主要特征的描述性的研究方法。它属于教育人类学研究的第一个层次，即收集和分析材料。

在教育人种志的研究中，存在着一种普遍的研究设计，是以参与观察为主的"实地研究"，它是由"芝加哥学派"的社会学家贝克尔、吉尔、休斯和斯特劳斯等人对医学学生进行社会调查研究时率先引进教育研究领域的。1968年，史密斯和杰弗里又采用了他们称之为微观人种志的方法，首次把一项对班级过程的研究建立在人类学实地研究之上，从此开始了教育研究中运用"实地研究"的传统。对于"参与观察"，人类学家和社会学家在各自进行的教育研究中都采用。不过，人类学家往往称之为"人种志"，社会学家则有称之为"实地研究"的。

与"教育人种志"甚为相似的"教育人种学"初看起来似乎是一门独立的学科，其实不然，它仍属于方法论范畴，是教育人类学研究的第二个层次，即对实地研究所收集的资料进行比较、综合、分析和概括。1977 年，当时担任美国宾夕法尼亚大学教育研究生院院长的教育人类学家海默斯当选为美国人类学与教育研究会主席。海默斯把推动"教育人种学"的研究作为任期内的首要任务。他号召对教育进行定性研究的人类学家们行动起来，对学校进行定性的人种学研究，并在此基础上建立有关教与学的综合理论。在海默斯担任美国人类学与教育研究会主席期间，美国学界对教育人种志和教育人种学的研究非常活跃，研究成果不断涌现。其中，威尔逊和勒孔特的研究尤其引人注目。1977 年，威尔逊发表了论文《教育研究中人种志技术的应用》。在论文中，威尔逊系统阐述了人种志方法论对教育研究可能做出的贡献，大力倡导教育研究界采用人种志方法研究教育问题。这篇学术论文在教育人类学研究领域引起较大反响，在学术研究中引用频数。1978 年，勒孔特也发表了《学会工作：课堂中的隐性课程》，以人种志为方法，试图从微观研究的角度建立学校和班级生活研究的新领域。另外，有的学者还在教育研究中引入"批判人种志（Critical Ethnography）"的方法，采用人类学的定性的、参与观察的方法，并依靠源自批判社会学和批判哲学的理论体系来阐述其理论的各种研究。

除美、英外，法国学界对教育人种志也有不少研究，这与结构主义人类学家列维·施特劳斯的研究直接相关，他的研究和观点佐证了上述观点。施特劳斯认为，人种志是第一个层次，即观察与收集资料；人种学是第二个层次，即分析与综合。值得注意的是，近年来，教育人种学有日益明显的学科化趋势。1981 年，法国学者埃尔尼的《教育人种学》便是一例。埃尔尼的研究试图从民族学的观点出发，进行概念探究和资料分析，试图为教育人种学建立一个学科体系。

本文对"教育人类学"概念演变的历史考察，主要限于英、俄、德、法文的一些教育学文献，但这不等于说其他语体的文献没有出现这个概念。限于资料和困于语言，我们不克尽究。此外，教育人类学的英文"Educational Anthropology"和"Anthropology of Education"与教育社会学的英文不同。前者是指 20 世纪 70 年代以前，以强调研究教育制度为核心的"传统"教育社会学；后者则代表 70 年代以后，主张研究知识的社会分配，强调教育内容改革的"新"教育社会学。"Educational Anthropology"和"Anthropology of Education"则可互为通用，没有"传统"教育人类学与"新"教育人类学的区分与说法。

二、教育人类学的源起

一个学科门类的形成和发展，是一个由知识的思想化或学说化到知识的理论体系化的转变过程。因此，一门学科的源起就与一种思想、一种学说的产生有所不同。学科的源起问题，是要在时间上、逻辑上确认和回答学科是从哪里开始的。探讨教育人类学的源起，其宗旨也在于此。这是教育人类学研究的一个基本理论问题。因此，国内外研究者在建构教育人类学的理论体系时，无不涉及教育人类学的源起这个问题。但是，由于研究出发点和看问题视角的差异，对于教育人类学源起于何时，可谓见仁见智。

1976 年，美国学者罗伯茨和埃金桑亚提出："尽管人类学与教育领域作为文化人类学领域的一个实体，只是近期才发展起来，然而，它的根源深植于西方传统哲学。启蒙运动时期，当宗教信条开始让位于对人类起源与生存的科学解释时，它就首次出现了。"同年，罗伯茨和埃金桑亚又认为："教育人类学作为各大学开设的课程表上的一门具体学科是新兴的，但其根源与文化本身一样古老。"在这里，他们明显地把教育人类学的历史与"文化"的悠久传统等同起来。关于"文化"可以有两种解释：其一，所谓代表人类文明的文化，自然是与人类的文明历史一样古老；其二，作为一个概念的"文化"，则是英国人类学家泰勒爵士于 1871 年在专著《原始文化》中提出的。如果以泰勒的提出计算，教育人类学的历史至今已逾百数十年。

戈茨和勒孔特是美国知名的教育社会学家和教育人种志方法论专家。她们认为，世纪末美国学者范德沃克发表《教育对人类学的若干要求》时，教育人类学便产生了。1984 年，她们在合著中指出："范德沃克（1898）、休伊特（1904）和蒙台梭利（1913）已经强调教育过程的文化背景，并倡导人类学在教师专业培训以及教育理论与研究发展中的重要作用。"美国著名的教育人类学家斯平德勒认为："教育学与人类学之间的联合具有相当长的历史，这种联合正式开始于埃德加·休伊特在《美国人类学家》杂志（休伊特 1904，1905）发表的具有先见之明的论文。"斯平德勒的这个看法是美国教育人类学界有代表性的观点。

在美国学者中，另外有两种观点是值得注意的。一种认为："也许1954年斯平德勒在斯坦福大学召开的教育与人类学研讨会是第一次公开宣告教育人类学的诞生。"另一种则认为："作为一个学术性分支领域的教育人类学在1970年以前并不存在"，以为这时"不存在独立的人类学与教育的领域，因而，即使稍微确切地界定这一领域的基础研究有哪些也是困难的。"

江渊一公是20世纪70年代日本教育学界对教育人类学的研究有代表性的学者。在教育人类学源起的问题上，他把1900～1907年蒙台梭利在罗马大学开设的"教育人类学讲座"和所著的《教育人类学》一书视为教育人类学的开端。

在我国现有的教育人类学的论著中，对教育人类学的源起问题的看法也不一致。台湾的詹栋梁是较早系统介绍和研究欧洲特别是德国教育人类学的学者。他认为："教育人类学的草创，应该是迪尔泰。因为迪尔泰在1875年提出了'人的研究'的理论；到了他的学生诺尔，于1929年提出以人为主的教育学。到了1938年，诺尔的名著《性格与命运》出版，其副标题就是'教育以人为主'，成为研究教育人类学的先河。"这种说法是侧重德国教育人类学的说法。台湾的另一位学者雷国鼎的观点与斯平德勒和江渊一公的看法相近，雷国鼎等在他们的《教育学》一书中认为："最早将教育与人类学相联结在一起，并以人类学之知识，协助教育实施及其问题之解决者，为美国教育学家海威特（即休伊特），其次为意大利特殊教育专家及儿童教育学者蒙台梭利。"

上述各种观点，或以某位学者的研究，或以某种理论、思想或概念的提出，或以有关论著的问世作为教育人类学的源起。教育人类学，如同教育社会学、教育生态学以及教育文化学等学科一样，是一门学科，而一门学科的源起与作为一种活动的起源有所不同。

以教育为例，学者们对于作为一种活动的教育的起源，持有不同的看法。法国的社会学家、哲学家勒图尔诺主张"教育的生物学起源论"，认为动物界也存在教育，"兽类教育和人类教育在根本上有着同样的基础"，"人类教育的进行与动物教育的差别不大，在低等人种中进行的教育，与许多动物对其孩子进行的教育甚至相差无几"。美国教育学家、教育史学家孟禄提出"教育的心理学起源论"，认为在原始部落中，儿童对成年人的模仿是教育过程的基础，"使用的方法从头至尾都是简单的、无意识的模仿"。而一些马克思主义教育学家认为，教育起源于劳动。不管这些观点的理论倾向如何，也不管他们各自的出发点是否正确，单就其关于教育起源的方式来说是一样的，即教育的起源是"一次性"的。

学科的源起就不同了。学科不是活动，而是由思想、学说构成的系统的理论体系，人们最初提出某种思想、学说时，未必就意味着有意识去建立一门系统的理论体系的学科。学科的建立要有一定时期相关知识、思想、学说的积累过程。它要经受科学的检验与时间的考验，要从业团队的增加和社会的认可。纵观教育人类学发展的历史，许多早期的先驱人物的探讨，虽然有时也已明确提出有关"人类学与教育学"的命题，但实际上都处于观念萌发阶段。现在，在教育人类学已成为一门独立学科之后再来反思这门学科时，可以说这种探索甚至是明确地启蒙了后来的教育人类学研究。

当今，有关教育人类学学科的论著不少，但对于学科源起的方式的研究似乎不多，这给我们的探索带来了相当的困难，学科的源起是"多元的"。

我们也许可以把教育人类学的源起与发展宏观地划分为：观念教育人类学时期和实体教育人类学时期。

所谓观念教育人类学时期，是指学科在明确成为一门学科之前零碎地、不系统地、评议式的阶段。在这个时期，教育人类学没有系统的理论和研究，没有学科赖以形成一门学科的科学研究者共同体，各种零散的研究是自发的、没有系列的和没有组织的。1900年之前，以美国学者范德沃克为起始的研究，已经开始注意到理论的思辨式研究。1900年之后，开始注重实地观察式研究，如"文化碰撞与土著研究""教育与文化决定论的关系研究"，是其主流研究所附带的研究，而不是专门的教育人类学研究。只有在第二次世界大战之后，教育人类学才开始进入有意识的、有计划的和有组织的研究阶段，也就是实体教育人类学的时期。

第二次世界大战的爆发，打破了世界原有的生活方式。战争结束后，全球政治变幻，通货膨胀，文化残碎，社会动荡。这些社会现象反映到教育中来给各国教育造成极大的困惑：普通教育质量下降，少数民族、移民、黑人、土著人和原著人在教育上的屡屡失败，民族和种族上的纠纷频仍。因此在国际范围内，对教育问题感兴趣的人类学家和具有人类学知识的教育学家多在探索这些问题。在这种情况下，美国的人类学家们率先发起用人类学来寻求解决教育问题的答案，并于1954年由美国人类学协会与斯坦福大学教育学院和人类系协作，在斯坦福大学召开了具有划时代意义的人类学家与教育学家会议。

1954 年的斯坦福大学会议，对于教育人类学学科的形成和发展有重大意义。它不仅"第一次公开宣告教育人类学的诞生"，而且极大地促进了教育人类学从雏形的观念研究阶段向实体研究阶段的转变。斯坦福大学会议标志着对教育进行人类学的研究成为一门专门学问、一个学科门类；形成了由人类学家和教育学家共同组成的致力于教育人类学研究的共同体，为 1970 年的人类学与教育研究会的成立打下了基础。另外，1954 年的这一重大学科事件导致了 1955 年《教育与人类学》教材的问世，学科的知识积累，是学科逻辑上的开端。

三、教育人类学的学科地位

教育人类学具有悠久的思想渊源，但在教育科学知识的分类中，仍属一门年轻学科。1937 年，日本出版的《教育学大事典》最早列入"教育人类学"条目，但这个条目只谈到德国的教育人类学。在这之前的 1930 年，我国出版的由唐钺、朱经农、高觉敷主编的《教育大辞书》列入了"人类学与教育"的条目，但还不成为一门学科。甚至在 20 世纪 70 年代，美国还有学者对学术性的教育人类学是否存在持有疑惑。

对于教育人类学的学科地位问题，国际学界有两种截然不同的看法，归纳起来，可称之为"学科独立论"和"学科非独立论"。学科独立论认为，教育人类学已经成为一门学科，一门独立的、应用性的边缘学科。这种观点散见于美国的斯平德勒、辛格尔顿的一些教育人类学家的著作。日本教育学家田浦武雄，我国学者冯增俊、李其龙、李复新、崔相录、雷国鼎、詹栋梁等也持这种观点。

学科非独立论认为，教育人类学仍包容在其他学科中，还没有从诸如教育社会学、社会语言学、人种志方法论、符号互动论中独立出来，教育人类学家主要还是对其他领域的社会科学家所提出的方法和理论问题做出反应，而很少花时间对自身的目的做出阐述。

由于强调教育人类学与教育社会学在研究内容和方法上的一致或相似性，学科非独立论者看到了学科间众多的共同点：教育人类学与教育社会学都把现代社会的教育问题和教育事实当作各自研究的对象，并把教育看作是一种社会文化现象和问题；尽管教育人类学和教育社会学所达到的目的和形成的结论有差别，但两者都从社会文化的观点入手来考察教育，其研究领域有重叠之处，如两门学科都研究"教育与文化"问题；教育人类学和教育社会学在研究方法上有共同之处，两者都采用定性的、描述性的人种志方法，强调实地研究和参与观察。

以上各点可以看作是教育人类学和教育社会学之间存在的共性，但是，这种学科之间的共性并不能替代教育人类学的个性。同时，共性寓于个性之中。正是教育人类学的这种个性，才是决定这门学科存在的价值前提。教育人类学之所以已成为一门独立的学科，也许可大致概括为下列各点：

第一，在学科分类上，教育人类学已是一个独立的知识门类，它有自己的概念体系和理论流派，如哲学教育人类学、社会教育人类学、文化教育人类学、体质教育人类学、比较教育人类学等。

第二，在研究对象上，教育人类学有其特定的研究对象。教育社会学把教育看成是人的社会化过程；而教育人类学则认为，教育是文化传播过程，不仅是群体内文化从上一代到下一代的纵向传承，而且还是文化从一个群体到另一个群体的横向传播。教育是人类在文化上推进人种延续的条件，教育人类学要在社会文化背景上证实教育的文化法则与原理。

第三，在学科研究内容上，尽管教育人类学与教育社会学有密切的关系，但这两门学科之间的差别还是明显的。教育社会学研究教育与社会的政治、经济、文化、科技、人口等社会因素的关系；教育人类学则注重研究教育与文化、民族和种族的关系。教育社会学的基本概念是"社会"，而教育人类学的基本概念是"前者从社会的观点看待教育问题，后者从人类发展与文化的关系来考察教育"。

第四，在研究取向上，教育社会学着眼于现代社会教育问题的研究，各种研究以规模相当的社会调查为基础；而教育人类学则不同，它不仅研究现代社会文化中的教育问题，而且还研究现代社会原始群体、土著人和原著人的教育。各种研究往往以小型的、"参与观察"为形式的实地研究为主。

第五，在学科实体上，第二次世界大战之后，在世界范围内出现了一些与教育人类学有关的专业团体和机构。例如，在欧洲，德国格丁根大学和蒂宾根大学已成为哲学派教育人类学研究的中心，德国的埃森大学还专门设立了教育人类学系。在美国，斯坦福大学、哥伦比亚大学和匹兹堡大学开设了教育人类学专业课，许多综合性大学也开设了教育人类学或称之为人类学与教育的选修课。1970年，在美国人类学协会下成立了人类学与教育研究会，其成员以美国学者为主，同时还吸收了英、法等欧洲国家的学者为会员。到 20 世纪 90 年代，美国人类学与教育研究会的会员人数已达到 1 200 人，它每两年召开一次年会，不断推动教育人类学的研究。

第六，在学科知识的积累上，自 1898 年美国学者范德沃克在《美国社会学杂志》上发表首篇教育人类学专论《教育对人类学的若干要求》以来，已积累了相当可观的学术资料。1965 年，美国创刊的《教育社会学摘要》杂志，除主要列出世界各国每年涌现出的教育社会学文献外，还大量收入有关教育人类学研究的论文摘要。1970 年，由德国蒂宾根大学创办的《教育学》杂志，陆续发表德国、荷兰和奥地利等国的教育人类学的研究成果，成为欧洲教育人类学的学术园地。1978 年，美国人类学与教育研究会把它的机关刊物《人类学与教育研究会通讯》改为学术杂志《人类学与教育季刊》，集中反映国际上教育人类学研究成果和学术动态，成为当今世界范围内唯一的教育人类学专业刊物。同年，美国学者罗森斯蒂尔编撰的《教育与人类学：注解的文献目录》一书，收录了不同文字的教育人类学文献 3 434 篇。在此之前，1974 年，美国的其他学者，如伯内特等人编撰的《人类学与教育：注释文献索引》，也列出了几千条教育人类学文献。于此也可见教育人类学学科知识积累之一斑。

在我国，教育学界开始注意到教育人类学这门学科，大致是在 20 世纪 80 年代中期。历史短，资料缺，视野也窄些。许多教育论著在介绍教育科学的分支学科时，往往只谈教育哲学、教育心理学、教育社会学、教育经济学、教育法学、教育未来学等，没有介绍教育人类学。有的教育论著涉及教育人类学这门学科，但在学科的全面性和系统性方面，学科产生的时间、学科的内容，甚至学科的主要代表人物上难免有偏颇、有疏误。20 世纪 90 年代，我国教育学界有一种流行的说法，认为"教育人类学是一门新兴学科"。其实，也可以说这是学科定位上的一种误解。要说新、老、长、幼的话，以教育社会学和教育人类学为例，就学科名称的使用方面说，早在 1862 年，俄国教育学家乌申斯基就使用了"教育人类学"一词；而"教育社会学"一词，则是 1883 年首次出现在美国社会学家华德的著作《动态社会学》中。就学术活动方面说，按照时间推算，美国学者罗斯（Ross）教授率先在美国的利兰斯坦福大学开设的倡导把社会学应用于教育的讲座，可能比教育人类学讲座早 3 年，但随后由意大利教育学家蒙台梭利在罗马开设的教育人类学讲座，从 1900 年到 1907 年连续进行了 7 年。在教育社会学领域中，最早的、有意识的和系统的学术讲座，则是苏扎罗于 1910 年在美国哥伦比亚大学师范学院开设的第一门教育社会学课程。就学术著作方面说，第一本命名《教育人类学》的著作正式出版于 1908 年；而由美国学者史密斯撰写的第一本把"教育社会学"术语体现在书名中的教育社会学教科书《教育社会学概论》，则是 1971 年问世的。

四、教育人类学：哲学与科学的产物

教育人类学是 19 世纪末 20 世纪初之世纪转折时期的科学知识相互渗透与相互分化的产物。它的思想渊源、学科体系、理论流派和研究方法是从有关的哲学和相关的科学中分化而来的。它以科学发展所取得的成果为思想条件，在多学科科际研究的基础上，对科学知识进行新的综合，逐步构成一门新的学科。作为一个新的知识门类，教育人类学是以哲学、教育学和人类学的理论为基础的。其中，哲学上的哲学人类学，教育学史上的"教育科学化"运动和儿童本位理论，以及人类学中的"应用人类学"运动，对教育人类学的形成与发展所产生的影响尤为重大。

（一）哲学、哲学人类学与教育人类学

在哲学思想史上，对人的问题的研究所形成的人的哲学，具有广义和狭义之分。从广义上说，哲学中一切关于人的学说和理论，包括以叔本华和尼采为代表的意志主义，以迪尔泰为代表的生命哲学，以海德格尔和萨特为代表的存在主义等，也许都可称之为人的哲学，也就是相似于人们常说的人本主义思想。从狭义上说，人的哲学特指 20 世纪初期由德国哲学家舍勒创立的现代哲学人类学。人本主义在与科学主义形成对峙的局面时，曾给教育科学的研究带来很大影响。但是，对于教育人类学的探究起最大影响的则是狭义上的人的哲学，即哲学人类学。哲学人类学是西方哲学史上对"人的问题"的研究产生人类学转变之后，所形成的深入探讨与回答"人是什么"问题的哲学思想。它在有关"人是社会存在""人是历史存在""人是文化存在"。等不同学科对人进行的不同判断的基础上，力图证明"人是完整的存在"哲学人类学的创始人不仅具有建立人学思想大厦的宏伟计划，而且还抱有以这种宏伟计划指导众多学科的历史使命，他们要"重建一切与人这个对象打交道的科学的基础，并为这些学科的研究确定特定的固定目标"。从这种观点出发，哲学人类学的中心任务是为一切以人为研究对象的科学重建完整的人的概念。

教育人类学是一门以人为研究对象的学科，这就决定了哲学人类学必然渗入教育人

类学领域，而教育人类学又必然要借助于哲学人类学来确定研究目标和完善学科的理论。从历史上看，哲学人类学的第一、二代学者，因其主要使命在于建立哲学人类学的理论和学科体系，形成具有普遍意义的方法论原则和有关完整的人的概念，因而没有直接涉猎教育问题。但是，以博尔诺为代表的第三代学者，则把哲学人类学的视野拓展到教育问题的研究。博尔诺既是存在主义者，又被视为哲学人类学家，他的注意力从存在主义转到哲学人类学，又从哲学人类学转到教育人类学。20 世纪 50 年代以前，博尔诺更多的是一个哲学家，而 50 年代之后，他似乎更多的是一位教育学家、教育人类学家。尤其是博尔诺于 1965 年出版的《教育学中的人类学考察方式》，成为欧洲哲学派别教育人类学的奠基作品。受哲学教育人类学的影响，德国学者罗特和洛赫、荷兰教育学家朗格威尔德等人，都试图从哲学人类学出发来研究教育问题，为教育人类学寻找哲学基础和"完整的人"的概念，使哲学教育人类学于 20 世纪 60 年代在欧洲大地形成了一个研究高潮。

（二）教育科学化运动、儿童本位论与教育的人类学研究

19 世纪末 20 世纪初，西方教育思想史上发生了两大转变：其一，在研究方法上，教育学引进了实验心理学的实验研究方法，比如在德国，形成了以教育学家梅伊曼和拉伊为代表的实验教育学。教育学的发展随之经历了从哲学教育学到实验教育学的转变，教育研究开始由以往思辨性研究转向重视科学方法的经验性研究。这也就是教育史上通常所说的"教育科学化运动"。其二，在价值观念上，自文艺复兴运动之后，始自法国思想家卢梭为代表的教育的人本位论，在 19 世纪末 20 世纪初，经由蒙台梭利和瑞典新教育运动的倡导者爱伦·凯等人的继承和发展，把教育的人本位论具体化为教育的儿童本位论。

实验教育学作为一种教育思潮，"是作为赫尔巴特的唯心主义教育学说的对立物而出现的，它的一个明显特点是试图站在自然科学的立场上研究教育现象"。实验教育学的倡导者批判以往的教育学家"往往富于幻想，以直觉思维来代替严格的科学论证"，"他们仅仅依靠逻辑推理来建构教育学"，这就是认为造成以往教育学之所以缺乏科学性的主要原因。因此，要摆脱教育学既抽象又无说服力的困境，就必须引进科学观察与实验的方法。实验教育学的倡导，也推动了"教育科学化运动"。

"教育科学化运动"是指人们以不同学科的科学方法来研究教育。从这种意义上讲，

传统提法的"教育科学化运动"往往仅指实验教育学，实有偏狭之处。因为与教育实验学家同时并进的还有一些社会学家、人类学家和心理学家等，他们都从各自的学科出发，采用不同的方法研究教育问题。他们的研究不仅提高了教育学的科学化程度，而且还分化成一群教育科学分支学科。例如，法国社会学家涂尔干和美国社会学家华德把社会学方法引进教育研究，创立了教育社会学。美国人类学家白恩斯夫妇、钱伯林、范德沃克和休伊特等人用人类学的方法研究教育，倡导教育学借助人类学的方法来提高科学化程度——这些拓展性研究架起了人类学与教育之间的桥梁，开启了美国教育人类学的先河。教育人类学正是在这种历史背景和条件下应运而生的。

教育人类学产生的另外一个教育学背景是教育的人本位论。教育的人本位论认为，教育归根结底是人的教育，教育的目的在于使人的本性得到最完善的发展。这种教育观强调儿童中心的教育，要求把儿童当作儿童、当作完整的人来进行教育，因而又称为儿童本位论。以儿童或儿童教育为研究对象的著作，如爱伦·凯的《儿童的世纪》、蒙台梭利的《童年的秘密》等纷纷问世。在这些著作中，可以看到，源起于卢梭、康德和裴斯泰洛齐等思想家的教育个人本位思想，在达尔文的进化论思想和高尔顿（F. Galton）的优生学以及现代人类学的影响下，教育学家们力图独辟蹊径，呈现出体质人类学、哲学人类学和文化人类学与教育研究相结合的趋势。尤其是蒙台梭利以阐述儿童教育为主旨的《教育人类学》问世之后，这种趋势就更加明显。

（三）"应用人类学运动"与教育人类学的诞生

教育人类学是人类学中的一门应用性学科，它与母学科人类学有着密切联系，这种定性似乎也流行于20世纪80年代和90年代我国的人类学界。从历史上看，在人类学的背景上，教育人类学的产生与发展直接得益于20世纪初在西方国家兴起的"应用人类学运动"。

20世纪初，西方资本主义国家开始对外进行殖民扩张、经济掠夺和军事侵略。为维护其在殖民地的政治和经济利益，缓和殖民政府与殖民地人民之间的矛盾，御用人类学家了解和收集殖民地民族的情况，作为他们制定殖民政策、从事经济活动和培植殖民官员的依据。在军事方面，不少交战国意识到人类学能提供大量的不同文化背景下不同民族的材料，对于本国军事甚至外交等活动来说，有着其他学科的研究所不能替代的作用。因此，这些国家的政府聘用不少人类学家参与国家决策性事务，拨款资助各种人类学研究，于是促成了一场"应用人类学运动"。

"应用人类学运动"在人类学发展的历史上的影响是巨大的。一是形成了一门研究社会问题的应用人类学；二是形成了具有各自特定研究对象的应用人类学学科群，如政治人类学、经济人类学、社会人类学、教育人类学、都市人类学等等。在这场运动中，对教育和文化传承问题抱有兴趣的人类学家，认真研究了殖民地和土著人的教育。而且值得注意的是，早期对教育问题感兴趣的人类学家的研究是以批判的精神和人道主义的态度进行的，这些研究与纯粹为一些西方国家所御用的人类学家的研究有所不同。例如，受斯宾塞社会进化论影响，美国学者休伊特就率先注意到教育活动中的种族因素和文化背景问题。他研究了美国本土的移民教育问题、印第安人的教育问题和菲律宾原著人的教育问题，认为现代学校迫使这些特殊族群学习"较高级"的异族文化，而忽视了教育活动要适合他们的文化背景。另外，英国人类学家马林诺夫斯基则批驳了风行一时的有关非洲人的智商低于欧洲人的论点，并指出造成这种情况的原因是他们受的学校教育较差。他同时呼吁，现代学校的课程设置，不应完全以心理学为原则，还要以人类学为依据。这些研究不仅奠定了教育人类学这门应用性学科的人类学基础，而且还为学科的研究创造了良好的学术背景和研究态度。

以上所述，是耶？非耶？敬希批评！"嘤其鸣矣，求其友声。"我们殷切期望我国人类学界和教育学界对教育人类学产生更浓厚的兴趣，开展更深入的研究。

选自《教育研究》2003 年第 10 期

关联拓展阅读之二

中国教育人类学研究的现状与反思

祁进玉

一、我国教育人类学研究的现状

教育人类学是由教育学和人类学相互交叉而形成的一门边缘、交叉的综合学科。美国学者休伊特最早把人类学引入教育研究，他深受斯宾塞的社会进化论的影响，研究美国本土的移民教育，如何实施少数民族教育政策与减少土著青少年在学业上的失败，实行移民与土著、少数民族的同化或"熔炉"政策等一系列问题。人类学家马林诺斯基批驳以智商来断言非洲黑人天生低智力的遗传决定论，批判种族主义政策。这些早期的研究者主要批评了学校忽视学生的文化背景和民族性，认为在学校教育中要对民族文化教育引起足够重视。由教育学者和人类学者所进行的这些尝试性跨学科研究，在世界范围内掀起了教育学与人类学结合进行研究的序幕，这也是催生教育人类学这门学科产生的基础。

教育人类学作为一门学科，在我国始于20世纪80年代初期对少数民族教育的研究，虽然只有20多年的历史，但其发展非常迅速。教育人类学在中国的起步较晚，当然这与中国当时的社会现实有着紧密的相关，也与长期以来我国教育研究的学术传统和外部环境有着重要关系。教育人类学研究得到长足发展和快速进展得益于20世纪80年代初我国实行的改革开放政策。也就是从这时期开始，我国的社会科学研究的各个领域得到重视并得以复兴，教育人类学的研究随着社会学、民族学学科的恢复和重建，在世纪之交得到极大发展。然而，这一领域的相关研究与学科发展，仍然存在很多问题，亟须得到更多的重视和进一步完善学科体系，加深该领域的相关研究，也需要汲取跨学科的研究方法与理论知识的补充与完善。本文对近30年来我国的教育人类学研究历程加以梳理，重点探讨了教育学与人类学跨学科教育研究的中国经验，结合在我国本土化的实践过程存在的问题以及对今后的发展，对加以关注的议题进行深层探讨。

我国的教育人类学研究发端于20世纪80年代中期。最初是一些学者提及教育人类学的相关概念，如台湾学者詹栋梁的《教育人类学》，随后有一些相关的研究和论著出版和发表。这种情形也带动了大陆学者对教育人类学学科知识的评述与介绍，主要的译介著作包括：［美］辛格尔顿的《应用人类学和教育的社会文化观点》（1981），［俄］康·德·乌申斯基的《人是教育的对象：教育人类学初探》（1989）、［德］博尔诺夫的《教育人类学》（1999）、默茨达齐尔的《教育人类学原理》（2001）等。

我国在教育人类学基础知识的评介和引介方面，早期的研究人员做了很多工作，诸如冯增俊、庄孔韶、李复新、洪川、李其龙等人，在全面介绍教育人类学学科发展及其理论方面做了一定的努力，尤其是庄孔韶的《教育人类学》（1989）和冯增俊的《教育人类学》（1991）专著的出版，在介绍西方教育人类学发展的基础上，突出了对研究方法的介绍，并运用这些方法对中国教育的现实进行初步探讨。然而，这一时期的教育人类学研究，主要还是停留在对国外教育人类学的介绍、教育人类学基本概念的界定和解读以及对相关研究方法的介绍等方面，缺乏立足于本土化的教育人类学相关研究成果，更谈不上理论上的突破。

从20世纪90年代开始，由于全面实行改革开放，国际学术交流日益频繁，对国内的社会科学研究也产生了较大的影响。在这种国际、国内的新形势下，教育人类学研究也逐渐兴盛，越来越多的学者投身于这一新兴的研究领域。首先在国内的师范院校陆续开设了教育社会学课程，积极倡导课堂社会学研究，使用民族志的研究方法，注重实地调查与参与观察；注意进行女性教育的研究，在项目研究中借鉴了人类学的田野研究方法。上述这些研究，在一定程度上推进了教育人类学学科研究方法和理论的普及和发展。但是，由于教育社会学与教育人类学学科各自的研究旨趣、研究方法和方法论的较大差异，在一定程度上使得这一时期国内的教育人类学研究较为滞后，学科知识也没有得到进一步的积累。所以，在某种程度上，国内的教育人类学研究远远滞后于教育社会学研究，教育人类学研究更多侧重于少数民族教育研究领域，无论是对教育学的人类学研究视野抑或是人类学的教育学研究视野而言，目前对学科发展来说，面临着较大的机遇和挑战。

从20世纪90年代中期开始，我国教育人类学研究获得较大的进展，主要体现在两个方面：一是在高等学校的课程设置和教学体系，一些高校，如中央民族大学，陆续在相关专业的本科和研究生教育中开设教育人类学和跨文化研究的课程，培养复合型、跨学科的人才。二是学术界逐渐加大对教育人类学相关领域的研究，尤其加强了对人类学与教育学的研究方法和相关理论的跨学科、交叉研究。

近年来，我国的教育人类学研究进一步加强了与国际教育学与人类学研究的联系与交流，逐渐加大了与国际学术界的交流与对话，这是可喜的进步。在国内教育人类学研究方面，突破了以往只是对西方教育人类学的一些基本概念、研究方法的评述与介绍。在该领域的研究方面，无论是研究内涵还是外延，都得以进一步拓展和延伸。这些研究更加立足于中国的社会发展与教育的现实，注重从现实的微观的个案研究为切入点，研究方法上进一步强化科学性、逻辑性，以人类学的田野调查与参与观察为主，结合教育民族志的研究范式，立足于教育学与人类学研究的本土化努力。

从20世纪90年代以来，我国加大了在基础教育领域的改革力度，许多教学论的研究者不断深入到中小学的课堂教学当中，通过对课堂的观察与分析、对教师的访谈与调查、对学生的问卷与测量等，逐渐转变了传统的研究方式，走出书斋，进入课堂，开始形成以中青年学者为代表的课堂研究者群体，出现了许多课堂教学研究的成果。经过近年来的探索，作为微观民族志的课堂人类学研究，已经成为教育民族志的主要研究方法。

二、对我国教育人类学研究的几点反思

1. 教育人类学的学科归属之争

教育人类学一经产生，因不同学科背景的研究者的研究取向和研究志趣的差异，分化为两个研究领域：以人类学为目的的教育学研究和以教育学为目的的人类学研究。一方面，人类学者将教育机构当作文化传承的主要单位之一，用以研究人类文化的延续及演变，同时，有关人类学的理论与方法以及研究成果也可应用于变革我们的教育以及应用于现实问题的解决。另一方面，越来越多的教育学家也意识到了解其他文化的重要性以及民族志田野调查方法的重要作用，从而对人类学的跨文化比较研究与文化的整体观产生了兴趣。从以人类学为目的的教育学研究视野来看，教育人类学可以理解为教育学对广泛的人类学说的论证。以这一意向进行的教育人类学研究，其对象如同弗利特纳所表述的那样，是把人作为可教育和需要教育的生物，任务是"在说明人的本质角度上研究教育行动与情景"。同样，博尔诺夫及其学生洛赫（W. Loch）也认为，教育人类学探

讨人的存在"在整体上"对于教育实际和教育现象的意义。在以教育学为目的的人类学研究中，明确地认为，教育人类学并非是对人的一般学说的理论，而是要在教育科学范围内使用人类学观察方式，以有效地说明教育学问题。在教育人类学界，持这一观点的代表人物有罗特、诺尔、朗格维特、德隧拉夫、博尔诺夫等人。

教育人类学的教学和培养人才方面，值得一提的是，在我国有着研究传统的民族教育学科体系内，教育人类学的研究内涵、主题以及研究取向方面积累了丰富的经验，取得了丰硕的成果。从国内的教育人类学研究与教学的现状来看，教育人类学的专业设置与教学主要局限于研究生教育层面，主要是在很少的一些高校随研究生指导教师的研究旨趣而设立教育人类学或跨文化教育的研究方向，在学科归属上属于教育学原理或民族学。上述的专业设置情况严重制约了教育人类学研究的后备人才储备和培养，反映在研究生课程的设置上更显随意性或偏科性特点。随意性的特点体现在课程设置上主要取决于研究生导师的研究领域与学术取向；偏科性特点则体现于该学科的一级学科的属性决定了课程设置中偏重设立符合一级学科的课程体系。具体到国内的教育人类学研究与教学，则反映出浓厚的教育学传统。在必修课程和选修课程中有很大比例的教育学类课程，一定程度上淡化了这门学科的人类学特色。所以，在目前国内的教育人类学研究队伍和教学人员，大多数都有教育学背景，他们的学科背景和研究视野注定了某种程度的"以教育学为目的的人类学研究"及其成果。但是就我国教育人类学的研究现状而言，极为缺乏"以人类学为目的的教育学研究"以及规范的人类学田野调查方法和质性研究、民族志写作的学术训练。

2. "教育人类学"与"民族教育学"的学科属性与概念之争

有关教育人类学和中国特色的民族教育学的学科属性问题，随着这门学科体系的不断发展和完善，被越来越多的研究者日益重视并加以重点探讨。这一时期，该领域的研究较多致力于对具有中国特色的"民族教育学"与西方学术背景的"教育人类学"二者的概念、内涵及其外延加以界定，并在其基础上提出和完善具有中国特色的"教育人类学"学科体系。西方的教育人类学研究强调经验研究，重视田野调查工作和教育民族志写作。我国的教育人类学与民族教育学有密切的关系，然而这两者之间在研究对象和研究方法上有明显的不同。这种不同主要来源于作为其学科母体的人类学与民族学的区别，与综合运用各学科的方法对少数民族教育进行研究的民族教育学不同，我国的教育人类学应该并不局限于少数民族的研究，在研究方法上要更加注重田野工作和量化研究等方法的综合应用。

关于"民族教育学"的概念及其界定在我国也有较大的争论，国内外学者对民族教育概念的界定可谓众说纷纭。在国内较多的研究者中，通常把"民族教育"等同于"少数民族教育"，或者在不同话语情景下将二者混同使用。这种情况犹如国内一些研究者对"民族学"与"人类学"学科归属和学科界定的争论一样，直到现在关于二者的关系问题及其界定仍然存有较大的争论。加之我国的教育主管部门对"民族学"与"人类学"学科的归属划分存有问题，民族学是单独设立的一级学科，人类学则被划归为社会学下面的二级学科。所以，国内关于"民族教育学"和"教育人类学"的学科归属及其界定存有疑虑或较大的争论也是不争的事实，其源头在于国内的学术界对"民族"一词认识存在较大的争议。倘若这个问题不能得到很好的解决，那么上述的有关争论仍将会继续。从学科的性质和研究旨趣以及研究对象等方面而言，在西方学术研究土壤中滋生的"教育人类学"与具有我国浓厚的本土特色的"民族教育学"之间，还是存在着一条隐性的但是潜在的边界。

3. 教育人类学的本土化研究与反思

20 世纪 80 年代兴起的关于教育民族志的理论探讨与反思，使得该研究方法的应用范围逐渐向纵深发展，并诞生了学校教育民族志。在经过几十年的发展历程以后，教育民族志曾受多种理论流派的影响，从而形成了三种类型的教育民族志：传统教育民族志、交流教育民族志和批判教育民族志。在 20 世纪 60 年代后期，美国学者艾迪奇尔科特、米德斯平德勒等人开始把民族志方法运用到以学校为单位的研究中，他们把这种方法称之为"教育民族志"。教育民族志是教育研究对民族志研究的一种借用，它具有民族志的根本特征和研究规范，又体现了教育研究的学科特色。国内有研究者将人类学的民族志方法运用到具体的学校教育与课堂教学研究中，通过长期的田野调查，直接、便捷和真实地反映研究者的研究路径和在与被研究者互动中获得的第一手资料，完成定向理论分析，认为这种方法的运用可以拓宽对教育现象的观察视角、丰富研究内容，特别是对于挖掘教育现象背后的许多不可视的和不可量化的因素，有独特的贡献。具体而言，我国人类学的本土化主要体现在以下几个方面：

首先，多民族国家的文化变迁与双语教育研究。我国是一个多民族国家，无论从多民族国家的历史还是现实而言，在现实社会生活中不可避免地要面临各少数民族或族群的历史文化传统的传承与社会变迁的相互适应问题，其中重点探讨的议题就是有关多民族国家中的文化传承与双语教育研究。从 20 世纪 90 年代后期开始，人们从教育学、心理学、语言学、人类学的不同视角，探讨双语教育的有关教与学等问题。相关研究领域的许多专家、学者致力于民、汉双语教育方面的研究，并在该领域的研究中取得了丰硕成果，如马戎、戴庆厦、滕星、丁文楼等。撰文研究和探讨，虽然涉及双语教育的方方面面的问题，展示了双语教育的历史及现实、理论与实践、现实与未来，总体而言，国内对上述问题的研究目前还处于初步探索阶段。

近年来，我国的教育人类学研究在文化变迁与双语教育等方面取得了一些进展，但是，在教育人类学本土化方面，仍然存在着较多的问题，值得研究者给以关注。例如，在现有的双语教育与文化变迁的研究中，缺乏规范的人类学民族志文本，研究方法上也是各自遵循研究者的研究习惯与旨趣来进行。即便是进行田野调查，也不能进行严格意义上的田野作业。那些社会学或经济学背景的研究者，偏重量化的数据搜集与数理统计；反之则一味侧重民族志式的经验描述。所以，检视近年来国内双语教育与文化变迁的研究成果，其极为缺乏将质性研究与量化研究结合很好的力作，而这恰好是我国教育人类学今后发展的可能趋势。

其次，双语教育研究与社会认同研究。民族认同对多民族国家具有重要意义。民族认同的状况既会对个体心理健康及人格发展等造成影响，也会对地区和国家稳定产生影响。任何一个主权国家都希望自己的民族成员既能认同民族文化，也能认同主流文化；既能认同本民族，也能认同国家。近年来，国内学术界对多民族国家的民族关系与文化认同、双语教育等问题给予了重视。民族认同研究对我国民族教育具有重要的启示，在该领域的研究掀起了一股新的研究热潮，也取得了一些初步的研究成果，如费孝通、滕星、万明钢、祁进玉等人的相关研究。

再次，多元文化教育理论及其研究的启示。20 世纪 90 年代后期以来，国内的研究者更多侧重于将多元文化教育理论与学校教育变革和教学改革相联系，致力于我国的课程、教学改革中尽可能体现多元文化教育理念与跨文化研究的最新成果。费孝通先生不仅是一位人们熟悉的社会学家和人类学家，他还是一位名副其实的教育人类学家，是他首先将教育作为一种文化形式纳入到中国人类学的研究领域，并给予了教育与家庭、亲属关系、种族、社区等人类学研究主题同样的重视。马戎教授针对我国民族教育的实际，提出"多元一体"的民族教育大框架。他认为，费孝通先生在分析中国的民族关系的总体性思路时，针对中华民族政治、经济、文化的统一体所具有的"同"和各个少数民族群体自身的"异"这两个层次之间的关系，提出了"多元一体格局"的大框架。我们在研究我国各民族的教育体系时，可以从"多元一体格局"这个角度来理解和分析。钱民辉教授也认为，费孝通先生倡导的人类学精神和他的教育人类学思想，对于从事教育研究的工作者来说有着实际的意义。当我们把他的"文化自觉"理念引入到"教育自觉"中时，我们开始尝试对本土教育的反思，并在教育人类学的学科建设中，探索一条既不"复旧"又不"他化"的革新之路。笔者认为，多元文化教育以及多元文化教育课程政策的推行，有助于消除现行教育体系中存在的文化偏见和文化歧视，从而消弭族群文化差别，加深族群或民族间的相互了解与信任；有助于多民族国家民族文化多样性的丰富和保持；有助于发展和完善我国政府提出的和谐社会理念，缩小地域之间的差异，消弭民族之间的分歧；有助于完善中华民族多元一体格局的理想架构。

三、结语

我国的教育人类学学科从初期的学科知识和研究方法的介绍与引进，及至20世纪90年代中后期开始面临着教育人类学的本土化和中国化的新问题。我国的教育人类学学科教学与研究近年来在相关研究领域尽管取得了一些可喜的进展，但是，在研究的主题、内涵、应用性研究方面，仍然缺乏理论研究的深度与广度；在研究方法上较为滞后；研究问题的视野狭窄，观念滞后；缺乏研究的科学性和规范性；该学科相关支撑课程的教学与科研相互脱节。总体而言，目前我国教育人类学的教学与科研仍然处于初创阶段。从某种意义来说，当前的教育人类学研究仍然无法摆脱与民族教育研究之间的密切关联。然而可喜的是，正如费孝通教授所提到的"文化自觉"对学术界的很大启示一样，中国的教育人类学科及其研究，在经过我国那自觉地从事"人类学的教育研究"或"教育学的人类学研究"的众多学者的勤奋耕耘之后，一个具有中国特色或本土化了的教育人类学学科及其研究必将会更加引人注目。

专题九

教育伦理学概论

第一章 概 论

第一节 教育伦理学的形成与发展

作为一种思想，教育伦理的产生可以追溯到古老的年代；作为一种系统的理论研究，国外开始于 20 世纪初，国内则起步于 20 世纪 80 年代。

一、美国、日本、苏联对教育伦理的研究

20 世纪以来，世界各国特别是一些发达国家，日益认识到教育事业对社会发展的巨大影响，纷纷开始重视师资培养和教师质量的提高，并把研究和提高教师和师范生的职业伦理道德修养作为一项重要任务，遂揭开了现代教育伦理的研究序幕。

1. 美国的教育伦理研究

美国对于现代教育伦理的研究，大致是从 20 世纪二三十年代开始的。当时，一些学者用实证研究的方法比较系统地分析了教师的品质和人格。如卡他斯和韦帕斯采用实证的方法，调查访问了学生、教师、家长、教育行政人员、教育学教授、教师团体负责人等共 97 人，概括出了优秀教师现有或应有的 25 项职业品质和行为特征，作为改进师资训练课程的依据。40 年代以后，美国的一些专家学者继续以实证的方法，在更广阔的范围内分门别类地对"做一名教师应当具备的品质"进行了研究。有的研究是在征集了经验丰富的教师意见的

基础上进行的，有的研究是对成功的优秀教师与失败的教师的显著品德进行比较，还有的研究则是分析教师职业品质特征与教学成功之间的相关度。

结合教育实际对教师素养和教育职业伦理道德的研究及其成果，引起了美国教育界的重视和整个社会的关注。1948年，全美教育委员会所属的师范教育委员会，在组织专家、教师、学者以及有关研究机构做了进一步系统研究的基础上，向全国教师发表题为《我们时代的教师》的报告，《报告》对教师应当具备的职业道德品质提出了13项详细的要求和指导。师范教育委员会的这份研究报告，对于加强美国教师职业品质的研究和教育产生了较大的影响。从50年代到60年代，美国中等和高等教育迅速发展，各级教育研究人员对教育工作者的态度、兴趣、价值观、动机以及教师的个性差异等进行了专门深入的研究，并进而结合美国社会实际对教育职业生涯中的利益冲突、伦理矛盾、伦理规范、道德调节的必要性进行了深入研究。1968年，美国国家教育协会（NEA）正式制定了《教育职业伦理准则》（也称"NEA准则"），大约有200万教育工作者签署赞同《教育职业伦理准则》。这200万教育工作者都是美国国家教育协会或被其接纳为成员的州和部门团体的成员。在大多数情况下，信奉这一准则是取得组织成员资格的条件之一。对于不断增长的大量教育工作者来说，是否拥护这一准则，关系到能否受到学校的聘用和获得州颁发的教学许可证。

20世纪70年代以来，美国教育界一方面对教师职业内部不同专业的伦理道德进行了分门别类研究，并以经验为根据制定出更加符合各种专业和工作特点的教育职业伦理准则。除NEA准则以外，先后还制定了美国大学教授联合会（AAUP）的《职业伦理声明》、美国人事和指导协会的《伦理标准》、美国心理学会（APA）的《心理学家伦理标准》等等。这些准则通常涉及普通标准、职业决策标准、竞争的限度、自主权和责任范围、保护本职业免受其他职业干涉、开除不称职人员、限定因疏忽导致的错误、保留评价同行的权利和宣告保护某些可接受的失误等等。

近年来，美国对于高等教育中伦理问题的理论研究又有了较大发展，出版了大量学术专著，如由鲁滨逊和莫尔顿合著的《高等教育中的伦理问题》一书，系统地论述了高等教育中存在的道德和伦理问题。该书从分析高校内部的道德冲突、事实和价值的关系入手，提出了以"公正原则""最大限度地实现利益的原则""普遍化原则""把他人当目的的原则"处理教育过程中伦理关系的主张。该书从理论上探讨了学校组织与社会的关系、伦理原则和学术价值的关系、共同职业的关系、高等教育中控制与维护的关系、教员的聘用和能力评价中的伦理问题、科研中的伦理问题、教学中的伦理问题等。

在美国，也出现了有影响力的学科带头人。自 20 世纪 70 年代以来，康奈尔大学的 K. A. 史迪瑞克教授一直致力于教育伦理学领域的开拓与研究，先后主编或合著了《伦理学与教育政策》（1978）、《教学伦理学》（1985）、《教育管理伦理学》（1992）等书，并负责主编了一套《教育职业伦理学丛书》。截至 1993 年，该丛书已由哥伦比亚大学师范学院出版社出版了 6 本，分别是《学校管理伦理学》《作为公民教育的班级生活：个人成就与学校里的学生合作》《特殊教育伦理学》《多元文化与双语教育的伦理学》《教育职业伦理学：关于教育实践的透视》《教师职业特征的道德根据》。K. A. 史迪瑞克当之无愧地成了这一学科的代表性人物。

2. 日本的教育伦理研究

现代日本对于教育伦理的研究，是从探讨"现代教师形象"开始的。从 19 世纪末到 20 世纪初，随着近代日本教育的发展和明治维新运动的开展，许多士族出身的人从事教师职业，逐步形成了"士族教师形象"。"士族教师形象"的道德特征是："严于律己，高洁至诚谨严，举止沉毅，一言一行亦不苟。而对他人则宽厚为怀，亲切温情。通贯自幼修炼而得古时武士之魂魄，兼备刚正不阿之气概，洋溢着高尚气质与端庄态度之奕奕风采。"所谓"师魂通士魂"的风度已成为日本教育界的传统。明治十九年（1886），文部省颁布《师范学校令》，锐意改革师范学校教育。《师范学校令》规定："应注重使学生具备训良、信爱、威仪之气质。"20 世纪初，日本师范教育改革家野口援太郎标榜培养人格主义的"理想教师"。他认为，这种"理想教师"应当是"眷念自然，热爱人类，洞察自身于国家社稷中所处之地位与应尽之职责；能领悟自身对宇宙所应具备的崇高温文之情操，并且崇尚之，完善之"。

日本在第二次世界大战中战败，宣告了军国主义天皇国家体制的结束。日本广大教师从政府发动侵略战争、人民饱受镇压和压榨的现实中开始觉醒，并力图追求民主主义的"现代教师形象"。1947 年，日本教职员组织成立，通过了以提高教职员地位和建设民主主义教员文化为目标的《宣言》。1952 年，日本教职员组织通过了《伦理纲领》。当时，公立学校几乎所有教员都加入了教职员组织，并承认《伦理纲领》。《伦理纲领》对教师提出了 10 项职业道德规范：一、教师要肩负日本社会的课题，同青少年一道生活；二、教师要为教育机会均等而斗争；三、教师要捍卫和平；四、教师要站在科学真理的立场上行动；五、教师不容许教育自由遭受侵害；六、教师要寻求公正廉明的政治；七、教师要同家长一道跟社会的颓废做斗争，创造新文化；八、教师是劳动者；九、教师要维护生活权益；十、教师要团结。《伦理纲领》成为日本教师的职业指南，对现代日本教育职业伦理的研究和教育产生了很大影响。

20 世纪 60 年代以来，随着经济和教育事业的高速发展，日本对教师职业伦理的研究日益重视，先后出版了许多关于教师道德和教师职业伦理的专著和教材，如日本教师养成研究会编的《道德教育之研究》一书。这本书专门分析了教师职业道德品质的培养问题。其作者认为，教师应具备优秀的人格。当然，教师也是人，现实中的教师也不可能是具备完美人格的人。但是作为一名教师，他不能以现实性而替自己的弱点辩护。书中指出："人不仅仅是现实的，而且还是跨越现实的、创造未来的存在体。人在意识自我现实性的同时，也应自觉意识其本性，而且要求超越现实生活，在应有的理想状态，在那里不断地开辟着自我创造的道路"，"自我意识到现实性并想超越它，不断地努力于真实的自我创造的人，才是真正的人，才是教师"。

日本的一些著名教育家非常重视教师道德的研究和宣传。日本当代著名教育家、玉川大学总长小原国芳撰写了《师道》一书，对于师道的本质、内容、发展的条件作了探讨。小原国芳认为，教师的工作不能仅是单纯地传授知识，必须具有坚韧的伟大信念，教师应当热爱教育工作。在本人就看不起做学生、做教师的教师手下，是培养不出伟大的人来的。书中指出，教师应当有独立、自尊、自敬、自信等"伟大精神"，"应具有天下一流人物的自豪感"。小原国芳还提出，教师应当努力在真、善、美、体育、劳动等方面全面完善自己，成为"完人式的理想教师"。

日本著名教育家、原广岛大学校长皇至道在《人类教师与国民教师》一书中，分析了教师提高职业伦理素养的必要性。他认为："教师职业的专业性与它的伦理性具有深刻的关系。"从教师发掘自身个性价值的可能性意义上讲，教师具有重大的道德责任。在分析"教师的素养"时，皇至道把教师"爱儿童"和具有"儿童心"作为最重要的师德品质。皇至道极为推崇瑞典著名教育家裴斯泰洛齐热爱儿童、献身教育的高尚品德。

近年来，日本有些教育家十分重视教师以身作则、遵守职业道德对于学生的道德教育作用。著名教育家、广岛大学教授新崛通在《现代教育讲座》中论述"教师的道德"时也指出："在道德教育中，作为楷模的教师起到了决定性的重要作用。无论怎样通晓古今东西方伦理学说，无论怎样精于说教艺术，要是其知识和说教没有行动作为依据的话，孩子将从教师那里学到言行不一和对其所讲的道德的不诚实。"他强调指出："在道德教育中，不仅是孩子的道德面向孩子的道德教育，而且看来也有必要留心于'教师的道德'、面向教师的道德教育，这就是教师职业的职业伦理，是教师的自我修养。"长期以来，日本各地师范院校十分重视对师范生教师职业伦理道德的教学和教育。教师伦理修养是日本师范生的必修课。

3. 苏联的教育伦理研究

在列宁领导的十月社会主义革命胜利之后，随着社会主义教育事业的发展和教师在社会生活中作用的提高，苏联政府对教育职业伦理研究极为重视。加里宁、克鲁普斯卡雅、马卡连柯、苏霍姆林斯基等一大批杰出的教育家为社会主义教师职业道德的确立和发展做出了重大贡献。

当时，广大教师认为，在现代科技进步的条件下，教师的劳动复杂了，在调整人与人的关系中，道德因素的作用也随之提高。苏共第 22 次代表大会通过的纲领、共产主义建设者道德准则的制定，促进了苏联道德问题的研究和发展，出现了对职业伦理学单独研究的情况。在教育伦理学的发展中，20 世纪 60 年代在《教师报》上展开的关于教师职业道德修养问题的辩论起了促进作用。当时，苏霍姆林斯基等著名的专家、教育家都投入了辩论。这场辩论以苏联教育科学院主席团做出的《关于教师的教育伦理学的修养》决议作为结束。决议对加强教育伦理学研究、提高教师的道德修养的迫切性作了肯定，并指出："同医生和法官等人一样，教师的社会作用也要求研究出一种职业伦理学。这种伦理学是建立在共产主义道德标准和共产主义建设者的道德规范基础之上的，同时它又反映了该职业的特点和社会作用。"

20世纪60年代以来，教育伦理学在科学中已形成一种相对独立的倾向。苏联对这一问题的研究十分关注，在该领域涌现出一批专家，写了一批较高质量的论文，先后出版了许多教育伦理学方面的专著、教科书和教学参考书，这些书籍在教育工作中得到广泛采用。在苏联许多师范院校中，教育伦理学已经作为一门专业课程开设。在已出版的著作中，其理论研究很有特点，如1977年，B. H. 皮萨列恩科和皮萨列恩科所著的《教育伦理学》一书，除论述教育伦理学的目标和任务、教育活动中的道德关系、教育道德范畴等方面的问题外，还专门探讨了教育道德的基本原则。该书认为，社会主义教育道德的基本原则是：共产主义思想和信念、公民的觉悟、爱国主义和国际主义、职业上的忘我精神、教育团结精神和集体主义、教育职业的人道主义、教育乐观主义等。

B. H. 契尔那葛卓娃和 H. H. 契尔那葛卓夫所著的《教师道德》一书，对教师道德的理论分析和研究很有特色。作者在分析教育劳动的特点和教育活动中各种矛盾关系的基础上，揭示了教育道德规范的产生及其调节功能。该书指出，教育道德规范是调节教育活动中各种矛盾的反映和形式，并提出了一系列具体的道德规范。在教师和社会的关系中，该书认为，把学生培养成为共产主义的积极战士，以自己的教育劳动促进共产主义的建立，是苏维埃教师的活动和行为所应当遵守的总的道德规范和最重要的教育道德要求。调节教师对社会态度的具体道德规范是：必须使学生树立对科学和技术的肯定态度，促进社会的科学技术进步；发挥学生对共产主义的信念和公民积极性，促进共产主义的社会关系的形成；促使学生在思想上和行为中确立共产主义道德。这些规范考虑了两个因素：一是每个规范的范围和内容，二是每个规范的社会基础和教育基础，因而是比较深刻的。

苏联的教育伦理研究不仅在本国的教育理论界、教育行政机关、师范院校有很大的影响，而且在整个马克思主义伦理学研究中确立了自己的科学地位。

国外对教育伦理的研究，近年来已明显突破了教师职业伦理的框架，对教育的各个方面是否道德的问题表现出强烈的关注。其表现之一是，重在研究教育的某个具体方面的伦理问题，现在已经有关于教学伦理学、教育管理伦理学、教育行政伦理学、教育科研伦理学、高等教育伦理学、成人教育伦理学、民族教育伦理学、课程伦理学等具体领域的专著。其表现之二是，讨论教育中有关伦理理想（观念）的实现问题，即教育自身的伦理性问题，这方面的主题集中在教育中的人权、平等、自由、公正等问题上，这类的著作也不少。此外，也有人开始注意从总体上讨论教育伦理问题。例如，里斯·布朗从寻找正义、道德和教育的基本含义出发，力求"为独立的道德判断提供一个伦理学基础"，"为解释教育中的不正义、不道德现象（如教育机会上的不平等）提供一个理性的基础"，颇有建立教育伦理哲学的味道。国外的教育伦理研究，虽大多囿于具体问题，但这种分散研究的汇集却极大地丰富和发展了教育伦理的领域。

二、我国对教育伦理的研究

我国是世界上产生学校最早、创办大学最早的国家之一，更是首创人才考试选拔制度的国家。在漫长的学校教育的发展过程中，蕴含着极为丰富的教育伦理思想，如有教无类，诲人不倦；尊师重教，师道尊严；为人师表，率先垂范；因材施教，教学相长；启发诱导，循序渐进，等等。历代名垂青史的教育家，正是这些优良教育道德的创造者和实践者。

我国对教育伦理的理论研究，始于 20 世纪 80 年代，是伴随着职业道德教育的广泛开展而起步的。自 1978 年改革开放以来，西方世界从经济效益出发，重视企事业的职前训练的一些理念和做法给我们以诸多启示。随着社会主义精神文明建设的深入，行业职业道德教育开始兴起。除了在在职人员中进行职业道德教育外，从 1982 年开始，我国开始在各级各类专业学校中开展职前职业道德教育，如教育伦理、医学伦理、科技伦理、商业伦理等。为了配合高师院校的教师职业道德教育，教育工作者陆续发表了一些论文，出版了一些教育伦理方面的专著和教材。其中，冠以"教育伦理学"的几种教材和专著较集中地反映了该时期我国教育伦理学研究的成果。

由王正平主编的、国内 9 所高等师范院校协作编写的《教育伦理学》（1988），是新中国成立后出版的第一本教育伦理学教材。该书共 12 章，除绪论外，主要讨论了教育伦理思想发展、教师道德的社会本质及其基本特征与职能、社会主义教师道德原则、教师与学生关系中的道德、教师与教学劳动关系中的道德、教师集体中的道德、教师与其他关系中的道德、教师道德范畴、教师行为选择和道德评价、教师道德个性的自我完善等问题。该书在体例上新颖、独特，各章均附有"实例研讨"和"思考讨论题"，既有利于组织开放式的教学，又便于读者自学参考。该书在附录中还刊有中外教育家论教师道德"名人名言录"若干条，便于查阅和学习。该书一面世，就受到了社会各界人士特别是广大教育工作者的重视。全国伦理学会会长罗国杰欣然为该书提笔作序，香港《大公报》（1989 年 4 月 17 日）刊登的长篇书评中称该书为"近几年研究的硕果"。总之，从一定意义上说，该书有力地推动了对教育伦理学的研究。

由施修华、严缘华主编的《教育伦理学》（1989），运用教育学和伦理学的基本原理，借鉴古今中外的教育伦理思想，考察了教师劳动的特点，对教师道德的特点、作用、原则、规范、范畴等做了详细论述，并结合教育过程中教师与学生、教师与学生集体、教师与学生家长、教师与教师、教师与校长等之间的关系特点论述了教师道德的具体要求。该书对于教师道德的评价、教师道德修养的论述有一定的新意。

由陈旭光主编的《教育伦理学》（1990）突破了传统的教育伦理学研究框架，扩大了研究视野，把教育过程中广泛涉及的教师、学生、教学内容和教学手段作为教育伦理学考察的对象，对教育过程所涉及的伦理精神和要素做了充分探讨。

另外，李春秋主编的《教育伦理学概论》，钱焕琦、刘云林主编的《当代教育伦理学》《中国教育伦理学》《学校教育伦理》，王本陆《教育善恶论》、孙彩平《教育的伦理精神》和周建平的《追寻教学道德》等著作也都很有借鉴价值。

与此同时，《教师伦理学专题：教育伦理学范畴研究》《教师职业道德》《教师伦理学》《学校教育伦理学》《大学教师伦理学》《教书育人之道》《教育修养》《中华传统师德》等论著、教材也陆续出版。一些质量较高的论文，如《关于教育伦理学研究对象的思考》《论教育现象的善恶评价方式》《经济体制市场化与教育的伦理学困境》《当代道德的嬗变与教育的道德定位》等也已陆续发表。

尤其需要关注的是，我国台湾地区的教育工作者对教育伦理的研究已取得诸多成果。据笔者知晓的就有：欧阳教的《教育伦理》（1986），詹栋梁的《教育伦理学》（1996）、《教育伦理学导论》（1997），贾馥茗的《教育伦理学》（2004），黄藿的《教育专业伦理》（2004），张慧芝翻译的《教学伦理》（2003）等。他们对教育伦理学的起源、定位、定义、研究目的、内涵、发展方向等问题都有深入的研究。

除了开展理论研究和发表著作、论文以外，南京师范大学等高校于1987年始在师范专业本科生和教师教育硕士生中开设教育伦理学课程，1999年始在伦理学、教育学、教师教育、德育学等硕士点中设教育伦理学研究方向。2002年4月，全国第一次教育伦理学理论研讨会在南京师范大学召开。2002年，上海辞书出版社出版发行的《伦理学大词典》设置了"教育伦理学"词目，收录了25个词条。国家公布的学科代码中可见哲学—伦理学—教育伦理学的设置序列，教育伦理学在我国已经作为一门独立的学科存在。

总而言之，教育伦理经由国内外许多教育学者的努力，已具备了一门学科的理论、系统和方法，基本形成了一种相对独立的发展倾向。随着学术会议的召开、教育学者不断的讨论、相关论文和著作的陆续出版，以及大学院校课程的开设，研究教育伦理的学者愈来愈多，教育伦理逐渐成为一门教育领域内的新兴学科和伦理学的分支学科。

三、教育伦理学形成的原因

关于教育伦理学形成的原因，美国学者J. M.里奇在《教育职业伦理学》一书中做了两点分析：一是包括教育在内的绝大多数职业领域，都存在着相当严重的不道德行为。这种种职业上不道德的丑闻，日益为公众所关注。二是由于社会产业的变化，职业人员的社会重要性提高了，职业的伦理要求也变得更重要和突出了。里奇的分析主要是从职业自身的情况来谈的，有其合理性。但从更大的范围来看，教育伦理学的兴起，还有更为复杂的背景和原因，至少以下因素是起了作用的。

首先，和现代教育自身的大发展与改革分不开。二战以后，在世界范围内掀起了教育改革的大浪潮。教育改革的目的，一是为了适应经济、社会发展的要求，尤其是适应国际政治、军事和科技竞争的需要；二是教育自身的完善和进步。在教育不断改革的过程中，教育的水平、质量和功能都得到了提高，并导致了教育的社会地位的相应提高。教育的改革及其种种变化，归根到底，是教育的大发展，是教育主体性的高涨。教育主体性的提高对教育的道德完善提出了新的要求，使得教育道德问题受到了重视，从而使教育伦理学的产生具有了逻辑上的可能性。因为重视教育自身的道德问题，追求道德完善，这是教育主体性的重要表现，是以教育主体性的存在为前提的。此外，教育的不断改革也促使教育的道德矛盾更加充分地暴露出来。矛盾突出了，研究的要求也就产生了。

其次，有着各种社会政治、道德和文化的具体而复杂的原因。20世纪六七十年代，世界上尤其是一些发达国家的道德问题日益严重，引起了社会各界的普遍关心和不安。正如美国学者 J. P. 德马科和 R. M. 福克斯所言："许多道德的、社会的和政治的难题困扰着当今世界，如战争、迫害、贫困、社会不公正和不平等等。一方面是犯罪和腐败，一方面是道德争论和对道德的漠不关心，由此激起了对于严重缺乏道德知识和道德敏感性的关注。"正是社会的道德问题引起了人们对道德的关注，其中，也包含着对教育道德问题的关心，如教育中的平等问题在这一时期就特别受重视。这是教育伦理研究受到关注的一个重要背景。教育伦理学的兴起，也和政治有关。美国教育伦理研究的兴起，就有1964年颁布公民人权法案这一具体的政治原因。

公民人权法案责成教育社会学家 J. 科尔曼就美国教育中的种族不平等问题进行大规模的调查。1966年，科尔曼完成并发表了调查报告《教育的机会均等》一书。这个调查报告引起了人们对教育平等问题的关注和兴趣，促成了许多人来研究、讨论这个问题。这成了美国教育伦理研究兴起的一个重要契机。

20世纪六七十年代，西方世界掀起了一股强劲的人本主义思潮。人本主义强调人的价值、尊严、自我实现，对不人道的社会现实进行了无情的批判。这一社会文化思潮促进了人们对教育现实的伦理关注，也为人们的教育伦理思考提供了一种理论基础和方法论。有的西方学者正是以人本主义的某些理论为前提来进行教育伦理研究的。例如，澳大利亚学者 D. 范登伯格就是如此，他的教育伦理研究是以存在主义现象学为理论指导的。他以人本主义思想为指导所写的《教育中的人权》和《作为一种人权的教育》是重要的教育伦理学著作。虽然社会政治、文化和道德因素对教育伦理学的兴起的影响并不一定是直接的，但它们的确是一些起作用的力量。

再次，伦理学的变化和发展对教育伦理学的兴起具有重要的促进作用。教育伦理学在某种意义上说是伦理学的子学科，伦理学学科发展的水平和动向直接制约着教育伦理学的发展。事实上，教育伦理学学科的形成，在很大程度上受益于伦理学的进步。如苏联，从十月革命到 20 世纪 50 年代中期，伦理学的研究不受重视，也未成为独立学科。从 50 年代中期以后，尤其是苏共二十二大强调了道德建设的重要性以后，伦理学得到了重视和发展，并逐步形成了一套以忠于共产主义、集体主义、人道主义、共产主义劳动态度、爱国主义和国际主义等为主要原则的道德原则规范体系。对道德建设的重视以及伦理学学科的发展，为教育伦理研究的开展创造了有利的条件。正是以此为背景，在 20 世纪 60 年代，苏联教育界人士开展了一场关于教师职业道德修养的辩论，促进了教育伦理研究的发展。在西方，传统的伦理学是规范伦理学。20 世纪初，开始出现分析的伦理学或者说是元伦理学并逐步成为主流。元伦理学关注的是伦理道德的概念、命题的逻辑与语义分析，它对社会的道德实践不关心更不参与，是以脱离伦理生活为特征的伦理学。到 20 世纪 60 年代，元伦理学逐渐式微，规范伦理学重新兴起，伦理学研究出现了由元伦理学向规范伦理学复归的重大转折。伦理学重新开始关注实际的道德生活，正如有人所指出的，在 60 年代以后，"道德哲学越来越同实际相牵连的情形现在到处都可看见"，"几乎不可能划一条界线，把伦理学与政治哲学甚至社会学区分开来"。到了 70 年代，应用伦理学又以其不可抗拒的气势走向了伦理学的领地。国外有的学者甚至说，在伦理学界，"诸如医学伦理学、企业伦理学、职业伦理学等子学科的发展与分化简直比细菌的繁殖还快"。这种伦理学的变化和发展，是西方教育伦理学兴起的重要学术背景。规范伦理学的复归，为人们讨论教育道德难题提供着价值依据；应用伦理学的出现，则为教育伦理学创造了基本的学术范式。看不到教育伦理学和它的母体伦理学之间的内在关联，就会很难把握教育伦理学兴起的学术动力和学术保障。

总之，教育伦理学的出现，是有它的社会根据和学术条件的，是多方面因素促成的。从这种意义上说，教育伦理学的兴起，具有一定的历史必然性。

第二节　教育伦理学的研究领域与类型

一、教育伦理学的研究领域

（一）国外学者关注的研究领域

本宁在 1980 年所撰的《教育伦理学》一书中，认为教育伦理学的研究领域如下：其一，教育在哪里形成，教育的对象就在哪里。一般伦理学与哲学、人类学相对于教育学，具有一种批判的功能。伦理学并不侵犯教育学作为科学的自律，但是伦理学必须在教育学陷入乌托邦前提出警告，教育能够成功，因为它能够受到法则艺术和方法艺术的支持，伦理学将永远保留它对于教育价值意义的功能。其二，教育价值有效性的问题需要一般伦理学来回答，教育学是无法回答这些问题的。因此，教育价值的发现是伦理学作为整合科学的问题。教育科学需要教育伦理学来理性地建立和确定教育中的价值。其三，教育伦理学作为单一科学的伦理学能够超越其他科学的观点，以引导教育的行动，并且建立伦理的正确点，承担教育实际科学的合法性。其四，教育伦理学的"具体化"建立，必须包括下列几项内涵：（1）价值导向的教育：教育伦理学的内容必须注重正确价值的讨论，以引导下一代建立正确的价值观。（2）主要德行的教育：伦理学的内容应该包括人类核心的基本态度或德行，如"自我的化成"、"与其他人或者社会的联系"、"以开放性面对实际"、智慧、正义、勇敢、服从的教育等等。（3）次要德行的教育：教育伦理学应该强调勤劳、纪律、秩序、准时、精确、节俭、整洁等等的教育。（4）教育引导的图像：教育伦理学应该教育教师和学生，建立学习的楷模，作为教育的理想。（5）教育的责任：教育伦理学应该探究教师和教育机构的责任，建立教师和学生之间彼此信任的关系，才能发挥其积极影响的作用。

嘉姆在其《教育伦理学》一书中，主张教育伦理学应该包括：（1）致力于规范导向系统的确定，以作为教学的基础和目标。（2）规范地确定教师与学生的关系或从传统推演出合适的准则。（3）尝试着引导教师和学生导向其时代的人性。（4）反省批判公民时代主体的崩溃。亦即，教育伦理学的内容必须包括：价值导向的教育、师生间的教育关系、人性化的教育和个人主体性崩溃的反省批判四个部分。

欧克斯在《教育伦理学》一书中指出，教育伦理学的建构，应该包括以下几个部分：（1）说明道德经验在主体性建构上的功能与意义，而不必奠基在道德自我组织的立场上，因为这种观点是返回到"真正自我"的臆测之中。（2）包含迄今所有伦理客观性的论证，并且与教育问题产生关联。（3）精确化教育的"对象描述"，并且以一种可以想象的纲要，说明教育伦理学的直观。因此，欧克斯主张的教育伦理学比较偏重道德经验的意义、教育对象的内涵和教育伦理问题的探讨。

罗维希在《教育伦理学导论》一书中，则主张伦理学可区分为"普通伦理学""职业伦理学"和"行动伦理学"三种。"普通伦理学"奠基于哲学与宗教抽象的理论，主要探讨实际的具体的道德学说内容。"职业伦理学"则奠基于普通伦理学，以探讨不同领域行动伦理的科学。罗维希从优纳斯和德波拉夫"责任原理"的观点出发，认为"教育伦理学"不仅是一门"职业伦理学"，而且也是一门"行动伦理学"，因为"教育学"是一门"行动科学"，而教育伦理学是教育科学的一支。所以，教育伦理学是一门行动伦理学和"责任伦理学"，其主要的内容在探讨价值的导向、道德的教育和教育人员的职业伦理。

（二）我国大陆地区学者关注的研究领域

1. 教育伦理学价值目标的定位研究

（1）教育伦理价值的终极目标。无论从功能还是责任方面看，现代教育都必须自觉地把促进个人全面发展进而推动人类解放和社会进步作为自己的价值理想，努力使现代教育成为人的解放的有力促进力量，成为人不断完善和发展的良好实践形式。

（2）教育伦理价值的直接目标。促进个人全面发展进而推动人类解放和社会进步的最高目标，反映了社会对教育者具有"应然"意义的价值期待。

（3）教育伦理价值的未来向度。教育伦理旨在正确引领人们的教育思想，规范主体的教育行为，对教育现象进行价值分析，对教育活动给予道德评价，使教育获得理想的发展。因此，教育过程没有伦理道德因素的参与，就不能成为真正的教育过程。

2. 教育伦理学规范体系的建构研究

教育伦理学的规范体系主要由教育伦理原则、教育伦理规范和教育伦理范畴三部分构成。它是教育行为实践的准绳和依据，是促成教育善的前提，在教育伦理建设中具有优先性。

（1）教育的伦理原则。教育的伦理原则是观察、处理教育伦理问题的法则，或者是观察、处理教育问题的道德标准。目前提出的教育伦理的集体主义原则、人道主义原则、个性发展原则、教书育人、培养社会主义新人原则、教育崇善原则、教育公正原则……这些原则是否反映了教育过程的特点？是否对教育者行为具有根本指导作用？其灵魂和核心何在？其合理性根据何在？这一切都值得我们深入思考。

（2）教育的伦理规范。教育的伦理规范是教育者在教育活动中必须遵循的具有道德意义的规矩，也是对教育者的教育行为做出伦理评价的依据。现代教育应重视自身的道德规范，以善律教是以真律教的动力、归宿和保障，重视教育道德规范是现实的客观要求。

（3）教育的伦理范畴。教育道德范畴是反映教育道德关系和行为调节方向的一些最本质的概念，也是教育道德原则和教育道德规范发挥作用的必要条件。教育道德范畴是否主要由教育义务、教育公正和教育荣誉所构成？随着教育民主化进程的加快，教育权威问题的探讨也进入了人们的视野。教育良心问题在当今市场经济背景下的内涵、道德价值及形成机制如何？

3. 教育伦理学精神内涵的研究

教育发展的历史昭示我们，先进的教育是以先进的伦理为内在基础的，教育伦理学研究必须挖掘教育伦理精神的真正内涵。

（1）教育的伦理特性。教育的伦理特性是在教育历史发展历程中共同存在的体现教育本性的道义假设和伦理精神。文化共享和育人成才是人类教育活动不可或缺的两个道德基石。文化共享的一般要求是，努力丰富文化共享的资源，扩大文化共享的人群。让人分享人类的智慧和道德财富，这是教育的本质特征，也是教育的社会职责和社会功能。文化共享是教育得以存在的基本道德前提，它是根植于教育本性的东西，更是人类自我生存和发展的要求。

（2）教育的伦理本性。教育的伦理本性的核心是人文精神，教育共同体是一个伦理实体，伦理实体具有三大文化特征：一是它以一种民族认同的基本的或具有终极意义的关系为教育关系的范型；二是它以道德价值为教育关系的基础；三是教育关系的基本原理是伦理原理，其基本特点是非功利性、非强制性。

（3）教育的伦理德性。教育德性是教育的伦理精神的现实化，教育德性一方面是一般的道德理性、道德意志、道德情感在教育实践过程中的具体体现，另一方面它是在教育活动过程中生成的德性，具有其自身的特殊性。教育德性可以广义地理解为教育个体或教育共同体在社会环境和教育环境中形成的品质，这种品质的拥有和践行从教育内部对教育施加影响、引导和支持教育发展。教育德性的特殊内核表现为依次发展、逐级上升的七种境界：教育良知，断然选择，定位教育，宁静致远，安身立命，居安思危，止于至善。

4. 教育伦理学实践机制的研究

为了全面促进现代教育的道德进步，需要系统地研究教育伦理的实践机制，即分析探讨现代教育道德进步的内外条件和行动措施、保证机制和内在动力机制等。

（1）营造环境、学科建设、自身改革是教育伦理的一般机制。（2）推进理论体系的丰富、完善和创新。（3）提高教育者的道德水平。

不仅依靠教育者的道德主体性的发挥，而且需要弘扬教育的主体性。教育至善是发挥教育主体性的结果。突出教育的道德主体性在于提高教育善恶斗争的理性自觉性，增强教育系统把握教育善恶矛盾的主体能力。它强调教育的独立性，处理好教育与社会政治、经济、文化的关系，消解外在的消极因素对教育伦理建设的负面影响，保持教育道德的自主性、纯洁性和高尚性。

（三）我国台湾地区学者关注的研究领域

1. 关于学术性质的说明

教育伦理学不仅是一门介于教育学和伦理学之间的学科，同时也是教育科学的一门学科。有的学者主张教育伦理学是一门实践科学，有的学者主张教育伦理学是一门诠释科学，有的学者则主张教育伦理学是一门行动科学。教育伦理学的学术性质究竟如何，受到许多教育伦理学家的关注。因此，许多教育伦理学的著作都会从各种"科学理论"的观点出发，来探讨教育伦理学的学术性质。因此，学术性质的说明是教育伦理学重要的一部分。

2. 关于教育"引导图像"的探究

"引导图像"是一种教育的理想或是教师与学生学习的典范，具有指引教育活动的作用。教育伦理学的内涵必须包括教育"引导图像"的探讨，才能指引教师的教育行动。教师也必须经由教育伦理学建立学生的"引导图像"，才能引导学生达成教育的理想。因此，教育"引导图像"的探究是教育伦理学重要的内涵之一。

3. 关于价值导向教育的说明

在教育伦理学中经常强调价值导向的教育，以建立学生和教师正确的价值观，养成价值判断的能力。唯有重视价值导向的教育，教师才能具有正确的价值观，引导学生了解价值的意义和序阶，在面对价值判断的问题时，做出正确的价值判断。所以，价值导向教育的说明在教育伦理学中占有相当重要的地位。

4. 关于道德教育意义的分析

道德是教育重要的目标之一，教师的教育行动也强调道德教育的取向，因此，教育伦理学的探讨也无法免除对道德教育意义的分析。道德教育意义的分析可以协助教师明了道德教育的内涵，指引道德教育活动的进行。所以，在教育伦理学的探讨中，道德教育意义的分析是一个核心的主题，也是教育伦理学重要的一部分。

5. 关于教育行动规范的诠释

教育行动的正确与否，决定学校教育的成败。教育行动规范的范围涵盖了教育、陶冶、社会化、教学和协助，教师的行动必须依循教育伦理学的指引，才能符合职业伦理的要求。教育伦理学不仅是一门职业伦理学，同时也是一门行动伦理学。因此，教育伦理学必须注重教育行动规范的研究，澄清教育行动规范的含义，指引教师教育行动的方向。所以，教育行动规范的诠释也是教育伦理学的内涵之一。

6. 关于教师专业伦理的探讨

詹栋梁在《教育伦理学导论》一书中，谈到教育伦理学所探讨的领域包括下列几项：（1）教师的职业道德：教育伦理学的探讨是以教师为中心，然后再跨扩及师生关系。在教师的职业道德中，最重要的就是教师要建立职业道德的观念。接着，依照职业道德的学习条件，从材料、程序、方法、行为和评鉴等途径，进行职业道德的学习。最后，教师要将学到的职业道德观念加以实践。（2）教师的教育责任：教育伦理学非常强调教师的教育责任，教师依其职能而产生责任，也就是有职位就有责任。教育责任是一种功能伦理，是一种外在责任，重点是对教育行动进行安排，即主观的行为必须在理想的法则下进行安排，并且以良心作为基础。教师重要的伦理责任首先是要忠于自己的职业选择，其次要承担教师职位应有的责任，并且对学生实施价值导向的教育。同时，教师还应该不断地吸取资讯，充实教育责任的理论内涵，以利教育工作的进行。（3）教师的行为价值：把教育伦理学视为价值科学，是该学科重要的性质。就一般情况而言，教育活动是有价值的活动。站在教育伦理学的观点去看，教师的教育行动也是有价值的，否则其科学将丧失意义。这样一来，教育伦理学也就是价值伦理学。价值伦理学强调心灵生活的体验，尤其是"价值体验"最为重要，因为它是内在的心灵与外在的经验的合一。伦理学除了本质的把握以外，还有体验的基础。教师从事教育工作，在教育行动方面应该做到下列几项：教师的人格形成应该是善的，因为教师如果所形成的人格是恶的，那他就不配为教师；教师应具有道德能力与道德意愿去指导学生的行为，使学生在某种情景中准备去行动；教师可能会有情绪反应，但不能逾越应守原则的限度；教师应注意到道德的事实，这样道德的价值比较能了解；教师的教育行动应以善为出发点，也是教导学生向善；教师的教育行动除了主观价值外，还应符合客观的价值。

（4）师生关系的探讨：教育伦理学理论自然要探讨教育的伦理关系，而师生关系自然是伦理关系，这种关系在教育过程中必须维持。詹栋梁主张教育伦理学必须对教育关系加以分析，并且探讨教育关系维持的方法。

台湾学者对于教育关系内涵的研究、教学伦理问题的解释、校园伦理气氛的研究，也取得了一定的成果。

二、教育伦理学的研究类型

分析教育伦理学的研究类型，主要是从横断面来解剖教育伦理学，即把有关研究分成不同的种类，把握各种不同研究类型的目的、特征、方法和内容，从而使对教育伦理学的认识由一般抽象上升到具体丰富的层次。这种类型研究的必要性，主要源于教育伦理研究的多样性和复杂性。

在伦理学上，是存在各种不同类型的研究的。在此，我们主要根据教育伦理学研究的实际情况，从研究目的、内容领域、方法特征等方面着眼来进行归纳，初步地把教育伦理学的研究类型分成四种，这就是教师职业伦理学、部门—活动的教育伦理学、政治—社会的教育伦理学和理论的教育伦理学。

1. 教师职业伦理学

教师职业伦理学是教育伦理学研究的一个重要领域。苏联、日本和我国的教育伦理学研究基本属于这一类型，英美等西方国家也有这种类型的研究存在。苏联的教育伦理学主要是关于教师职业伦理的研究，如皮萨列恩科等写的《教育伦理学》、契尔那葛卓娃等人合著的《教师道德》。苏联的教师职业道德伦理学在国内外都有相当的影响。日本小原国芳的《师道》一书，探讨了师道的本质、内容、发展条件等方面的问题，产生了积极的影响。J. M. 里奇的《教育职业伦理学》是美国比较集中讨论教育工作的职业伦理规范的著作。另如王正平主编的《教育伦理学》、李春秋主编的《教育伦理学概论》等等。总之，从世界范围内看，教师职业伦理学构成了教育伦理学的最基本的研究类型。它研究的基本问题是教师的职业道德，主要目的和基本内容是阐明教师职业道德形成发展的规律、为教师制定职业伦理规范并提高教师的职业道德修养，它的研究方法常常具有综合性，不限于只应用某种具体方法。

2. 部门—活动的教育伦理学

在英美等国，教育伦理学研究越来越注意探讨某种具体的教育活动、教育部门中的教育伦理矛盾以及处理这些问题的伦理规范，这就形成了部门—活动的教育伦理学。它的主要目的是澄清教育部门或教育活动中的道德争论，为教育道德实践提供原则和思路。这种研究较少探讨一般的伦理学原理，而是直接运用一般的伦理学原理来分析、解决教育部门和教育活动中的道德难题。这种部门—活动的教育伦理学著作非常多，主要涉及的领域有教育行政伦理学、教育管理伦理学、教学伦理学、教育评价伦理学、学生服务伦理学、教育科研伦理学、民族教育伦理学、高等教育伦理学、成人教育伦理学、特殊教育伦理学。由于这方面的研究涉及如此众多的教育领域，难以一一讨论，这里仅摄其要者，略作介绍和分析。

在英美等国，较早地注意到了教育政策中的道德问题并进行了研究。1978年，K. A. 史蒂瑞克和 K. 爱根组织了一批教育学者研究了教育政策中的道德争论，编成《伦理学与教育政策》一书。该书从概念和规范两个方面入手，对自由与大学，学生权利，自治、自由与学校教育，平等与多元化，技术与职业等教育政策问题进行了讨论，分析了这些政策中的道德矛盾和处理矛盾的伦理学基础。教学中蕴含着种种伦理争论。K. A. 史蒂瑞克和 J. F. 索提斯合著的《教学伦理学》讨论了有关教学的伦理问题和规范。教育科研伦理已受到研究者的关注。W. B. 多克雷尔在为托马斯·胡森主编的《国际教育百科全书》所撰写的《科研中的伦理因素》一文中指出："在教育研究中，关于伦理因素的关心近来已经增长，而早些年关心的焦点在技术标准上。人们的这种关心主要有四个方面：与研究被试的（伦理）关系，与作为具体投资者的顾客的关系，与科学共同体的关系，最后是与一般社会的关系。" J. M. 里奇在《教育职业伦理学》中专章探讨了教育科研伦理。E. R. 贺芝在《评价伦理研究》一文中介绍说：全美生物医学与行为研究人类被试保护委员会提出了三条适用于教育评价的伦理原则——仁慈、尊重、正义。但是，在美国，关于教育评价的伦理基础问题仍存争议，有的认为评价应以自律为基础，有的主张以正义为基础，有的倡导无私是评价的基础。J. M. 里奇认为，对学生进行教育测验，应做到以下四点：第一，要遵守把学生作为人来尊重的原则；第二，要避免用可能导致给学生贴带贬义的标签、羞辱学生、嘲弄学生之类的方式来使用测验；第三，要体现真实性，反对舞弊，保护正直诚实的学生，公正无私地对待学生；第四，尊重学生隐私。

特殊教育的伦理研究，在部门—活动的教育伦理学中也占有一席之地。1992 年，K. R. 豪等人合著的《特殊教育伦理学》较集中地讨论了特殊教育机构中的道德问题。该书第一章"导言"，主要介绍全书的基本结构；第二章"伦理审思的性质"，介绍一般伦理学的知识；第三章"公共政策与特殊教育的使命"，主要讨论程序公正、教育资源分配和特殊教育官方矫治机构中的道德问题；第四章"慈善机构的要求与强制"，涉及慈善机构失职问题、特殊教育的教师成为破坏者的问题、标签现象、职业关系等内容；第五章"对学生与家长的责任"，研讨的是在学生福利上教师与家长的冲突问题、教师与家长之间的信任问题、对特教学生的特殊关怀问题；第六章为全书总结。第三、四、五章结合具体案例来讨论。

从上面介绍的一些研究成果看，部门—活动的教育伦理学研究的基本领域是各种具体的教育部门或教育活动，关心的主要问题是某种教育部门或活动中的道德难题或道德争论，基本的目的是澄清道德争论、订立具体规范、提供解决道德问题的策略。这种研究类型主要兴起于 70 年代以后，现在已成为英美等国教育伦理学研究的主流。

3. 政治—社会的教育伦理学

政治—社会的教育伦理学不同于部门—活动的教育伦理学，它关心的不是某个领域的问题，而是各个领域都涉及的一些伦理主题。在西方，有一些基本的观念，如人权、公正、自由，它们既是政治概念、社会理想，又是道德概念和伦理要求。现代教育是否公平？是否讲人权？怎样改进教育公正与人权的状况？20世纪六七十年代以来，英美等国围绕这些问题进行了不少研究，并形成了一种教育伦理学研究范式。我们称这种教育伦理学研究类型为政治—社会的教育伦理学，因为这些主题也是教育政治学、教育社会学经常研讨的，它们常常交叉、重叠。这一研究类型具有两种倾向性：一是强调了解实际状况，注重实证调查；二是强调改进不合理的现实，注重实践策略。政治—社会的教育伦理学研究取得了不少成果。例如，《教育的机会均等》《教育中的性别公正》《教育中的成就与不平等》《教育平等与自由》《教育的平等》《为平等而教育》《种族、阶级和教育》《公正还是精英？》《教育中的人权》《教育与人权》《作为人权的教育》等。

政治—社会的教育伦理学总的来说有两大主题，一是有关公正、平等的研究，关心的是在教育上是否有种族不平等，是否有性别不平等，是否有阶级不平等。有关人权方面的研究主要涉及的问题是：教育是否是每个社会成员的基本人权？在教育过程中，人的尊严和价值如何体现和保护？在教育中，人有哪些自由权？如何开展人权教育？

在政治—社会的教育伦理学研究方面，J. 科尔曼关于教育机会均等的著名报告，堪称实证调查的典范。1964年，科尔曼受美国公民人权法案授权，在美国公立学校就个体之间由于种族、肤色、宗教信仰或人种的不同，因而在教育面前的机会不均等问题进行了大规模调查，于1966年发表调查报告《教育的机会均等》，又名《科尔曼报告》。该报告被认为是"试图确定一个特定的教育系统是否成功地支配着平等，并确定其支配程度而开展的第一项实证研究"。他的报告曾轰动一时，并促进了更多的人去实证研究或理性反思教育机会均等问题。

政治—社会的教育伦理学的最终目的是实现教育公正或教育人道化，因而十分注重实践策略的研究。M. 科勒主编的《为平等而教育》一书就是以探讨克服教育不公的实践措施为中心任务的著作。科勒说："这本书主要不是在理论上研究那些不平等的表现形式，而是力图满足更好地指导实践的需要。"为此，作者们从教育机会均等的政策、观念变化、教育材料与资源、教育方法、操场与保育、幼儿教育、小学教育、中学教育、双语支持、师范教育等方面讨论了改进教育不平等状况的措施，为教育机会均等设计了一条实践之路。

4. 理论的教育伦理学

教育伦理学研究，除上述三种类型外，还有一种理论的教育伦理学存在。这是一种从哲学（教育哲学）高度对教育道德问题进行探讨的研究范式。它的目的在于建构教育伦理学理论，阐释教育道德的伦理学基础。它以整个教育作为自己的研究对象。这种教育伦理学研究总的来说并不多，但其价值却不可忽视。它是教师职业伦理学、部门—活动的教育伦理学、政治—社会的教育伦理学的理论前提，也是对它们研究成果的理论概括。

里斯·布朗的《正义、道德和教育》一书，是不可多得的理论的教育伦理学方面的力作。布朗说，该书有两个目的，一般目的是为教师和学生提供一个在教育中"进行独立道德判断的伦理学基础"，具体目的是"为解释教育中的不正义、不道德现象（如教育机会上的不均等）提供一个理性基础，反驳那些枯燥的、缺乏根据的价值观点"。该书共分三部分八章。第一部分是"教育、正义和道德：基本概念和根本原理"。第一章为"教育与正义"，第二章为"道德"，第三章为"权利和义务"。在这一部分，对教育、正义、道德的基本概念和原理进行了考察，认为："教育的基本概念是个人潜能朝着与社会价值一致的方向的发展"，"正义的基本概念是公正对待人"，"道德的基本概念是对他人的利益的实践关怀"。教育、正义、道德的根本原理则是基本概念的转译。"基本的道德原则是在行动时应实践关怀他人利益；基本的正义原则是对他人有权力或影响力的人应把他们作为人来公平对待；基本的教育原则是社会有关成员应帮助他人用与社会价值一致的方式发展其潜能。"基于这种概念分析，作者指出"它（指教育）是道德的，因为作为一个持续不断的活动，它包含着对他人利益的实践关怀"，强调在教育实践中，教育、正义、道德三者具有内在的联系性。第二部分"实践插曲"，其中，第四章为"实践理性"，第五章为"实际应用"。以第一部分阐述的概念和原理为基础，布朗在"实际应用"一章具体讨论了四个主题：教育中的权利和义务；正义、道德和惩罚；正义、道德与道德教育；教育管理中的正义与道德。在讨论这些方面的伦理争论时，布朗强调以正义、道德的根本原理来处理各种矛盾。第三部分是"社会正义：国家—个人关系"，其中第六章为"哲学观点"，第七章为"实际观点"，第八章为"社会正义的反映和结论"。在这一部分，从哲学的社会正义理论入手，再考察实践生活中人们的社会正义观，最后落实到社会正义的教育体现——教育机会均等上。纵观全书的内容，建构教育伦理理论的倾向十分强烈，实践的考察只是理论的具体化而已。

第三节 教育伦理学的发展趋势

教育伦理学作为一门从伦理学的视角对教育活动进行价值分析和行为导向的交叉学科，随着社会对教育的重视以及伦理科学的勃兴而得到了长足的发展，在具有众多分支学科的伦理学和教育学领域逐步占有一席之地，在社会生活中发挥越来越重要的作用。但是，考察教育伦理学的发展历程，我们还必须清醒地看到，无论在基础理论的研究、研究方法的运用还是研究领域方面都还存在着某些不足，而这种不足又直接导致教育伦理学的研究在经历了一定的发展阶段后难以再有新的突破，从而影响了通过卓有成效的研究成果来应对时代发展提出的挑战。而要改变目前的研究现状，教育伦理学学科体系要进一步完善，教育伦理学的实践性和理论性以及研究队伍必须进一步加强，以最大限度地实现学科的功能价值。

一、关注教育伦理学研究中的重要问题

本宁在《教育伦理学》一书中提出，当价值崩溃，经由其建立的秩序也随之崩溃，传统意义给予导向协助的伦理、道德或宗教逐渐失去影响力，因此，所有领域问题的解决将再度回到功利主义的观点。生命伦理要素丧失的结果，使我们这个时代的许多人失去了意义，无法在生命范围内经由成就得到解

决，使得精神价值渐渐消失，过去存在的价值，被标示为过时的事物，并且遭到排斥。伦理问题对于今天的教育工作者有其实际需要的迫切性，现在的时代，必须使下一代了解其责任。教育的核心问题是：在教育中，什么是合法的和正确的事物？在这种情况下，教育伦理学的建立有其必要性。教育伦理学具有下列几项重要的课题：（1）探讨人类的人性中如何给予教育价值；（2）这些教育价值受到教育过程中哪些价值概念和目标的影响；（3）实际教育价值概念的历史背景与解释考察；（4）教育中价值设定世界观、政治、宗教、社会与前科学含义的确定；（5）每个决定都是面对遭遇的实际所形成的教育价值设定的探究；（6）教育中单一与多元意义、同意与不同意价值设定或价值复杂性的提出；（7）教育价值面对当时条件与可能性的衡量。

嘉姆则在《教育伦理学》一书中认为，教育伦理学中存在着下列问题：（1）教育伦理学是一种使人类具有道德的艺术，其任务在于将社会的道德传递给下一代，但是社会道德中有许多错误的观念，如何选择是一个重要的问题。而社会道德也涉及个人权利与社会的生存，如何衡量取舍也不可忽视。（2）教师必须对现存的秩序与道德提出不断的反省与批判，以促进个体的成熟。但是如何才能维持客观性，这是教育伦理学必须处理的难题。（3）教育措施只是社会影响作用的一部分，如何联合其他社会影响作用，以教导儿童及早对抗罪恶，这也是教育伦理学必须面对的问题。（4）教师必须教导下一代服从公民社会的规范，但是又必须教导下一代从错误的规范中解放出来，如何兼顾服从与解放的目标，是教育伦理学必须探讨的重要问题。（5）康德主张教育计划必须从"世界主义"的观点出发，不能受到父母或诸侯"利己主义"的影响。儿童和青少年的教育必须保持开放性，教育伦理学的建立也不能受到特定阶级或观点的控制。但是，事实上，教育伦理学受到许多特定观点和不同阶级文化的影响，如何保持教育伦理学超然的态度是一个相当重要的问题。

欧克斯在《教育伦理学》一书中，从分析哲学的观点出发，探讨教育伦理学当前存在的问题。他主张教育伦理学的第一个问题不是如何衔接道德，而是教育如何能够自我辩证。教育的自我辩证无法单纯地从伦理学推演而来，而是要求一种模式假定的分析，经由这种分析可以让人思考教育对象和范围。当模式假定的清晰性得到控制时，伦理原理或道德传统的关系才能产生。但是这种分析的策略，在今天的教育讨论中并未被采用。因此，一门从分析哲学观点出发的教育伦理学迄今尚未出现。当前普通教育学或教育理论在处理伦理学和教育的关系时，都未能将两者的关系当作核心重点来探讨，往往只是教育哲学理论和一些伦理观点基本原理的推演而已。欧克斯主张道德不是一种单纯的常规，也不是一种关于自身神圣的氛围，而是一种法则和反应。教育则是一种道德的沟通和商议。他认为要解决当前教育伦理学面临的问题，必须探究教育和道德的含义，并且说明教育与伦理的关系，才能建立一门严谨的教育伦理学。

詹栋梁在其《教育伦理学》一书中，主张每一学科在发展的过程中都会遇到困境。因为一种学科的建立，必须要经过许多的尝试才能顺利地完成，所以过程并不会那么顺利，教育伦理学的情形也是一样。教育伦理学在概念上也有值得争辩的地方，这是在教育伦理学研究时所要理清的。从比较的观点去看，对于概念的解释、了解、分类会有差异，就是从不同的文化、教育传统、教育方法等去把握，也有不同的概念。

傅尔在《教育伦理学》一书中，主张教育伦理学是一门探讨教育人员专业伦理的学科。因为教育人员的行动需要规范的引导，所以，教育伦理学也是一种行动伦理学。傅尔认为教育伦理学的范围不限于学校教育和社会教育的应用，而且应该包括家庭中父母教育的伦理学。因此，提出"父母教育伦理学"的概念。他归纳波尔诺、帕齐尔、克拉夫特和布瑞钦卡等人的看法，指出教育伦理学的建立，最大的难题在于规范的确定。因为教育规范的决定缺乏普遍性，无法适用于所有的国家或文化，所以规范的确定是教育伦理学建立的一个难题。

二、关注教育伦理学基本原理的完整建构

教育伦理学是由教育学和伦理学两门学科整合而成。教育学理论于 18 世纪时建立，伦理学远在古希腊时代时就已建立。二者理论的建立可以说都相当早，但是经过整合成一门新学科，却是 20 世纪 50 年代以来的事。因此，教育家们都在努力地发展这门学科，使它将来能够成为更普遍化、更多人研究与了解的一门科学。教育伦理学作为教育哲学中的一个重要范畴，其任务并不在于

规定主观或武断的教育价值设置或教育行动规范。恰好相反，它要面对既存的教育实践与理论中的各种价值、目的设置与行为规范，根据哲学批判、质问、辨析与论证其背后的根据。也就是说，教育伦理学应该从哲学的高度审视教育行为的伦理道德蕴涵。例如，教育在社会生活中的价值关注，教育伦理现象与其他社会现象的关系，对教育进行道德审视的依据，教育伦理对人的个体发展和社会进步的特殊意义和作用，评价教育是否道德的基本原则、科学方法等，都是形成教育伦理学原理的基本主题。在处理教育伦理学"子"学科和伦理学"母"学科的关系方面，教育伦理学既要在形式和内容方面向伦理科学汲取研究"营养"，还应彰显自身的学科特征；在教育伦理的规范建设中，不仅要设定教育者行为之应然，而且要昭明这种应然之内在依据；在教育伦理的目标设定上，既要坚持主导道德的一元性，又要承认多元道德取向的现实合理性；在教育伦理的功能向度上，不仅要注重贬抑教育行为之"恶"，还应褒扬教育行为之"善"；在教育伦理的价值追求上，不仅应研究个体如何至善，而且要关注社会善的实现。相信对这一系列问题的切实关注和有效解决，将有利于提升教育伦理学的学科价值。

三、关注现实教育中的伦理矛盾，做出富有道德价值的评价和引导

这是教育伦理学研究工作者的重要使命，也是时代赐予这门新学科得以立足和发展的重要契机。我国正处于社会转型时期，随着社会主义市场经济体制的逐步确立，传统教育不可避免地受到了市场经济所带来的价值观念的挑战，面临着一系列的两难选择。

其一，教育是接受市场的支配，还是按照长远的人类理想来培养全面发展的人才？在市场经济体制下，社会是按照效益原则配置资源的，其功利性和竞争性非常鲜明。一方面，教育系统要维持自身的生存并得到不断发展，必须最大限度地发挥其促进社会经济发展的效能。例如，为满足劳务市场对各种人才的需求，学校就必须建设社会的"热门"专业，加强实用知识和技术的教学。但是，教育除了承担着向下一代传递人类世代积累和创造的文明成果、将青少年纳入现有的社会体系之中并使之成为能够履行各种社会责任的合格公民的责

任之外，其本质上还有一种超越现实的理想性，它总是要按照一定的道德理想来提高一代又一代新的社会成员的人格发展水平而使成长的一代人再继往开来，为人类开辟更有希望的未来，从而在推动历史朝着理想社会进步的过程中发挥应有的作用。教育这一超越现实的本质，带有超功利的、利他主义的性质，与市场经济体制中的功利主义和竞争原则存在着明显冲突。教育是在市场调节机制的控制下不断培养出能赚取更多利润的"经济人"，还是根据人类的道德理想不断促成完善的人性呢？而后者的教育过程是长期的，教育作用的释放是滞后的，这一点也必然与市场调节的短时性、市场作用的速效性产生矛盾。这也是当前学校教育中降低对道德教育和人文学科教育的力度，家庭教育乃至社会教育中重智轻德倾向产生的主要原因。这种急功近利式的畸形教育，对于青少年人生观、价值观的形成造成的不利影响，极大地阻碍了青少年身心健康发展。因此，教育内容的全面性和完整性，不仅对青少年的全面发展，而且对社会文化的平衡发展都起着重要作用。所有这些，又从另一方面要求教育摆脱市场的支配，按照长远的人类理想来培养全面发展的人才。

其二，作为第三产业，教育是培养人的活动，还是一种有偿的服务活动？1992年6月16日，《党中央、国务院关于加快发展第三产业的决定》颁布，确定教育是第三产业中应当加快发展的重点。于是，人们开始从第三产业的角度看待教育，把培养人的教育活动看成是一种服务活动，是可以交换的，因而这种服务就应该是"有偿"的，社会再不能无偿地占有这种服务而应当给予报酬。那么，明确教育服务有偿性是否就意味着学校可以以"营利"为目的呢？教育有偿服务的价格是否能像企业生产为商品定价那样以追求最大利润为目的呢？有偿服务究竟是目的还是手段呢？作为"有偿服务"，其价格标准究竟应如何制定才为合理呢？社会对学校"乱收费"的不满和批评，究竟是人们长期以来习惯于把教育看成是一种消费事业或公益事业的观念未得到真正的改变，还是办学者的不合理谋利呢？诚然，中央政府鼓励社会力量参与办教育，参与者的利益何以体现才属于正当呢？目前，社会上存在着少量的私立学校或部分社会机构打着办学的招牌或为公司集资或中饱私囊为个人谋求暴利的现象。更为重要的是，教育过程中最为基本的人际关系——师生关系是否可变成买卖关系？作为社会代言人、人类理想的化身，教师担负着引导学生理解、掌握和追求现实社会道德准则和未来社会道德理想的责任。如果作为卖主，他只能根据买主的需求投其所好，完全没有必要做一个自觉的引导者并实践历史赋予的重要责任。一旦师生关系这一教育过程中最基本的人际关系发生了变化，人类文明的大厦也必将因此而倾覆。

作为"有偿教育"的一项直接改革措施，是我国除义务教育以外的教育均实行收费教育，这是符合实际的。但在现实中，也可能会出现这样一种状况，即学习成绩好、迫切想深造的学生，由于家庭经济困难无力交纳学费而失去进一步受教育的机会；相反，学习成绩一般，但家里有钱者就能继续升学读书。这显然与党和国家一直奋斗的要争取实现人人都有受教育的机会、人人都有享受教育的权利、人人都能得到充分的教育的理想相悖，与教育的公正性、民主性原则不符合。如何在实现教育收费政策时采取切实的措施以防止出现"只有有钱人才能受教育"的现象，如何在收费制度下坚持教育机会的均等性、教育权利的公正性和教育的民主性原则以体现社会主义教育的优越性，就成了这一教育改革措施是否符合道义的关键所在。各级政府和学校虽然在这方面已经做了很大的努力，但与实际的需要还有相当的差距。

再从价值规律来看，商品的价值是由生产商品所需要的社会必要劳动时间决定的，而商品价格又是由其价值决定的，它总是随着供需状况等众多因素的变化而围绕价值上下波动。生产优质产品所需的社会必要劳动时间总是要多一些，因而其价格也理所当然要高一些。照此推论，教育质量好的学校就可以向服务对象收取较高的费用。但是，在为社会提供教育服务的同时，教育还要发挥社会成层的功能。在社会成员由较低层次向较高层次流动的过程中，教育需要发挥选择精英的作用。为了保证真正的优秀人才能够向高层次流动，教育只能根据个人的发展水平来选拔人才，而不应考虑这个人是否付得出高额学费。显然，这也是同等价交换原则相悖的。

其三，如何抵御功利主义、拜金主义倾向对教育工作者的冲击和影响？随着市场经济的发展，人们价值观的功利主义和拜金主义倾向也得到了发展，这也给教育领域带来了深层次的、持久的影响。譬如人才市场的建立和人才流动体制的形成，使现有的教师或将要成为教师的大专院校的毕业生有了重新择业和自主择业的机会，而他们的择业倾向又往往是以获得更多的经济利益、更好的物质待遇为转移的。因此，就我国国情而言，教育界必将长期面临如何稳定教师队伍、如何吸引优秀人才到教师队伍中来而又不流失的问题。

除体罚和罚款之外，比体罚更甚的是"心罚"，学生称之为"精神虐待"，如随意嘲弄、讽刺、挖苦学生，尤其对后进学生采取歧视态度，甚至进行人格侮辱。少数教师以教谋私，利用职务之便，或明目张胆或旁敲侧击，采取过生日、补课、兜售商品等方式向学生索取钱物，严重损坏了教育工作者的形象。

师德问题在当今社会生活和学校教育中的普遍性和严重性，由于人们对孩子教育忧虑的上升正日益引起全社会的关注。师德水平下降的现状已成为教育现代化进程中的一大症结，如何来解开这个"结"，教育伦理学理应义不容辞地承担起责任。教师在教育过程中起主导作用，对于整个教育过程中伦理道德关系的形成是一个至关重要的因素。因此，对教师道德的研究应当成为教育伦理学的重要内容。特别是对教师道德品质形成的心理过程（认知、情感、意志、信念、行为、习惯等），对于教师道德品质形成的社会条件（如经济制度的先进性、政治制度的高尚性、道德传统的社会风尚等），以及各种社会条件的优劣对教师道德的促进或促退影响等都还有很多研究可做。

总之，教育伦理学应着力研究教育中的热点问题、重点问题和难点问题，对教育的总体情况和各部分的具体状况进行道德的评判、加以褒贬并提供符合道义根据的改进方法和途径，以概括出适用于教育不同领域的伦理规范，以此约束人们的行动并发挥社会舆论和个人良心的作用，促成个人达到教育道德自律，监督社会对教育行善，发挥教育伦理学在教育实践和社会生活中的应有作用。

四、进一步探索中外教育伦理的发展根基和历史的逻辑联系

国内外的教育实践活动历史悠久，教育家和思想家星光灿烂，他们在教育实践活动中创造的极富道德价值的教育思想和教育行为构成了教育伦理发展的深厚根基。时至今日，这些思想，诸如我国悠久教育活动中的德教为先、修身

为本、师道尊严、为人师表、乐群爱生、教学相长、因材施教、循序渐进、启发诱导、寓教于乐、身教重于言教、勤俭持家、尊老爱幼、学而不厌、诲人不倦、慎独自省、克治改过、以义制欲、力行践履、自强不息、厚德载物等，都对我们今日的教育道德有着深刻启发和借鉴作用。另外，在外国教育史上，许多教育家、哲学家和伦理学家的著作、言论及实践活动中，都包含极有价值的教育伦理思想，对这些珍贵的历史遗产进行考察、挖掘、研究、借鉴和改造并给予批判和吸收，使之为发展和完善教育道德服务，也是研究工作的重要内容。目前，外国教育伦理思想的研究尚未见专著。因此，继续探索和挖掘这座"富矿"，揭示出教育伦理思想产生和发展的规律，概括出教育伦理的本质特征和基本内容，无论是为教育领域的道德建设提供历史经验还是为当代教育伦理学的研究提供历史借鉴，都具有理论的价值和实际的意义。

教育伦理学除了前述的理论问题之外，在实践中还存在诸多问题。首先，目前的师资培训课程中，教育伦理学尚未成为必修科目之一，国家教师资格证考试如果不考，学生选修的意愿就会低落，教育伦理学的地位就有可能被边缘化，学科的发展会受到影响。其次，教育伦理学的研究人才相当缺乏，国家投入的经费不多，这都会影响学者参与研究的意愿，造成教育伦理学著作稀少的问题。最后，由于教育伦理学的研究机构建立不多，只有选择优秀的研究人员，才能进行教育专业伦理问题的研究。教育伦理学的研究、教学和推广，都是教育伦理学发展中需要关注的问题，值得重视。

教育伦理学是一个充满生机的领域，一座蕴含深厚的富矿。相信经过教育工作者、研究工作者的辛勤劳作，教育伦理学必将以崭新的面貌展现于世人面前。

第二章　教育的伦理基础

第一节　教育起源的德性

一、教育起源论的四种假设

"起源"一词在《现代汉语词典》中包含两层含义：一是指事物开始发生，即事物发端的源头；二是指事物发生的根源，即事物产生的原因。于是，我们对教育起源问题的理解就可以分为"教育产生的源头"和"促使教育产生的原因"这两个方面。

教育起源问题是教育学基本理论和教育史研究的重要内容之一。迄今为止，在已有的教育起源论中，生物起源论、心理起源论、劳动起源论和需要起源论是四种主要的观点。

生物起源论以法国社会学家利托尔诺和英国教育家沛西·能为代表，认为人类教育起源于动物界各类动物的生存本能活动，"是扎根于本能的不可避免的行动"；心理起源论以美国教育史专家孟禄为代表，认为教育起源于儿童对成年人"单纯的无意识的模仿"；劳动起源论以苏联教育史专家麦丁斯基和巴拉诺夫为代表，他们从恩格斯的"劳动创造了人本身"这一结论出发，推理出教育起源于劳动；需要起源论是劳动起源论的逻辑延伸，它从人活动的内在动机出发，包括三种略有区别的主张，即生产劳动的需要说、社会生产和生活的需要说以及社会生活和人类自身发展的需要说。

从研究视角来看，上述四种观点是从教育学（教育史）的角度来分析和考察教育起源问题的。近年来，有学者开始尝试从伦理学的视角对教育起源问题进行分析和解读，提出了教育起源的"道德说"，主张教育起源于人的道德，即教者对学者的责任与爱。教育道德起源论突出了人的道德动机，认为教育是人在对他人（或是类群体）和自己（对儿女的关心，既可看作是一种类本能，也可看作是自爱的一种转移）的责任感或爱的动力作用下产生的。关于教育起源的种种观点，反映了人类对真理孜孜以求、永不停息的探索精神。而教育起源的"道德说"则给人们对这个古老问题的思考开启了一个全新的视角。

二、教育起源于人类"成人"的需要

伦理学是一门价值科学，反思并寻求人类活动的价值合理性的根据是其重要的理论使命之一。因此，与教育学基本理论和教育史的研究不同，从伦理学的视角研究教育起源的问题，我们所关注的不是对教育产生的时间、空间、条件、形态等具体问题的回答，而是从发生的意义上对教育存在的价值合理性的追问，即从起源的角度探寻教育之于人何以必要的问题。基于这样的前提预设，我们认为，教育起源于人类"成人"的需要。

需要是人类活动的原动力。"任何个人如果不是同时为了自己的某种需要和为了需要的器官而做事，他就什么也不能做。"也就是说，需要是人的一切活动的原始根据，也是人们衡量一定活动及其结果是否有价值的最终尺度。

所以，我们必须习惯于从人的需要出发来解释人的行为。从这个意义上来讲，教育作为人类特有的社会活动之一，同人类的其他活动一样，共同起源于人的需要。因此，"需要起源论"者认为教育寻根于人的需要这本身并没有错，问题的关键是：人的需要是多层次、多方面的，对于教育而言，这里作为起源的"需要"首先并不是基本生存的需要抑或劳动的需要，而是人之"成人"的需要。这样定位并不是对人的生存需要抑或劳动需要的否定，而旨在说明，人必须按照"人"的样式生存和劳动，生存（生活）的需要、劳动的需要只有作为"成人"需要的内在环节时，才具有独立的善的价值。

人是具有伦理属性的存在，正是这种伦理性使人成为不同于自然物的存在。从词源上讲，"伦，从人从仑"，它所表达的就是人与人之间的关系状态。

所以，人的存在的伦理性就在于其关系性、社会性和共同体性。正如马克思所言，"个人是社会存在物"，社会就是"表示这些个人彼此发生的那些联系和关系的总和"。人的伦理性的最基本的含义就是人类共生关系中的相互依存性。《荀子·王制》中云："人，力不若牛，走不若马，而牛马为用，何也？曰：人能群，彼不能群也。"因此，人是只有在社会伦理实体中才能生存和独立的动物，孤独的个体只能是没有任何规定的抽象。只有成为社会共同体中的一员，使社会共同体的规定成为个人"性格中的固定要素"，使单个的自然人提升为普遍性的存在，人才能发现和确证真实的自我。

教育起源于人类"成人"的需要，这一设定不仅从源头上映现出了教育的伦理内涵，揭示了教育存在的价值合理性，更重要的是，它把教育从人的外在性的东西理解为人的内在性的东西，理解为"成人"的过程而非满足人的实利性需要的手段。教育的本真任务是真正的人的创造，这应当成为不同历史时期、不同形式的善的教育所必须要遵循的"恒久而真实的原理"。但是，人的未完成性决定了"人永远不会变成一个成人，他的生存是一个无止境的完善过程和学习过程"，事实上，他总是不停地"进入生活"，不停地变成一个人。

如弗洛姆所言："个人的整个一生只不过是使他自己诞生的过程；事实上，当我们死亡的时候，我们只是在充分地出生。"因此，从"成人"的意义上来讲，教育之于人类永远都是不可或缺的。教育不仅与人类在起源上同步，而且将与人全程相伴。人类的历史有多长，教育的历史就有多久远。

第二节　教育劳动的德性

教育劳动是教育者以个体或群体的形式，按照一定教育目的和教育模式，以语言、文字和自身的榜样作用等多种方式，向被教育者传授知识、灌输价值观念、施加各种影响的活动。教育劳动是教育伦理的实践基础：一方面，教育伦理研究必须以对教育劳动的性质与特点的深切理解和把握为前提；另一方面，教育伦理能否有效地实现对教育的规约和引领又是由教育劳动的自身状况所决定的。

教育劳动的德性贯穿于劳动对象、劳动形式、劳动工具、劳动时空、劳动产品等一系列具体的实践环节之中。在教育劳动的过程中，教育者始终居于主导地位。教育劳动的德性主要是通过教育者的教育道德品行（品性）表现出来的，而教育者应该具备什么样的道德品行（品性）又是由教育劳动自身的性质与特点所决定的。

一、教育劳动的对象与教育道德

教育劳动的对象是众多具有不同个体特征并处于不断变化发展中的学生，他们是有着完整的人的生命的表现形态、处于发展中的、以学习为义务的人。他们是"具体"的而非各种观念的"抽象"，是活生生的存在而非各种僵死的"目标"，是具有旺盛生命力、多方面发展需要和可能的教育活动中不可替代的主体。

1. 教育劳动的对象具有复杂多样性的特点，要求教师必须精心教育每一个学生。教育劳动的对象既不是一堆没有生命的自然物质，也不是一般的动物，而是具有一定的自觉意识、主观倾向，有思想、有感情、有意志、有个人兴趣和爱好的活生生的人。他们来自社会的四面八方、千家万户，原来就存在着不同的心智和体能，养成了不同的教养和习惯。所以，每个学生都是一个特殊的世界，正如亨利·福特所说，所有的福特汽车都是完全相同的，但却没有两个人能够完全相同，每个生命都是太阳底下的新事物，以前没有像它一样的东西，而且永远也不会再有。尤其是在当前这个特殊的社会转型时期，多种价值观念、生活方式、文化形态同时存在，各种不同的社会现象和众多的外来信息都会对学生产生或多或少的影响，从而进一步加剧了教育对象的复杂性。

教育对象的复杂多样性决定了教师不可能按统一的模式、固定的工艺流程和统一的型号来进行劳动，无视差异或者试图取消差异的"一刀切"式的教育劳动就是企图将个体消解在"类"中，企图将一个个鲜活的生命消弭在抽象的"人"的概念里，实际上是打着教育的幌子对人的存在的丰富性和生动性的否定。只有通过我们的教育使每个学生的心智都得到最大限度发挥，使每个学生在思想观念上存在的错误认识都得到最有效纠正，使每个学生都确立符合自身特点的奋斗目标并积极朝着其目标努力，我们的教育才能说是成功的。而这一切的实现不仅要求广大教师具有渊博的学识、高超的技巧，还必须以高度的责任感、事业心以及强烈的奉献精神积极投入到育人工作中去，要做大量细致的工作、付出艰辛的劳动，方能完成教书育人的任务。

2. 教育劳动的对象处在不断发展变化中的特点，要求教育者必须不断超越自我，跟上时代前进的步伐以及学生变化发展的需求。教育劳动对象的发展变化性主要体现在两个方面：一是不同年级、不同年代的学生有不同的特点。在学校教育中，学生的一个突出特点就是其流动性，每年学校都要欢送毕业生、迎来新同学，周而复始，一届接一届。作为教师，需要不断地熟悉学生，不断地研究每一届学生的特点，以便根据变化了的对象和具体情况改变教育教学的内容和方法，做到因材施教。二是即使是某一届学生，他们在学校期间，其身心状况也处于发展变化之中。随着年龄增长，其生理特征、情感需求、认知能力、思维能力等也将有所改变，只是或隐或显示程度不同而已。这就要求教师在日常的教学生活中必须潜心研究学生，密切关注学生，加强与学生的交流和沟通，耐心倾听每一个生命生长的"拔节声"，这是学生成长的内在要求。

3. 教育劳动的对象以教师为榜样并模仿教师行为的特点，决定教师必须从育人高度注意自身劳动的示范性。由于教师知识素养高，人生经验、社会阅历等比较丰富，因而学生往往把教师作为自己仿效的榜样，并有意模仿教师的行为，这一特点我们称之为学生的"向师性"。每一个学生都像花草树木趋向阳光那样趋向教师，教师本人的理想、智能、德性、人格、言谈举止、为人处世的方式以及事业心和奉献精神等都是强有力的"影响源"和教育力量，尤其是那些在学生中享有较高威望的教师，其言行对学生的影响就更为明显。所以，教师是学生身边最直接、最鲜活、最真实的榜样，仿效教师是学生学习的最重要和最有效的途径之一。教师要想把学生造就成什么样的人，自己首先就应当是什么样的人。

教师的榜样作用对于学生的成长，是任何教科书、任何道德箴言、任何惩罚和奖励制度都不能代替的一种教育力量。加里宁曾经这样说过：教师的世界观，他的品性，他的生活，他对每一现象的态度，都这样那样地影响着全体学生。这一点往往是觉察不出来的，但还不止如此。可以大胆地说，如果教师很有威信，那么这个教师的影响就会在某些学生身上永远留下痕迹。正因为这样，所以一个教师必须好好地检点自己。他应该感觉到，他的一举一动都处在严格的监督之下，世界上任何人也没有受着这样严格的监督。孩子们几十双眼睛盯着他，须知天地间再没有什么东西能比孩子的眼睛更加精细、更加敏捷，对于人生心理上各种微末变化更富敏感的了，这点是应当记住的。因此，每一位教师都必须时刻牢记自身形象的育人意义，处处严格要求自己，以对学生负责、对社会负责和对国家的未来负责的态度审视自己的言行，努力把美好的形象展示在学生面前，力求各方面都成为学生的表率。当然，这并不是说教师可以有"双重人格"，可以当着学生一套背着学生又是一套。我们的观点是：作为一个特殊的职业劳动者，教师应该具备比其他职业劳动者更加美好的德性和行为表现；面对时刻注视着自己、把自己的言行作为表率的学生，教师必须以正面形象给他们以积极的导向。而对于自身的不足，教师必须注意自我修养，努力达到美好的"慎独"境界。

二、教育劳动的形式与教育道德

从形式上来讲，教育劳动是建立在集体协作基础上的个体脑力劳动。一方面，教师积累、传递、转换知识的过程是一个非常复杂的脑力劳动过程。教育劳动的脑力性质，决定了教师劳动的个体形式。从教师的自我学习、知识积累到备课、讲课、辅导、批改作业以及找学生谈话、交流，首先都是个体头脑内部的活动，即使是统一教案、集体备课，也要依赖于个体的理解和消化。教育劳动的大部分工作是依靠教师独立完成的，教师是否全心全意地搞好教学工作，尽心尽力地提高教育质量，耐心细致地完成育人任务，很大程度上依靠教师的个人自觉性和责任心，外界很难进行直接的监督和检查。因此，教育劳动的个体形式要求教师具备高度的责任心和良好的自律精神。

另一方面，现代教师毕竟不是古代的私塾先生，其个体脑力劳动是建立在集体协作的基础之上的。教育劳动的集体性集中表现在两个方面：一是一个人的成长需要多方面的知识和修养，即使是一位学问非常渊博的教师，也不可能门门课程都精通，更何况每个教师的生命、时间、精力都是有限的。所以，对学生进行教育的任务是由从事德、智、体、美等各门课程教学的教师共同承担的。对于任何一个学生的成长来说，任何教师的劳动都只是浇了有限的一瓢水，培了有限的一锹土。每个教师个人的劳动，终归要融汇于教师集体的共同劳动之中。二是无论哪一所学校，其所有教师是作为一个整体而对学生发生各种影响的，只不过是具体承担学生教育教学任务的教师的影响作用更为直接，而其他影响较为间接罢了。就我国而言，一所大学有几百名乃至数千名教师，一所中学或小学有十几名、几十名乃至数百名教师，他们的教育伦理素养往往会形成一种特有的校园师德文化氛围而对学生产生着潜移默化的作用。

上述两个方面所表现出来的教育劳动的集体性决定了教育者必须具备良好的协作道德。它要求全体教师在日常工作和交往中，应具有宽容意识与互助精神，相互尊重、相互理解、团结协作、互勉共进。从更为深层次的意义上来讲，教师集体之间的协作道德要求全体教师必须以统一的价值观念对学生进行教育，以向上的精神状态和行为模式去影响学生。诚然，每个教师作为不同个体在价值观上是存在着层次差异的，但共同的育人使命则要求教师必须用相同的价值观教育学生，如果不同的教师对学生灌输的价值观存在歧异，那么，消极的价值观必将对积极向上的价值观产生负面作用，甚至会使学生陷入价值观混乱、思想迷惘的痛苦状态。从行为模式而言，不同的教师个体由于其不同的价值观往往采取不同的行为模式，现代社会亦允许不同个体有选择自身行为模式的自由，但是作为教师，对于自己在学生面前的行为就必须充分考虑到其育人意义。有人说得好："学校无小事，事事皆育人；教师无小节，处处皆楷模。"如果一所学校的教师都能志同道合，都能以一种奋发向上的行为模式影响学生，那么办好该学校就有了最宝贵的财富和最可靠的基础。这种在相同价值观支配下的教师的行为示范，必将会创造一种良好的育人氛围，从而必将形成催发学生积极向上的校园文化和亮丽的校园风景。

三、教育劳动的工具与教育道德

在教育劳动中，教育者向被教育者施加影响的工具或手段是多种多样的，如教材、教学设备及其他辅助工具等。但是除了这些没有生命的可见的物的手段之外，更为主要的是教师本人的知识水平、思维能力、价值观念、思想觉悟、道德品质、情感意志以及教学艺术与技巧。因此，在教育劳动过程中，教师既是劳动的执行者，又是对学生施加影响的教育工具，即教育劳动的劳动工具和劳动者本身是融为一体的，教师通过自己的活动对学生施加影响，把知识、品行、才能传导给学生。我们可以把教育劳动的过程比作一个化学反应的过程。教师不仅是这一过程的设计者、控制者，还需要进入容器中，参与化学反应，成为化学反应的催化剂。教育劳动的这一特点，决定了教师素质中非智力因素，如理想、情操、品德、性格等，在教育过程中占有重要位置。在具备了一定智力因素的条件下，这些非智力因素往往起着决定的作用。这就要求教师要特别重视自身的思想、品德、行为等方面的修养，因为这些因素与教师的知识、能力等智力因素一样，本身就是教育劳动工具的组成部分，在教育过程中，具有不可替代的教育作用。

四、教育劳动的时空与教育道德

从教育劳动的时间来看，它是限定性和非限定性的统一。教育劳动的时间，有一部分是限定的，如上课、下课、教学进度等都有明确的时间限定；但教师大量劳动时间的支配和使用又是教师自主决定的，因而又是不限定的，如教师备一节课可以花一二十个小时甚至更多的时间，也可以花三五分钟时间敷衍了事。教师可以利用业余时间进行备课、自我进修、科学研究、家庭访问、组织学生活动、做学生思想政治工作等，也可以利用工作时间闲聊、自由外出、处理个人私事。从教育劳动的空间来说，它也有很大的选择余地。现在许多学校的教师上班时间均比较灵活，不实行"坐班制"，因此教师不必像工人守在车间、营业员离不开柜台、农民忙碌在田间那样老是待在教室里。教室内外、学校内外、家庭和社会公共场所，都可以用来作为对学生进行教育的场所。所以，教师在课程表规定内的课堂传授活动，只是教育劳动的一个组成部分。教育劳动这种时空上的灵活性和机动性，使得教育劳动在时间控制上无法界定，在空间选择上相对自由，相关的教育行政部门对教育者的工作态度、努力程度的衡量与评价就容易滞后或者相对困难，必要的监督管理也经常无从入手。

因此，教师的教育良心、教师对教育职业的责任感和义务感以及教师的自律精神是教育劳动的质量得以保证的重要因素。

五、教育劳动的"产品"与教育道德

从最终形态来看，教育劳动的产品不是物，而是掌握一定科学文化知识和具备一定思想品德的人。这种"产品"具有其他劳动产品无法比拟的社会价值和意义。他们对社会的各个方面能够产生直接作用和深远影响，其作用面之广、影响度之深，是社会上任何一种劳动产品无法相提并论的。工业劳动可以废弃不合格的产品，农业生产可以拔除病苗，唯独教师的"劳动产品"既不能"简单淘汰"，又不能"回炉重造"。即使是"毛病"累累的"不合格产品"，不但不能抛弃，相反更需要教师加倍地予以精细"加工"，以百倍的热情和耐性认真地加以陶冶铸造，努力做到不让一个"不合格产品"流向社会。

　　教育劳动的产品是一种特殊的"精神产品",其特殊性表现在两个方面:一是生产这种产品周期长,且见效慢。教师的劳动不同于农民种庄稼可以当年就有收获,也不同于工人生产可以很快就出产品。教师的劳动是培养人才的劳动,周期长、劳动成果显效慢。正如苏霍姆林斯基所说,教育工作的最后结果如何,不是今天或明天就能看到的,而需要长时间才见分晓。从人的发展来看,教育应当是一个较长的过程。从小学算起到中学毕业要十一二年,到大学毕业要十五六年,培养高级专门人才则要花上二十年时间。从个体某一成长阶段的某一方面发展变化来看,如养成好习惯、形成好品德、增长知识和才干、克服某一缺点等等,也不是一蹴而就、立竿见影的事情,都需要教师长期付出艰辛的劳动。我国古代思想家管仲对于教师劳动的长周期性做了生动形象而又深刻的说明。《管子·权修》载:"一年之计,莫如树谷;十年之计,莫如树木;终身之计,莫如树人。"教师劳动的这种长周期性特点,要求教师绝对不能以浮躁、急功近利的心态对待教育工作。在教育实践中,我们发现有些学校和教师为了追求高升学率,扬名于社会,只把精力放在那些升学有望的学生身上,甚至不择手段地淘汰后进生,这和一个教师应有的职业道德是完全相悖的。

　　相对于工农业劳动而言,教育劳动产品的特殊性还表现为:教育劳动产品不具有最终性。在一般的生产劳动中,随着劳动过程的结束和劳动产品的获得,整个生产也就结束了,进入消费市场后的商品,已是最终产品,劳动者对其产品的影响便由此终结,而教育劳动的产品——人,则是能够继续自我发展的。教师在教育劳动中对其"产品"的影响,并不随着教育过程的结束而消失,往往会以一种潜在的形式长期地存在着,甚至会伴随其一生乃至影响至其子女及其周围的其他人。我们常可发现这样的情况,教师在课堂上对某个学生的几句鼓励话语,甚至是教师对学生一个不经意的眼神和微笑,都会深深印在学生的记忆中,让他们长期回味和念及。当然,教师对学生的这种影响,既有积极方面的,也有消极方面的。积极的影响,可以成为学生长期的前进目标和动力,可帮助学生成就事业和有利于其健全人格的发展;而消极的影响,不仅可能使他们对教师耿耿于怀,而且可能影响他们的事业成功和人生幸福。因此,一个教师需要负责的不仅仅是学校中的数年光阴,也不单纯是学生个人,而是这个人一生中的许多年以及社会上的许多人甚至几代人。因此，教师在对学生教学和教育的过程中，必须本着对学生一生负责的态度，对社会负责的态度，审视自己对学生施加的影响及其可能产生的效应，力争成为学生幸福生活的促进者。

第三节　教育的伦理精神

教育的伦理精神在本质上所体现的是人类对教育之"应然状态"的理性认识和价值追求，标志着教育发展的本真状态。它本身就是最高的价值标准，集中反映了伦理道德对教育的根本要求。教育的伦理精神是教育伦理道德体系的内核，其他一切具体的伦理道德准则都是伦理精神的外化和展现。因此，教育的伦理精神对教育实践具有根本性的导向作用，教育必须接受特定伦理精神的规约。

一、自由精神

教育的自由精神与教育发展史上由来已久的自由教育思想所指称的内容并不完全是相同的。当然，自由精神应该贯穿于自由教育之中。但自由教育更多的是就教育系统自身内部而言的，侧重指的是教育实践过程中的自由问题；而教育的自由则更多是相对于教育作为社会系统中的一个子系统与整个社会系统及其他社会子系统——主要是经济、政治、文化系统之间的相互关系而言的。以此为基点，教育的自由精神要求教育必须具有以下两个方面的品格与气质。

1. 主体性与独立性

教育的自由精神首先要求教育从被动的、依附的、工具化的角色、地位中解放出来，赋予其主体的地位与独立的品性。

教育作为完整的社会系统中的一个组成部分，必然会受到现实的政治、经济、文化等力量的影响和制约。从这个意义上来说，教育对社会其他子系统具有先天的依附性，满足并服务于社会发展的需求是教育存在合法性的重要依据之一。教育改革要有社会的和经济的发展目标，这一点在今天比过去任何时候都更加必要。但是，"教育本身就是一个世界"，它有其内在的发展逻辑和价值旨趣。尽管我们永远无法割断教育与其他社会组成部分之间的密切联系，但任何外在的规范与依据也永远不能替代教育自身的内在逻辑来驱控其运作与走向。因此，"教育必须认识它本身是为什么的"。也就是说，教育作为与社会的政治、经济鼎足而立的一种功能独特的文化系统，应该意识到自身活动的特殊性，应该遵循自身发展的内部规律，在任何现实的政治势力与外在权威面前，始终"有所守，有所执着"。如此，方能拥有一种以自身活动为目的的生存方式，方能保持自身的主体地位与独立的品性，人类的教育活动才能在一片纯净的天地中得以顺利、丰盈地展开，教育才能够真正承担和发挥其应有的社会责任和功能。

2. 超越性与批判性

无论从社会的角度，还是从个体的角度，教育都是一项面向未来的事业。因此，确立一种未来意识是教育伦理内涵的根本。教育的未来性要求其在当下的社会现实面前时时保有批判意识和超越品质，这既是提升教育解放力的关键，又是教育自由精神的深层体现。教育不仅"是我们有效地用以维持现有价值和保持力量平衡的一种精选的工具"，更为重要的，它是"形成未来的一个主要因素"。这一角色定位的逻辑结果就是：教育与现实的政治、经济、文化之间不能是亦步亦趋的关系，而是要保持适当的"离心力"和"批判力"。当然，这并不意味着教育与社会现实之间不存在肯定性的关系，而是旨在说明"它对对象的肯定性关系只是作为环节而蕴含于对于对象的否定性关系之中"的。因为，教育最终所指向的是一个行将出现的未来社会，是将来人可能改良的一种境界。因此，在服务社会的过程中，教育的使命不是消极被动地迎合、再现与复制，而是要积极主动地引导、调整与重建。将适应、维持、再现既存的社会形态作为教育的唯一旨趣，既是对教育使命的极为肤浅的认识，又是对教育自由的剥夺与压制。作为社会系统中一个拥有自由精神的自主存在，教育更多的并不是要扮演一个"安分守己"的角色，它必须成为社会中的一个创造性和挑战性的因素，以其感知无限、超越当下、批判现实的能力与勇气，在更高层次上引导和规范社会的发展。

二、民主精神

民主精神是教育祛除专制、走向自由与平等、远离"不公平、极权主义和歧视"的重要思想武器。在当代，随着民主价值观的推广与普及，教育民主化已经成为"全世界所有国家和所有与教育问题有关的人最关心的问题"。概而言之，所谓"教育民主化"一般是指越来越多的人得到教育机会，受到越来越充分的民主教育。它必定是民主精神贯穿其中的教育。教育的民主精神大致体现在以下三个层面上。

1. 从宏观层面上来说，教育的民主精神突出体现为每个人都享有平等的受教育的权利和机会

民主不可避免地要与平等概念发生联系。列宁曾经明确地指出："民主意味着平等"，因此，民主视野下教育发展的首要议题自然是教育平等问题，教育平等是教育民主的核心。一般我们把"教育平等"理解为：人们不受政治、经济、社会地位和民族、种族、信仰及性别差异的限制，在法律上都享有同等受教育的权利。因此，民主教育的对象是社会全体成员而非少数精英。尤其是在基础教育阶段，更要让高质量的教育来有效地培养每一个而不仅仅是那些"处境优越"的孩子。

每个人都享有平等的受教育的权利和机会，这是教育民主的必然要求。1948 年《世界人权宣言》庄严宣告："人人均有受教育的权利。"这里所谓的平等权利在宏观上包括两个方面：一是平等地接受教育的机会。早在 1947 年，联合国教科文宪章就明确提出，"应当给一切人以受教育的充分而平等的机会"。现今，对于贫穷的第三世界国家来说，如何让每一个甚至是大多数学龄儿童走进学校仍然是至关重要的问题，而在发达国家则是如何让不同种族的学生坐在同一个教室中听取来自世界最新的知识报告。二是平等地享受教育资源。对此，著名教育家杜威在其《民主主义与教育》中曾提出这样的要求："学校设施必须

大量扩充，并提高效率，以便不只在名义上，而是在事实上减轻经济不平等的影响，使全国青少年为他们将来的事业受到同等教育。使所有青年能继续在教育影响下，成为他们自己经济和社会的前途的主人。"

2. 从微观层面上来说，教育的民主精神具体体现为教育过程中的民主教育过程中的民主，包括民主的教育和"关于民主"的教育两个方面。

"民主主义本身便是一个教育的原则，一个教育的方针和政策。"民主的教育强调的就是"把教育的过程变成一种民主的生活方式"，它具体体现在教师的教育理念、课程设置、教育方法、教学组织形式等教育过程的各个环节之中。而构建民主平等的师生关系则是实现民主教育的关键。"如果教师与学生之间的关系不按照这个样子发展，它就不是真正民主的教育。"民主平等的师生关系首先是对指令性和专断性师生关系的否定，它要求教师和学生以平等主体的身份"同志式"地共同探究、相互促进。"唯独肯拜人民与小孩为老师的人，才能把自己造成民主的教师，也只有肯拜人民与小孩为老师的，那民主作风才自然而然地获得了。""民主平等的师生关系还要求教师要平等地对待每一个学生。"每一个学生——不问其年龄、性别、文化背景，也不管他究竟对学校教育是否怀有足够的兴趣等，都能在教育中得到教师的关爱和帮助。

"关于民主"的教育强调的是在教育过程中对学生进行民主精神的培植和教育，使民主的思想和行为成为人们的一种习惯，成为其个人性格中的一部分。杜威特别强调教育对巩固和发展民主的重大作用。他说："不但民主主义本身是一个教育的原则，而且如果没有我们通常所想的狭义教育，没有我们所想的家庭教育和学校教育，民主主义便不能维持下去，更谈不上发展。教育不是唯一的工具，但它是第一的工具，首要的工具，最审慎的工具。"

因此，教育的民主精神其本身不仅是目的，还是巩固和发展民主的手段。"关于民主"的教育就是要"积极地、进取地、建设性地培养民主社会所需要的相互了解与善意"，平等与自由、宽容与妥协、权利与义务、纪律与法制等民主社会的公民所必需的民主的意识与教养，"严肃地准备我们的社会成员，使其完尽民主社会的义务和责任"。

3. 从教育管理层面上来说，教育的民主精神突出表现为应尽可能地让教师和学生参与到教育管理中来。"教育民主化不仅要把更多的教育给予更多的人，也要有更多的人参加教育管理。"我们这里所探讨的"教育管理"是就教育系统内部的管理而言的，特指学校教育中的管理。

在民主精神的视野下，"没有一个人或有限的一群人是十分聪敏和十分良善的以致无须别人的同意就去统治别人"，因此，"凡为社会制度所影响的一切人们都必须共同参与在创造和管理这些制度之中"。所以，教育管理不只是专职的教育管理者的事情，从最广泛的意义上来讲，每一个参与到教育过程中的人"都应该有机会来贡献他可能贡献的任何东西"，都应该在教育管理中享有发言权。"如果一种教育体系，广义地来讲是开放的，但是它是被一些思想狭隘的人所管理的，在这种情况下，即使这些中小学生和大学生都是在民主的基础上录取的，这种教育体系也不能算是民主的。"

教师和学生是学校教育得以存在与展开的最重要、最基本的"活的因素"，他们不仅是学校教育管理的对象，更是管理活动的积极参加者。如果把他们排除在教育管理活动之外，"使人们不参与活动，这一事实本身就是压迫的一种微妙的形式"，"它不给予个人机会去思考和决定对他们有好处的事情"。尽管"这种压制和压迫的形式较之明显的威胁和抑制要巧妙得多和有效得多"，但无论多么"仁慈的专制"也无法改变其"专制"的性质。因此，对于教师来说，"民主的原则要求每一个教师能够通过某种有规则的和有机的方式，直接地或通过民主选举出来的代表们，参与在形成他所在学校的管理目的、方法和内容的过程中去"，"让实际参与教学工作的人员有权去讨论和决定关于纪律和教学的方法问题以及关于课程、教科书问题等等"。对于学生来说，尽管他们还不完全具备教育管理所需要的足够的理智、学识和技能，但是我们必须相信，只有在参与管理的过程中，这些能力才会逐步成长起来并继续不断地产生指导集体行动所必需的知识和智慧。

三、科学精神

科学精神是科学的精神价值的集中体现，可以将其定义概括为"科学活动主体在科学活动中陶冶和磨砺中生成的，又经科学共同体组织功能强化而积淀成的一定的价值观、认知方式和行为方式之总和"。作为科学活动的精髓与灵魂，科学精神所涵盖的具体内容固然是广博、丰富且不断发展变化的，但"怀疑一切既定权威的求实态度；对理性的真诚信仰，对知识的渴求，对可操作程序的执着；对真理的热爱和对一切弄虚作假行为的憎恶；对公正、普遍、创新等准则的遵循"则是贯穿在一切科学活动各个层面和环节的、具有普遍共识性的研究信念和精神气质，其核心就是"只问是非，不计利害"的"求真"精神。教育承载着引导人类探求真知的重任，涵养并弘扬科学精神是其题中应有之义。

教育的科学精神在宏观上要求教育发展应遵循客观规律，这是实现教育活动有效性和科学性的前提。尽管教育活动是人类特有的充满创造性的实践活动，没有统一、固定的模式可以遵循，但不同历史时期、不同形式的教育必定存在着能够让人们共同认识和把握的客观内容，这个可通约的客观内容所反映的就是隐藏在教育现象背后的教育活动所固有的规律性的东西。教育规律是教育活动的法则，是教育活动的客观依据。教育政策的制定、教育目标的确立、学校课程的设置、教育方法的选择等等都不能与教育规律相背离。尽管学界对教育规律的内涵与具体内容仍在潜心研究与反复探索之中，但遵循教育规律办教育则是克服教育实践的主观随意性、彰显教育科学精神的必然要求。

从微观上来说，教育的科学精神要求在具体的教育实践过程中应崇尚严谨、精确的理性精神，注重观察、实验的求实精神，提倡探索开拓的创新精神，强调一切均须经过理论论证和实践（验）检验的合理怀疑精神，使教育者与受教育者既拥有热爱科学、追求科学、为科学献身的意志与情怀，又养成不迷信、不武断、不盲从、不附和的理念与态度。

四、人文精神

人文精神是一种以人为中心，以人自身的自由与完善为终极目的的价值信念和思想态度。它既表现为对人的价值、人的生存意义和生存质量的关注，又表现为对他人、社会和人类进步事业的投入与奉献，还包括对个人发展和人类未来命运的殷殷思索和终极关怀。教育是一项培养人的社会事业，任何形式的教育活动都必须致力于对人的普遍关怀，致力于对人的价值、尊严、权利和自由的追求，致力于人自身的不断发展与完善。因此，教育的理想与人文精神所倡导的价值理念具有内在的统一性。

教育的人文精神具体体现为以下三个方面：

首先，一切教育活动都必须以人为轴心。教育总是人的教育，是指向人且为了人的教育，任何教育影响都必须通过人并进入人心才能成为真正的教育。因此，人是教育活动的内在逻辑和根本性的依据。教育活动首先是一个活生生的人的成长过程，然后才衍生为一项社会事业。教育对各项社会事业的促进作用是通过培养人来实现的。任何试图将人从教育中剥离出来的行为不仅是对教育人文精神的背离，而且还会危及整个教育大厦的根基。

其次，在教育过程中应尊重学生、关心学生。尊重学生是对学生作为独特个体存在价值的肯定，包括尊重学生的一切合法权益、人格尊严、身心发展的客观规律以及个性发展的独特需求、平等友好地对待学生等。关心学生是教育德性的重要表征，如关怀教育思想的创始人、美国哥伦比亚大学的内尔·诺定斯教授所言，教育不只是一个狭义的学科，它还体现在教育的一切方面和过程都应该具有道德性，即具有关怀性。"学会关心"是21世纪国际教育的共同目标，而关心他人的品质不是单靠说教就能取得的，更多的是对来自他人的关怀进行感受、体验和感染的结果。因此，只有融入关怀的教育才能塑造出对他人、社会以及整个人类的长远利益充满关切之情的负责任的现代公民。

再次，教育应致力于人的自我实现与全面发展。也就是说，真正充满人文关怀的教育应该致力于使每个学生各方面的素质和潜能都能最大限度地得到普遍提升和充分拓展，既包括智力、体力和劳动能力的全域发展，又包括情感、意志、人生观、价值观以及道德理想和精神境界的全面丰富和提升。它不能满足于培养出评论家、科学实验者、经济学家和工程师——尽管教育需要培养这样的人，还要使受教育者养成健全的人格、自由的思想、宽阔的胸襟、开放的视野和良好的德性，使其不仅具备谋生的知识和本领，更能深刻领悟生命的意义与价值，深刻理解他们所从事的专业的社会伦理意义，从而在眼界、心胸、理想乃至文明举止上高于一般未受过教育的人，成为一个身心健全、人性丰满、富有教养且"精神优美"的个体。

科学精神与人文精神作为教育伦理精神的重要组成部分，是须臾不可分割的同生共存体。如果说科学精神是教育科学化、有效性的基石，那么人文精神则是教育发展的价值方向的保证。

第三章　教育伦理的核心范畴

第一节　教育的人道

一、人道的含义

人道，是一个大家都耳熟能详的伦理概念，它贯穿了人类的哲学、伦理学史。它曾是西方资产阶级反对封建统治的旗帜，也曾是中国"五四运动"中所倡导的"德先生"的依据。在"五四"之前，中国的儒学以"爱人"的人道信念维持了两千多年的封建统治，西方文化中以上帝对信徒平等无私的博爱支撑了处于底层的民众的精神世界。当然，基督教的人道与儒家的"爱人"是有着很大区别的。即使在西方，基督教所倡导的人道也与资产阶级的"博爱"有着很大的区别。

1. 词源角度的人道意义

在汉语中，"道"，从"走"从"首"，即探究"元首"，寻求"本质"的意思。那么人道，也就是探求人的根本、人性，其中包含的是人对自身的生命、生活及生存状态的自觉、关怀与责任。成语"惨无人道"，用以形容残酷的、不人道的行为，所以按通常的理解，人道即是关爱，不人道则是残忍、残酷。平时常用的"国际人道主义援助"，指冲破国家、民族、文化等的界限，对普遍意义上的"人"的关心、爱护。

英语中，用 humane 表示"人道的"，用 humanism 表示"人道主义"，从构词法而言，都是以 human——"人"为词根演化而来，同时，humane 也表示"仁慈的"。1928 年《牛津英语词典》对 humanism 的解释，第一条便是指"仁慈与善行"，是一种道德意义。在希腊语中，"人道主义者"一词本身指"一种一视同仁的友善精神和善意"。

由上所述，从词源的角度而言，不论在汉语中还是在英语乃至希腊语中，人道的含义中都包含有对人的"仁慈""关爱"，是人从人的本性出发对待自己的一种态度。

2. 中西方文化中的不同侧重

中国传统文化是以儒家文化为主流的，综合了佛家与道家的思想。中国哲学的切入点，即"关心生命"。儒家对生命的关心体现为以"仁"为核心的伦理思想。孔子说"仁者爱人"，在《论语》中，讲到"仁"有 109 次，而"爱人"则是"仁爱"思想的核心。佛家的"人道"应该说有更广博的含义，它讲究"慈悲为怀"，"尽行善，不杀生"，"扫地不伤蝼蚁命，爱惜飞蛾纱罩灯"，把仁爱之心扩充到整个天地之间的所有生灵，超越了儒家偏重于对"人"的关注。道家的思想，一方面，表现为对以"自然"所蕴含的"天道"和自然秩序的尊重；另一方面，以这种对自然天性的尊重转而衍生出顺乎天性的观念，因而，如果说儒家和佛家是主张以"爱"而关心生命，以"作为"而达到关心的目的的话，道家的思想则是以"顺乎天性"为宗旨的"不作为"，以对人的天性的完全认同、不加干涉而追求人的本真。道家的创始人杨朱，"拔一毛而利天下者不为也"，以"为我"的思想为"无为而治"的道家求福之路开了先河。表面看来，"无为"与"为我"是对"关爱"生命的反动，实质上他们正是以对人性的完整尊重来关爱"人"，以不干涉的做法善待他人。在生态、环境危机不断加重的今天，可以发现，包含对人类之外的其他生灵的爱及对大自然秩序尊重的佛家与道家的思想，有着更为广博的人道胸怀。

西方文化更侧重于通过对"人性"的知性追问，实现其对"人"的关注。西方的人道主义渊源于古希腊，以后经过了中世纪的人道主义、文艺复兴时期的人道主义、启蒙运动时期的人道主义，直到存在主义的人道主义。每一时期的西方哲学都通过自己对人的本性的不同的认识，如古希腊"人是万物的尺度"、基督教的"原罪"、启蒙时期的"平等与博爱"、存在主义的"荒诞与偶然的生命"等,通过对人的本性的追问与探究,实现人对自我的一种觉悟与责任。

从中西文化的分析可见,"爱"是人道的核心,这与词源分析是一致的。但是,同样出于"爱"的宗旨,在中西文化的不同发展阶段却有不同的内涵和不同的表达方式,这种差异,在教育中也有不同的反映;或者应该说,这种对"爱"的不同理解,导致了在不同历史时期中西方的教育有不同的特点。这种观点大致可以分成两大类:一类偏向于把人道等同于普罗米修斯式的"善行",与中国式的直接关爱和仁慈很相近,本身就有"慈善、善心""博爱主义"的含义,是通过对完整的人的呵护体现对人的爱,甚至会允许对人的放任;另一类把对人的关心等同于对人的"身心全面训练",从智者学派开始,直到后来从罗马开始的各种教育制度,把这种思想具体化,它以人性,特别是人的理性为人的本质假设,以对人理性的开发与净化(基督教人道主义)为自己的任务,实现对人的关爱,它的关爱思路是"让人成为人"。

二、人道的表现方式

除上述中西哲学文化对人道内涵理解的粗略差异外,人类(包括中西)在不同的历史时期,也存在着由于对人道的不同理解而导致的到达"人道"所采取的手段和路径的差异。大致而言,人类的人道表达,可以分为两大类。

1. 以目的体现人道

这种方式,似乎类似于中国古人所讲的"物极必反"及"福祸相倚"的辩证法。如果说人道是对人的关爱,在各种人道思想中,却有更多的人主张从"束缚、管教"乃至压抑"人"而达到理想的"人",实现"人道"。而且,对人的种种束缚又相当严格乃至残忍,从手段上,似乎与人道的旨趣相反。孔子提倡"克己复礼",具体要求"非礼勿视,非礼勿听,非礼勿言,非礼勿动"(《论语·颜渊》),用礼来束缚人的言行;孟子主张君子"杀身以成仁",是以对个体的"不仁"达成"仁爱天下"的人道,也为此被称为"吃人"之道。

在西方,以民主闻名的古希腊、罗马,人道体现为对人"身心的训练",而这种训练,是以鞭挞与体罚为主要内容的;到基督教的人道,则是以对"神"

的顶礼膜拜为宗旨，其目的是使人不再是"人"，而成为神。

实际上，不仅这些早期文明中带有与人道的"爱"相背离的对人性的压抑，在现代文明中也同样存在以"人道"为旗帜，而以核武器及无数生命铺就"人道"之路的做法。这是以残酷实现"仁爱"，以反人道的途径实现"人道"的目的。

如此种种，之所以还在人道的意义上有其存在的席位，是从其目的和意图的方面进行的考虑，有人把它们看作是一种"必要的恶"，是"自身为恶而结果为善，并且结果与自身的善恶相减的净余额是善的东西"，或者按照尼采的说法，这样做的人们不是依据事物本身，而是依据事物的意图甚至事物的来源来对其价值进行判断的，当然，在他看来，这已经是一种过时的做法。

2. 以对完整人性的尊重体现人道

另一种人道则不仅以人的理性尊严而尊重人，而且以人不完美的生物性而宽容人，反对以崇高作为对人性的假设，主张以科学的态度对待真实、完整的人。

这一思想，在中国最先表现为"顺从自然"的道家思想，在西方有朴素的犬儒学派对自然人性的崇尚。达尔文的进化论证实了人来自动物而非天国，将生命从上帝的赐予回落到自然的进化，放弃了生命的神圣性；弗洛伊德把利比多看作人的行为动力，揭去了人伪善与禁欲的面具，由他而开始的精神分析学派主张冲破对人性中阴暗面的集体无意识，关爱完整的人性；最后，以海德格尔和萨特等为代表的存在主义的人道主义认为，人性是后天生成而非预先确定的，演化为后现代主义对人的差异性的尊重，对多元的欣赏。这种"真实的自然"，特别是对生物性原始本性的宽恕，打碎了人的理想镜像，割断了人系在自己身上的完美化（性善）的绳索，但同时，也存在丧失目的性前行的动力的危险。放任人性成为这种人道思想的宗旨，以无为而求对人性的有为。

三、教育的人道

实际上，不管是以什么样的形式进行什么内容的教育，不管这种教育的指导思想是什么，其根本的出发点，都在于能使人成为理想中的人，差别只是各自"人"的标准不同，各自通达"人"的途径也不尽相同。在这个意义上，教育实践本身便是人道的最好体现，而且，是一种"作为性"的积极的人道实践，它真切地反映着不同的人道观，体现着人道的层次、广泛性及其具体的内涵。

1. 教育制度体现人道的广泛性

人道体现对人的关爱，其广泛性包括两个方面。一是指人道视野所及的对象范围，即对哪些人实行人道；二是指其所涉及的人的需要层次，即什么样的人道。反映在教育活动中，人道的广泛性主要体现在教育制度层面，特别是教育制度中对受教育对象的规定，因为它规定了教育资源分布的广度，用现在的话说，就是哪些人可以享有受教育的权利。

一个社会中受教育的对象越是广泛，教育资源的覆盖面越大，越反映其人道；二是为了保障多数人受教育权利的教育制度。这种教育制度是随着工业化生产对劳动力受教育的要求而确立起来的。在工业化条件下，剥夺某些人的受教育权利意味着对其生产与生存能力的剥夺，当然也会对整个社会的生产发展造成一定的不利影响，因此，在发展社会生产与保证个人生存权利的意义上，普及性的教育制度确立了。在这种制度中，教育成为每个生命无条件的权利，教育制度以法律（教育法）的强制力保障每一位公民享受这一公益事业所带来的生活质量的不断改善。一定程度内的教育是法定义务范围内的事，在这里，义务一方面是指每个人必须接受一定的教育的义务（这同时也是他的一项权利），另一方面指是一定的政府、群体、家庭向自己的公民提供教育服务的义务，在这种法定的义务面前，对人受教育权利的任何阻力（包括政府、家长的不作为），都应受到法律的制裁。这是一种积极的教育制度，它以保证所有人权利的实现为目的。教育制度这种由限制到保障受教育对象权利的转变，是社会人道广泛性的扩展，也是教育人道性的提升。

2. 人道的层次与教育目标

如果说教育制度对教育对象的规定反映了教育人道的广泛性，那么一定社会教育目标的定位则反映了教育人道的层次。依据教育目标指向人的工具性与目的性，教育人道可分为低级与高级两个层次。同时，教育人道的层次还可以通过教育目标外延的多寡划分，教育目标的外延越是广泛，意味着对人的关怀的层面越是丰富，也标志着教育人道的较高层次；反之，则是较低的层次。

从教育目标的定位来看，在所有的教育形态中，可以分为两大类：一类是把教育的对象当作某种工具，另一类是把人本身当作目的。

拒绝外在目的的目的，在于凸显教育本身的价值。由于教育活动与人的发展的特殊关系，只有拒斥了各种外在的、强加的目的，把教育活动本身当作目的时，人的身心和谐发展才会成为可能，人才会从教育的异化中逃离出来，而教育本身也才可能实现其完全为了人的人道的高级层次。

对于教育目标外延的多寡对教育人道层次的体现，应该更好理解一些。人的需要本身是一个多层次的系列，其从低级到高级的排列并不能简单地与教育目标所反映的教育的人道层次对应。这种对应关系，只有在教育目标包含了人的低层次需要的基础上，达到或者说同时关照了人的高级需要时才有意义。例如，对于一个快要饿死的人，给他充饥的馒头，满足其低级的生理需要，比给他听美妙的音乐，提供精神享受的高级需要更为人道，而且后一种做法在这种情形中便近于残忍。但是如果在给他馒头的同时也向他提供音乐的精神享受，即在满足低级需要的同时满足其高级需要，与只满足低级的物质需要相比，前者达到了更高的人道层次。所以说，如果教育目标同时关注人的多方面的发展，外延较广，比只关注单方面的发展，外延较窄，人道的层次更高一些。

教育不光是要满足人的基本的需要或者低级的需要，更要关注人的精神方面（归属与爱的需要、尊重的需要、自我实现的需要），引导人自觉地追求生命的意义与价值。因此，教育不能够只教给学生谋生的手段、工作的技术，这一点，在当下的社会生活中更要注意避免。

3. 人道的形式与教育爱

在教育学中，有一个名词叫"教育爱"，可以从广义上涵盖教师对学生的影响方式，也就是教育权力实现的方式。

教育爱，之所以可以称为"爱"，是因为教育目的是指向"社会"与"受教化者"，而不是指向"教育者"本人，从"利人"的角度定位，教育是一种人道行为。

反复强调上述观点，是因为它与常见到的教师对学生的关心、爱护有着太大的差别，而后者是生活在今天的人更容易接受的概念。教育爱的这种（关心、爱护）表达方式是与其本真的目的一致的，是"反映事物本质的真象"。在这种教育爱中，有耳熟能详的启发式教学法、快乐教学法、音乐教学法等等使学生身心都愉快的教育方法，其中蕴含的是对受教育者作为一个理性存在物的尊重。近来，理论界也一直在呼吁师生间的平等、尊重，呼吁用"我—你"关系取代任何形式的"我—它"关系，合作、协商、对话成为理论界公认的新师生关系的基本话语。这样的努力，无疑是在追求教育人道的一种新的和谐形式。

事实上，费孝通之所以把"教化权力"当作是"横暴权力"与"同意权力"之外的第三种权力，原因在于教育"既不是发生于社会冲突，又不是发生于社会合作"，而是"发生于社会继替的过程"，是"被教化者并没有选择的机会"的成人对幼儿的一种"强制"。从这一点而言，应该说教育由于其是以"社会与年轻一代的未来"为目的的，所以在尼采所讲的狭窄意义上，是道德的，但是由于其这一"强制"性质，加上与之相应的一些强制的表达方式，甚至类似残暴的手段，而使我们不得不对其"道德性"持谨慎态度。当这一"强制"超过了一定的界线，"教化"权力就转变为"横暴"权力，成为一种我们无法认可的不道德。

"溺爱"这个词大家都司空见惯，而且对于溺爱的结果也耳熟能详：溺爱者的所作所为最终会窒息受溺爱者的个性、能力、道德等等，而受溺爱者往往不知其用心良苦而叛逆、出走，甚至以暴力形式反抗。其实，溺爱作为一种爱也是一种道德情感，而各种溺爱的行为，都源自一种道德责任，或叫道德义务。那么，为何道德行为却招致了这种不良的后果呢？因为道德行为也有一个度。对他人的责任心，对他人的爱，并非是可以趋向于无穷大的，也有一个阈限。这与责任心、爱的不足是不道德的一样，超过这一阈限，会造成对他人的伤害，也会成为不道德的。这个阈限，我们称之为道德阈限。当教师，即使是为了学生的未来、成长等与社会的发展等利他原因而对学生施以现代文明所不能接受的残暴体罚时，他（她）的行为本身已经超越了现代教育道德的阈限，而成为教育的不道德。柯尔伯格也许正是在此意义上，说灌输既不是一种道德教育的方式，也不是一种道德的教育方式。

所以，我们说责任和义务只可适可而止，不能越俎代庖。中国古人就很谨慎，讲"导而弗牵，开而弗达"，讲"不愤不启，不悱不发"，讲"叩则鸣"的道理，只是为了不把教师（也可以理解为社会）的观点强加于人，将教育的教化权力变为横暴权力，而伤害教育本身的道德。任何一种道德行为，包括关心和爱在内，它的道德性都是呈一个倒"U"形的，而非直线，只有把行为控制在一定的阈限范围内，才能很好地把握其道德性，过犹不及。当对教育的道德阈限认识和把握较好时，才能自觉地使教育的道德保持在较高的水平；反之，则会使教育这一社会公益事业在较低道德水平上徘徊。

教育爱的主体并不限于教师，学校中的管理者及教育的决策者本身也是教育爱的播种者。如果说教师的教育爱主要体现于师生之间的教育交往、教师专业素养的自觉提高及职业道德的自觉修养方面，对于管理者与决策者，其作为一个国家、政府及社会的代言人，对所有的教育资源质量的保证则是教育爱的一个重要组成部分。

教育资源包括两大类，一类是有形的物质资源，如校舍、图书、实验器材、教学仪器等可见用品，可称为有形资源；一类是无形的资源，如教师职业道德、教学内容、学校的文化氛围等。社会的教育资源质量是经济发展水平的一个指标，是社会文明程度的代表，更是一个国家、社会的教育道德性的重要标志。如果把教育看作一种服务的话，教育资源的质量则直接反映教育服务本身的质量。"巧妇难为无米之炊"，再高明的教师也难以用语言养出孩子的动手能力，何况，教师本身的水平也是他（她）所吸收的教育资源的结果。无论思想上对发展教育有多重视，不落实于教育资源质量的提高，无异于纸上谈兵、坐而论道。

当然，教育资源的质量在一定程度上受社会经济发展水平的制约，但这不能成为减少甚至以次充好的堂皇借口。明治时期、二战后的日本都是在并不富裕的条件下办起了高质量的教育。而且，这样的例子并非绝无仅有。

另外，教育资源责任主体的落实也是教育爱本身的具体体现。教育是社会公益事业，如同公路、铁路、电信，其责任主体应是国家和政府。至于鼓励私人办学及民间团体办教育，从政府的教育主体地位而言，不仅应该要求其保证教育质量，而且应该提供一定的资金辅助，因为他们是在替政府尽教育义务。

第二节　教育公正

公正与理性是人道的两翼，公正更侧重于作为"社会关系总和"的人在社会生活中与他人相处时的原则与要求。公正是人类社会的永恒追求，但是，人们对公正的理解却不尽相同，教育中的公正也歧义丛生，所以，对教育公正的讨论，也从公正的含义开始，以正本清源。

一、概念简析

1. 公正、平等、公平、正义

公正是伦理学的基本伦理范畴，在英文中为 justice，在汉语中的解释为"公平正直，没有偏私"。没有偏私是指依据一定的标准而言没有偏私，因而公正是一种价值判断，内含有一定的价值标准，在常规情况下，这一标准便是当时的法律。英语中的 jus 本身就有法的意思，公正以 jus 为词根演变而来，也说明了这一点。任何一个社会都有自己的公正标准，所以公正并不必然意味着"同样的""平等的"。在古希腊，奴隶与自由民所享有的权利是有很大差异的，奴隶被当作是会说话的工具，没有平等可言，但这在当时看来，是公正的评价。

平等意味着"同样没有差别"，英文为 equality，源于 equal（同样的，相等的），是对一种事实状态的描述。它是一种事实判断，不必然包含价值判断。

公平是一个表达价值判断的概念。在英文中一般用 fair 来表示。如果说平等是指一样、同样，而公平则更侧重于强调差别，体现强烈的效率倾向。一般而言，公平就是对同样的人、同样的情况用同样的标准，对不同的人、不同的情况用不同的标准，这叫作公平。在经济领域，如按劳付酬、多劳多得、不劳不得，比大家都一样的平均主义要公平得多。但是，在一个人道的社会中，仅有公平是不够的，如就多劳多得、不劳不得这一标准而言，不劳动者不得食，这是公平的，但如果我们社会按照这样的原则运行，那么，没有劳动能力的人就应该饿死，老、弱、病、残者都无法生存，这样的社会显然不是一个好的社会。我们所理想的社会，也要有一种对弱势者的同情、关怀，这便是正义。正是正义的存在，让社会变得更温暖、更人道。

2. 公正的标准

公正是依据一定标准的价值判断，随社会历史发展中不同阶段社会主流价值观念的变化，其判断的标准也发生着相应的变化。大而言之，可以说经历了以差异——同等——差异为标准的发展过程，完成了一个否定之否定。

以差异为标准的公正有两种形态，一种是前工业社会对同一群体内等级差异的尊重，第二种是后工业社会对不同群体与个体差异的尊重。在工业社会中，同一性是一切价值的标准，也是社会公正的标准。

工业社会时期，资产阶级把"平等"写进了法律，"人人平等"成为社会公正的标准，不平等成为被诛伐的对象。所以，儿童要求受到成人的尊重，平民要求受到统治者的尊重。抹杀民族、肤色、性别、年龄所有的差别，同一性成为公正的最起码标准，"法律面前人人平等"成为社会公正的基础。在这种情况下，普遍性的道德被提倡，认为所有人都应该遵守同样的规则，享有同样的权利，社会公正的标准是对所有人适用的，是普遍性的，至少在法律和理论上是这样规定的。

差异与多样性再次成为公正标准关注的核心，是在后工业社会来临的时期，这时对差异性与多样性的崇尚是与对工业社会同一性和平等的指责同步进行的。后现代主义哲学家们对代表工业化利益的整齐划一方案导致的对差异性的压抑提出抗议，要求尊重差异的价值。马尔库塞以批评工业社会把人变成"单向度的人"而倡导多样性；福柯以宣告自笛卡儿以来无所不能的主体的死亡向科技理性挑战，以突出疯狂、疾病、犯罪和性等长期被遗忘的边缘消解西方工业文化传统的中心与主流；利奥塔则简单明了地把后现代哲学这种对差异与多样性的肯定说成"对一切元叙述的怀疑"。在强调差异与多样性的原则下，用统一性这种多数原则来压制个性、差异与少数人的意志，是不公正的，从这个意义上，他们从不同的角度，呼吁变更社会对公正的认定标准，要求在标准中修改同一性的地位，增加对差异与个性的尊重，抛弃原来只认可一元的正当性的做法，赋予多元合法的地位，强调所有群体（不管这个群体人数的多寡）所代表的利益与文化都应受到尊重。弗拉泽说："我们生活在一个这样的时代，对群体身份的确认，而不是经济资源的再分配成为政治冲突的焦点。"文化的价值，特别是尊重多元文化，包容各种特色的文化，承认和尊重差异，成为社会公正的重要内容。他们的口号是"我们是平等的，同时，我们是不同的"。

与此同时，也出现了以强调差异而拒绝不同文化的交流与相容的倾向。罗曼·弗莱查指出，在种族问题中，现代的种族歧视表现为不平等，是优等与劣等种族的划分，而后现代的观点则认为，不存在优等与劣等种族，它们只是不同的种族。但是，这种不同与差异使种族间不可能平等对话，不可能建立共同生活的普遍价值观。因此，把对差异与多样性的尊重作为社会公正的标准并不意味着可以消解文化与不同群体间的隔阂，而是有可能拉大各种现存的差异。这可以看作是对这种过于强调尊重差异的公正标准的一个提醒，也是对价值观念的极端相对主义倾向的一个告诫。同样，齐格蒙·鲍曼也以其超人的预见性，提示正热衷于后现代的人们，正如以同一性为核心的现代性有它忽略个体自由与差异的缺憾一样，以尊重差异、提倡个性为旗帜的后现代性也有其自身的缺憾，它的缺憾表现为因对自由的过于尊重而导致的安全感的缺乏。

在这个时代，反思成为主流，一切价值都是可以反思的，或者说对一切价值的反思都是正当的、合法的，包括刚刚出现的对差异的强调。

二、教育中的公正

在教育学科分类中，到目前为止，有关教育公正的论述一般归属于教育社会学。随着这一问题的突出，教育伦理学领域也有专著相继问世，如吴德刚的《中国全民教育问题研究》等。北京师范大学教育管理学院的苏君阳认为，教育公正是由教育系统内部公正与教育系统外部公正通过一定的制度形式有机地整合起来的一种伦理实在。教育系统外部公正主要体现的是一种制度上的公正，而教育系统内部公正主要体现的是一种师生交往实践上的公正，衡量教育公正的标尺是个体发展上的公正。这里，把教育公正作为教育道德性的一个重要体现，作为教育伦理的一个侧度，既包括教育制度、法律所包含的宏观层面的教育公正，也包括教育过程中教师公正地对待每一个学生的微观层面的含义。

1. 教育制度与教育公正

由于教育公正是社会公正的重要组成部分，所以在教育公正中也存在着社会公正中价值标准的问题，而且，常规情况下，教育公正与社会公正的标准是一致的，或者，按照社会学的说法，教育中的公正是在支持与复制社会制度中的公正。

就教育资源的分配而言，在等级制社会中，等级分划是公正的标准，教育资源的分布也存在严格的等级界线。如果说教育资源分布所反映的是接受教育的人所实际享受到的教育服务，如果说教育资源分布所反映的是接受教育的人所实际享受到的教育服务的公正情况，那么，教育评价制度中的教育公正则直接关涉到教育机会分配的公正问题。它不仅决定哪些人受什么层次的教育，也包括按它的标准，哪些人可能受到教育。实际上，教育评价制度是教育资源配置的一个协调机制，通过教育评价，把不同的教育资源分配给社会中不同的人，或者按照某些标准，把某些人排除在学校大门之外。

各种选择与分配教育资源的教育评价制度与方式，与其所存在的社会政治、经济制度是密切相关的，在一定程度上，也是为维护其所存在的社会制度服务的；反过来，教育制度所体现的公正标准，也受到社会制度的支持。

目前备受瞩目的我国各地高考的不同的入学分数，就体现了一种因出生地不同而不平等的入学标准。这是我们国家户籍政策与计划经济体制在教育管理中的一种体现，但在计划经济已经被取消了二十多年，户籍制度也已经松动的今天，依然在起着作用。

2. 教学过程与教育公正

教师作为教育的主体，是教学过程这一微观教育领域内教育资源的分配者，他们掌握着无形的教育资源，如关心、同情、理解，当然也包括惩罚、责骂等教育性因素的分配权。同时，教师的素质本身也是一种教育资源，他（她）对教育材料的解读程度与教学能力，是学生感受到的最亲切与真实的教育。也许正是出于这样的原因，学界许多人把教育伦理与教师伦理即教师的职业道德等同起来，或者把它当作其中最为重要的一部分。

在教学过程中，教育公正直接体现为教师公正地对待每一个学生。在《教师伦理学专题——教育伦理范畴研究》中，檀传宝将此作为教师的"对象性公正"，认为此种公正要求教师做到："第一，平等地对待学生；第二，爱无差等，一视同仁；第三，实事求是，赏罚分明；第四，长善救失，因材施教；第五，面向全体，点面结合。"实际上，这些要求包含两层意思：一是教师对每个学生的同样性，即同样的关爱与负责；二是教师对不同学生的差异性，即不同的学生不同待遇，因材施教。这是对现代教学过程中教育公正的一种期望。

在教育这一社会公益事业中，公正是其应有之义。教育公正在教育制度、教学过程之外，在教育管理、教育法、教育政策等方面也都有一定的体现。

第三节　教育理性

普罗泰戈拉把人作为万物的尺度，是因为他认为人的智慧高于万物，他是用人的智慧理性来做万物的尺度；康德也把人看作"理性存在物"，在此基础上，他赋予人"没有什么等价物"的尊严。然而，人的理性在尼采那里演化为"权力意志"，又被当成世界大战的行动纲领。在高科技领域，人的理性化作更为残酷的核武器，威胁整个人类的生存。他们所言的理性内涵是存在差异的，所以，在探讨教育中的理性之前，必须讨论其逻辑的前提——理性。

一、理性的含义

人是理性存在物，并不意味着每个个体都有相同的理性，也不意味着理性是先天遗传而存在的。理性是人在后天环境中产生和发展的特性，其产生需有一定的条件。理性是对人的特性的一种抽象概括，在现实中，它有自己的特征与表现。

1. 理性的自由

如果说理性是人抽象思维及意志特性的反映，那么思维与意志存在的条件，便是理性存在的条件，而"意志在每一个行动中是其自身的规律"，所以，如果说抽象思维遵循一定的逻辑，这便是意志自由；这一逻辑不是外在于思维，而是由思维本身所反映出来，思维活动的每一步骤都是其自身的逻辑，所以说思维是自由的，而且，思维与意志的自由特性决定了它们构成的理性本身也是自由的。在《评普鲁士最近的书报检查令》中，马克思指出："没有一种动物，尤其是具有理性的生物是带着镣铐出世的，自由是全部精神存在的类本质。"

自由是理性存在的特性，也是理性存在的条件，即理性只遵循自己本身的规律。任何外在的要求和限制都是抹杀理性的锋利匕首。失去自由，理性便不能表现出自己的本来面目。因此，我们说自由规定理性存在的场。

2. 理性的自觉

理性存在具有自觉性。西方人借耶和华之口说，智慧是对自己行为的正义与邪恶的认识，其实这就反映了理性的自觉。而与这种自觉相伴的是对自己行为的协调与控制，而协调与控制的依据是理性本身，而非外在的规定。因此，自觉不仅是一种认识，更是一种主动性和意志自身的行为。理性存在便是在这种自觉中，不断地认识自己，又不断尝试更新对自己的认识，从而构成自己的本质。因此，理性的自觉一方面是觉悟到自己本身的规则，另一方面是抵制与本性相异的干扰。一方面，理性本身便意味着对自己本真的追求；另一方面，理性也表现出与他物不同的差异。但是，理性的自觉是以自由为前提和保障的。

理性的运用意味着理智和谦卑，意味着寻求合作和和谐，也意味着平等和妥协，意味着责任担负和价值承当。理性的人采取公开的讨论和辩论来表达自己的意见，他不能也不会用权势、暴力、恫吓和诱惑制服他人，强迫他人接受自己的观点。理性的态度意味着一种平等交换的意见和乐意向他人学习的态度，一种向他人承诺自己道德责任的态度，一种承认不完善但寻求改进的态度。

理性作为一种精神品质，它是对个人生活实践的反思性关照。理性的品质不仅使人的价值存在指向美好生活理想，形成一种对美好生活的理解，而且它表现为对自己的生活和公共生活的治理，在这种治理中，表现出个人精神的完整性和存在的伦理性，表现出一种理性的人格。

理性的人可能不是全面发展的人，可能不是完美的人，但他是一个能够在社会现实中理智地进行判断、合理地进行选择、伦理地进行行动的人，他在具体的政治社会里是一个承担法律义务、伦理价值的平等而自由的公民。他在自我照看的自由伦理精神中参与公共生活的治理。他的理性参与是公共生活健康的必要条件和显著标志。

二、教育中的理性

教育本身不是理性存在物，但它是理性存在物的一种活动，因此，它反映存在物的理性状况。一方面，教育中的理性是"人"这一理性存在物的理性在教育活动中的投射；另一方面，教育活动是诸多因素相互作用的一个过程，本身有自己的规律与逻辑，也可以说是这些因素相互作用的自组织性。我们说的教育理性，就是强调教育内部因素的这种自组织性，也可以说是教育自身的内在规律，但同时，更包含教育本身的理性自觉，即主动把握与探寻自身规律的努力，主动追求理想的价值引导与自身的完善。

首先，教育本身必须是追求理性的，并以通过教育这种养成人的实践活动本身的理性精神养成进入这个过程中的受教育者的个人理性为教育的崇高目标，这便是教育的启蒙。

重塑理性精神，必须以教育的启蒙为条件。教育启蒙意味着在教育的理念、教育的体制建构、教育的内容创新等方面以一种价值理想引导和改善教育本身，更为重要的是，教育启蒙在于以"有作为的生活"所需要的价值理想引导求教育者焕发出追求美善生活和真理的精神动力。以这种启蒙为使命的教育是教化得以存在的形式。

在重塑理性精神的教育启蒙中，我们不能忘记教育启蒙是具体的教育行动，而教育行动是道德的艺术。在某种意义上说，教育必须牵涉的是理性的生活方式以及具有理性精神的个人，这意味着教育的一切实践构成都必须在理性的审慎精神的指导之下，把价值和理念转变成教育实践的艺术，即理性精神的培育依赖于教育过程和教育活动的理性艺术。

其次，教育的自觉实际上是各层次的教育主体的教育自觉，即各层次的教育主体对教育本身活动规律的主动把握，主要表现在两个方面：教育研究的理性和教育决策的理性。

（一）教育研究的理性

教育研究是主动探索教育规律的认识活动，其所反映的理性为认识的理性，主要表现为对教育活动进行学术研究的独立性与个性，以及坚定的科学理念与严谨的治学作风。

在研究领域，这种时髦与潮流所包含的从众做法是对研究应有的独立性与个性的背离。如果说教育研究表达的是一种学术话语，这也可以看作是对学术话语的一种趋炎附势，是科学研究领域的媚俗。学术研究领域赶时髦与潮流的人表现的往往只是对话语霸权的顶礼膜拜，因此潮流中多有唯唯诺诺的应声，缺乏掷地有声的反省；多见连篇累牍的释义与牵强附会的吹捧下十足的学术奴性，少见追本逐源考究与实事求是评价的学术个性。奴性背后孜孜以求的功利，淹没了追求真理的傲骨。特别是在追求功利成为一种潮流的今天，研究的功利化也日趋明显，对此，盛宁先生摇头慨叹，"理论竟也变得如此的浮躁，实在令人不可思议"。

近来，教育理论研究中最时髦的话题大约有三个：素质教育、创新教育及教育产业，大家都很清楚这些话题的起因。在一定时期内理论界有研究热点，这无可非议，而且更多的研究者关注某一问题，也有利于探讨的深入与问题的解决。可事实并非如此。"素质教育"鼎盛时期，每本杂志都连篇累牍，每所学校都争搞实验。结果"学术论文"低水平重复，无意义的聒噪烘托着虚假的学术繁荣；多少实验有名无实，或挂素质教育之名而行应试教育之实，学生负担日益加重，导致近来的又一轮"减负运动"。现在，素质教育的热潮似乎已渐渐退去，作为学人，扪心自问，素质教育问题退场的原因，是否是因为其有关的问题已经解决或者有了定论？素质教育的理论研究与实验解决了哪些理论与实践的问题？对教育理论研究与实践有多大的推动与提高？与表面的热情相比，这些问题的答案恐怕并非令人欣慰。

2. 坚定的科学理念与严谨的治学作风

科学以逻辑的严密而成为理性的代表，弘扬理性自然包含着追求学术研究的科学性及对待科学的认真负责的态度。对客观必然性的尊重是科学研究的前提，对客观必然性的思索与探求，要求学人有严肃认真的态度，以高度的责任感对待自己的研究结果，尝试科学方法，力求不断改正原有认识的错误，靠近终极真理。一句话，科学研究要有追求真理、捍卫真理的勇气和良心。

（二）教育决策的理性

如果说理性在教育研究中更多地表现为研究的独立性与个性，在教育决策中则主要表现为对客观规律的把握，即科学性。

教育决策的科学性不仅指依据一般的教育规律，因为决策是面向实践的活动，因而更强调在遵循一般规律的前提下，根据实际情况，把一般规律具体化，寻求在各种情况下一般规律的最佳表现方式。要注重教育规律的全程性，周延所有变化的区间（以保证其科学性），在教育决策中则强调在把握全局的基础上，确定此情此景满足规律在哪一部分的条件，然后再决定采取什么样的措施。因此，教育决策更多地体现教育规律在不同情况下的权变。

教学过程中教育决策的科学性问题，可以这样来看：教学方法的采用是否收到了较好的效果，其中包括使学生在受教育过程中感受到身心方面的愉快。这样的标准，在现实中似乎仍离大多数教师很遥远。因为从语文到物理，都是教师讲学生听，方法不随学科内容而变化，更何谈每一学科的不同部分的不同方法以及适合每个学生的教学方法！对班主任而言，对班集体事务的管理，对班集体中突发事件的解决，又有多少是有科学的理论作依据而非受自己情绪、功利甚或其他原因的影响？对此虽没有确切的调查数据，但接受过中国教育的人甚或每一位教师都心里清楚。而教学决策的科学性是教学效果的保证，也是合格教师的必备条件，这是大家都认同的。

（三）决策执行者的理性

在教育政策中，除教育决策的理性外，还有政策执行的理性问题。而且，如果说在决策中，教育理性主要体现为决策是否符合规律的科学性，在执行过程中，教育的理性更多是指对决策的科学性有一定的敏感性或认识，依据实际情况灵活执行。特别是具有为教育发展和教育事业工作的精神，不受个人功利的诱惑、钻政策的空子，这需要坚强的意志力和事业心。

不少教育政策的执行者抗拒政策和法律，在执行教育政策时丧失理性与道义，贪污腐败，给教育事业造成巨大损失。在 1999 年的教育审计中，共查出违纪金额 19 亿元人民币，纠正金额 14 亿元，贪污贿赂案 114 件，涉及金额 141 万元。在日常教育收费中，把学生作为创收的财源，违反规定、巧立名目多收多占的现象也不计其数。而对执行教育政策中丧失理性的人，自然应由法律制裁，同时，加强教育道德的约束，才能防患于未然。

第四章 教学的道德

第一节 教学道德的内涵

一、教学道德的概念

教学道德，对许多人来说，是比较陌生的词。或许许多人把它理解为教师的道德，或者更准确地说是教师的教的道德。其实不然，这里的教学道德是指教学活动自身而言的，也就是说，它是在考量教学活动自身道德问题这个意义上使用的，而不是指涉及教学中人的道德问题，这样，教学道德将关系到一切教学行为、教学活动和教学要素。

教学道德不是指涉及人及其行为的品质，而是一种指涉及活动及其要素的道德问题。一般而言，对道德的理解，主要是在两种意义上说的。第一种意义上的道德，是与"非道德"相对立的意义上而言的，即"同道德有关"的道德是什么。第二种意义上的道德是与"不道德的"相对立的意义上而言的。与此相对应，教学道德也有两种意义。第一种含义是指教学自身的善恶问题，或者叫教学的道德维度。第二种含义是指教学活动自身所体现的道德意义和承载的伦理要求。这里的教学道德实际上是指教学活动的善，或者说是教学自身所体现的合道德性、合伦理性。

二、教学道德内涵的诠释

教学作为一个存在，是"人为的"，而非"自在的"，是人类的创造性成果，而非自发性产物。教学作为人类自觉创造的存在，必定有其充分的"道德理由"作为其内在支持，或者说必定有其内在的道德内涵。这种道德内涵至少包括以下几个方面。

1. 教学是促进人与文化双向生成的活动

教学是什么？教学为何？对这个问题的回答可谓众说纷纭。有人强调教学必须帮助学生培养技能、形成良好的工作习惯和合作态度，有人则认为教学应该培养学生的政治态度。麦克卡蒂说："教学作为一种特殊的人类的努力，绝不是一个一无所有的地窖，等待纯粹来自外部资源的填充。"教学，作为人类的一项创造性活动，必然有着人类所赋予它的在先的规定。这个在先的规定便是教学的本源性规定。也许探讨教学是什么或教学为何这个问题必须回到这个意义上来，才可能寻找到答案。那么，这个本源性规定究竟是什么呢？

首先，教学促进人的发展，延续人的生命。从教育教学的起源来看，教学就是使人"文明化"，使儿童既掌握生产的知识与技能，又掌握与人的生活、生存相关的知识、技能、习俗、神话、宗教等。而这种文明化的目的就是为人的生存、发展服务，维持着生命的延续，创造生命的意义，使人能生活下去，而且生活得更好。教学是丰富、加深和扩展学生的理解、认识和视野，而不是使他们变得更浅薄、贫乏和狭隘；教学是有助于学生学，而不是使他们变得更无知；教学是有助于学生想，而不是割断他们的思维。

其次，教学促进人的发展是通过文化媒介的。从文化的观点出发，文化是人类创造的。然而从个体的观点来看，人又是文化的产物。这就是说，个体的人必须进入文化的"外在装置"和客观精神，才能成其为人。正如蓝德曼所言："每一人类个体本身的生成，只是因为个体参与了超个体的且为整个群体所共有的文化媒介。"唯有它的帮助，个体才能直立。唯有在这种环境的大气层中，人才能呼吸。这些在人身上直接交织，构成了人的完整部分，如同血管系统一样。人必须以其主体性的血液灌注于这一系统之中。

以上分析说明，教学就是引导学生个体与作为社会历史经验的文化之间进行结合与交会，这个过程显然不是一个单向的过程，而是一个双向的过程。在此过程中，作为个体的学生通过掌握社会历史经验，不断实现自己的文化，从而获得自身心智结构的更新而使自己成为一个新人；而文化则通过学生的掌握而不断实现人化，由静态而转化为活态，并进而获得自身发展、创生的真正源泉和契机。说到底，教学是促成人与文化的双向生成。这正是教学所必须持有的执着信念和承担的伦理责任，如果教学丧失了这种信念和期盼，教学也就成为不必要。从这里可以发现教学所具有的深厚、浓郁的内在道德价值和意义。

2. 教学是共享共生的活动

教学离不开交往，离开交往，教学中的认识就变成不可理解的。教师无法直接作用于学生，他只能与学生在交往中建构一个双方都能接受的文本。从这个意义上说，教学是一种人类交往的特殊形式。可能正是如此，国外有人把"教"看成是一种特殊的交会形式或方式。

教学作为交往，首先意味着教学是教师的教与学生的学的共同活动，也即是二者的"共在"。缺少任何一方，交往便不复存在而趋于消解。值得注意的是，这里的"共在"是"教"的活动与"学"的活动的"共在"，而不直接指教师与学生主体的"共在"。教师因为"教"才成为当下的教师，学生因为"学"才成为当下的学生，当下的教师活动与当下的学生活动才可能生成真正的教学。

教学作为"共在"，进一步的推论就是教学是"共享"。教学不可能是教师把教材塞进学生的头脑中就能达成。相反，教学必须是教与学的"共显"，在那里，以教材为中介，教与学相互作用，形成一种新"视界"。这个新"视界"，既不是单独来自教师本身，也不是单独来自学生自身，同样也不是单独来自教材本身，它是通过多极主体相互作用而"视界融合"的结果，它为各个主体所"共享"。共享不同于占有（或拥有），占有是把某物据为己有，而排斥他人；共享是把某物当成公共的，共同享受，具有非排他性。

"共享"以各主体相互敞开为前提。教与学相互封闭，就不可能有新"视界"的形成，由此也就不可能有相互分享的达成，此所谓相互敞开，才有相互接纳。从这个意义上说，教学首先是合作，而不是竞争。过度的竞争非但不能激励学生学习，反而导致相互之间心灵的封闭。

共享的结果便是"共生"。所谓共生就是共同生长。这便是弗雷尔所说的那样，真正的教育不是通过"甲方"为"乙方"，也不是通过"甲方"关于"乙方"，而是通过"甲方"与"乙方"一起，以世界作为中介而进行下去的。教学是师生共同的活动，是师生一道求"真"的过程。在这里，师生共同享受着关爱、喜悦，他们之间不带有功利性，而是具有互惠性。在这里，充满着师生相互的关怀、理解和尊重，体现出秩序、和谐和祥和。

3. 教学是尊重人的自主和理解的活动

常识意义的"教"的活动有许多方式、途径，如演示、解释、证明、指出、介绍、讲述、说明、训练、操练、命令等，但作为"教学"之"教"却不是无所不包，它对常识意义上的"教"的方式做出了一定的筛选，保留了一些又抛弃了一些。

首先，教学必须尊重自主。所谓自主，意指不是"他主"，也即自己的行动是自觉自愿的，不受他人支配、摆布和控制。"教学"必须包含自主，哪怕是最低限度的自主。这实际上是指"教"不是直接把某种东西装进或印刻在某人的身上，教得成功必须通过学得成功才能得到说明，也就是说，教必须依赖于学，而学则可以不依赖教，说到底，教不仅要发展儿童的自主性，而且要尊重儿童的自主。

其次，教学还必须尊重理解。"教"还必须包含最低程度的"理解"。"教"总是使人联想到一种理性因素，这种理性因素在其他任何一个谓语动词（比如操练、训练、施加条件、灌输等）的表面都看不出来。所以谢弗勒说："教，在标准意义上，至少某程度上经受学生的理解和独立判断"；"教学在这个方面上，需要我们向学生展示我们的理由，并且通过这样做经受他们的批评与评价"。在这个意义上，灌输不是教，欺骗也不是教。

概而言之，"教"就这个术语的标准用法而言，它还必须涉及两个方面：一是非强制性或最低限度的自主；二是最低限度的理解。这实际上是说"教"作为人类的一种活动，是尊重人的自主和理性，把人当人看，而不是把人当物看，它体现了对人的尊重。这里，"教"所蕴含的道德伦理意义已非常明显了，换句话说，"教"在其方式上是合乎道德的，至少在道德上是可以接受的。如果教学在方式上不合道德，那么教学就会失去它顺利完成其使命的基础。正如麦克莱伦所认为的那样：有道德的"教"是"教"的"真品"，而没有道德的"教"是"教"的"赝品"。值得一提的是，实际的教学的发生往往是很复杂的，真假之教常常混杂在一起，而不是简单地遵循"不全则无"的原则。一些非标准意义上的教的确有时是教学的必要的辅助手段，甚至单独存在而成为教育的过程。

第二节　教学道德的向度

一、教学道德的两个向度：外生道德和内生道德

1. 教学外生道德的概念、基础和意义

教学的道德可以分为两个方面，即外生道德和内生道德。所谓外生道德，是指人类教学活动所体现的人类特定的社会伦理价值。它是把既定的教学活动放在社会伦理道德文化的背景中而引申出的伦理道德原则和要求。这个伦理道德要求虽然也是教学道德的一部分，但它的最初源头来自教学的外部，故称为教学的外生道德。

教学作为人类的一项文明活动，它不可能在真空中进行，而只能处在一定的社会历史文化背景之中。这样，特定社会文化背景中的道德价值的影响和制约，使得教学这一活动总是要承载特定的社会道德价值和伦理原则。追根溯源，其一，教学活动的主体总是处在特定的社会文化背景之中，受到特定的社会伦理道德观念的熏陶和支配，从而使自己的道德观念打上时代的烙印。而教学主体的这些道德观念又必然投射到自己的教学活动中，使得教学活动最终烙上社会伦理道德的印记。其二，教学以外的人们和社会总是要对一定的教学活动作

出伦理评判。这就是对某一种教学活动在伦理意义上做出肯定或否定的价值判断，从而区分出善的或恶的、好的或坏的，以此来"干预"教学活动，使得教学活动符合评价主体的伦理道德取向。

当然，教学要体现社会伦理道德规范和要求，但却不是对社会伦理规范的简单、直接移植和粘贴。一方面，社会伦理道德规范极其复杂多样；另一方面，社会伦理道德规范又具有普遍性和一定程度的抽象性。因此，教学就必须对社会伦理道德规范做出某种筛选和具体化，因为只有这样才能使其既真正切合教学的特点，又真正得以落实。我们认为，当代中国教学的基本外生道德是人道、平等和自由。

应该说，教学的外生道德是非常重要的，是对教学进行伦理规范和批判的一个重要向度。一方面，它保证了教学这一活动紧紧跟随人类文明发展的进步，使得教学这一人类文明与整个社会文明保持和谐。另一方面，它又具有积极的人本价值，促进教学中人的发展和完善，从而使得教学活动体现出浓厚的伦理意义。

2. 教学内生道德的概念和内在依据

所谓教学的内生道德，是指教学作为人类文明的一项创造和发明而必然体现的人类道德精神或伦理要求，它是教学这一活动方式的内在要求，是保证教学活动得以存在的道德合理性基础。从提出的方式来看，它不是把某种抽象的伦理规定和道德命令强加于教学而推演出的伦理规范，而是对教学这一特殊活动进行反思而得出的道德规范。由于这种道德不是直接来源于外部，而是从教学自身中反思、推导出来的，故称为教学的内生道德。因此，它必须到教学活动得以存在的道德基础中去找，到教学活动的内在道德要求中去找。

根据教学的道德内涵，教学的内生道德大致表现为三个方面，即发展、合作和自主。

提出教学内生道德实际上是顺应了我国当代应用伦理学研究的理论突破，也即应用伦理学应该反对脱离现实，只作空洞的逻辑推演或架空道德价值的理论倾向，主张伦理道德应成为事件中的内在要素或成为解决现实问题的内在机制，而不做旁敲侧击的姿态。当前，我国经济伦理、管理伦理、法伦理研究都重视揭示经济、管理、法本身的内在道德要求或伦理基础。这种内在道德要求实际上是经济、管理等活动自身的内在要素之一，是解决该活动现实问题的有效机制。如市场经济活动本身的道德是价值效率、市场分配正义、较充分的行为交往和利益共享，或者说，利益共享、市场分配正义等是市场经济活动的内在伦理要求，它保证市场经济活动的正常有效运转。

3. 教学外生道德和内生道德之关系

就实际存在的状态而言，教学内生道德的现实表现是从属于相对应的教学外生道德的，对教学外生道德存在依附性和亲和性。说到底，二者之间是制约与被制约的关系，教学外生道德制约着教学内生道德的现实存在形态，有什么样的教学外生道德就有什么样的现实形态的教学内生道德。需要指出的是，教学外生道德对教学内生道德的制约，绝不是意味着教学外生道德可以任意地取消或添加一种新的教学内生道德，而是意味着教学外生道德可以造成教学内生道德的现实表征，影响原有理想的教学内生道德的实现程度、方向，直至扭曲。从这一论点推论开来，还可以得出两个相关的结论：其一，不同的教学外生道德有着不同的现实的教学内生道德。认识和解释一种具体的教学内生道德，只能到当时确定的教学外生道德中去找。脱离相应的教学外生道德，具体的教学内生道德就变得不可理解。其二，要改变或否定一种具体的教学内生道德，必须要改变或否定它所依附的外生道德，否则，任何一种对具体的教学内生道德的改造或否定的企图都只能是徒劳的。

当然，需要补充的是，教学内生道德作为教学存在的道德合理性前提，作为教学得以顺利完成其使命的道德合理性基础，也必然在一定程度上借助于教学主体的力量而顽强地抗争、生发，从而抵制不合理的外生道德对它的压制，表现出一定的相对独立性。譬如，在教学史上，许多教育家们真正致力于教学实践，追寻教学实践的真义，维护教学实践的尊严，实践教学的内生道德。尽管这种努力往往是在局部存在着，但随着社会的发展和教育的主体性的增强，这种倾向将更加明显。

二、教学的外生道德：人道、平等、自由

1. 人道

教学的对象是人，教学是人的活动。教学的这一特性决定了人道原则在教学中的地位。就教学的人道而言，应具体包含以下几方面内涵：

第一，肯定人的价值，重视人的尊严。人道原则视人本身为最高的价值或尊严，教学人道当然也应如此。在今天，还应将之提高到人的权利的高度来认识。也就是说，教学要尊重学生的人权。不过，这里所说的人权不是西方所说的"天赋人权论"。天赋人权论认为人权是每个人作为人所具有的共同人性，是自然赋予的。这种人权论不仅把人权抽象化了，而且把权利与义务人为地割裂开来。我国学者王海明认为："人权不是无偿的，而是有偿的，人权的实际享有必须以一定的义务为前提。"

第二，教学过程成为学生的生活过程。教学要做到把学生当人看，理应要关注学生当下的现实生活。那种标榜为了学生遥远的将来，而不顾现在的生活，无疑是没有把学生当人看，至少现在是，它和人道原则是背道而驰的。卢梭早就指出这一点，他说："当我们看到那种为了不可靠的将来而牺牲现在，使孩子受各种各样的束缚，最终在阴沉的环境中把他们夺走了的教育时，我怎么不感到愤慨呢？"这实际上是要教育教学反映儿童的真实生活。

第三，坚持"以人为本"，反对人的异化。教学的一切要为了人，教学的一切要为了促进人的发展，也就是说，教学目标的制定、教学内容的安排、教学方法的运用、教学评价的进行，都要围绕学生的发展这一目标、主题。而且，知识本来是人所建构的，也是人的发展的重要手段，是人和自然打交道从而获得自身发展的重要工具。教学"以人为本"，就是要重新思考人与知识的关系，把人从知识、分数的束缚中解放出来，使人成为一个活生生的人。

2. 平等

就教学的平等而言，它包括学生间的平等和师生间的平等这两大方面。对学生间的平等主要有两种理解：一种是完全平等，即认为在教学中，教学内容、教学进度、教学方法、教学评价等方面都同样对待。在这里，学生之间的兴趣、

需要、能力、智力等方面的差异都失去了意义，教学就是达到一律化。这种平等观越来越受到人们的批评。另一种是形式的平等。亚里士多德认为应该"平等地对待平等者，不平等地对待不平等者"。彼得斯把这一原理应用到教学中，认为在特定情景中没有什么人能够要求得到比他人更好的对待，有差异就应区别对待，而没有差异就不应区别对待。根据对平等的上述理解，学生间的平等应存在如下的"词典式"序列。

（1）人格平等。这是人的基本权利，所以应该完全平等，也即在教学中，学生的人格和尊严应该受到同等的对待。

（2）起点的机会平等，即入学机会或进入教学系统的机会平等。这里要区分义务教育阶段和非义务教育阶段。义务教育属于人的基本权利，应该完全平等，也即人人应该进入。非义务教育属于人的非基本权利，应该是比例平等，也即非人人可以进入。但在教育中，这个比例的确定不是按照现实贡献，而是按照潜在贡献，也就是按照能力及其替代性表征——成绩。

（3）过程的机会平等。它包括两点：一是平等考虑，二是区别对待。所谓平等考虑，是指学生人人应该获得平等的待遇，如教学目标、内容、进度、方法、评价等，如果没有充分的理由，即认识到真正的差异，任何学生都不能受到区别对待。所谓区别对待，是指如果学生间存在差异，应该实行区别对待。那种不顾及学生间差异而实行完全平等的教学，其实是表面的、虚假的平等，其实质是教学的不平等。对此，《学会生存》也明确指出："给每一个人平等的机会，并不是指名义上的平等，即对每一个人一视同仁，如目前许多人所认为的那样。机会平等是要肯定每一个人都能受到适当的教育，而且这种教育的进度和方法是适合个人的特点的。"

（4）补偿平等，即对在教学中处于不利地位的学生采取补偿性教学措施。从以上的讨论中，我们可以发现，如果教育资源是非常丰富的，那么"平等考虑，区别对待"就不会存在问题。但"教育资源不是无限的，人们不能拥有他们想要的全部资源"，在这种情况下，"平等考虑，区别对待"就面临问题了。如对待优等生和后进生，教师往往无法都给他们"开小灶"。根据理论大师罗尔斯的理论，对那些因财富、出身、社会地位、文化背景等因素所造成的差异应进行补偿。教学中如果要不平等地分配教学资源，至少要满足这一最低限度的要求。这就是说，对待优等生和后进生之间的资源分配发生矛盾时，就要投入更多的资源给后进生，就教师而言，可以给他们额外的补课或其他帮助，而不能给优等生同样的待遇。当然，需要指出的是，这也不能以牺牲大多数学生的利益为代价，否则就会违背教学平等原则。总而言之，学生间平等的实质是要尽可能地让每一个学生得到充分的发展。

就师生之间的平等而言，首先是人格平等，这是完全意义上的平等，因为人的价值超越于其他一切价值。其次是教学中参与权利的平等，也就是说，在教学中，学生与教师一样有提问、讨论、解释、质疑的机会和权利。教师绝不应该依仗自己在知识、能力等方面的优势而凌驾于学生之上，并剥夺、侵占学生思考、表达和对话的机会。当然，认为师生之间参与权利平等并不意味着他们之间不存在任何差异。

3. 自由

自由是人的本质，是现代人的权利之一，理所当然，学生也应享有自由。卢梭从人具有自由的天性出发，肯定生活就是活动，于是积极倡导活动自由。蒙台梭利也把活动看作实现儿童自由的关键，认为"自由就是活动"。杜威也特别强调教育教学中理智自由的重要性。综合以上各种看法，自由主要有以下几个方面：一是理智自由。这就是要求让学生想之所想，思之所思。二是表达自由。包括口头表达和书面表达的自由。譬如在课堂上，要给学生提出问题和回答问题的自由，要给学生思考问题是什么和思考如何回答问题的机会，问题之间要给学生留有思考的充足时间。要鼓励相互质疑，相互讨论。对学生发表的与众不同的观点、见解，要能宽容、理解，要允许学生犯错误等。三是行动自由。在教学时间上，给学生一定的自由支配的时间，给学生以一定的自由度，不仅要给学生课堂外的"空白时间"，而且要克服课堂教学时间分配中存在的弊端，使教学时间的安排和组织具有灵活性和伸缩性。教学空间上也要灵活安排，教室里的课桌可以采取各种摆法，如摆成有利于小组合作学习的"马蹄式"、有利于集体交流的"圆桌式"等。同时，教室还可以设立数学角、科学角、美术角等。在这一点上，欧美及日本曾做过一些改革，将教室分成几个活动区。四是选择的自由。这突出反映在课程上。课程内容要具有弹性，所谓弹性化的课程内容，指在教学中呈现的课程形态在难度上具有一定的层次性，既有适合好学生的挑战性课程内容，又有适合学习困难的学生的低难度课程内容。

但是，值得指出的是，教学中学生的自由绝不是无限制、无条件的。这是因为：第一，将儿童置于自然状态意味着儿童将会受制于群体压力。当代科学哲学家波普尔在其所著《开放社会及其敌人》中提出"自由的悖论"，即太多的自由导致太少的自由。如果每个人都被允许做任何自己喜欢做的事情，那么就会出现强者压制弱者。在教学中，如果缺乏公正制定并执行的规章制度，儿童很可能不能获得真正的自由，反之，正是由于一些规章制度的制定，才使儿童自由的获得成为现实。所以，在教育中"实际的选择永远不是仅仅在做喜欢做的事和被限制这两者之间，而是在遭受不同种类的限制之间"。第二，基于学生的不成熟性。学生阶段，由于他们的生理、心理等方面不够成熟，因而他们既缺乏对自己所做事情的结果有较准确的判断和预见能力，又缺乏承担责任的能力，在这样的情况下，如果出于保护学生的利益而对他们某些方面的自由进行一定程度的限制，无疑不仅是可能的，而且也是必要的。第三，一定的秩序是保障学习正常进行的必不可少的条件。如果没有这些哪怕是最低限度的秩序条件，教学将是一盘散沙，无法进行。教育者的任务之一就是转变儿童，为了获得如此的转变，施加一个限制的环境是必要的。在学校采取放任自流的态度将放弃作为教育者的角色。照看者或许能采取如此的态度，但他不是教师。

当然，在教学中，自由显然也涉及教师的自由问题。我们知道，教育教学是人影响人的、促进青少年学生发展的高度的精神活动，实施教育教学时，教师应使学生理解学问和研究成果，从而使他们获得知识、思考力和创造力，所以，保证教师的学术自由是不可缺少的。

三、教学的内生道德：发展、合作、自主

1. 发展

这是教学的道德承诺之一（教学是促进人的发展）在当代的具体体现。我国现在搞市场经济，人的发展还具有对物的依赖的一面，甚至还存在一定程度

的人的依赖性。但人的个体独立性、主体性开始彰显，人的发展问题已经受到普遍关注。

谈到发展，首先就是发展的转变性。所谓发展，就是从现有水平不断向可能水平迈进。这就是说，发展意味着要不断地更新，而且这个更新不是表现在量的意义上，而是表现在质的意义上，它要养成新的品质、认识、态度和视界。

其次是发展的完整性。教育教学所面对的是完整的人，应该重视人的发展的完整性。这在今天有着重要的现实意义。因为现代教育教学在某种程度上割裂了人的完整性，造成了"人的分裂"。对此，《学会生存》提出了强烈的批评，"为了训练的目的，一个人的理智认识方面已经被分割得支离破碎"，结果"对许多青年人原来应该进行的充分而全面的培养被弄得残缺不全"。这种情况在我国教育教学中应该说有过之而无不及。教学中，存在着全面发展与专业训练的分裂、理性与情感的分裂、科学认识与道德审美的分裂。

再次是发展的具体性。教育教学所面对的人是具体的人，而不是抽象的人。具体的人实质上必然是有自己个性的人，而不可能是一个用统一的模子模制出的产品。正如《学会生存》中所指出的那样："每一个学习者的确是一个非常具体的人。他有他自己的历史，这个历史是不能和任何别人的历史混淆的。他有他自己的个性，这种个性随着年龄的增长而越来越被一个由许多因素组成的复合体所决定。这个复合体是由生物的、生理的、地理的、社会的、经济的、文化的和职业的因素所组成的，而这些方面对于每一个人来说，都是各不相同的。"

最后是发展的生命性。作为具体的人，又必然是一个活生生的人，说到底，就是一个有生命的人。他有各种各样的需要，他有理性也有感性，有情感、欲望、体验、理解、表达，这些理应得到教育教学的关照。可是，现行教学在纯粹认知的和抽象逻辑的知识传递，讲求效率、秩序的技术理性规训下，个人的自然需要、对自我和社会意义的理解与感受等都被排除在外，由此开始，人类进入了一个由理性来设计、规划并维持秩序的时代。教学领域当然也不例外。今天，教学要促进人的发展，必须深入关注人的生命感受与生命体验，促进个体生命的自然展开，使之焕发出生命的动感和勃发的生机与活力。

2. 合作

这一教学道德也是教学道德内涵在当代的重要体现。当代社会道德的一个重要方面就是新集体主义，这种新集体主义显然要求人与人之间的合作。因而作为教学道德内涵之一的"共享共生"，在当代便获得"合作"这样的现实形式。

不仅如此，在当代强调"合作"还具有极重要的现实意义。一方面，师生合作是教育教学成败的关键之一。这一点在合作教育学派那里得到充分的认识。苏联合作教育学派针对传统教育中师生冲突、对立的弊端，提出变革师生关系，建立民主、合作的师生关系。他们认为教师与学生之间的冲突是"教育的悲剧"，只有师生关系建立在合作基础之上，教学才最有效地促进学生的个性发展，同时也有效地促进学生认知积极性的发展。在我国，现行师生关系中不和谐乃至冲突的现象依然不同程度地存在着，学校中学生与学生之间、学生与老师之间存在着情感沟通的障碍，甚至恶性事件也时有发生。在这样的情况下，变革这种关系状况，倡导合作的伦理关系就显得非常重要了。

另一方面，合作也有利于人的发展。我们知道，现代社会是一个竞争的社会。在这样的社会里，只有基于合作原理生存的人才更能适应它。其一，以合作原理生存的人不去比较自己与他人，只是全心地投入自己想要做的事。而奉竞争为圭臬的人成天怀疑别人如何看待自己，从而浪费精力。其二，以合作原理生存的人，知道应当与别人合作，而不是独善其身。其三，以合作原理生存的人光明磊落，胸襟坦荡。

值得指出的是，合作不等同于协同。片冈德雄在其《班级社会学》中谈到人际关系时，提出与竞争性关系不同的另一种关系——协同性关系——也有两种形式：一种是有共同的利害关系，所以彼此之间能够相互协助，这是一种功利性的协同；另一种是与他人的共感和对集体的忠诚，产生集体配合的意识，也即是合作。显然，在教育教学中，我们所倡导的是后一种协同：在合作中，师生相互敞开、相互接纳，共同分享知识、经验、意义和价值；在合作中，师生形成一个学习和生活的共同体，在这里，充满着师生相互的关怀、理解和尊重，体现出秩序、和谐和祥和。

3. 自主

这一教学道德是教学道德内涵在当代的又一重要表征。因为社会主义市场经济和新集体主义道德原则都呼唤人的自主、独立。何为自主？康德认为，一方面，人作为一般的自然物而存在，他只不过是自然万物中的一员，他同样要受到自然法则的支配。另一方面，人是有理性的存在物，他有能力自己规定自己的行为，在超越纯粹的自然生存之上，人自己建构着自己。人类是道德地行动的，并且具有理性的意志。这种理性使人能够自由地按照理性自身的法则规定自己的行动。自主原则的伦理实质是应该以什么样的态度对待人。康德的答案恐怕是迄今为止最完善的一个。这体现在他的绝对命令的第二个公式里："你必须这样行为，把一个人当作目的并且绝不把他只当作手段来对待。"因此，自主原则所体现的伦理态度是在尊重人的前提下尊重人的自我决定权。

同样如此，在教学中，我们必须尊重学生的自主，这是决定教学道德与否的一个重要方面，也是教学实现其目标的基本道德保证。教学中，尊重人的自主，就是要尊重学生的自我选择、自我决定、自主理解、自主建构等。当然，这样说，也不是把儿童的自主置于无条件的境地。作为一个教育过程，儿童的自主绝不是意味着任凭儿童自己活动、自己选择，儿童的自主理应要受到来自教师的积极引导，鼓吹自我生长、自我实现以及使学校课程完全适应儿童的兴趣，这是掩盖了教育的基本标准。这也就是说，要在儿童的自主与教师的正确引导之间取得很好的平衡，这也许是解决这个教学道德难题的一个有效途径。

第三节　教学道德的现实反思

一、教学过程的道德困境与期待

1. 教学过程的道德困境

教学过程的道德困境具体表现为计划至上和效率至上。计划至上表现为：为了准确地传授知识，教师预先认真备课，制定好详细的传输路线，并且写成教案。教学成为执行预先编写的教案的过程，叶澜先生曾形象地将之比喻为"演教案剧"的过程。由此，在教学中，强调严格控制，尽量排斥一切意外的因素，排斥教学中的"断裂""转变""分叉""理解"，确保教学能按照原定的计划进行。如果遇到和教案上不一样的观点和意见，不是不予理睬，就是严加扼杀。

效率至上表现为教学的成功与否，关键是效率。这里的效率其实就是要在规定的时间内完成所要传授的知识内容。为此，一方面不重视教师与学生的交往，更不重视学生相互之间的交往、合作活动。诚然，教学中也有教师的问和学生的答，但这只是机械式的应对、应答，目的是尽快地把知识复述出来并传输给学生，而不是真正的人的交往。真正的交往是相互交谈，相互倾听，直至达成对知识等的相互理解和相互之间的精神提升。另一方面，也不重视学生对知识、问题的探究，不重视学生的体验。对教材中的难点、重点，教师往往都是预先仔细分析，将之分解为更细小的知识碎片，以便学生快速"掌握"。这还常常被美其名曰：抓住重点，突破难点。于是，学生的学习是一种"占有式"的学习，只是不断地把教师讲的内容记下来，然后反复地背熟，没有对知识的探究，没有对知识意义的重新建构，更没有对知识的体悟。

这样的教学实质上是知识的灌输。这里不允许放飞自己的想象、驰骋自己的理性，与此相适应，这里没有对智慧的刺激，对道德、审美的体验，对生活的感悟，课堂变得机械、沉闷，缺乏意义的显现，由此，课堂成为一个"祛魅"的世界。死气沉沉，缺乏生机，可以说是课堂最鲜明的写照。于是教学就变成了"一种存储行为，学生是保管人，教师是储户"。这样，人不是作为人，而是作为物，人与人之间的关系也就变成了物与物之间的关系。这里，只见物，不见人，不见人的自主、自由，不见人的真实的生活，说到底，就是人生活的遗忘，是人道的失落。

2. 归因分析

应该说，造成课堂教学过程如此现状的原因是多方面的，有评价制度方面的原因，有教师自身方面的原因，也有制度化教育方面的原因等。这里着重从知识观和认识论两方面进行反思。从知识观上看，现行教学所持的是这样一种知识观，即认为知识是确定的、普遍的。具体地说，其一，知识是脱离主体的，因而是客观化的。笛卡儿首先为此奠定了理论基础。他追求确定性的信念，使古代隐喻化的心灵得以实体化，使得心灵成为反映客观实在的一面镜子，而由镜子所得到的知识是客观实在性的知识。其二，客观化的知识是科学知识，而科学知识是可以加以经验证实的。其三，由此，知识是确定的、普遍的。在这种知识观的支配下，知识被绝对化了，知识的意义是确定的，知识的意义的获得不是建构的过程。由此，人在知识面前失去了自由，人很难激发起探究知识的兴趣，人与知识之间也就根本谈不上意义性。而缺乏人的自由、兴趣、意义等这些东西，还能有生命活力的焕发吗？

从认识论上看，现行教学持的是"科学认识论"。这种认识论有以下几方面特点：首先，它把认识的目的当成是获取关于客观对象世界的客观知识。其次，它把认识当成人生活的工具，而不是生活的内容。再次，它不是把主客体关系视为生活关系，而是视为处于一个二元对立的外在认识关系。主体纯粹把客体作为一个东西、一个"物"来对待，把握之、认识之。无疑，"科学认识论"是一种知识论、工具性认识论。

3. 教学过程变革的可能走向

在一些人看来，教学是一个认识过程，教学主要是完成认识的任务，这种观点值得讨论。因为，教学作为实现教育的最基本的途径，它本应具有教育的全部内涵，它的对象是人而不是物，指向的是人的整体生成。教学过程根本上是一个实践过程，这个实践不是生产、创制，不是同理论相对应的现代意义上的实践，即不是把固定的原理、规则和方法用于生产某种对象的过程，而是指古希腊亚里士多德所说的人的生存、生活实践。也就是说，教学过程不只是一个认知性的掌握知识、发展智慧潜能的过程，更是一个完整的人的生成过程，是师生生命意义不断显现的生动活泼的生活过程，正如《学会生存》中所指出的那样，"科学的人道主义"的教学不再把知识的获得作为最高价值，而是把对人的关心和促进人的发展、生成作为追求的最高目标。但是，这种人道的内容又是通过科学知识的持续不断的贡献而加以规定和充实的。教学不只是一种特殊"认识"，更是一种特殊"生活"，是一种以特殊认识为媒介的生活。生活既是起点、基础，又是终点、最高目标。可能正是基于此，杜威提出"教育即生活"的命题；合作教育学提出在任何情况下都不允许教师在教育过程中成为权力主义和强迫命令的教师，不允许使这一过程脱离儿童的真实生活。在我国，人们在 20 世纪末发出"让课堂焕发生命活力"的呼声，并积极开展教育教学实践，倡导教育回归生活，还有学者则径直提出要"重建儿童的课堂生活"。教学应该成为人的生活，教学要回归人的生活。

二、教学管理制度的道德困境及改造

1. 教学管理制度的道德困境

就我国教学管理制度来看，至少存在以下几方面的道德困境：

其一，科层化。目前，我国实行的主要是科层式的管理体制，其组织结构是"金字塔式"的分层等级结构，即按照管理权限和责任将每个组织结构排列在不同的层级上，由低到高权力逐级集中，构成一条垂直分叉如金字塔形态的权力线。这条权力线就是"校长—教务科—教研组—教师"或"班长—学习委员—课代表—小组长—小组成员"。

科层化管理在一个侧面上就是一种"非人化"管理。它为了达到形式的合理性，而造成了"实质的非理性"；它要求人的一切行动都听从某种命令，从而人的情感、内心精神需求、本能、愿望和创造力都要受到压抑，使人逐渐丧失自我和个性，变成"这架不停运转机器上的一个小小的齿轮，并按照机器指定的路线行动"；它排除一切纯粹个人的不可计算的情绪因素，对个人的自由和尊严构成极大的威胁。一句话，人被囚禁在自己所制造的"铁笼"里了，人成为一个被奴役的人，一个客体的人。

其二，数量化。人类进入一个数字化生存的时代。在这样的时代，数字在不知不觉中占据了统治地位。不仅物质科学领域里存在着数字统治，而且精神科学领域也开始对数字统治顶礼膜拜，就连人的心理情感领域、价值领域、生命意义等也开始数字化了，人的一切都可以转换为数字，变成一堆可描述、可度量、可相互比较的数据。

我们所面对的每一个人，不是人的一般性，而是人的个别性，是一个人。每个人的实存都是原作，而不是摹本，具有不可通约性。然而，与人的这种特征形成鲜明对照的是，数字是无名称的和无面孔的。这样，在数字面前，人的发展的差异性、独特性都被消解了。与此同时，与人的生命的这种不断变化之流相对照，数字是冷冰冰的，是分离的、相互割裂的。于是，在这种数量化的管理下，非人格化的数字最终抹杀了人的生命，活生生的个体最终被淹没在各种表格、数据的"冰窟窿"中。

其三，精细化。学生行为规范：上课时，不能说话，同时手必须放在后面叉着，不能动弹。偶然松开手玩玩橡皮擦什么的，立即会遭到申斥。显然，这种上课让人觉得无聊。无疑，在这里，充斥的是"全景敞视主义"，个人行为成为彻底的可视性，具有"透明度"。在这里，人成了"驯顺的肉体"，整个生活循规蹈矩。

2. 归因分析

应该说造成这种状况的原因较为复杂，但以下几点不容忽视。首先，从批判教育学角度看，这是权力控制的结果。鲍曼认为，现代学校里，手段本身倒成了关键，学校环境及其严格的规章制度，倒是意想中的教育内容本身。学校讨论得最频繁、最详尽的话题就是如何制定学生日常行为规范以及如何观察，而其中最容易想到的方法就是监视，校长和教师被看作是监视的专家。其目的就是保证学校制度与社会制度之间的亲和性，这样，"教育制度的模型适合于它的作为整个社会的'具体而微'的身份，也适合于它的作为整个社会生活的训练基地的性质"。这样的批评的确过于偏激，但是，现代教学制度的确在一定程度上变成了单方面的对人的控制。人在制度的控制下，感受不到自由，也难以真正自主行事。

其次，是制度化教育的结果。制度化教育发端于学校的产生，并随着学校系统的形成而得到发展。制度化教育的本意是追求教育教学工作的标准化、规范化，所以先对教育教学过程进行分析，在这个基础上加以规范。但是，随着分析的不断精细化，规则、规范便越来越多，并且这些规则、规范相互配套，共同编织成一个疏而不漏的"罗网"，于是就出现制度化倾向，也即使得教育教学的一切尽可能按标准和规则、规范操作，并逐级实行规范管理，从而尽可能排除教育实体、教育过程以外的干扰，尽可能排除人为因素的干扰，使教育活动有序地开展。其结果必然是体现出划一性、机械性、僵化性，以及随之而来的"非人化"，窒息了人的精神灵性，剥夺了人的自由，导致意义的丧失和自由的丧失。

再次，管理者的自身素质也是一个重要原因。这里首先是管理者的管理观的偏失。许多管理者把管理等同于管住人，而并没有把管理看作是学校教育的一部分，看作是促进人的发展的重要环节，由此自然就不顾管理规范是否合乎人的需要、是否给人的潜能的发挥留有了余地。同时，管理者对学校的性质认识有偏颇。他们把学校等同于一般的社会，而不是养育人的场所，把课堂等同于车间，而不是共享共生的"家"、一个学习成长的共同体，因而简单移植、套用一般社会管理的方法、模式，于是便自然有了所谓的"科学管理""目标管理""量化管理"等。

3. 教学管理制度的改造

教学管理制度如何改造？如何保证其体现当代教学的伦理精神，符合当代教学的伦理价值？我们也许从当代生态觉悟中可以得到启示。众所周知，在20世纪人类文明发展中，一个很重要的东西就是生态觉悟，而这种生态觉悟绝不仅仅意味着人对自然的态度的变化，在深层意义上是人类价值和文化精神的觉醒。这种价值、精神已经对许多领域产生巨大影响。值得注意的是，我国有人根据生态学原理，在生态农业的启示下，提出生态式教育。这种生态式教育认为学生的潜力不是现成的，而是在一种不断的相互作用中生发出来的，是无限的，因而主张教育要注重多方面的相互作用，注重人的可持续发展。

在这样的背景下，我们有理由用这种精神改造我们的教学管理，这便提出生态式管理。生态式管理具有以下特点：其一，强调整体性。生态的观点，强调把人、自然、社会都看成是有机体，而有机体的特性就是内在的普遍联系，这样，世界中的任何事物都是整个有机关联的生态网中的一部分。这样看来，生态式教学管理就是追求管理的整体功效，而不是仅仅追求管理中某个方面的效率或者某个组织、个人的成长。其二，强调平等性。生态理论向一切等级挑战。在它看来，一个生态系统是一个食物链，而不是逐级上升的金字塔。在这一系统中，每一个物种与其他物种都是平等的。其三，生态式管理也打破那种封闭性，注重相互作用，注重发展的可持续性、可创生性。生态学的基本原理告诉我们，生命的繁衍生长是靠不同物种之间的共生和互生来支撑的。这个世界存在的真相就是生物结成群落，群落结成生态系统。这说明，生态式教学管理不是压抑人的潜能和生命活力的展现，也不仅仅是使人的原有潜能得以开发，而是在管理中使人不断地生发新的潜能，持续地焕发生命的活力。其四，生态式管理强调组织、个体的自我生长性。生态学原理还告诉我们，共生互动赋予生命机体以自我生长的内在动力。

从这个意义上说，任何平衡的生态都具有自足的特点。这意味着，在生态式教学管理中，要摈弃以往那种把各种组织、群体隔离开来的做法，积极促进多样化的组织之间的沟通、关联，使它们相互补充、相互合作、相互竞赛，从而真正促使各种组织的自我实现。

生态式管理的落实，具体到制度安排上，就是要建立一种激励性的制度安排，形成互动机制，鼓励多种形式的创造。这要求我们的制度建设必须做到：第一，规则不能太多、太细，要保留一定的、能够自己自觉选择行为的余地。第二，提倡自己给自己制定规则，或者规则的制定要体现民主参与的原则；强调班级管理以建设班级文化为重点。第三，规则自身必须是开放的。第四，建立多样的立体的组织系统。

第五章　教育中的人际伦理

第一节　师生伦理

　　教师与学生的关系，乃是教师在教育劳动中所面临的最为重要的关系，也是对教师教育劳动的成败具有首要影响的一对关系。所以，分析教师与学生关系的特点，设定教师在处理这一关系时行为之应然，是教育伦理学研究必须首先关注的现实课题。

一、教师与学生关系的一般分析

（一）教师与学生关系的特点

1. 教师与学生是教育者与受教育者的关系

　　人际关系是多种多样的，并且任何一种人际关系总是由某种纽带联结而成的。例如以血缘为纽带的父母子女关系、兄弟姐妹关系和由此延伸出去的诸多亲属关系，由于这种关系以血缘为纽带，以感情为基础，从而就为这类关系的相处协调提供了有利的条件。再如以互助为纽带的朋友关系，由于这种关系以互助为纽带，因之双方可以自由选择，也可以自由解除。和上述情况有别，师生之间在未缔结成相互关系之前，双方并没有感情基础，而在结成师生关系之后，相互之间一般也没有自由选择的余地。即使是对不满意的学生，教师也无权随意放弃，而是应尽职尽责地教育其成长。师生关系的这种特殊性，要求教师在教育劳动中着力培养对学生的感情，一视同仁地对待自己的所有学生。唯其如此，才能为教育劳动的顺利进行提供人际关系方面的保证。

2. 教师与学生又是主导与主体的关系

在教育过程中，对学生有组织、有目的、有计划的影响活动是由教师实施的，教师既是教育过程中社会特定需要的表达者，又是教育活动的组织者、管理者和领导者。因此，教师在教育过程中处于主导地位，对全部教育活动起主导作用，学校对学生进行政治教育、思想品德教育、科学知识技能的传授、感化熏陶作用的发挥等等，都是通过教师具体实施的。

和教师在教育活动中所处的主导地位相对应，学生在教育过程中则处于主体地位，他们是教育活动的承受者，离开学生，教师的主导作用将无从谈起。在学生思想品德和智能的形成发展中，教师的作用是一种外部影响，因而不会自动地进入学生的主观世界，它必须以学生的自身活动为中介，即通过学生主体这一内因才能发挥作用。恩格斯指出："就单个人来说，他的行动的一切动力，都一定要通过他的头脑，一定要转变为他的意志的动机，才能使他行动起来。"在教育史上，一直存在着"教师中心说"和"学生中心说"之争。在这里，做任何非此即彼的选择都是片面的。事实上，就地位和作用而言，只有同时承认教师为主导、学生是主体，才能使教师的全部工作找到出发点和归宿，才能使学生在教育过程中的主动性和积极性得到充分发挥。

3. 教师与学生还是垂范与效法的关系

无论就教育者的职责还是就其在受教育者心目中的地位来说，教师总是学生的楷模和表率，其一言一行和对事物的褒贬爱憎无不对学生产生影响。教育心理研究表明，学生具有明显的"向师性"心理特征。他们乐意接受教师的指导，希望教师给以更多的关注、爱护和鼓励。他们尊重教师、信赖教师，无论在知识的传授还是在人生道路的选择上，都把教师看成是自己崇拜和效法的对象。

学生的这种"向师性"为教育过程的有效进行提供了极好的条件，教师必须科学地调动这种积极的心理因素，通过言传身教引导学生勤奋学习、提高自己的思想文化素质，将他们培养成全面发展的国家建设的有用之材。但是，在实际工作中，并非所有教师都能自觉地做到这一点。这或许既源于教师对学生"向师性"之特征认识的缺失，没有认识到学生不仅将其视为知识的传授者，还将其看成自身生活的引路人；也可能是教师对自己职责的简单化理解，没有意识到通过严格的自我要求从而为学生做出表率，也是教师对学生进行教育的题中应有之义，而且往往是一种更为有效、更应加以拓展的教育。

4. 教师和学生的关系具有差异性

师生关系尤其是中小学的师生关系，一般都不是同龄人之间的关系，而是成年人与青少年之间的关系。因此，双方必然在思想、道德、知识、能力等各方面的水平和成熟程度上存在着明显差异。这些差异，一方面为教师承担培养教育学生的重任提供了条件，另一方面也给教师了解学生、与学生在心灵上互相沟通带来了困难，甚至会造成师生之间的某些矛盾和冲突。例如，由于师生之间年龄和人生阅历的差异，教师往往会将学生的某些利益和情感上的诉求看成是幼稚的，从而非但不认真加以考虑，甚至不由分说粗暴地加以否定；又如，由于师生之间学识和思维能力方面的差异，教师往往会认为学生的见解和想法都是浅薄的；再如，由于客观上地位的差异，教师往往会有意或无意地视自己高学生一等，不能在人格上对之予以应有的尊重。而所有这些都可能蕴含了师生之间的矛盾和冲突。因此，教师一定要善于正确分析师生差异并恰当处理好师生矛盾。还需指出的是，在现代社会中，学校已不是学生增长知识的唯一途径，教师也不是学生获得信息的唯一源泉，从而学生在某些方面超过教师，将完全具有现实的可能性。这种客观情况势必要求教师既要看到学生有不如自己的地方，又要看到学生有高于自己的方面。这样才能正确、全面地理解师生之间的差异和矛盾，并掌握处理好师生关系的主动权。

5. 教师和学生应是平等的关系

如果说以上四个方面对师生关系特点的揭示主要是对师生关系的客观描述，是师生关系之"实然"的话，那么在"应然"的意义上，师生之间还应该是一种平等的关系。之所以将平等的关系作为师生关系之"应然"而非"实然"，是因为由于客观上存在的师生之间的差异性，也由于教师往往在主观上没有将学生视为和自身地位平等的主体，所以师生之间的平等并未成为一种现实，而仅仅是一种理想的状态。然而，教育劳动的顺利进行离不开良好的师生关系，而师生关系的良好境界必定是师生之间的平等相待。在教育活动中，只有当学生感受到了教师对自身的尊重、教师将自身视为平等的主体时，才可能身心愉悦地和教师处在积极良性的互动之中。并且，无论是在伦理道德的层面还是政治法律的层面，师生之间都是一种平等的关系。在伦理道德层面，学生希望自身的人格和尊严得到教师的尊重，而这又必然以教师将学生视为平等的主体为前提。从政治法律层面而言，学生和教师一样，都是国家的主人，在参与社会政治生活的权利方面是平等的，在法律所规定的地位、所赋予的权利和规定的义务方面也是平等的，不存在地位高下、身份尊卑之分。正是由这种师生之间平等相待的内在依据所决定，教师应该充分发挥培育平等师生关系的主动性，努力实现平等的师生关系从理想性到现实性的转化。

（二）教师与学生关系中的矛盾及其原因

1. 师生之间不同职责和目的所造成的关系失谐

教师为了履行职责和达到教育目的，就要精心设计和运用各种教育手段来获得最好的教育效果，力求使学生知识学得更多、基础打得更牢、能力更强、素质更全面。可见，由教师的职责和目的所决定的教学过程与学生的根本利益是一致的。但是作为学生，受教育的年限跨度很大，分为小学、中学、大学等不同阶段，每个阶段又有低、中、高年级之分。处于各个具体层次上的学生对教师的职责和目的的理解，往往是不全面的甚至是不正确的，他们往往难以理解教师的一片苦心。所以，当教师的教育教学目的难以得到学生的认同甚至遭到学生拒绝时，师生之间就难以进行感情上的沟通和理性的交流，就有可能产生矛盾和冲突。

2. 师生之间客观存在的"代沟"及两代人的心理差距也会导致矛盾和冲突

教师和学生之间在年龄、思想、阅历等方面都存在着差别，这些差别可能导致他们对同一个问题产生不同看法，这是不足为怪的。教师是在特定的历史时期成长起来的，其思想道德和价值观的特征必然带有那个历史时期的特点。因此，教师考虑问题的出发点和思维方式以及对各种问题的看法往往与学生不一样。这即是在师生之间客观存在的所谓"代沟"。就心理素质的特点而言，学生容易激动，喜怒哀乐常溢于言表，容易感情用事。而教师则不同，由于多方面的原因，其感情的深刻性明显有别于学生。这种差异也往往会造成师生双方在对事物的感知、理解、判断和评价上的不一致。这种不一致，在一定条件下也会影响师生相互满意的程度，并进而出现矛盾和冲突。

3. 师生之间缺乏必要的沟通而引起的矛盾和冲突

和谐有序的教育和教学活动的开展，需要以师生对彼此情况的了解为前提条件。然而，由于各种主客观因素的影响，师生之间的沟通往往难尽如人意。就学生而言，不少人随着年龄的增长，其"向师性"的心理特征逐步弱化，而个体化的心理思维定式急速形成，除关系自身学习或切身利害的问题外，他们极少有了解教师的意愿，往往只是在课堂上接触到教师。从教师方面而论，他们往往只知道学生的学业情况而不甚了解学生的思想品德和其他情况，只知道学生在校内的情况而不了解学生的家庭和社会活动情况，只知道学生的年龄、性别和籍贯等自然情况而不了解学生的兴趣、爱好、个性、特长以及喜忧哀乐等心理特征，只知道部分学生的情况而不了解每一个学生的情况，等等。这种种情况的存在，常使师生间发生龃龉，有时是教师的正确意见或实事求是的批评得不到学生的理解和支持，有时是学生的正当呼声得不到教师的重视；有时是教师对学生的评价不当，有时是学生对教师的信任度不高，从而妨碍师生关系的融洽。

4. 由于教师的教育方式选择不当而引起的师生矛盾和冲突

履行教育功能是教师的责任，而只有运用适当的方式方法，教师才能完成自己的责任。教育方式选择不当，常会造成或加深师生之间的矛盾，妨碍教育功能的实现。由于受旧教育思想的影响和客观上存在的师生差别，往往使一些教师误以为学生必须绝对服从教师，教育者可以任意对学生发号施令，因而常会出现不尊重学生的意见和要求而粗暴地训斥学生的情况，从而挫伤了学生的自尊心和积极性。具体表现为两点：一是不注意做耐心细致的分析说服和启发诱导工作，动辄在公开场合数落学生的缺点和过失，使学生感到难堪甚至无地自容，以至于对即使是来自教师的善意批评也误解为和自己过不去，遂产生逆反心理；二是当一些暂时处于后进状态的学生在前进中出现反复时，教师不能做全面、辩证的分析，不能适时肯定其已取得的进步，甚至反而一味对其加以指责，这将会使学生对自己的进步丧失信心和自信，也会在师生间造成隔阂，加深彼此的疏远感。

5. 由于教师不能公平地对待学生而造成的矛盾和冲突

在分析师生关系的特点时已经提到，教师不能自由地选择学生，而学生中确实存在不同的状况和素质。对教师而言，必然有令他满意的学生，也有令他不满意的学生。出于职业上的考虑和目前教师业绩考核机制偏重于对学生考分和升学率的关注等原因，教师对那些用功的、能按自己要求做的学生自然比较喜欢，这部分学生便容易得到教师的偏爱。相反，确实也有不少学生由于不成熟而常常违背教师的要求，从而使教师对其爱不起来。这不仅使这部分学生的"向师性"心理得不到满足，而且还会因为教师淡漠的态度而伤了他们的感情。这部分得不到教师的爱、被教师另眼相待的学生，极有可能会与教师发生矛盾和冲突。

6. 来自学生方面的一些不当行为而引起的师生之间的矛盾和冲突

这些不当行为集中表现在以下两个方面：一是在学业上放松自己。学习是学生的主要任务，学生理应以主要的时间和精力完成自己的学业，从而争取德、智、体、美等方面全面发展。但是，有的学生有"厌学"情绪，视学习为畏途，从而导致学习成绩不尽如人意。二是因思想上受外界不良影响而在行为上放任自己。学生的世界观正处于逐步形成的过程之中，其身心发展有很强的可塑性，因而存在着在教师引导之下身心健康发展的可能；但同时他们又处于多变的年龄阶段，加之当今社会处于转型阶段，学生很容易在思想观念上和行为上受不良风气或某些消极因素的影响，从而使自己的言行和教师所昭示的社会主导价值体系发生矛盾，并最终导致师生之间的矛盾和冲突。

二、教师处理与学生关系时的行为之应然

（一）教师应树立正确的学生观

教师的学生观，是指教师对学生所持的最基本的观点、看法和态度的综合体现。由于它是教师在教育过程中对学生采取何种态度和教育方法的出发点及

依据，因而对于师生关系必然产生重要影响。教师的学生观源于教师的教育思想，没有正确的教育思想就不可能有正确的学生观。正确的学生观主要包括以下两点：对学生在教育过程中应有位置的确认，对学生身心特征及其发展变化规律的全面把握。

1. 对学生在教育过程中应有位置的确认

在教育过程中，学生只有自觉接受教师的培养教育，才能够获得进步、提高素质而日益成长起来。但是，学生也并不是被动地接受知识和教育的"容器"，他们是具有主观能动性的人，接受教育的过程实质上也是他们参与教育的过程。没有学生的积极参与，教育影响便难以内化为学生的思想、信念、道德、知识和外化为学生的各种品质。所以，学生能否积极参与教育过程，必然直接影响教育的效果。正确认识学生在教育过程中的应有位置，有助于教师改变那种"我说你听""我管你服"的教育方法，有助于教师发扬教育民主而真正把学生看作自己的合作者并给予充分重视，同时也有利于教师与学生建立起民主平等的师生关系。

2. 对学生身心特征及其发展变化规律的全面把握

学生是正处于发展变化之中的个体。要理解学生的这一发展特点，需要从两个方面加以把握：每个学生，既是相互不同的个体，又是处在不断发展变化之中的。教师只有认识到学生的个体差异性，做到因材施教，才能使每个学生的潜能都得到最大限度的发挥；教师只有用发展变化的眼光去看每一个学生，更多地看到学生身上的闪光点，才能根据不同学生的特点及时调整和充实自己的教育教学计划，从而使自己对学生的教育效果达到最佳状态。

（二）科学地热爱每一个学生

热爱学生是教育伦理对教师的基本要求，也是社会主义人道主义爱护人关心人的道德要求在教育工作中的具体体现。热爱学生的必要性在于，它不仅是建立良好师生关系的手段，也是教育学生的感情基础。前已论及，作为学生，其都具有"向师性"，希望得到教师的尊重、爱护和鼓励。当学生意识到教师是真心爱护他、为他操心时，教师的引导和批评是有效的，甚至连教师因一时感情失控而对学生做出过度的惩罚也能得到学生的谅解。师爱是促进学生进步的力量。一个学生要是长期得不到师爱，得不到教师的关怀和注意，就等于抹杀其优点、否定其存在，他的个性就会受到压抑，便会造成心理上的病态。由此可见，教师热爱一个学生就等于塑造一个学生，而厌弃一个学生就无异于毁掉一个学生。

然而，作为教师，不仅要从感情上真正爱自己的学生，而且还要做到会爱，即教师对学生的爱应该是一种科学的爱。而要做到这一点，至少必须注意以下两个方面的问题。

1. 师爱要体现在对学生的严格要求上

热爱学生与严格要求学生是一致的，两者并不矛盾。从一定意义上说，严格要求学生正是热爱学生的具体表现。当然，严格要求学生也并不是一味地约束和管制学生。严格要求学生必须符合以下一些要求：其一，以关心和热爱学生为出发点。教师严格要求学生是出于真诚关心学生，而不是为了管学生而管学生，也不是为了完成任务或者为了使学生一味顺从自己。真正的严并不是"凶"，而是和爱相结合的严、由于爱而产生的严。其二，符合教育规律、教育目的的客观要求，而不是教师任意提出的清规戒律。一切要求，都应该是合理的、力所能及的，而不是多余的、有害于学生和教育事业的。严格要求学生并不等于惩罚，也不是对学生个性的压抑。其三，严格要求是有分寸的、适度的。它既要高于学生的现有水平，又要使学生经过努力能够达到。要求太低，起不到提高的作用甚至等于放任自流；要求太高，则脱离实际而难以为学生所接受，实际上等于取消对学生的要求，有时还会激起学生的逆反心理。其四，尽可能为学生所理解。要让学生知道，教师的严格要求完全是出于对他们的爱护而且是合理的，而不能让学生觉得教师的要求是强人所难和吹毛求疵。教师的责任，不仅在于向学生提出正确要求，而且还在于使学生能够认识和接受这一正确要求。

2. 师爱是对全体学生一视同仁的爱

由教育实践可知，受教师喜爱的学生往往是一些听老师话的、学习成绩比较好的学生，而对于那些不大听老师话、学习成绩比较差的学生，教师往往爱不起来甚至感到厌烦，师生间的矛盾冲突多发生在教师与这类学生之间。究其原因，往往是由于教师对这些暂时处于后进状态的学生不正确的看法并外化为不正确的行为引起的。这说明，教师要做到热爱学生，不仅要确立正确的学生观，而且更要注意确立正确的"后进学生观"。这种正确的"后进学生观"常表现在以下方面：一是不要把后进生看死。后进生除少数由于生理或智力的原因外，大多数是由于不良环境、错误的教育方式造成的，教师必须树立"孺子可教"的思想，把他们看作是可以变好的、是有变好的主观愿望的，绝不可视后进生为不可救药者。二是不要把后进生看扁。教师应当善于发现后进生的长处，后进生并不是什么都差、一无是处。教师应该努力寻找后进生身上的"闪光点"，就像勘察队员那样从后进生身上发现其蕴涵的"宝藏"。教师只有用发展的、全面的眼光去观察学生时，才可能对学生有一个正确把握，才可能激起对学生的热爱之情。教师还应该意识到，热爱后进生更是难能可贵的，它具有更大的道德价值。"漂亮的孩子人人都喜欢，而喜欢难看的孩子才是真正的爱。"热爱后进生可集中反映教师的道德面貌，因此教师应当特别加强这方面的道德修养。

（三）注意满足学生的正常心理需要

学生作为被教育者在与作为教育者的教师相处时，自然存在着各种正常的心理需求。这种心理需求得到满足，有利于确立和谐的师生关系，有利于学生将教师正确的教导转化为自己的实际行动。相反，当教师无视学生这种正常的心理需要而使其得不到满足时，学生就会怨恨教师，发展到严重地步甚至会拒绝来自教师的任何教导。因此，教师应当理解并尽量满足学生的这种心理需要。具体地讲，教师至少应该满足学生以下两方面的心理需要。

1. 满足学生希望得到教师尊重的需要

渴望得到别人尊重，是人的一种普遍需要。对人表示尊重，实质上是对其品德、才华、能力的承认，是对其存在价值和意义的肯定。一个人如果能够得到别人的尊重，就会增强前进的信心、获得前进的动力，从而自觉地向着更高的目标发展。而如果不是这样，就容易产生自我否定的消极情绪和意向。所以，尊重学生是学生成才的重要前提，也是教师必须具备的职业道德修养。

（1）对学生友好平等，不粗暴压制。学生也是人，有其独立的人格。师生之间并没有人格上的尊卑、贵贱之分。教师应平等对待学生，不能以高高在上的态度、家长式的作风对学生专断蛮横和发号施令。体罚、训斥、辱骂、讽刺等行为，都是与尊重学生根本对立的，是对学生人格的侮辱。爱因斯坦指出，对学校来说，最坏的事是主要靠恐吓、暴力和人为的权威来进行工作。这种做法摧残学生健康的感情、诚实和自信。这一忠告，应该为广大教师在和学生相处时所注意。

（2）相信学生。信任是一种特殊形式的尊重，而无端猜测则是不尊重人的表现。信任具有特殊的教育功能。教师把学生当成什么样的人看待，就等于暗示学生应该成为什么样的人。广大学生往往可从教师的信任和期待中体验到人的尊严，从而激励自己不断进取。由此可见，信任是催人向上的力量，是培养学生的一种有效的手段。

（3）善于自我克制。苏联教育家赞科夫说教师这门职业要求一个人的东西很多，其中一条就是要求克制。自我克制，是教师在教育中善于控制自己的情绪、自我把握教育态度和行为的能力。尊重学生的人格，教师就应当学会自我克制，因为教师伤害学生自尊心往往都是在盛怒和暴躁之下发生的。因此教师一定要学会控制自己的情绪，在任何情况下都不意气用事；当遇到不顺心的事情时，更需时刻提醒自己要有宽广的胸怀，特别注意绝不能迁怒于学生。苏联戏剧家斯坦尼斯拉夫基曾说过，当一个人回到家的时候，他得把鞋套留在室外的过道里；当演员来到剧院的时候，他也应当把自己个人的一切不快和痛苦留在剧院之外。同样，作为一名教师，也要把个人的一切烦恼忧愤都放在教育活动之外。诚然，教师和社会其他成员一样，也有常人的喜怒哀乐，也会碰到诸多不顺心的事情，尤其是在社会转型时期人们的心气比较浮躁的情况下，教师常常会有心情不佳的时候。但是，教师的职业道德要求，教师无论如何也不应当将不愉快的情绪带到师生交往中去。这是因为，它不仅会有损教师的形象，而且可能会使师生关系蒙上阴影，严重时甚至还会使师生关系陷入剧烈的矛盾和冲突之中。

2. 满足学生希望得到教师注意的需要

作为一个正常的人，其社会性特征决定他必然希望得到别人的注意，渴望在别人的心目中占据应有的地位。同样，作为社会一分子的学生也具有这种心理需求，他们希望教师关注自己，尤其希望教师对自己热情关注甚至偏爱。如果教师长期忽视某个学生，不给其以应有的注意，抹杀他的优点甚至否定其存在，这种恶劣态度对于学生是非常残酷的打击。

学生最怕失去的就是老师对他的信任和注意。这种心理往往在后进学生身上尤其突出，他们对老师的一句话、一个动作甚至一个眼神都十分敏感。老师只要有一丝不信任感和无视学生的流露，都会伤害学生的自尊心，甚至会造成严重的后果。教师不仅要从满足学生心理需求的要求出发，而且还要从对学生的健康成长负责的要求出发，注意自己所有的学生，并且是一种能使学生从中感受到力量和希望的热情的注意。

（四）以身作则、为人师表

以身作则、为人师表这一教师职业道德规范的集中体现，就是要求教师展现在学生面前的应该是一个可以为其效仿的楷模。教师能否做到这一点，直接决定了自身教育劳动的效果。所以，任何一个有责任心和事业心的教师都应充分认识这一职业规范的重要意义，并在教育劳动中努力加以实践。

1. 要求教师信守以身作则、为人师表道德规范的缘由

所谓以身作则、为人师表，就是指教育者充分注意到自身行为的榜样示范作用，努力使自己成为被教育者效仿的表率。以身作则、为人师表是教师职业道德的又一条重要规范，其缘由主要体现在以下方面：

（1）教育劳动的特殊性决定教师必须以身作则、为人师表。教育劳动与其他职业劳动有一个明显的不同，就是教育者是把自身的各种素质作为手段去影响或感染劳动对象，从而使受教育者的身心发生预期变化。在这里，劳动主体与劳动的基本手段是融为一体的，教育者如果失去了知识、技能、感情和个性，也就失去了对劳动对象发生作用的工具。在一定意义上说，教育者自身思想道德、情感、意志和知识修养的高低，决定着教育质量的高低。教育劳动的这一特点，要求教育者必须不断提高自己各方面的修养并处处为人师表。

（2）教师只有以身作则、为人师表，才能塑造学生美好的心灵。在教育活动中，教育者一般总是处于指导者的地位，无论是在学校教育、家庭教育还是

社会教育中都是如此。在学校教育中，学生除了向书本学习之外，主要是向教师学习。青少年学生最显著的特点之一，就是有很强的模仿性和可塑性，从这一意义上说，他们是在模仿中成长并逐步实现自身社会化的。在学生心目中，教师是智慧和高尚人格的化身，教师的话就是真理，教师的言行就是道德标准。特别是在小学阶段，学生对教师有一种特殊的信任和依赖，教师在其心目中的地位往往要超过父母。教师的劳动有强烈的直观示范性，教师的言谈举止对学生有巨大的潜移默化作用。教师对学生的示范作用具体体现在以下三个方面：一是启发。教师良好的思想风范、道德情操、行为举止、语言仪表等，可以激励、启发和推动学生进行效仿，即所谓"见贤思齐""从善如流"。二是控制。学生一旦有了楷模，就会以其为标准控制自己的言行。三是调整。大多数的学生都可能以教师为榜样，调整和纠正自己与教师相悖的言谈举止等。正是基于教师劳动的这种示范性，教师应该注重身教、为人师表，用自己崇高的人生理想、信念启发学生，用纯洁无瑕的品质熏染学生。用美的心灵去塑造美的心灵，是教师的神圣天职。

（3）教师的教育威信来源于以身作则、为人师表。教师理应在学生心目中享有崇高的威信，这是由教育劳动的特点决定的。教师的威信是成功进行教育活动的必要条件，而它的形成又是建立在教师在各方面严于律己、率先垂范、以身作则的基础之上的。教师对学生施以教育、传授知识的过程，是双方思想、意志、感情、知识等互相影响和作用的过程。一个品德高尚、言行一致、学识渊博、以身垂范的教师，不仅可以作为学生学习和效仿的楷模，而且还会确立自己的教育威信，从而达到良好的教育效果。反之，如果教师言行不一，要求学生是一套自己做的又是一套，或者当着学生是一套背着他们又是一套，就难以确立在学生心目中的威信，就得不到他们的尊敬，而只会引起他们的反感和厌弃，这在教育领域是屡见不鲜的。所以，为了搞好教育工作，教师必须严格要求自己，处处以身作则，在思想、行为各个方面力求成为学生的表率。

正因为教育者的威信来源于以身作则、为人师表，因而古今中外的教育家都把"以身作则、为人师表"作为教育者道德的一条重要原则而加以倡导。孙子说过，其身正，不令而行；其身不正，虽令不从。韩愈则主张"以身立教"。俄国车尔尼雪夫斯基认为，教师把学生造成什么人，自己就应当是这种人。徐特立则自称是"身教文化者"。上述中外教育家闪烁着真知灼见的论述，不仅阐明了教育者为人师表对于教育劳动的重要意义，而且对当代教师的教育实践也有现实的指导作用。

（4）以身作则、为人师表是社会对教师职业道德的要求。从一般意义上说，每个社会对于各行各业的劳动者都有其职业道德方面的要求，但更要求教师能够做到以身作则、为人师表。因为，这一要求对于社会的发展有着特殊的意义。教师的工作对象是年轻人，工作性质是教育年轻一代，这就意味着教的工作比其他工作对全社会的意义更大更深远。从纵向方面看，教师今日所培养、所施加影响的学生，明日就是社会主义事业的建设者和接班人。从这个意义上说，教师的工作就是用自己的言行塑造着国家的未来。从横向方面看，教师的言行不仅影响学生，而且可通过学生而影响社会。因此，以身作则、为人师表不但是学校教育工作对教师职业道德的要求，也是整个社会对教师职业道德的要求，甚至是国家的前途和未来对教师职业道德的要求。教师不仅应当做学生的表率，而且也应该成为全社会的楷模。教师无论在学校中、在学生家里，还是在社区环境中，都必须表现出较高的思想境界和良好的言谈举止，始终注意给周围的人以积极影响，这样不仅有利于精神文明建设，而且也才可能得到社会的尊重，较好地满足社会对自身职业道德方面的要求。

2. 教师如何才能做到以身作则、为人师表

既然以身作则、为人师表的道德规范对于教育和社会具有如此重要的意义，那么，教师如何才能将这一规范变为自己的自觉行动呢？我们认为，以身作则、为人师表作为教师职业道德的重要规范，能否在教育实践中产生应有的效应，必须依赖于教师思想观念上的重视、行为上的高标准和严要求以及一贯的身体力行。

（1）教师必须牢固树立以身作则、为人师表的意识。从一般意义上讲，教师向学生施加影响的过程就是育人的过程。教师向学生灌输的教育内容具有育人的意义，教师展示在学生面前的行为模式和形象同样也具有育人意义。也就是说，就学生而言，其素质的形成不仅受教师的语言和文字的影响，而且还会

受到教师行为模式和具体形象的影响。教师在平时表现出一种什么样的生活态度，在面临行为选择时表现出何种行为模式，与人相处时表现出何种品行，以及外在的衣着打扮、兴趣爱好等等，往往都具有育人的意义。正是在这一点上，我们才要求教师必须十分注意自身的行为模式和具体形象对学生无声的教育效应。

（2）教师必须在行为上对自己高标准、严要求。教师对自己高标准、严要求，是以身作则、为人师表的基础和前提，也是以身作则、为人师表的应有之义。既然教师展示在学生面前的一切都具有育人的意义，因此，教师对自己的行为就不应只求过得去而不求过得硬，这样有可能会误人子弟，造成不良后果。这种对教师的高要求经常表现在以下几个方面：一是应该从身边的小事做起，"勿以善小而不为，勿以恶小而为之"。要从大处着眼、小处着手，积小德成大德。有时在教师看来是一件不经意的小事，但对学生而言却可能就是关系其思想道德素质形成的大事。所以，从育人的高度来看，教师必须十分注意自己的"小节"和身边小事的育人意义。二是对自身的要求应该是全面而具体的。例如，在思想情操上，必须有坚定科学的理想和信念；在道德品质上，必须言行一致、表里如一、富于爱心和正义感；在工作上，应当勤勤恳恳、认真负责，有良好的敬业精神；在语言上，应文明礼貌、文雅得体；在仪表上，应衣着朴素、整洁大方；在待人接物上，应热情诚恳、严于律己、宽以待人。三是必须注意任何时间和场合的为人师表。以身作则、为人师表的道德规范要求教师无论是在传授知识技能方面还是在思想品德教育方面，凡要求学生做到的，教师都要明确地做出示范。以身作则、为人师表的道德规范还要求教师对学生的这种示范不应该是为了应付学生而做出的样子，它应该是教师本身特质的一种自然流露。以身作则、为人师表的道德规范更要求当教师面临严峻的考验、教师为学生做出示范可能会付出相应的代价和个人利益会受到一定的损害时，仍然义无反顾地为学生做出表率。在这种场景下，教师的表率往往胜过自己无数次动听的说教；而这种情景下教师的行为如果有失风度，则不仅会给学生留下不佳形象，而且会使学生对其以前的教育产生怀疑，甚至拒绝接受其给予的进一步教育。

（3）教师必须从育人高度注意自身劳动的示范性。教育劳动的过程，是师生双向活动的过程，是教师对学生直接施加影响的过程。教师主要是以自己的理想、智能、德性、人格、言谈举止、为人处世的方式以及事业心和奉献精神等言行教育和感染自己的学生的。由于教师在知识素养、人生经验、社会阅历等方面比较丰富，因而学生往往把教师作为自己仿效的榜样，特别是那些在学生中享有较高威望的教师，其言行对学生的示范作用就更为明显。教师的榜样作用对于学生的成长，是任何教科书、任何道德箴言、任何惩罚和奖励制度都不能代替的一种教育力量。正因为在教育劳动中教师时时处处对学生起着示范作用，学生自然地把教师作为自己的楷模，所以就要求教师必须以身作则，力求各方面都成为学生的表率。第一，教师在人格上应该实现现实性和理想性的统一，或者说实现"现有"和"应有"的统一。教师作为社会生活中的一员，他们固然具有其现实性，这是教师和其他职业劳动者相一致的地方。但是，教师作为特殊的职业劳动者，他们又需要不断超越现实而趋向于"应有"状态。这是因为，任何教育活动都是面向未来的，其本身就具有内在超越性，教师对学生价值观念上的积极影响即在于引导学生追求一种更美好更高尚的境界，这就要求教师必须不断超越现实性的"现有"而追求理想性的"应有"。第二，教师应该以对学生、社会和国家的未来负责的态度审视自己的言行，努力把美好的形象展示在学生面前，时刻牢记自身形象的育人意义。当然，这并不是说教师可以有双重人格，可以当着学生一套背着学生又是一套。我们的观点是，作为特殊的职业劳动者，教师应该具备比其他职业劳动者更加美好的德性和行为表现；面对时刻注视着自己、把自己的言行作为表率的学生，教师必须以正面形象给他们以积极的导向。而对于自身的不足，教师必须注意自我修养，努力达到美好的"慎独"境界。

第二节　同事伦理

　　之所以将同事伦理作为教育伦理的重要内容，既是由教育劳动的特点所决定，又为教师同事之间利益关系的特点所决定。

　　首先，教育工作是一项复杂的系统工程，需要动员学校各方面的教育力量，实行"全员育人"，即需要各科教师和学校管理人员的共同努力，才能取得良好的教育效果。从这个意义上说，教师的劳动是一种整体劳动，每个教师的劳动都只是育人过程中的一个环节，都离不开其他教师的劳动。因此，教师之间团结协作是完成育人使命的必要条件。而教师之间能否做到团结协作，又取决于是否具有良好的同事伦理。正像马卡连柯指出的那样，如果没有团结一致的教师集体，那么，所谓正常的学校教育工作是很难想象的。因此，马卡连柯强调，教育只能是教师集体的事业，单靠任何教师个体是无法完成的。而在教师集体中，如果大家彼此尊重、团结一致、互相帮助，就会创造良好的人际氛围，使教师心情舒畅、精力集中，高质量、高效率地完成教育工作；反之，如果教师集体人际关系紧张，互相猜疑、互相提防，甚至互相拆台，必然导致内耗严重，各种教育力量相互抵消，不仅影响教育效果，还会影响教师的身心健康。同时，这种不良的人际关系还会直接影响学生，导致学生之间不正常的人际关系的出现。可见，教师之间能否做到互相尊重、互相信任、互相帮助、团结协作，不仅是教师人格的具体体现，也直接关系到能否完成党和人民赋予的育人责任。

　　其次，就一般意义而言，教师同事之间具有价值目标和根本利益上的一致性。从价值目标来说，各个教师的教育活动所追求的是将被教育者培养成德、智、体全面发展的社会主义劳动者。从根本利益来说，只有当教师集体成为一个团结和谐的整体时，广大教师才可能具有舒心宽松的工作环境；只有教师集体的劳动效益达到最大值时，广大教师才可能充分体现和实现自身的价值。然而，教师同事之间矛盾的存在乃是一种客观实在，并且这种实际存在的矛盾对教育劳动构成了重要影响。因此，分析教师集体人际矛盾产生的原因，寻找化解这一矛盾的办法，设定教师处理同事关系时行为之应然，就成为教育伦理的重要课题。

一、教师集体人际矛盾产生的原因

1. 教育劳动分工导致的矛盾冲突

教育劳动必须以教师之间必要的分工为前提，但如果有的教师不能以必要的德性参与分工，就可能导致教师集体中的矛盾冲突。比如，有的教师过分强调自己所教授的课程的重要性，并出现和其他教师争自习和辅导时间、争留作业等现象，这就很有可能产生和其他教师的矛盾冲突。再比如，一些专业课教师为了使学生能对自己所教授的课程更感兴趣，往往片面夸大自己所教授课程的作用而贬低其他课程的意义，而这也蕴含着教师集体产生矛盾冲突的可能性。从教育劳动的分工和目的来看，学校所开设的各门课程都是培养和造就全面合格的人才所必不可少的，各门学科都有其存在的依据和价值。如果教师不恰当地抬高自己所在学科而贬低其他学科，不仅说明自己的无知，而且还会对学生的全面发展带来不利影响，更会对不同学科教师之间的协作沟通造成麻烦乃至障碍。在教学实践中，人们往往还会看到一些教师不负责任地在学生面前议论甚至贬损其他任课教师的情形，这种做法常常会使后者在学生面前失去威信而导致其教学工作难以有效开展，最终有可能导致教师之间在感情上的严重对立和工作中的相互拆台。

2. 个体差异导致的矛盾冲突

作为教师集体，一般是由不同年龄、不同个性、不同专业、不同阅历和工作经验以及不同思想觉悟的教师组成的。这种个体差异，虽然并不必然导致相互之间的矛盾冲突，但却存在着产生矛盾冲突的可能性。例如，在不同年龄的教师中，中老年教师对新事物、新观念的接受认同程度和速度可能不如青年教师，但青年教师对问题的思考和策划却往往不如中老年教师周全。不同个性和不同专业的教师对问题的关注点也有差异，不同阅历和工作经验的教师对于具体问题或现象的思考剖析的广度和深度未必相同，不同思想觉悟的教师往往有不同的世界观、人生观和价值观。教师的个体差异往往导致他们在教育教学实践中产生教育思想、教学手段和教学方法方面的分歧。特别是在教育改革的宏观背景下，教师对新旧观念和新旧思想的认识程度往往不同，难免产生行动上的不一致乃至于分歧，从而产生教师集体中的矛盾冲突。

3. 作为不同利益主体导致的矛盾冲突

在教师集体中，各个教师个体都是具体的利益主体。虽然如前所述，教师集体中的成员在根本利益上是一致的，但在实际生活中仍然会面临着各种具体利益上的矛盾。例如，学校制度性、经常性的总结考核、评选先进、职称评聘、晋升工资、外出进修等工作，都把看得见的切身利益摆到了教师面前，能否获得这种利益直接决定了教师的生活水平。而这种利益需求旺盛与供给相对不足的矛盾使广大教师面临着实实在在的考验。特别是在利益分配机制不完善的情况下，教师的谦让精神和协作道德自然成为教师集体升华为奋发向上、和谐协调整体的重要因素。在市场经济条件下，在人们的自主意识、利益意识普遍受到催发和强化的情况下，这一问题的有效解决面临着新的难度。在实际工作中，我们固然可以看到在利益面前推辞谦让的教师，但确实也不乏毫不相让之人。这一现象的存在，不仅造成了人际关系的紧张，而且会直接影响到工作的正常开展。

4. 历史传统和社会生活变化导致的矛盾冲突

就历史传统而言，中国现代社会是从几千年的封建社会走过来的。众所周知，中国封建社会的经济形态是自给自足的自然经济，这种自然经济决定了人们生活资料的获得主要是依靠同自然（即"天"和土地）进行交换，而不是靠与社会进行交换。这种和他人及社会的交换并不是人们生存发展的必要条件的状况，往往使人们缺少对于社会交往必要性的认识，缺乏对良好人际关系重要作用的感悟。因此，与自然经济形态、宗法社会结构和中央集权制度相伴随的必然是整个社会一盘散沙，社会成员之间缺乏一种对共同交往规则的认同，缺乏协作的传统，而"文人相轻"的传统又使得知识分子之间的合作较一般社会成员更为不易。现代社会经济形态从计划经济向市场经济转轨，经济行为主体自主决策、自主经营、自负盈亏的特点催发了人们的主体意识和自由意识。虽然这种主体意识和自由意识并非必然导致社会成员对集体的离心倾向和相互之间的难以合作，但是如果这种主体意识和自由意识过度强化与膨胀，则必然对人际和谐关系的建立带来负面影响。这种负面影响如果泛化为一种社会风气波及教育领域，势必不利于良好教师集体的建立，并极有可能引起教师集体中的矛盾冲突。

二、教师在处理和同事关系时的道德之应然

（一）尊重同事

尊重同事是调节教师集体中人际关系的重要道德规范。在教师处理集体中的人际关系时，是否尊重同事，对于能否形成团结和谐的教师集体至为重要。因此，充分认识尊重同事这一道德规范的意义，探讨尊重同事的具体内容，是教育伦理所面临的重要课题。

尊重同事作为一种道德规范，其目的在于调整教育劳动中教师之间的关系。而教师同事之间的关系又可具体化为同一学科中教师之间的关系、不同学科教师之间的关系、新老教师之间的关系、优秀教师和暂时处于后进状态教师之间的关系、不同个性及不同价值观教师之间的关系、教师和领导之间的关系，等等。所以，作为一个教师，要处理好和同事之间的关系，就体现为要处理好以上各种人际关系；要尊重同事，就体现为要尊重上述教育劳动中所面对的各类同事。

1. 尊重同一学科的教师。由同一学科的教师所组成的教研室或教研组，是一个重要的基层教学组织。同一学科的教师可能毕业于不同的学校，学历层次有高有低，科研指向各有不同，教学时间有长有短，教学方法存有差异，但每一个教师都会有自己的特点和长处。俗话说，"尺有所短，寸有所长"，因此就需要互相学习，共同研究、探讨教学经验和科研感受，彼此之间取长补短。在和同一学科教师的相处过程中，教师是否能做到尊重对方，虚心向对方学习，对于自身的提高也是不无裨益的。如果在尊重对方的同时虚心向对方学习，那

么对方的经验就可能转化为自身的经验，对方的教训就可能转化为自身的借鉴，在和对方学术交流、思维碰撞的过程中就可能会产生单凭个人冥思苦想难以出现的思想火花和灵感。所以，尊重同一学科的教师，不仅是教师道德的内在要求，对行为者本人也是极为有利的。

在和同一学科教师的相处过程中，还必须具有宽容意识。同一学科的教师相处的机会比较多，时间一长甚至能达到知根知底的地步。相互了解增多，一方面固然能使我们更多地看到对方的优点，但另一方面，对方的弱点、不足甚至是以前在我们看来难以忍受的缺点都暴露无遗地展示出来。在这种情况下，如何看待和对待对方的不足，关系到我们如何与之相处。一是要意识到"金无足赤，人无完人"。社会生活中的每一个成员，都会存有自身的不足。二是这些不足只要不是属于个人品质方面的缺陷，都不应该成为影响我们与其交往的理由。三是能以与人为善的初衷耐心地帮助对方克服这些不足。当我们能以如此宽容的态度对待当事人时，也必然会使当事人以同样的态度对待自身，从而就会出现同事之间相互宽容、共同进步的良好局面。

2. 尊重不同学科的教师。在学校内部，还存在着不同学科之间的分工。这种学科分工的事实自然地引出了作为教师应该如何处理和不同学科教师之间关系的问题。尤其是最近十几年来，由于社会对各种专业人才需求的不同而导致的回报的差异，社会上出现了热门专业和冷门专业之分、吃香专业和不吃香专业之别，这种由于社会对各种专业价值评价的不同以及实际上存在的各专业回报的差异，使得如何看待各学科的价值，如何处理不同学科教师之间关系的问题在教育伦理学中凸现了出来。作为教师，应有的素质修养要求我们必须处理好和不同学科教师之间的关系，必须尊重不同学科的教师，要从理论上认识到各门学科存在的价值。每一门学科都是社会需要的产物，都是完善学生的素质所必不可少的。尽管由于不同的学科在满足社会发展的当下需要和长远需要方面的差异而有所谓的热门专业和冷门专业之分，但从总体上而言，从长远的观点来看，各门学科并不存在价值上的孰轻孰重之分，它们都对社会发展具有不可或缺的价值。例如，在哲学社会科学领域，目前经济学、法学等学科比较热门，而哲学、史学等学科则相对受到冷落。但是，如果没有哲学界的推动而导致的 1978 年全国上下的关于真理标准的大讨论，就没有全民族的思想大解放，也就没有随之而来的改革开放以及建设社会主义法治国家的局面；如果我们的工作重心不从以阶级斗争为中心转移到以经济建设为中心上来，经济学教学研究人员就不会像现在这样被重视；如果没有依法治国方略的具体实施，法学家们就不会像现在这样"吃香"。再如，目前计算机信息产业等工科专业比较紧俏，但从事工科的人员如果没有良好的人文素养，最终也很难在本学科领域有卓著的成就。所以，每一学科都有自身存在的依据和价值，必须给从事任何学科教学研究的教师以应有的尊重。

由于学科分工，每个教师都有自己的专业，长期实践所形成的专业偏爱，很容易产生某些教师片面抬高自己所在学科作用的现象。而目前社会对各门学科需求量的不同而导致的价值评价上的差异，无疑又使这种偏见得到了不正常的强化。当然，每一个教师都希望自己所从事的学科对社会发挥更多的作用，为社会倚重、重视；每一个任课教师总希望学生能喜欢自己教授的课程，这是可以理解的正常心理状态。但是，肯定自己所在学科的价值不应以贬低别的学科的价值并对别的学科的教师缺乏应有的尊重为代价，希望学生喜欢自己所教授的课程不应该以降低学生对其他学科的重视为代价来达到这个目标。即不允许企图以贬低、轻视其他学科来提高自己学科威信的做法。教师有责任维护其他学科在学生心目中的应有地位，公正地把各门学科摆在适当的位置上。如果一个教师缺乏对其他学科教师应有的尊重，不仅是有违教师职业伦理的不道德行为，而且也是一种无知的表现。

3. 尊重优秀的和暂时处于后进状态的同事。教师集体是由具有不同的教学水平、科研素养、价值观念和工作精神的个体所组成的整体。由于教师原有的资质和努力程度的不同，教师之间呈现出优秀的、一般的和暂时处于后进状态的水平差异，是不足为怪的、极为正常的。既然这是一种普遍的客观现象，就要求教师思考一下如何对待这些处在不同水平层次的教师，特别是如何对待优秀同事和暂时处于后进状态的同事。

对于优秀的同事，毫无疑问应该给予充分的尊重。这种尊重，有利于推广他们的先进经验，以提高教师集体的水平；这种尊重，可以成为自身的一面

"镜子"，以映照出自身的不足，从而有利于自身的提高；这种尊重，也有利于优秀同事本人更加发奋努力，倍加珍惜和谐的集体氛围，努力为集体做出更多的贡献。因此，尊重优秀的同事是利己、利对方、利集体的三全其美之事。在和优秀的同事相处时，应注意克服两种不良的心理状态：一是对其抱有嫉妒之心。这种嫉妒之心将使得自己陷入深深的不良心理的煎熬之中。二是对其过于苛求。优秀的同事也仅仅是在某一方面至多在某几方面优于常人，他也有平常之处，甚至有不如一般教师之处，他不可能是在任何时候、任何方面超过任何人的这样一个角色。所以，在和优秀的同事相处时，要宽容其不足。这里有一个思维方法的问题，即我们在和优秀的同事相处时，是以欣赏的眼光去发现其身上的闪光点，还是以挑剔的眼光专门去寻找其不足之处。在这里，尊重同事就具体化为肯定学习其优点，而宽容其身上存在的不足。

如果说，尊重优秀的同事对于一般的教师还比较容易做到的话，那么，尊重暂时处于后进状态的同事则可能具有相当的难度。但是，尊重暂时处在后进状态的同事确实应该是尊重同事的道德要求的题中应有之义。而要真正从情感上接受尊重这一类同事的道德要求并能在实际行动中确实尊重他们，关键应注意以下方面：一是从人格上给他们以应有的尊重。即使是暂时处于后进状态的同事，他们也是学校中的教师，有其要求得到他人尊重的人格尊严。对他们的尊重，是社会主义人道主义尊重人的要求的具体体现。二是要努力发现其身上的闪光点。犹如优秀的同事身上同样存在不足一样，暂时处于后进状态的教师不可能没有值得肯定和值得其他教师学习的地方，只不过是人们平时缺少对这方面的发现罢了。三是要用发展的眼光去看待他们，并给予其必要的帮助。一些教师之所以暂时处于后进状态，总是有一定的原因导致的。当那些导致他们暂时处于后进状态的问题解决后，他们的转化就是非常自然的事情了。所以教师集体中的道德要求我们寻找导致其后进的原因，并努力帮助其解决问题。总之，就像在学校中不可能存在一无是处的教师一样，也同样不可能存在永远不可改变的教师。

4. 尊重持不同学术观点和教育思想的同事。教师之间持不同的学术观点和教育思想，是极为正常的现象，是教师学术思想活跃的明证，也是学校充满生机的重要根源。有鉴于此，对于广大教师而言，就有一个是否应该尊重持不同学术观点和教育思想的同事的道德问题。

教师的职业道德，内在地要求教师将尊重持不同学术观点和教育思想的同事作为自身应有的行为规范。这主要是基于以下原因：一是尊重持不同学术观点和教育思想的同事，是办好学校的必然要求。学校不仅是教学单位，而且也是科学研究的基地；不仅是传授真理的地方，而且也应该是追求真理和发现真理的地方。所以，不能没有不同学术观点和教育思想之间的碰撞。持不同学术观点和教育思想同事的存在，是办好学校的要件之一。二是尊重持不同学术观点和教育思想的同事，有利于教师自身素质的提高。教学活动和科学研究作为一种特殊的劳动，不可缺少的就是不同观点和思想之间的交流碰撞。只有这种交流碰撞，才会发现研究中的错谬，才会形成科学的共识，才可能出现思想的火花，才会突现科研的灵感。经常性的交流碰撞，有利于教师形成科学的思维方式，有利于教师长期地保持敏锐的学术眼光。三是尊重持不同学术观点和教育思想的同事，也是科学事业发展的需要。科学的使命之一就在于不断有效地解读和回应社会发展所提出的现实课题。目前，国际国内社会生活的变化日新月异，这种无止境的社会发展提出了一系列要求求证的科研课题。所以从逻辑上来说，社会发展的无止境要求科学研究也应该是无止境的，而在这种无止境的科学研究中，应该允许人们做出各具特色的探索。片面地认为只有自己的学术观点才可取、自己的教育思想才可行的观点，往往不利于良好的学术氛围的形成，不利于科学研究的创新。而不同的学术观点和教育思想的碰撞往往会达到科研问题最终解决的效果。

5. 不同年龄教师之间要相互尊重。前已论及，一般来说，老教师知识渊博，人生阅历丰富；年轻教师思想敏锐，较少保守性，但不足之处是缺少实践经验，因此工作中常常是一厢情愿，带有理想主义的色彩。在这种情况下，年轻教师应当虚心向老教师学习，老教师则应当热情地传、帮、带，同时也要随时吸取年轻教师的长处。应当看到，有经验的教师开始都是没名气的，所有的老教师都是从年轻时代走过来的。年轻教师是学校的希望所在，老教师应当发扬"人梯"精神，帮助他们脱颖而出，茁壮成长。

6.领导与教师的相互尊重。在教师的教育劳动中，每一位教师都不可避免地要和自己的领导打交道。这里的领导，既包括学校领导，也包括教研室的领导。如何和领导相处，是处理好教师集体中人际关系的题中应有之义，因为领导也是教师集体中的一员。从而，在和领导相处时给予其应有的尊重，也是教师道德的内在要求。而要做到尊重领导，关键应注意以下方面：一是服从正确领导，支持领导工作。教育过程是一个有计划、有目的、有组织、有领导的活动过程，领导在整个教育过程中起着组织者、指挥者的作用。所以教师必须正确对待领导，支持领导工作。在这里，人们对服从领导往往存有这样的误区，即认为服从领导就是降低自己的人格，是一种"奴隶主义"。事实上，领导的决定是建立在集体利益基础之上的，领导意志实质上是集体意志的体现，领导行为是学校各项工作得以正常进行的一种必须的要求。从这一意义上讲，服从领导是服从集体的特殊表现形式。当然，领导在整合群众意愿的过程中毕竟掺入了个人的价值取向，所以对领导而言，有一个科学合理地反映群众意愿的问题，有一个如何对每一位教师做到客观公正的要求。二是体谅领导，为领导分忧解愁。由于教育劳动的复杂性，学校的各级领导在工作中也会有许多实际困难，也有领导难以办成的事情。教师要体谅领导，为领导分忧解愁。教师对领导提出一定的要求，是事业发展的需要，但如果要求太高、太急，就会脱离实际。任何人的能力都是有限的，十全十美的人并不存在。领导作为一个特定的社会角色，也和常人一样具有自己的局限性。更何况，有时候工作搞不上去亦并非全是领导者主观上的原因，客观条件不具备或种种外界因素的影响也是不可忽视的。因此，对学校工作中存在的问题，一定要平心静气地做出实事求是的分析，给予公正的评价。要真心诚意地支持领导，发现领导工作中的缺点或失误，要通过正常的途径，抱着对工作负责、与人为善的态度帮助领导加以克服，改进工作。三是要维护领导的威信。将维护领导的威信作为处理教师集体中人际关系的道德要求，并非是出于讨好领导之个人私利，而是为学校事业发展大局考虑的内在要求。因为任何一个单位要搞好工作必须有较强的凝聚力，而领导又是处在凝聚力的中心位置。一个单位领导有威信，这个单位凝聚力就强，工作就能得以有效展开。从这一意义上讲，维护领导的威信是维护集体利益的内在需要。

作为教师，尊重领导是其在和领导相处时应该信守的道德规范。但广大教师能否真正自觉而有效地遵循这一道德规范，还取决于领导在和广大教师相处时所采取的态度和行为模式。所以，为了营造一个领导和广大教师和谐相处的氛围，同样必须对领导提出应该尊重广大教师的道德要求。基于教育劳动的特殊性，以及和其他职业劳动者相比学校教师自身的特点，领导尤其应在以下方面尊重教师：

一是要尊重教师价值选择的权利。和其他职业劳动者相比，教师由于知识层次比较高，对时代发展趋势和世界变化走向的把握较一般人更为敏锐，因而思想比较深刻，对问题有独到的见解和价值观，从而他们遇事时往往有自身的价值选择。作为领导，应该充分尊重教师的这种权利。如果教师的价值选择与社会的法律和道德要求并不相悖，即使它和领导者的价值观存有不一致，领导者也应该尊重其价值选择。如果教师的价值选择不符合社会的法律和道德要求，有必要使教师放弃或提升自身价值选择的层次时，也应该在充分尊重其人格尊严的前提下做耐心细致的说服教育工作。教师一般而言都有较深刻的知识理性和道德理性，只要领导者的教育方式得当，要他们接受科学的价值观并非是一件难事。

二是要尊重教师的个性。教师较高的知识层次和所从事的教育劳动的个体性质，决定了他们比其他职业劳动者更具有个性。这种个性，对于学校的事业发展极为可贵，是学校充满活力的重要原因之一。教师缺乏个性，或者个性受到压抑，则不仅教师难以充分实现其价值，整个学校也就难有生机，必将失去发展的后劲。所以，作为领导，应该充分尊重教师的个性。只要他们的个性不违反国家的法律和社会伦理要求，都应该在对其尊重的前提下将其保护好。在某种意义上可以这样说，对教师个性的理解、保护和发展，就是对教师的尊重，就是对学校事业的促进。

三是尊重教师的事业心。近年来，由于广大教师物质生活水平的明显提高，许多人不仅要求教师这一职业能满足其谋生的需要，而且能成为他们实现人生价值的主要手段，这突出地表现在他们将教育劳动作为事业来追求。所以，要求学校能够为他们事业的成功创造良好的条件，正在成为越来越多的教师对领导的厚望。这一追求和厚望，对学校的发展极为重要，也极为可贵。作为领导，就不仅要通过各种努力进一步提高教师的物质生活水平，还应关注教师的事业发展，努力为他们的进修提高和进入学科前沿创造条件，力求使教师的事业跃上更高的平台。目前，一些学校提出不仅要以待遇和情感凝聚人心，而且更应以支持教师事业的成功凝聚人心的思路，不失为从更高层次调动教师积极性的明智之举，已经产生了极其明显的效益。

四是尊重教师的民主权利。教师的民主权利包括对领导工作中的失误提出批评的权利，对学校的建设和发展提出建议和参与决策的权利，等等。教师的民主权利，是一种法定的权利，对教师民主权利的尊重和维护，是学校事业发展的需要。作为领导，应该从学校发展的大局认识尊重教师民主权利的重要意义。在教师群体中，确实是"藏龙卧虎"。他们对于学校事业发展的议论和主张，不乏真知灼见和远见卓识。如果能够充分调动教师之于学校发展的积极性，汇集他们的智慧，不仅可以从方向上保证学校的发展依循正确的路径，而且也能为学校的发展提供强大的"动力源"和"潜能库"。所以，作为领导，不仅应该从机制上保证教师对学校发展的建议权和决策权落实到位，而且应以宽广、豁达的胸襟欢迎教师对自己工作中的失误提出批评。应该看到，即使是对领导批评性的意见，都是促进学校发展的宝贵财富。这种对教师民主权利的尊重，丝毫不会降低领导者的威信，只会赢得广大教师更进一步的尊敬。因而，它不仅对学校的发展，而且对融洽领导和教师的关系，都是极为重要的。

（二）团结协作，开展有益的工作竞争

尽管从根本目的指向和最终意义上而言，教师集体中各成员之间的价值目标是一致的，不存在根本利益的冲突，但是，这并不等于各个教师在利益的获取上没有时间的先后之分，也没有量的多寡之别。事实上，由于社会经济发展水平所限，也由于社会发展的大背景和教育事业发展的内在规律所决定，教师之间在利益的实现上会存有差异。而既然"人们奋斗所争取的一切，都是同他们的利益有关"，这就自然导致了教师之间旨在利益实现方面的相互竞争。因此，广大教师一方面应关心集体，尊重同事，同时又应认识到相互之间竞争的意义和必要性，并以合乎社会伦理要求的手段积极参与竞争。

从道德价值评价的角度来看，在教师集体中开展有益竞争有利于推进学校教育事业的发展和激励教师个体的奋发向上。因此，这种竞争从其效果或后果而言是符合道德的。但是，各个教师抱着何种动机、采取何种手段参与竞争，却有道德和不道德之分。因此，在这里有必要提出以道德的手段参与教师集体中的竞争这一要求。

1. 竞争的手段必须符合道德。虽然从最终意义而言，教师集体中竞争的结果是各个成员的共同提高，但就个人而言，他所追求的目标是在最终结果上强于他人。这一点，在道德价值上是无可指责的。但是，达到强于他人的这一结果，其所采用的手段必须是符合道德的。在现实中，我们经常可以发现这种现象：为了使得自己在教学上强于别人，不仅无原则地迁就学生，而且在学生中有意识地诋毁其他任课教师；为了使自己在科研上强于别人，不惜做出违背最起码的科研道德的丑事，近年来一些教师剽窃事件频频被曝光就是极好的说明；为了使自己所申报的科研课题获准立项，所申报的奖项能够获奖，竟无中生有地中伤其他申报人，在科学研究中编造虚假数据，等等。这种通过种种不道德的手段来达到使自己最终强于他人的目的，实在是竞争中的一大祸害，应该受到唾弃和彻底否定。

2. 妥善处理好教师集体中竞争和协作的关系。教师集体的活力、发展的动力以及总体价值的实现固然首先在于竞争机制激励下各个教师主观能动性的发挥，同样也离不开教师集体良好的协作氛围。甚至可以这样说，良好的协作氛围是开展良好竞争的必要条件。没有良好的协作氛围，教师之间的竞争就可能背离社会基本的伦理价值体系，最终的结果可能是无论对于教师个体还是教师集体都是极为不利的。因此，应该将能否和他人进行有效协作作为竞争的内在道德要求。因为，在学校教育中，不仅对学生素质的培养必须依赖于教师集体，而且科学研究工作本身也需要一定数量的教师形成一个群体进行集体攻关。而在这个集体中，就有一个如何和他人相处，即如何进行协作的道德要求。不可否认，在教师集体中，确实不乏具有良好协作精神的教师，但有违协作精神的人和事也并非鲜见。例如，有的人以自我为核心，事事考虑个人得失，处处夸大个人作用；有的人一味追求个人荣誉，追求学生对个人的爱戴；有的人为了保持在竞争中的"优势地位"，对同事搞资料封锁；有的人自己不努力，在竞争中处于不利地位，却对竞争中涌现的先进教师讽刺挖苦，任意夸大他们的缺点和弱点，甚至"攻其一点，不及其余"，抹杀他们的成绩和贡献；有的人嫉妒同事的成绩，损害同事的荣誉等等。因此，对广大教师提出应该处理好竞争和协作的关系，不仅是形成一个充满活力和充满凝聚力的教师集体所必需，也是由目前学校教师集体中的协作道德现状所决定的。

3. 教师要有一种开拓进取、敢于创新的精神。开拓进取、敢于创新是处于社会转型时期的职业劳动者的应有素质，而这对于教师而言，则有其更为重要的意义。第一，当前的学校教育和我们所处的社会一样，正处在改革的进程之中。学校教育如何进行改革，前人没有留下具体的方案，其他国家也不具有现成的模式可供我们借鉴，它只能依靠我们在充分论证的基础上大胆地进行探索，而这必须要有一种开拓进取、敢于创新的精神。第二，学校是培养新型劳动者的场所，而伴随着社会的变化发展，当今学生也具有和以往的学生许多不同的特点。如何全面认识当今学生，从而有针对性地采用行之有效的教育模式，这是摆在我们面前的紧迫任务。要有效地完成这一任务，没有开拓进取、敢于创新的精神显然是不行的。第三，学校是研究的重要基地，而科学研究作为一种对未知世界的探索活动，所需要的正是这种开拓进取、敢于创新的精神。总之，作为学校教师，要有开拓进取、不畏艰难的个人气质。如果在一个教师集体中，人人都不敢突破传统观念和思维方式的束缚，怕担风险，怕别人讽刺打击，那么这个集体只能保持现状，停滞不前。相反，如果每个教师都能发挥自己的创造才能，集体便可以突飞猛进。作为学校教师，还应该敢于创新，敢于走前人没有走过的道路。如果只是一味地照着前人的经验去做，便没有突破，没有创新，教育事业和科学技术就无法发展，社会就难以大步前进。从这一意义上讲，开拓进取、敢于创新应是教师必须履行的道德使命。

关联拓展阅读之一

教育伦理学的新问题与新思考

王本陆 汪 明

积极关注并认真探讨时代发展所提出的重大教育伦理问题，这是教育伦理学所承载的学术使命，也是学科发展的核心机制。当前，随着我国教育事业的快速发展和改革开放的不断推进，一些具有鲜明时代特征的教育伦理问题正在凸显出来。为了促进我国教育事业健康发展，有必要认真对待和深入研究这些教育伦理问题。此外，探讨这些问题，将丰富教育伦理学的内容体系，开辟出教育伦理学研究的新领域。鉴于此，本文拟对教育国际化伦理问题、教育信息化伦理问题以及教育改革伦理问题进行探讨。当然，现实中教育伦理学问题远不止本文所提及的这三方面，还有很多亟待关注与思考，本文旨在提供驱动力和方向感，以期引发大家对此的进一步关注与思考。

一、教育国际化伦理研究

我国自 2000 年加入 WTO 以来，教育作为服务贸易的重要组成部分对外开放，教育国际化便成为无法逆转的大趋势。十多年来，我国教育国际化的步伐非常迅速，教育国际合作的形式不断翻新。从教育阶段看，从幼儿教育到研究生教育，都在不遗余力地开展形式多样的国际合作；从合作领域看，国际合作办学、联合授予学位、联合培养，举办国际部（留学预备学校）、国际班，引进国际课程、国外教材，组织学生国际游学，组织学校干部、教师国际培训，聘请外籍教师国内授课，等等。可谓行情火爆、方兴未艾。此外，在理论上，也提出了教育国际化的问题，强调中国教育必须与国际教育接轨。可以说，国际化已经成为当今中国教育发展所无法回避的议题。

如何看待日新月异的教育国际化，是仁者见仁、智者见智的事情。不同的学科、不同的主体必然会有各自的立场和观点。重要的是，在这种重大问题上，教育伦理学不能缺席，要发出自己的声音、亮出自己的观点。教育伦理学如何建立一个分析教育国际化问题的学理框架，是需要认真研究的问题。我们的初浅想法是：从 WTO 的本意看，教育国际化的实质就是在全球教育市场中教育资源的自由流动。因而，分析教育国际化问题的关键概念是全球教育市场。全球教育市场是一个多层级、多类别市场主体构成的复杂系统，其中，主权国家和政府、教育机构（大中小学）、教育服务商（教育资源提供者如出版社、仪器设备公司、教育服务中介公司）、受教育者（学生）是最基本的市场主体。教育国际化的伦理问题，就是处理各层级、各类别以及不同层级、类别市场主体之间利益竞合关系的价值立场、规则和策略问题。例如，在主权国家层面，教育输出国和教育输入国之间存在着国家利益的竞争与合作问题，包括教育主权、文化安全、国民素质与人才战略等；在教育机构层面，则存在合作共赢、利益分配、责任担当等诸多问题；在受教育者和教育机构、教育服务商之间，存在着诚信与欺诈、成本与收益、选择与控制等诸多矛盾。如何解决这些问题、处理这些矛盾，建立教育国际化的基本伦理准则，这是当前教育伦理学需要深入讨论的重大问题。

教育国际化伦理问题的研究，需要区分宏观问题和微观问题。宏观问题主要涉及全球教育市场的价值取向和伦理准则，即如何确保全球教育市场成为世界和平、稳定、发展和进步的促进力量，成为造福全人类的积极力量。微观问题主要涉及具体教育机构、服务商和受教育者之间的利益关系的处理原则和行为准则，即确保各种教育国际合作交流行为的正当性。

当前，在宏观层面，需要重点探讨的问题如下：（1）教育国际化与国家主权问题。教育国际化意味着不同国家之间教育力量的互相竞争。由于各国综合实力不对称、教育发展水平差距大，如果完全放任市场自由竞争，就会出现教育沙文主义，那么，弱小国家的教育系统可能被强大国家的教育系统彻底打垮，从而导致这个国家失去教育主权。这是教育国际化必须警惕的一个问题。（2）教育国际化与文化多样性问题。我们知道，"在文化的全球化过程中，存在着从经济和文化强势的国家向弱势国家流动的趋势，文化的交流也异变成了文化的渗透和入侵"[1]。反观教育，长期以来，由于西方发达国家教育整体处于国际领先水平，教育国际化在某种意义上等同于教育西方化，即西方发达国家的教育理念、教育内容与教育模式向世界其他地区的推广应用。这种单向的教育输出，造成西方文化殖民的客观现实，不利于各国本土文化的传承，也不利于世界文化的多样性。如果教育国际化成为消灭文化多样性的过程，这对人类长远来讲是最大的文化生态灾难。（3）教育国际化与教育公益性问题。当前，教育国际化的推动力主要源自市场。然而，"一个必然而自发产生的服务于公共福祉的'市场'是不存在的。在世界各地，市场确实曾给许多社会部门带来快速的发展，但它也常常造成许多出乎意料的后果和不尽如人意的影响"[2]。教育事业就其本性而言是一种社会公共利益，即促进人类文化传承、个体身心发展的社会事业。如何使教育国际化成为人类团结、进步和个体发展的发动机而不是商家谋财逐利的大市场，这需要大智慧、大勇气。为了更好地解决这些问题，需要在教育伦理学层面提出教育国际化的基本价值立场：尊重教育主权、保护文化多样性、体现教育公益精神。

在微观层面，关键是要建立一个公开、有序、诚信和公平的教育服务市场，从而确保学生、教育机构和中介机构之间形成良性秩序。在全球教育市场中，学生（及其家长）是最终的消费者，同时，又是相对的弱势群体，而教育机构和中介机构作为教育服务提供者，具有内在的专业优势和强大的网络优势，处于强势地位。这种消费者和服务提供者地位和力量的不对称格局，很容易在微观层面导致教育国际化的各种伦理问题，例如欺诈、垄断和歧视等，从而给受教育者造成伤害。基于教育伦理准则构建教育服务的消费者和提供者之间的互利共赢关系，这是教育国际化良性发展的重要基石，需要认真加以探讨。具体说，需要重点关注如下问题：（1）教育服务的质量问题。对于家长和学生来说，无论攻读国际部、国际班，还是参加国际游学、联合培养，抑或申请和攻读海外学位，这些教育服务都是非常昂贵的。家长和学生之所以愿意支付出昂贵的费用，是因为他们希望或被宣传可以获得高质量的教育服务。但是，在教育国际化中，教育机构和中介机构提供的各种教育资源真的都是优质资源吗？这需要慎重评估。（2）教育服务的诚信问题。在教育国际化中，诚信问题值得关注。大多数受教育者对国外教育机构、教育法规等具体信息不甚了了，同时，又求学心切，于是，一些不良教育机构或中介机构往往利用这种心理，发布虚假信息或隐瞒不利信息，许诺各种不可能实现的承诺，引诱消费者上当受骗。杜绝各种弄虚作假的行为，树立教育机构和中介机构的诚信品质，这是迫切需要解决的现实问题。（3）教育公平问题。在教育国际化过程中，我们不得不提出一个问题：究竟谁是教育国际化的受益者，谁是潜在的受害者？从受教育者群体看，高收入家庭和特权阶层无疑是教育国际化的得益者；从区域来看，发达地区比落后地区更多享受了教育国际化的好处。教育国际化在很大程度上加剧了阶层之间、区域之间的教育不平衡局面。另外，在我国就业市场上，又存在严重的文凭歧视现象，即国内文凭贬值而海外文凭升值，这就进一步把教育不公转化成了社会不公，使普通百姓子女在就业上处于非常不利的局面。这要求我们认真对待和努力化解教育国际化导致的教育不公问题。

总之，如何认识和规范教育国际化问题，是21世纪教育伦理学发展遇到的新挑战。关于教育国际化问题的教育伦理学思考，意味着在更广阔的空间内（即全球教育市场中）探讨教育伦理关系和规范，这需要教育伦理学视野的超越，需要理论的创新。

二、教育信息化伦理研究

教育信息化的迅速推进，是21世纪以来教育事业发展的突出特征。当前，随着移动智能技术的广泛使用，教育信息化更是大步前行，远程教育、空中学校、云课程、网络教学、虚拟研修，这些基于信息技术的教育形态与活动形式，已经成为现实教育的重要组成部分。可以说，信息技术已经全面融入今日之教育，正在改变教育的形态和生态，其影响广泛而深远。观察、研究当今教育改革发展，教育信息化是无法回避的话题。教育信息化导致了教育系统的结构性变革，即不断改变着教育的形态，使教育生态发生重大变化。如何认识教育信息化的影响，如何管控教育信息化的进程，是当今教育学研究需要研究和解决的时代性课题。从教育伦理学角度去认识和管控教育信息化，是一项时不我待的工作，需要认真规划、积极行动。下面简单提出几个问题来讨论。

第一，教育信息化的伦理属性问题。在学术界，关于教育信息化的认识与定性历来众说纷纭、莫衷一是，概括起来主要有乐观和悲观两大类观点。在教育信息化乐观主义者看来，教育信息化是教育进步的根本推动力，似乎新技术的应用会消解各种教育矛盾，提高教育水平和质量；反之，教育信息化悲观主义者则对教育信息化持警惕态度，认为教育信息化不仅没有给教育带来真正实惠，反而制造了许多新问题。恰如有研究者指出的那样："随着教育信息化进程的加快，教育信息化中的信息污染和信息安全问题日益突出，已严重影响了青少年学生的学习、生活和身心健康，成为亟须认真研究解决的重大问题。"[3]教育信息化并非天赋向善，也非生来就有原罪，它更多提供了一种人们解决问题的工具。工具本身没有善恶之分，但为何、如何使用工具，则有善恶分野。也就是说，人们推进教育信息化的动机、过程和实际影响，会赋予教育信息化以特定的伦理属性。

例如，借助教育信息化促进文化共享，无疑是善的，而借助教育信息化中饱私囊、牟取暴利，则是恶的；通过教育信息化解放和武装教师，促进教师专业成长，无疑是善的，而通过教育信息化故意制造人与机器的竞争，使教师成为机器的附庸，则是恶的；如此等等。

第二，教育信息化的指导思想问题。为何要大力推进教育信息化？这是需要认真讨论的问题。从全球范围来看，教育信息化的推动力量主要来自三个方面：企业、政府和学术。企业家推动教育信息化的主要动机是制造商机，获取利润，美国的教育信息化的主导力量就是一些财力雄厚的科技公司；政府官员推动教育信息化的主要动机是国家利益或国家战略，但也难免掺杂自我升迁、政绩亮点乃至权力寻租的私心；学者主张教育信息化的动机可能是学术良知，也可能是出名或谋利。可见，各方推动教育信息化的动机，是非常复杂的。在学校层面，追求教育信息化的实际动力也千姿百态，有的是为了提升教育水平和质量，给学生、教师创造更好的教育环境和工作条件；有的是为了赶时髦、攀比、炫耀，别人有什么自己就要有什么，什么东西新就要什么东西。究竟基于何种指导思想来做教育信息化，是教育伦理学需要关切的一个现实问题。教育信息化必须树立明确的价值观念：服务于学生全面发展，服务于教育综合能力的提升。教育信息化本身不是目的，它的价值在于创造有利的教育环境，提供有力的教育工具，从而帮助克服学生发展和教师工作中的种种障碍，提高师生活动的质量和效能。从宏观层面看，为学生全面发展创造条件，为教育综合能力提升创造条件，恰恰是教育信息化的国家利益诉求。当然，在实现教育价值和国家利益的过程中，教育信息化也会给企业创造大量商机。这样，就可以达成各方利益的共赢。相反，如果不从教育需要出发而是从商业利益、个人政绩出发来推进教育信息化，其结果很可能是损公肥私，给教育事业发展带来巨大损失。

第三，教育虚拟空间的伦理规则问题。教育信息化对教育系统的一个重大影响，就是制造了一个全新的教育虚拟空间。例如，在远程教育、网络学校、云课程系统中，教师和学生均在实际生活中的时空存在之外，获得了一种虚拟的身份、一个虚拟的活动空间。教育虚拟空间的主要特点就是打破时空唯一的局限，使人在信息世界获得了潜在的无限空间，以及在不同空间中的同时存在。教育虚拟空间可以容纳和链接广泛的可供共享的教育资源，可以创造丰富的学习机会和交往机会。从教育机会的供给和学习的便利角度看，教育虚拟空间具有巨大的优势和广泛的前景。但是，教育虚拟空间应该如何建构，又如何管理呢？个人如何使用教育虚拟空间呢？这是教育伦理学需要思考的事情。例如，如何在教育虚拟空间"以一种合乎道德的方式进行交往"[4]？再比如，远程教育系统的建构与管理，是为了让更多人来注册学习，追求规模效应，还是确实提供高质量的教育服务，促进受教育者成长？又比如，各种网络教育资源是免费使用，还是群体共享，抑或有偿服务？在教育虚拟空间中，如何既保护知识产权，又促进文化共享和自由交流？如何筛选有价值的教育资源？等等。这些问题，需要系统考虑，需要建立一套规范教育虚拟空间的教育伦理准则，例如在教育虚拟空间交往方面，我们可以建立诸如"真诚可信原则、宽容原则、保持自我与尊重他人相结合原则、有序性原则"[5]，从而使教育虚拟空间真正成为有教育价值的文明空间。

第四，教育信息化鸿沟问题。教育信息化总体来说属于"烧钱"的事情，无论信息化设施的购置、开发、利用和维护，都是耗费很高的。没有良好的经济条件支持，没有充足的教育经费，就很难整体实现教育信息化，或全面享受教育信息化的实惠。在国际上，越是经济发达国家，教育信息化越领先；而经济落后国家和地区，教育信息化的水平就差一大截。在国内，经济发达地区和经济落后地区，富裕家庭和贫寒家庭，在支持和使用教育信息化方面也有巨大差距。在现实中，不难看到，"城市的校园变成一个个信息化、智能化的校园，拥有全新的学习环境，拥有掌握现代教育技术的教师，拥有优质的学习资源。而落后地区受教学条件的限制，学生只能是'e'缺乏或者跟'e'无缘。教学只能停留在传统教育模式里，缺少信息素养的关怀，成为'技术盲'"[6]。这样，基于经济条件的贫富差异，就划出了一条教育信息化鸿沟。富有的一方在信息化的海洋中徜徉，而贫寒的一方则被隔离在信息世界之外。如何打破教育信息化鸿沟，使教育信息化惠及各个地区、各个阶层的每一个人？这是需要探讨的新的教育公平问题，是教育均衡发展应该关注的重要维度。不可能也不应该限制发达地区和富裕阶层追求教育信息化的努力，重点是要切实帮助和支持教育信息化不利群体改善处境，缩小教育信息化的差距。解决问题的关键之点，就是要加强教育公共信息资源建设和免费供给，并努力提高信息不利人群的信息化能力。

第五，教育信息化的效用问题。一个多世纪以来，人们不断把各种新技术运用于教育系统，希望通过新技术改变教育面貌，提高人才培养的水平和质量。教育信息化是这种持续努力的新形式。但令人遗憾的是，"教育信息化投入巨大却没有获得期望的效益"
[7]。于是，人们不免会问一个问题：花巨资搞教育信息化，值得么？这就是教育信息化
的效用评估问题。这种评估可以是教育经济学角度的，也可以是教育伦理学角度的。需
要树立教育伦理学的效用观，即强调人是目的，促进最大多数人的福祉，对弱势群体的
关怀和帮助。在关于教育信息化的效用评估中，首先，需要关注教育信息化对学生身心
健康的影响作用。教育信息化设施的使用，能否避免伤害个人身体健康（如电磁辐射、
光污染与近视）？[8]能否避免学生网络成瘾和社交障碍？如果教育信息化无法解决学生身
体受伤害、心理障碍增加等问题，那么，它就不是以人为本的，就有悖于伦理学、教育
学强调的人是目的的理念。其次，要关注教育信息化究竟是解放教师，还是压迫教师？
例如，教育信息化是增进教师的职业乐趣、成就感，还是增加职业压力、挫折感？是减
轻教师工作负担，还是加重工作负担？是提高教师的经济与社会地位，还是降低教师的
经济与社会地位？是增加教师专业发展机会，还是压制教师专业发展机会？等等。如果
教育信息化不能支持和促进教师专业发展，那么，它也不是以人为本的。此外，还要关
注教育信息化对教育生态的影响。例如，是促进区域合作与均衡发展，还是加剧教育竞
争、制造新的两极分化？是促进学校管理民主化，还是强化监控手段？是鼓励创新探索、
自我超越，还是不思进取、懒汉主义？等等。教育信息化只有朝着合作、民主、创新的
方向发展，才能真正促进大多数人的福祉。

　　总之，如何认识和规范教育信息化问题，已经成为21世纪教育伦理学的基本问题。
教育信息化意味着21世纪的教育拥有了全新的技术基础，新的技术基础将导致教育系统
运行模式与生态结构的重大变化。教育伦理学需要缜密思索教育信息化问题，从而引导
教育信息化的价值方向，纠正和反省教育信息化的价值偏差。

三、教育改革伦理研究

　　"当前，教育改革已经成为世界性的事实存在，我国的教育改革也是如火如荼。"[9]
可以毫不夸张地说，在当今时代，几乎每天都有教育改革的新闻见诸报端，我们每天都
在和教育改革打交道。教育改革已经成为现代教育的基本活动。教育改革的实质是对现
有的教育体制、教育宗旨、教育理念、教育内容、教育方法和教育管理的变更，即推陈
出新。这是一种人为制造的教育变化。为何改变，改变什么，如何改变，变得怎样？这
些教育改革的基本问题，既是科学问题，又是伦理问题。关于教育改革的动机、目的、

内容、手段和效果，都需要认真进行教育伦理学评估，这是确保教育改革健康推进的重要基础。下面简单谈几点关于教育改革伦理研究的设想。

第一，关于教育改革的伦理属性问题。人们习惯于认定教育改革就是除弊兴利，似乎教育改革天然具有道义上的优越性。从主观设想来讲，也许大多数教育改革的确抱着一种善良心愿，是想做些好事的。毕竟，"凡改革，必然在头脑中预先有一个除'恶'扬'善'、扬'长'去'短'的价值取向和这样一个价值判断、价值选择的过程；凡改革，其初衷都是希望改革能够解决现实中的种种问题，促进事物向良好的方向发展的。我们善良地相信，现实中没有谁希望改革会改得越来越坏、越来越糟"[10]。然而，从客观现实看，教育改革未必真是除弊兴利、造福于民了。正如有研究者指出的那样，"中国教育改革中的一个已经让人见多不怪的现象是：不论是在教育改革的参与者和支持者中，还是在旁观者和抵制者中，都有相当一部分人习惯于用冠冕堂皇的理由论证自己项庄舞剑的主张，或者用华丽煽情的辞藻包装自己色厉内荏的观点"[11]。因而，不能笼统地认定教育改革具有先天的道德正当性，而应对具体教育改革的伦理属性加以辨析鉴定。这就需要讨论一个问题：评估教育改革善恶的标准是什么？是基于改革者设定的目标和原则，还是基于教育伦理的一般要求？是重点关注动机，还是重点关注效果？是功利原则优先，还是道义原则优先？明确教育改革的善恶评价标准，对于教育改革的健康有序推进具有重要意义。

第二，关于教育改革的利益分配原则。教育改革是一个广泛的利益调整过程。在教育改革中，利益相关人群大致可以区分为如下几类：既得利益者，直接受益者，间接受益者，直接受损者，间接受损者，利益不变者。其中，教育改革的发动者往往是直接受益者，他们可以获得政绩、名声、经济回报和社会地位等诸多利益；而既得利益者是改革前的获利者，改革可能进一步增进他们的利益，也可能剥夺他们原来的利益；其他参与者或卷入者因利益调整机制而失去或获得利益，可能是受益者，也可能是受损者。在教育改革中，需要特别反思两种现象：一种是教育改革发动者成为唯一受益者；另一种是越改革既得利益者获利越多。这两种现象，都是教育改革中的腐败现象，即权力寻租和强化特权，人民是无法从这样的教育改革中获得"改革红利"的。合理协调教育改革中的利益关系，使教育改革成为惠及全民的事业，使弱势群体得到应有的关怀，这是教育改革应坚持的基本准则。

第三，关于教育改革的代价承担原则。教育改革需要付出大量资金、人力和物力成本，谁来分担这些成本？教育改革需承担一定的风险，既可能成功，也可能失败，一旦失败则会造成很大的损失。谁来管控风险，谁将承受教育损失？这些问题需要严肃思考。在思考教育改革的代价和风险的时候，始终要坚守的底线是：教育改革无论如何不能以妨碍或损害学生身心全面发展为代价。教育改革始终要坚守对学生无害的原则。教育活动效果具有滞后性、长期性和整体性，教育改革的一些负面影响可能要延后很长时间才会显现出来，因而教育改革很难根据实际效果及时纠偏。教育改革需要风险控制前置，即在设计阶段多考虑各种潜在的风险并做好预防措施，尤其要广开言路，尊重科学规律和客观实际，缜密决策。为此，教育改革的发动者要有高度的责任感和风险意识，切不可鲁莽、轻率行事。但令人遗憾的是，教育改革的诸多方案恰恰是草率推出的，缺乏充分的民意基础和科学依据。一些手握大权的人往往风险意识淡薄，自我感觉良好，在教育改革决策中先入为主、一意孤行。这就使得一些改革变成了瞎折腾，给教育事业造成了消极影响。需要有效建立教育改革的问责机制，使不负责任的改革者承担轻率决策和鲁莽行动的风险和代价。

第四，教育改革的民主参与原则。教育是社会公共事业，牵涉千家万户的切身利益，关涉国家的长治久安。因而，教育改什么，如何改，什么时候改，这些问题的决策都需要社会各界的广泛参与，应基于民意共识来开展改革。这可以称为民主化改革逻辑。但是，在现实中，却存在着一种与民主化改革逻辑相反的强权化改革逻辑，就是少数官员、学者扮演着救世主的角色，似乎他们掌握着拯救教育的良方，而普罗大众则视为被改造的对象，他们需要通过改变自己的旧观念和旧行为而获得救赎。这种强权化改革逻辑，是一种由外到内、由上到下的改革逻辑，本质上是排斥大众参与和社会监督的。从世界范围的教育改革实践看，基于强权化改革逻辑的教育改革，大多以失败而告终。如何避免教育改革为强权所左右，如何增强教育改革中民主参与的空间，这是重要的教育改革伦理问题。合乎道义的教育改革，必然充分体现民众的教育诉求，尊重民众的知情权、参与权、监督权和评议权。

总之，教育改革是主动变革教育的探索和努力，但是，这种变革是化解矛盾冲突，还是加剧、制造矛盾冲突呢？这是教育伦理学需要密切关注的问题。把教育改革引导到扬善去恶的方向，使教育改革成为教育进步的力量，这就是教育伦理学努力的方向。

参考文献：

［1］吕振合.文化全球化与先进文化建设［J］.内蒙古大学学报（人文社会科学版），2005（3）.

［2］弗兰克·纽曼，莱拉·科特瑞亚，杰米·斯葛瑞.高等教育的未来：浮言、现实与市场风险［M］.李沁译.北京：北京大学出版社，2012：4.

［3］蒋笃运，张豪锋，王萍.教育信息化若干重大问题研究［M］.北京：科学出版社，2008：284.

［4］谢娟.教育虚拟社区交往之伦理审视［J］.中国电化教育，2012（7）.

［5］胡凡刚，张红艳，赵莎莎，齐香香.教育虚拟社区交往的规律与原则［J］.中国电化教育，2007（7）.

［6］刘磊.城乡教育公平化与计算机网络技术［J］.教育信息化，2005（8）.

［7］郭莉，许逐.教育信息化成本效益研究框架与领域［J］.中国电化教育，2006（6）.

［8］李芒，蒋科蔚.教育信息化与"现代化风险"［J］.现代远程教育研究，2012（2）.

［9］马健生.教育改革论［M］.合肥：安徽教育出版社，2007：26.

［10］戴双翔.以善致善：基础教育改革道德研究［M］.汕头：汕头大学出版社，2009：7.

［11］吴康宁.中国教育改革为什么会这么难［J］.华东师范大学学报（教育科学版），2010（4）.

选自《教育学报》2015年第1期

关联拓展阅读之二

合乎道德的教育与真正幸福的追寻——当代中国教育的伦理思考

檀传宝

一、缘起：中国教育巨大的进步与问题

众所周知，1949 年中华人民共和国成立以后，尤其是 1978 年（改革开放开始）以来，中国教育事业取得了迅速而巨大的历史性进步。表征这一历史性进步的数据不胜枚举，最典型的一个例子是：2008 年 9 月 1 日，中国政府宣布在全国城乡全面实施免除学杂费的 9 年制义务教育。[1] 这一看似平常的事件，实际上是人类人权发展史上的一个里程碑，因为它意味着从那时起全球五分之一以上的人口真正获得了 9 年免费义务教育的受教育权。与此同时，在 1949 年超过 80%、1979 年高达 38% 的中国成年人文盲率在 2008 年也迅速降低到了 8% 以下。另外一个关于中国教育进步绝好的例证，当是全国普通高校在校生数。中国全国普通高校在校生数从 1949 年的 11.7 万人、1978 年的 86 万人，迅速发展到 2008 年的 2021 万人、2012 年的 2536 万人。[1]

但当代中国教育就像中国经济发展的情形一样，我们在取得巨大进步的同时，也遭遇了一系列严重问题与严峻挑战。最大的问题当然是中国教育质量的低下，其主要象征就是太多的教育当事人在教育过程中失去了其应有的幸福感。在应试教育的阴影下，中国几乎所有的教育当事人都处在"不幸福"的教育生活状态之中——学生们备感课业负担的沉重、教师群体普遍存在职业倦怠、家长们不堪子女教育竞争压力等现象，在全国范围内已经是普遍和不争的事实。在这种情形之下，人们应有的严肃追问当然是：

一种不能带给人们幸福的教育，还是健康的教育吗？或者，一种不幸福的教育，还是"道德"的教育吗？

正是因为如此，我们认为当前中国教育最大的伦理课题在于如何确保教育本身不被

异化。也正是因为如此，我们才需要认真讨论"道德的"教育与真正幸福追求的相关性，展开对于当代中国教育的伦理思考。

二、教育不幸福的巨大危险与深层根源

不幸福的教育，当然是不道德的教育！而且，不幸福的教育对于今日中国的危险性巨大无比。

首先，对于每一个个体而言，教育过程中的不幸福，意味着师生双方当下的教与学生活质量的低劣，而且也必然在工具性目标的达成上效益低下。而这种效益上的挫折来源于一种缘木求鱼的逻辑。比如死记硬背的教学模式，其初衷无非是课业成绩的提高，但是索然无味、了无生趣的机械记忆原本就效率低下，未来更是只能在越来越强调创造性培育的教育测试中败下阵来。近年某些过去在高考成绩上举国闻名的"名校"已经开始日渐衰落，重要原因之一就在于原来似乎"有效"的模式逐渐失效。

其次，对中国社会的整体发展而言，不幸福的教育无法支撑对于今天中国极其重要的产业与社会转型，并阻碍"中国梦"的实现。中国亟须完成的产业与社会转型需要大量的"创造性人才"。但是很明显，只培育听话的孩子、只培养按照标准答案作答的应试机器，不但了无生趣，而且根本无法带给人应有幸福的应试教育当然也就无法培育大量具有内在热情与创造力的创造性人才！

更为重要的是，在以上功利意义上的分析的背后，我们还必须开展另外一种涉及本体论的严肃讨论。

教育，在本质上是一种人的再生产。就是说，人被父母"生产"下来，只是"第一次生产"，这次生产只是产生了一个有无限发展可能性但又只是生物意义上的人的躯壳。教育的意义或者伟大就在于将这个生物意义上的躯壳注入社会精神文化。就像人们为计算机加装软件使之成为能运转的电脑，教育实践的使命在于通过文化的嫁接使人成为真正和完整的人。教育因此是人的"第二次生产"或"再生产"。我们只要稍作比较就不难看出：作为"再生产"，教育最重要的意义乃在于使得每一个个体具备文化的力量，在自由而非自在、文明而非野蛮中生活。简言之，教育使得我们有能力超越动物式的、简单趋利避害的生存方式，追求"有意义"或者真正"幸福"的人生。而目前的教育现实中普遍存在的不幸福状态，不仅意味着师生双方当下的教与学生活质量的低劣，而且更为严重的是，当下教育的不幸福状态一定会大大降低学生、教师、家长未来生活幸福的可能性。因此，几乎所有教育当事人的不幸福，堪称当下中国教育最让人不堪的社会建设问题，其本质是教育的异化或者教育在精神上的腐败。

如何才能找到解决教育、幸福或者教育异化问题的答案？

我们需要追根究底，因为答案常常隐藏在问题的背后。

那么，归根结底，是什么形塑了不幸福的中国教育？或者，应试教育长期挥之不去的根本原因到底是什么？

撇开一般宏大的客观社会分析，一个最重要的主观原因是，我们（包括教育工作者和社会大众）在教育目的观上有严重问题。

追求幸福当然是人类普遍和终极的教育目的。但问题在于，什么是真正的幸福？不幸的是，许多中国人却对"幸福"的概念产生了严重的误读。或者说，我们在理解幸福的普遍概念时所依据的，乃是一种恶俗、低劣的功利主义、物质主义。正是人们对于幸福概念的误读，才导致了学生之间、教师之间、家长之间的功利主义的恶性竞争。

因此，今日之中国亟须一场心灵的革命，且这一心灵革命最重要的任务乃是确立对于幸福概念真正严肃、准确的理解。

三、从"思想实验"开始：什么是真正的幸福

什么是真正的幸福？我们不妨从下列三个思想实验开始。

实验一：母亲的幸福

"母亲的幸福"可能是解释真正幸福内涵的最典型的样本。什么是母亲的幸福？母亲的幸福当然首先来源于母亲对于孩子健康成长的祈望。你可以设想：如果一个不在乎孩子健康成长的母亲是否能获得母亲的幸福？又如果她是一个正常的母亲，当她无力支持自己孩子的健康成长的时候，她是否还能拥有母亲的幸福？答案当然都是否定的。

实验二：教师的幸福

"教师的幸福"也是解释幸福本质内涵的良好样本。教师的幸福系于学生的健康成长。如果一个教师不在乎学生的成长，不在乎自己工作的好坏，他当然无法收获正常教师可能拥有的教育生涯的幸福。而一个虽然敬业，但是缺乏必要的教学技能，或者缺乏实现自己教育梦想的专业条件的教师，显然也无法获得教育之"乐"（幸福）。唯有有教育梦想并且美梦成真的人，才可能是幸福的教育工作者。

实验三：钞票等于幸福吗

　　虽然很多时候不幸福常常是贫困导致的，但是也很确定的是，钞票几乎可以买任何东西，却唯独无法买到人生的幸福。与此同时，我们还可以发现，即便生活十分清贫，许多人仍然找到了属于自己的幸福。一个最简单的生活常识是：我们可以在任何收入水平中都找到幸福与不幸福的两类人。由此可见，金钱或者物质条件虽然十分重要，却常常不是幸福生活的直接和必要条件。如果你希望自己生活幸福，你需要另辟蹊径，在精神上修养自己"配享幸福"的主体素养，比如道德智慧等。

　　实验一和实验二告诉我们，母亲、教师两种不同的幸福却有相同的基本要素——无论他们的幸福在细节、内容上如何不同，"梦想"以及"梦想的实现"才是幸福生活的本质性要素！实验三则告诉我们，幸福与否不一定取决于财富，而取决于某种精神素养。

　　因此，虽然准确定义幸福的概念十分困难，但是上述三个思想实验已经证明，恰当定义幸福的实质意涵完全可能。

四、幸福即梦想得以实现的人生

　　基于前述推演，我们不难得出以下幸福的定义：幸福即梦想得以实现的人生。具体来说，幸福乃是人的目的性自由实现的主体生活状态。也就是亚里士多德所言的"人的目的，即人的可实践的最高善，就是幸福"。[2] 严格说来，"幸福"与"幸福感"是不同的概念。幸福感是对幸福人生的主观感受而非幸福本身。[3]

　　需要说明的是，人们往往有两种非常不同的幸福概念：精神性幸福（雅福）与物欲性幸福（俗福）。伦理上所谓的幸福，当然是前者——精神性幸福。即便物质条件常常是幸福生活的基础，但是幸福仍然不能与财富画等号。正如亚里士多德在他的《伦理学》中开宗明义所言："财富显然不是我们追求的东西，因为它只是有用，而且是因为其他事物才有用"[4]。如果不能成为幸福生活的条件，则再多的财富也一钱不值。这也正是我们强调幸福乃是"人的"目的性自由实现的主体生活状态的深层原因。换言之，幸福生活主要与马斯洛的"高级需要"的满足有内在关联。幸福生活中人生梦想的要素，主要关联的是爱与归属感的需要、受尊重的需要、真善美及自我实现的需要等，而非人的"生理性需要"。生理性需要的满足及其心理感受一般被称为"快乐""快感"。"快乐""快感"对于人的存活十分重要，但是快乐具有人与动物共享的属性，远非人与动物的区别所在。而真正的幸福，只能是"人之为人"目的性的实现。而大部分对于幸福生活的误读也都是将幸福混同于快乐，亦即将幸福生活混同于物质欲望、生理需要的满足——及时行乐的人生。事实上，也正是"人为财死，鸟为食亡"这样的人生哲学在不断毁灭而非建设我们的人生幸福。

五、幸福的奥秘或幸福定义对于我们的启示

幸福是人的目的性自由实现的主体生活状态。

幸福概念的界定实际上已经揭示了幸福人生的基本奥秘。真正的幸福，首先取决于以下两个基本要素或者条件。

1. 人的目的性。如果你追求幸福，你就必须有自己的人生梦想，有属于你自己的关于事业或生活等方面的有意义的、真实的人生目标。失去梦想与希望，当然也就失去了幸福生活的源泉。当然，如前所述，这种目的性指向"人的"精神追求，而非动物式的物质欲望。目的性是"人的"，因而幸福等于有意义的人生。

2. 自由实现。事业顺遂是幸福生活的另一个基础。"人的目的性自由实现"，实际上就是你的人生梦想成真。换一种说法，就是你要有能力让自己的梦想成真。当然，目的性自由实现需要客观、主观两方面的条件。但是从"操之在我"的角度看，我们最主要的努力应当是准备好"配享幸福"的主观条件。这就意味着，追求幸福的人首先应该也必须努力修炼幸福生活所必需的两大主观条件：道德修养和专业能力。

幸福生活的两大主观条件，实际上也就是幸福生活的两大秘诀。如果你想追求自己的幸福，首先要做的是确立自己的人生梦想以及实现这一梦想的条件，特别是主观条件即主体素养。

如果我们认可上述基本结论，那么，当代中国教育应当做何种变革呢？或者说，如果我们承认不幸福的教育是不道德的教育，那么幸福的定义等于告诉我们，合乎道德的教育应当建基于所有教育当事人特别是学生与教师的幸福之上。而"人的目的性自由实现"命题所揭示的伦理规律也应当应用于教室、校园、家庭与社会中教育生活的改造，而这意味着以下两个方面。

第一，教育工作应当为孩子们幸福的学习生活服务。

成人社会不应该居高临下"给予"孩子自以为是的"理想"。相反，学校教育应当致力于帮助儿童发现自己的人生梦想。在实际教育生活中，太多的孩子只是为遥远的未来而被动学习，为上一个好大学、成为名利双收的"人上人"而"吃得苦中苦"。这些来源于成人社会的粗鄙功利主义使得孩子成为工具性的存在，当下和未来都失去了幸福

生活的前提。

因此在学习过程中，真正的教育家最主要的努力之一，应当是发现真正属于儿童自己的内在的学习动机、成就动机。一个数学老师让孩子因为数学本身而喜欢数学，一个历史老师让孩子沉浸在历史的想象里……学习过程本身的幸福、当下学习生活的幸福比什么都重要。一旦孩子们发现了真正属于自己的内在的学习动机、成就动机，学习、作业就不再是"课业负担"，反而是幸福生活的源泉！而一旦孩子们幸福生活在当下的学习生活里，孩子们自然会有他们自己的真正意义上的人生梦想。

学校教育的另外一项重要的工作就是赋予孩子实现梦想的实践能力——能力与方法素养。因此，"中国孩子课业负担重"的问题实质并非是否定布置作业，而是要看作业是否对于孩子具有足够的吸引力，要看学校是否成功帮助孩子掌握不断取得学习成就的必要技能。

一个好教师不仅要能够帮助孩子发现自己的梦想，也必须有能力帮助学生实现自己当下学习生活的梦想。一个数学教师的师爱，不能只是对学生微笑、给学生拥抱，真正有伟大师爱的数学教师一定还能够有本事让学生将数学学好，让孩子们在学习生活中体会学习本身的成就与美好。因此，师德与教学能力向来都是一体两面的存在。

第二，教育工作者应当为自己创造幸福的职业生活。

幸福的定义对于教师生涯的启迪也同样包括两个方面。

一方面，教师应当努力建构、培育自己的事业心（教育之梦）；另一方面，教师也应当不断修炼自己的教育伦理与专业技能。

依据幸福的定义，师德修养其实是教师幸福生活的必需。换言之，"爱岗敬业"其实是教师的幸福之路，而不应仅仅是某种简单的道德诉求。一个不在意学生成长的教师，当然无法获得属于教师的正常幸福体验。其他看起来对我们构成种种麻烦的师德要求，其实也都在帮助我们获得教育者的尊严、教育工作的实际效益，找寻并确保我们教育人生的意义。

同理，修养教学能力当然也是教师追求自己教育幸福的内在要求，而并非只是为了在职业中得以幸存的被动应对。要做一个幸福的教师，当然需要在自己的教学生涯中不断创造，有能力获得事业成功的喜悦。做一个幸福的教师，其实只是要求我们努力做一个伟大的教师并享受作为伟大教师的喜悦而已。

总之，师德修养、专业提升不仅不是与我们为敌的东西。正相反，这些主观上的努力，其实是我们获得教育幸福的"为己之学"。

六、结论：追寻合乎道德的幸福教育

应试教育已经使中国失去太多。太多的中国人，尤其是学生与教师在教育过程中失去了本该拥有的幸福。但是应试教育的克服并非易事，这一模式的长期存在是因为始终有支持其存在至今的深刻社会根源。一个最重要的原因是中国社会普遍存在的错误教育观，特别是错误的教育目的观。试图通过应试教育去追求真正的幸福无疑是缘木求鱼，因为支撑应试教育的恰恰就是对于幸福的错误理解与追寻。因此，澄清与重构幸福概念是当代中国教育的救赎之路以及最为迫切的任务。如果我们认可幸福即"人的目的性自由实现"这一结论，那么对于教育幸福的追求就意味着努力帮助学生、教师在自己的学与教的日常生活里去发现真正属于自己的梦想，并发展能够让梦想成真的主体素养与能力。

教育者幸福了，方能为全社会的幸福奠基。

追寻合乎道德的幸福教育，是当代中国教育改革最为重要，但也是无比艰巨的任务。

面对困难与挑战，孔子曾经教导我们说："仁远乎哉？我欲仁，斯仁至矣！"（《论语·述而》）。孔子还曾说："古之学者为己，今之学者为人。"（《论语·宪问》）。其用心当然在于大力倡导我们努力践行"为己之学"的精神。对于实现我们最为艰巨的任务，即追寻我们自己的教育与人生的幸福而言，孔夫子的告诫无比珍贵。

参考文献：

［1］中国新闻网.中国今日起实现城乡义务教育全部免除学杂费［DB/OL］.2008-09-01，中国新闻网.

［2］亚里士多德.尼各马可伦理学：译者序［M］.廖申白译.北京：商务印书馆，2003.

［3］檀传宝.教师伦理学专题［M］.北京：北京师范大学出版社，2000.

［4］亚里士多德.尼各马可伦理学［M］.苗力田译.北京：中国人民大学出版社，2003.

选自《课程·教材·教法》2015年第8期

关联拓展阅读之三

关于教育伦理价值问题的当代思考

糜海波

摘要：教育伦理在现代社会不仅要探讨如何对教育主体进行道德立法，提升教育者的教育道德水准，而且整体上必须在马克思主义的人学意义上关注人的自由全面发展，并将此作为现代教育具有价值理性的一个标识。就教育伦理对教育行为主体进行伦理规约和价值导向而言，在当今的社会历史条件下，应当将价值追求的一元性与多元性结合起来，从而更全面有效地发挥教育伦理的实践功能。这将有利于教育主体的道德自我教育和自我发展，也有助于和谐教育精神的培育和和谐教育生活的建构。

作为应用伦理学的一门重要的边缘性分支学科，教育伦理以教育领域的善恶矛盾为自身的研究对象，是关于教育之善恶问题的道德追问。教育伦理旨在从伦理道德的视角，对教育主体、教育自身以及教育活动进行善恶与否的价值分析和行为导向。即教育伦理既要为一切与教育相关的人立教育道德，又要为教育自身确立道德之法。就前者而言，昭示教育者在教育劳动中应当如何就构成了教育伦理追求的直接价值目标；而后者则关系到教育善的最终实现，因而就成为教育伦理研究与实践中的终极价值关切。教育伦理的终极价值诉求，是教育伦理存在合理性的根据，关乎教育的道德价值立场，所以对这一问题的追寻更根本、更彻底。本文认为，教育伦理在现代社会不仅要探讨如何对教育主体进行道德立法，提升教育者的教育道德水准，而且教育伦理在整体上必须在马克思主义的人学意义上关注人的自由全面发展，将此作为现代教育具有价值理性的一个标识；同时，就教育伦理对教育行为主体进行伦理规约和价值导向而言，在当今的社会历史条件下，应当将价值追求的一元性与多元性结合起来，从而更全面有效地发挥教育伦理的实践功能。

一、教育伦理之直接与终极价值追求

作为一门求索教育善的真谛以及实现的学问，教育伦理将教育活动中各类人际关系和谐和教育者的德性完善作为学科研究的主要任务，所以传统教育伦理学在某种意义上就是探讨教育者的教育道德问题，它构成了教育伦理的直接价值指向。诚然，没有教育主体的道德完善和道德自觉，教育善的实现就失去了载体和依托。然而，教育者的道德践行从根本上又是为了实现教育的本质目标，教育及其教育伦理研究从最终意义上说都应指向人。没有教育伦理在马克思主义人学意义上对人的发展之终极价值关切，即把教育看作一项直面生命和提高生命价值的道德事业，教育伦理就没有正确的方向和灵魂。教育善的真正实现，需要教育伦理学在这两方面都予以价值关切。

1. 教育伦理的直接价值取向

教育伦理研究的行为主体是教育者，提高教育者的道德素质和道德水平是教育伦理要追求的首要价值目标，而人的道德素质既以道德品质为内在基础，又表现为主体外在的合乎"应然"之行为。所以，提升教育者的德性及完善教育者的德行就构成教育伦理的两大价值取向。

首先，教育者的德性与德行是相互依存、互为条件的。作为教育伦理的直接价值指向之一的教育者之德性，是内隐于教育者的观念和人格之中的，它只有通过教育者的具体行为方能得以显现。一种教育者的良好品行，如不见诸具体的行为，就只能停留在自我欣赏的阶段，没有实际的价值可言。教育者良好的德性水平并非与生俱来，它是在教育道德实践中养成的，是长期教育善行积累和积淀的产物。亚里士多德把德性分为理智的德性和伦理的德性，认为前者是通过教化而生成，而后者则是由习惯而形成，它表明，德性源于道德生活的凝练，教育者美好的德性必须以实践为根基，并转化为具体的善行才会产生实际的伦理效应，这也是呼吁道德教育要回归生活世界的一个缘由。另一方面，教育者要使自身的行为具有善的意义，形成自觉的合乎教育伦理的行为习惯，也必须以教育者的内在德性为保证。没有高尚的德性保证，教育者的善行将会是偶尔的举动，难以持之以恒而形成一种良好的习惯。如果教育者的良好行为可以导致外在的良好秩序，那么教育者的德性则是一种内在心灵的秩序，它更彻底、更为根本。诚如麦金太尔在《德性之后》一书中指出的："德性就是去做公认的秩序要求做的事情。"德性使人的内心有序，外在行为有规范。只有教育者形成了良好的教育德性，使其成为一种教育人格精神，教育者之行为才能真正做到"随心所欲不逾矩"，才会使外在之德行有保证。当然，外在之良好秩序也是不可或缺的，心灵之秩序只有外化为现实的秩序，主体良好的德性才能得到确证和弘扬。

其次，提升教育者的德性和完善教育者的德行是实现教育善的主体保证。教育善的实现离不开教育主体的内在德性和外在德行。教育者的德性是教育者对教育伦理的理性自觉和情感认同，也是对教育道德的信仰。道德作为一种精神追求，具有一种精神价值，它需要内化为人的一种德性，成为生命的一部分；道德作为一种行为规范，它需要人们在具体活动中自觉遵行，这两个方面都是实现道德价值所不可或缺的。如果说教育者的德性是实现教育善的内在保证，则教育者的德行则是实现教育善的外在条件。提升人的德性就是培植人的向善的品质，它使教育善的实现获得一种超越现实的力量；完善人的德行，就是培养人的道德能力，它是教育道德理性的实践，及其对教育善的道德体验。如没有前者，教育者向善就失去了动力，没有后者，教育善的实现只能是美好愿望。所以教育伦理作为对教育主体行为之应然的一种设定，其追求的直接价值目标就应集中在这两个主题上。

再次，从教育伦理本身的功能来看，教育伦理是以"实践精神"的方式掌握教育之现实世界的。作为教育领域的道德要求，教育伦理既规范主体行为，又对人有导向作用，其功能价值在于规范教育者行为和提升教育者德性。教育伦理存在着规范性和主体性两个特质，其规范性本质在于为教育者进行道德立法，设立伦理路标，明确善与恶的道德边界，并抑制恶的因素生发；而其主体性本质在于发挥教育主体的道德能动性，显扬人性的善端，使行为主体不断超越自我、追求教育善的更高境界，所以教育道德的超越性品格也决定了应将教育者德性的提升作为教育伦理的价值目标。当代美国著名法学家富勒，将道德应当划分为义务的道德和愿望的道德两个方面，前者是指人的行为底线，人人都必须遵行；后者是人的行为美德，是道德个体自觉自愿的价值追求，具有向上的无限发展空间。它给我们的启示是，教育伦理在对教育行为主体的价值取向上，既要使教育者行为不逾道德之矩，即完善外在的德行，又应造就教育者理想的人格，即提升教育者的内在德性。

2. 教育伦理的终极价值诉求

现代社会的发展，要求教育伦理学不仅要对教育活动的具体要素进行善恶省察和道德规约，而且应对逐个教育自身进行伦理审视。对一种教育活动及其影响的善恶与否的评价应以马克思主义人学思想为指导。马克思主义认为：从人身依赖关系的社会到以物的依赖为基础的人的独立性社会，再到人的个性全面发展的社会，是人类社会进步的必然方向和趋势。即人的解放是社会发展的必然结果，社会发展的实质乃是人的解放。"把人的解放（全面发展）作为现代教育最根本的价值追求，是坚持马克思主义人学立场的必然要求，也是遵循现代教育内在规律的重要表现。"教育的终极目的就是为了人的发展，教育对于人的生存与发展的终极关怀，也应成为教育伦理存在的终极价值依据。教育伦理问题的实质就是对于教育与人的生存和发展关系的合理性、价值性的关照问题。

教育伦理不仅体现为教育的道德规范和教育者得到的自觉理性，在其现实性上，教育伦理指称的应是教育作为社会有机体的一个系统发展的合道德性，是伦理的教育之现实表现，是教育的一种理想的道德生态。它意味着这样的教育不仅是科学的，而且是人文的；不仅是生活的，而且是处于一种生命运动的和谐之中。因而，教育伦理的价值功能首先就在于它使教育的本体性价值得以最大效度地发挥，使人类对教育的需要得以更好地满足。教育的价值取决于教育的价值取向。关于教育的价值的观点，西方教育思想史上归结为教育的内在价值和教育的外在价值。前者以个人的发展为出发点，主张教育价值集中体现在促使生命主体全面自由发展，尤其是促进个体在人格、审美和精神生活领域里的自我实现和自我超越。后者则以教育的社会效率为出发点，强调教育对社会进步的促进作用。古希腊伦理学家亚里士多德认为，"教育必须遵从自然的顺序"，按照人的本性去实现个人的价值，把每个人生来就有的可能性变为现实性。第斯多惠继承了教育理论中遵循自然的思想原则，主张把人的教育置于现代社会背景之中，特别是在现代人类文化成就的高度去加以培养，因此，要发展人的主动精神和创造能力，使其成为教育所要追求的首要教育价值。正如人文主义思想者倡导的，教育的目的首先在于最大限度满足个人自我实现的需要，这不仅显现了教育伦理对教育伦理实体之要义，更是对教育伦理实体中教育价值主体所具有的根本性意义。在我国教育核心价值观中，倡导教育要"为人民服务"就充分说明了这一思想实质。因为"人类教育价值的历史变迁告诉我们，世界是人的世界，教育是人的教育，教育价值观离开了重视人这一本性价值，我们这个世界将是一个没有创造没有欢乐没有人的个性的沉寂空间"。教育过程的价值在于为每个人最大可能地实现自身价值提供基础，教育伦理的价值追求必须为教育目的和教育过程提供合乎教育的道德本性的价值导向。

教育伦理之价值也在于从根本上使人的生命本质在教育中及其在教育影响后得以真正展示和提升。即"教育尊重人，尊重人的生命成长，尊重每一个个体生命完善自己、发展自己的内在需要，尊重个人的自由、独立和每个个体生命的差异，尊重并善于发掘每个人的生命潜能，这是教育伦理价值由其未来向度展开的尊重人的生命完善和发展的基本原则"，是教育人性化的良好展现。马克思在探讨人的本质时指出："整个历史也无非是人类本性的不断改变而已。""人们的社会历史始终只是他们的个体发展的历史。"人的本质在于人的主体性、创造性和超越性。教育是人类文化和智慧实践的重要方式，因此，教育应当成为人的主体性存在的重要实现形式。换言之，教育的存在是为了展现生命的本质力量，发展人的人性，而不是为了抑制人的本质实现，扼杀人的自由生长的本性，这应是教育伦理精神的前提。

教育应当是道德的教育，道德是教育的应有之义，因为教育本质上是指向于善的。然而，教育指向善并不等于善本身，教育终极善也不等于过程善，其目的善并不等于手段善，其本质善并不等于现象善。教育伦理使教育回归于善的本质，回归于对生命本质的真正关照，即"教育是否有利于调动主体的积极性、主动性和创造性，是否有利于培养和提高人的素质，是教育伦理存在的目的和意义"。教育伦理在马克思主义人学意义上就是要人们认识到教育是人的本质得以展现和提升的基础和实践方式，教育以生命本质的理想实现为根本旨归。

基于上述分析，我国教育伦理研究不仅要对教育者进行价值导向和伦理规约，而且必须反思教育自身发展的道德性问题，对教育与人的发展的合理性进行终极价值关切，并以此为元点，对整个教育以及各种具体的教育现象进行人学关照，以省察和规约其合理性、价值性。

二、教育伦理价值目标的合理性

以上从教育伦理的直接与终极价值追求两个层面讨论了教育伦理存在的合理性问题，以及教育在何种意义上是善的、人道的，合乎教育之原始精神的。可以说现代社会的发展要求现代教育既要求真，也要求善。教育追求致善，不仅要依法治教，更要以德兴教，因为在一定程度上，教育更具文明意义，更远离世俗和功利，更具道德属性。在发生学意义上说，教育领域即是道德的领域，道德领域也即是教育的领域，它们是相互渗透的。总之，教育更切近于道德而不是法律。所以，以教育伦理精神来引导教育行为主体就更具有必要性和可行性。

前已述及，教育伦理正是研究教育劳动中的各种道德关系的科学，教育主体的道德水准是教育伦理必须加以关注的。作为一门从伦理道德的意义上研究教育者应当如何的学问，教育伦理归根到底在于使自身所设定的价值目标变为教育者自觉的行为选择。教育者对这一伦理目标的追求状况，关乎教育伦理的功能的实现程度，而这一目标是否科学合理，又关乎教育者对其追求的程度，进而直接影响教育善的实现。所以只有科学的教育伦理目标，才能有效地激发广大教育者，使其成为教育者自觉的行为追求。而要使教育伦理所设定的价值目标具有内在的科学合理性，关键在于能否坚持一元价值导向与多元价值取向的有机统一。

1. 一元价值导向与多元价值取向统一的依据

教育伦理为教育者设定的教育伦理目标，实质上是研究者根据社会的要求从教育者现实的道德状况即"实然"出发，设定一系列人们应该追求的"应然"，即价值体系和行为准则，并使这种行为准则及价值目标发生作用的实际状况和结果符合社会的道德理想，从而达到事先设定的伦理目标。因此，教育伦理所设定的价值目标必须从教育者的德性现状出发，并领悟时代发展和教育改革的现实对教育者提出的德性要求，从而准确表达这种要求。对此，马克思关于立法的理论主张对于教育伦理价值目标的确立颇有启迪意义。马克思在谈到立法活动时，要求"立法者应该把自己看成是一个自然科学家，他不是在创造法律，不是在发明法律，而仅仅是在表述法律，是把精神关系的内在规律，表现在有意识的现行法律之中"。可见，教育伦理立法及其追求的价值目标亦应立足于教育道德的现实。

教育伦理目标应该是教育者道德现状的真实反映。从一般意义上而言，教育伦理具有层次性高及教育性强的特点，这是由教育劳动的特点以及教育在社会发展中的特殊地位决定的，故而我们可以而且应然要求教育者比其他职业劳动者具有更高的德性。然而，就教育者自身这一整体而言，其成员的道德水准又呈现出不同的层次。例如，在教育工作中，既有具有无私奉献精神、忠于人民教育事业的教育工作者，也有仅将自己所从事的职业作为谋生手段的教育者，还有的教育者的教育行为不仅有悖教育职业道德，甚至触犯了国家法律。上述各类教育者由于价值定位上的不一而存有的道德水平的差异是我们无法回避的客观现实，是社会成员道德水准不一致性在教育领域的具体反映。既然教育者的实际道德水准有差异，教育伦理所设定的价值目标体系就应该体现层次性和差别性，反映不同教育者的多元价值诉求。

将一元价值导向和多元价值取向有机统一视为教育伦理目标科学性的标准，也是时代发展对教育伦理的内在要求，它体现了当今中国社会的特点。我国正处在确立社会主义市场经济体制所引发的社会全面转型和不断发展之中，市场经济的社会主义性质，使得作为社会意识形态之一的教育伦理目标的设定必须体现社会主义这一本质规定，即彰显社会主义主导道德的一元性，用社会主义核心价值体系来统领不同的人生观和价值观。同时，市场经济条件下由于利益主体的多元化所带来的多元价值取向客观存在，使多元道德存在又具有了现实依据。道德的基础是利益的原理告诉我们，教育伦理设定的价值目标应考虑社会成员多元价值取向的"实然"，承认教育者多元道德价值取向存在的现实合理性，并在教育伦理目标体系中给予应有的地位。因此，当代教育伦理研究要实现其由传统到现代的转变，必须从实际出发，贴近现实生活，使所设定的伦理目标既坚持社会主义主导道德的一元性，又反映由于教育者德性水平不一致而产生的多元道德价值取向的事实。

这种多元道德价值取向的合理性还在于历史正在向着更为多元的方向发展，而多元的意义就是理解教育者之间的个性差异，理解人格的现实性和理想性之距离，在教育道德"实然"和"应然"之间形成一种必要的张力。正如德勒兹指出的："没有差别的世界是一个孤寂的世界，没有差异的人只是一尊丧失个性的木偶。"在明确教育道德底线的基础上，又尊重个体之间的差异，并指明道德追求的价值指向，这样，教育伦理所设立的价值目标才会对教育者既有理想的感召力又有现实的生命力。

2.一元价值导向与多元价值取向统一的实践意义

社会发展的客观要求及教育者道德的现状，为教育伦理目标的一元价值导向与多元价值取向的结合提供了现实的依据。然而现有的教育伦理所设定的价值目标并没有体现应有的层次性，仅仅从一般意义上对教育者的行为提出一系列要求，这不仅使得教育伦理设定的价值目标缺乏应有的针对性，从而使得处于不同德性层次的教育者缺乏明确的行为目标，而且导致了教育伦理学科在教育实践中效益的低下。而提出教育伦理在价值目标的设定上，将一元价值导向与多元价值取向结合起来，既包含了对教育者高层次的道德要求，有利于提升教育主体的道德境界，也内蕴了对教育者的基本道德要求，甚至规定了教育伦理的底线。

这一系列要求是一个由低到高的序列，在这一序列中，无论是处于何种道德层次的要求，都有其发挥自身功能的特定范围，即对特定的人群进行行为导向的意义。如果忽视了教育者道德之"实然"以及社会总体道德现状之事实，设定的价值目标过于单一，将不利于教育伦理功能价值的全面有效的实现，从而使教育伦理之应然因为超越历史与现实的实然，而流于形式，可望却难以企及。目标过低，对德性层次较高的教育者就失去了导向意义；目标太高，对德性层次较低的教育者而言就是一种空想。与社会主义市场经济体制条件下，社会主义道德规范必须体现先进性与广泛性的统一一样，现代教育伦理的规范体系和价值目标体系也必须适应当今社会发展价值观念呈现多元化的现实。然而，价值目标的多元性取向不是对教育者提出不同标准的伦理规范，而是指在进行教育伦理的价值评价时，不搞一刀切，应针对不同的行为主体做出相应的定位，使教育者在道德自由中进行有价值的道德选择，彰显真实的道德精神，摒弃道德的虚伪性和表面性，这样的教育伦理不仅是人性的，也会使现代教育伦理在道德宽容和对话中更具亲和力和自主性。

在教育伦理设定的一元价值导向与多元价值取向相统一的价值实践中，社会主义的核心价值体系居最高层次，对全体教育者的行为起着导航功能，而较低层次的具体教育道德要求由于是教育者所能企及的，因而也具有伦理规约的作用。在这一教育伦理目标体系感召下，中国社会的教育伦理建设将既能坚持社会主义发展方向和马克思主义主导意识形态的地位，又能充分调动和激励广大教育者投身于教育伦理建设的热情和积极性。这样，教育伦理就能最大限度地实现自身的功能价值，教育道德建设也将会由于科学价值目标的引领而增强道德实践的实效性。

总之，一元价值导向与多元价值取向有机结合的教育伦理目标体系，体现了现代社会的发展要求，它弘扬人的主体性、内涵时代精神、体现科学态度，有利于教育整体的道德进步。它充分体现了当代教育道德建设的先进性与广泛性要求，有利于教育行为主体的道德自我教育和自我发展，也有助于和谐教育精神的培育和和谐教育生活的建构。

附　丛书阅读导图

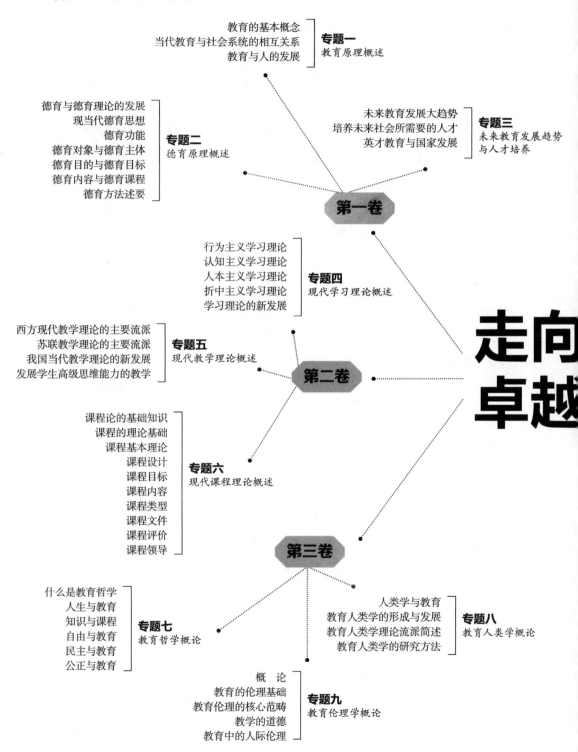

教育的基本概念
当代教育与社会系统的相互关系
教育与人的发展

专题一
教育原理概述

德育与德育理论的发展
现当代德育思想
德育功能
德育对象与德育主体
德育目的与德育目标
德育内容与德育课程
德育方法述要

专题二
德育原理概述

未来教育发展大趋势
培养未来社会所需要的人才
英才教育与国家发展

专题三
未来教育发展趋势
与人才培养

第一卷

行为主义学习理论
认知主义学习理论
人本主义学习理论
折中主义学习理论
学习理论的新发展

专题四
现代学习理论概述

西方现代教学理论的主要流派
苏联教学理论的主要流派
我国当代教学理论的新发展
发展学生高级思维能力的教学

专题五
现代教学理论概述

第二卷

课程论的基础知识
课程的理论基础
课程基本理论
课程设计
课程目标
课程内容
课程类型
课程文件
课程评价
课程领导

专题六
现代课程理论概述

走向
卓越

第三卷

什么是教育哲学
人生与教育
知识与课程
自由与教育
民主与教育
公正与教育

专题七
教育哲学概论

人类学与教育
教育人类学的形成及发展
教育人类学理论流派简述
教育人类学的研究方法

专题八
教育人类学概论

概　论
教育的伦理基础
教育伦理的核心范畴
教学的道德
教育中的人际伦理

专题九
教育伦理学概论

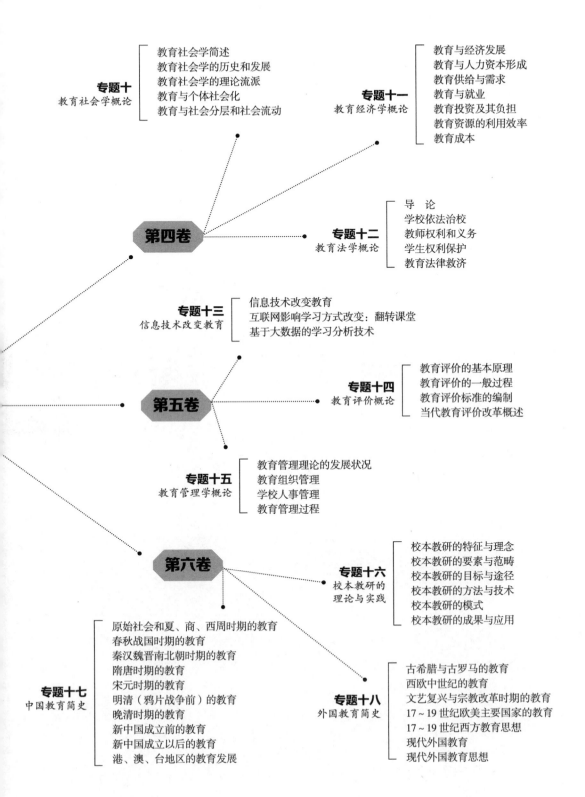

专题十
教育社会学概论
- 教育社会学简述
- 教育社会学的历史和发展
- 教育社会学的理论流派
- 教育与个体社会化
- 教育与社会分层和社会流动

专题十一
教育经济学概论
- 教育与经济发展
- 教育与人力资本形成
- 教育供给与需求
- 教育与就业
- 教育投资及其负担
- 教育资源的利用效率
- 教育成本

第四卷

专题十二
教育法学概论
- 导 论
- 学校依法治校
- 教师权利和义务
- 学生权利保护
- 教育法律救济

专题十三
信息技术改变教育
- 信息技术改变教育
- 互联网影响学习方式改变：翻转课堂
- 基于大数据的学习分析技术

第五卷

专题十四
教育评价概论
- 教育评价的基本原理
- 教育评价的一般过程
- 教育评价标准的编制
- 当代教育评价改革概述

专题十五
教育管理学概论
- 教育管理理论的发展状况
- 教育组织管理
- 学校人事管理
- 教育管理过程

第六卷

专题十六
校本教研的
理论与实践
- 校本教研的特征与理念
- 校本教研的要素与范畴
- 校本教研的目标与途径
- 校本教研的方法与技术
- 校本教研的模式
- 校本教研的成果与应用

专题十七
中国教育简史
- 原始社会和夏、商、西周时期的教育
- 春秋战国时期的教育
- 秦汉魏晋南北朝时期的教育
- 隋唐时期的教育
- 宋元时期的教育
- 明清（鸦片战争前）的教育
- 晚清时期的教育
- 新中国成立前的教育
- 新中国成立以后的教育
- 港、澳、台地区的教育发展

专题十八
外国教育简史
- 古希腊与古罗马的教育
- 西欧中世纪的教育
- 文艺复兴与宗教改革时期的教育
- 17～19世纪欧美主要国家的教育
- 17～19世纪西方教育思想
- 现代外国教育
- 现代外国教育思想